海南大学学科建设专项基金资助项目(ZXBJH—XK018)

海南科技职业学院著作出版基金资助

中国转型期发展若干问题的思考

沈德理 著

人民出版社

代　序

吴　朝　阳

　　对于中国这样一个古老的巨型国家,现代化转型是一个极为沉重的话题。19 世纪中期以来,中国在内忧外患的双重夹击下,开启了现代化转型的历史道路。这 100 多年来,我们既看到了一个"世界上最古老帝国的垂死挣扎"(马克思),也看到了一个多灾多难的民族浴火重生的希望;我们经历了新生的民主在专制母体中的艰难孕育乃至痛苦分娩,也经历了它出生后成长历程中的困顿和迷茫,还有屡遭重创、裹足不前的无奈和彷徨。

　　历史有多么悠久和辉煌,现实就有多么沉重和迷惘。当我们站在今天的地平线,去探索中国这条巨轮的未来航向,总是会有一种难言的惆怅。西方世界用 500 年走过的现代化过程,在中国则被压缩到一个多世纪的历程中。时空压缩造成的强烈反弹,释放出巨大的社会动能。后发社会带来的优势和劣势互相纠结(杨小凯),也在制造着中国社会转型的复杂性。历史与现实,传统与现代,西学与中体,革命与改革,政党与社会,政府与市场,劳动与资本,城市与乡村,民族与宗教,文明与野蛮……在历史的演进中彼此缠绕,不断生成着色彩斑斓的社会景观。围绕当代中国的每一个社会问题几乎都会引来无穷无尽的论争,而达成共识却又总是如此的艰难。在这样错综复杂的局面中,若是想借助上帝之眼的视角,来全面审视中国的发展,几乎是一件不可能的挑战。问题只能被转换为,理解中国的可能性视角和方法会是什么?

　　中国传统社会有一种极为强调中庸式均衡发展的文化模式,尽管舶来的西洋文化已经在很大程度上带来了改变。但我们仍然需要在理想与现实、激进变革与稳定发展之间找到平衡。在 30 余年的制度改革与社会转型过程中,中国放弃了价值观优先的传统社会主义追求,重新选择通过市场机制激活个体欲望,利益再次成为社会高速运转的强劲动力。欲望推动的利益固然激活了社会,但同时受制于各种刚性制度的滞后,现代公民素质的匮乏,理性社会氛围的缺失,都使欲望的洪流,如同被放出笼的猛虎,面临着严重失控的局面。在现实社会中,呈现为缺乏制度约束的权力失控,缺乏有效法律约束的经济失控,缺乏主体自觉的文化失控,缺乏道德自律的社会失控等,我们的社会似乎总是处在一种人心崩溃、社会沉沦的艰难挣扎之中。

转型期最难的无疑是制度的建设,当然制度本身亦非一成不变,也需要适时转型。制度要超越人治,但吊诡之处在于,制度建设之初又恰恰离不开人治。担纲者的品性在建制之中往往也在潜移默化地形塑着一个时代的制度品性。把传统德政文化与马克思主义的社会价值观相结合,产生出一批引领社会变革的担纲者,这曾经是执政党赖以生存的巨大优势,但如今的精英阶层似乎正在失去担纲者的使命。资本的力量不断肆虐,摧毁着整个社会赖以生存的价值,马克思在《共产党宣言》中对资本主义所做的预言,今天多半已经成为当下中国最沉重的现实。权力仍然没有真正关进笼子中,旧的已去,新的没来。已经摸索了多年的石头仍密布在河中,过河的人们似乎永远也无法到达彼岸。不论是否愿意承认和理解,中国共产党都是当代中国一切变革的主要推动者,现实的成败一切均取决于它。不可否认,靠打破旧秩序的暴力革命获取合法性资源的政党,拥有着某种毋庸置疑的权威性。但在现代全球变革和现实网络社会的冲击下,一切传统的权威资源似乎都遇到了空前的挑战。今天的执政者面临的挑战何其艰难,每一个选择似乎都道阻且长,举步维艰。

于此,恰好可提及作者在20世纪90年代初所发表论文《法律在文明中的演进及其给我们的启示》中的一个判断:"这里涉及如何看待现阶段仍然存在的'人治'的问题。毋庸置疑,传统的人治是导致人身依附和个人专制的重要因素,它与民主政治中的平等竞争是天然对立物。但是,只要我们稍微冷静一点就会懂得,今天要使人治转向法治化社会绝非易事,它要经过一个利用现存的正在改造着的社会组织机构,人们的观念、习惯动作作为手段而加以推动的过程。与以往不同,现阶段是在发挥传统人治机制作用的同时,通过建立新体制逐步破除和取代它。所以,现阶段的人治,是在新旧体制的衔接点上,较多地凭借行政手段和领袖人物的影响力,弥补法律与法律效率之不足。换言之,现阶段对人治以及某些政策的借重(不管人们情愿与否),实际上是在改革过程中法治准备不足的情况下,负载缓冲任务而已。倘若社会主义商品经济和民主政治较快发展,使我们能够较早地迎接这一转变,则幸甚矣。"

接着需要强调的是,本书名为《中国转型期发展的思考》,也就是说,"中国转型期"是本书的重要概念,所有的问题都与此相联系。作者在《论转型期中国发展安全》等文中的定义是:"这里所谓的中国社会转型期,则是指执政党运用国家自主性能力,实行对外开放和实行市场经济体制及其全面改革创新的社会主义现代化过程,这种现代化发展是一个整体性的发展过程,从发展方向、发展模式和发展阶段而言,是从计划经济向市场经济转型,从农业国向工业国转型,从封闭型社会向日益开放多元的公民社会转型;从国家与外部的联系程度及社会发展水准而言,则表现为从陆地区域发展向陆海统筹发展转型,从发展速度向发展质量和发展安全转型。"该书即是其长期思考中国社会转型问题的理论结晶。

伴随着国力的日渐成长,中国正在成为世界格局改变中的最大变量。21世纪初中国加入世贸,接受了西方世界设定的游戏规则,使自己成为全球化的积极推动力量。中国自身所拥有的巨大发展潜力,创造了人类历史上一个罕见的漫长发展周期,尽管当前面临着一些危机,但新常态的界定仍然充满自信,盛世辉煌的乐观情绪弥漫在整个社会。中国人总是乐观地期待,世界会在中国发展所提供的外部性机遇中走向繁荣,人类会在中国梦的实现中走向和谐。然而,在外部世界眼中,中国对国际格局的每一次冲击,都像是那头贸然闯进了瓷器店的公牛。是机遇还是挑战?是世界危机的拯救者,还是麻烦的制造者?不管中国自己是否愿意承认,事实上,中国呈现给世界的显然并不是一个单纯的形象。

沈德理教授是我极为敬重的一位睿智师友,秉持一份赤诚之心,长期关注转型期中国的发展问题。问题视域极为广泛,时间跨度也几近 30 年。上至内政外交、家国天下,下至社会民情、生民之计。既有宏大的全球战略思考,也有具体的区域战略均衡,既有关于政治法律的周密制度谋划,也有文明文化的深沉理论反思;变化的是问题和理论视域,不变的是沈教授作为一个学者的社会良知和清醒的理论洞见。他像一只牛虻,身上常常透射着与这个时代格格不入的率真。在这样一个娱乐至死(尼尔·波兹曼)的"后"时代,一个人很容易迷失在各种流行话语营造的虚假学术氛围之中,而无法面对这个时代最真实的问题。沈教授不追求形形色色的话语时尚,他更愿意坚守大道至简的从容坦荡,更愿意选择一种质朴的话语直面坚硬的现实。某种意义上,沈教授更像一个具有传统士大夫情怀的知识分子,在穷达之间,孜孜以求,立心立命,开太平,继绝学。他在自己的世界里艰难前行,留给我们一个孤独的背影。而对于我们,能时时聆听一个智者的声音,后生小子,与有荣焉。

2016 年 5 月 24 日于海大桥西陋室

目　　录

基本格局及路径

城乡发展及现代治理

主权安全及发展安全

基本格局及路径

党在宪法和法律范围内活动之哲学探讨*

从党的十一届三中全会以来,我们党都明确地强调党必须在宪法和法律的范围内活动,重申新党章、新宪法的有关规定。应该说如此重视这种已经被确立为制度的思想主张不是偶然的。马克思曾经指出:"每个原理都有其出现的世纪。例如,与权威原理相适应的是十一世纪,与个人主义原理相适应的是十八世纪。……但是,如果为了顾全原理和历史,我们再进一步自问一下,为什么该原理出现在十一世纪或者十八世纪,而不出现在其他某一世纪,我们就必然要仔细研究一下:十一世纪的人们是怎样的,十八世纪的人们是怎样的,在每个世纪中,人们的需求、生产力、生产方式以及生产中使用的原料是怎样;最后,由这一切生存条件所产生的人与人之间的关系是怎样的。"①马克思在这里从上层建筑同经济基础的辩证关系的角度提出质疑,意在启迪人们认识,现存的一切思想观念、理论设计以及与此相应建立的政治法律制度,都根源于社会的物质生活条件和社会关系,是时代必然性的反映。我们今天探讨党必须在宪法和法律范围内活动的问题,说到底,还是为了教育广大党员认清自己的历史使命,"向世界指明它究竟为什么而斗争"②。

我们党既是中华人民共和国的缔造者,又是国家政治生活的指导者,为什么要求党必须在宪法和法律的范围内活动呢?这只能从两者之间的相互联系和这两者与现存社会的整体联系中去寻找答案。我们党作为执政党和社会主义法律都是无产阶级革命胜利的结果,所不同的是,执政党是无产阶级政党在

---

  * 《华中师范大学学报》[法学论文专辑]1988年6月。
  ① 《马克思恩格斯选集》第1卷,人民出版社1972年版,第113页。
  ② 《马克思恩格斯全集》第1卷,人民出版社1957年版,第418页。

夺取政权后的转变,而社会主义法律则是对资本主义的直接否定。正是这种法律正确地确认了党所领导的反帝反封建的新民主主义革命对旧中国前途的合理解决,同时为党担负起新的历史时期的任务提供了条件。是党领导人民经过长期艰苦卓绝的斗争夺取了革命胜利,社会主义国家才得以建立。社会主义国家离不开相应的政治法律制度,而只有社会主义国家及其政治法律制度的存在,党才成其为执政党。进而,执政党只有自觉运用和遵守法律,也才有可能顺利地履行对新社会的领导责任。

从我们党地位的转变和社会主义法律的产生可以看出,党和这种法律之间有着内在的和必然的联系,是一种"'物本身中'含有'因果依存性'的联系"①,而不是那种此事物与彼事物虽同时存在,但却彼此排斥,在斗争中生死消长的联系。明白这一点,就不难理解党在夺取政权阶段与资本主义法律及其一切剥削阶级法律的矛盾冲突。在社会主义条件下,党和法律的冲突的社会根源不复存在,并因为这种法律具有集中人民意志和保护、促进社会主义事业的作用,党还要自觉地遵守法律。恩格斯早就预言:"一个积极的社会主义政党,如同一般任何政党那样,不提出这样的要求是不可能的。从某一阶级的共同利益中产生的要求,只有通过下述办法才能实现,即由这一阶级夺取政权,并用法律的形式赋予这些要求以普遍的效力。"②我们可以从这个教导中逻辑地推论出这种思想:第一,工人阶级政党(即无产阶级政党)夺取政权之后,必须提出并创立新型的法律;第二,这种法律应该体现无产阶级和广大人民群众的共同利益和意志;第三,这种法律对整个社会都具有"普遍的效力",执政党本身应该率先遵守。我们党今天提出"一手抓建设,一手抓法制"和"在法律面前人人平等",正是对恩格斯这一光辉思想的具体运用和丰富。

马克思主义全部学说的基石是辩证唯物主义和历史唯物主义,这是我们党一切活动的根本依据,背离了它,党的工作就会走上歧路,变得毫无意义。党在宪法和法律范围内活动,是贯彻马克思主义的知行统一原则的生动证明。这里试作粗浅的分析如下:

(一)从根本上讲,党在宪法和法律的范围内活动是社会主义社会的发展

---

① 《列宁全集》第14卷,人民出版社1957年版,第159页。
② 《马克思恩格斯全集》第21卷,人民出版社1965年版,第567—568页。

规律使然,因为党所具有的无产阶级先锋队的革命性质,必定表现为党本身的自觉行动。社会主义法律是无产阶级和广大人民群众改造客观世界的工具,它建立在正确认识和反映客观规律的基础之上,党要领导社会主义现代化建设,就不能违背这种符合客观规律要求的法律。社会从低级向高级发展,资本主义社会一定要被社会主义社会所代替,继而过渡到共产主义社会。这是不以人们的意志为转移的社会发展的客观规律。社会的客观规律有总规律,又有具体规律,比如,生产关系一定要适应生产力性质和发展状况的规律、阶级斗争规律、商品经济的价值规律、人类生产生活与自然环境相互关系的规律等。无论是社会的总规律,还是社会的具体规律,都是既不能制造也不能违背的。社会的客观规律与无产阶级的阶级利益一致,无产阶级及其政党能够真实地反映历史的变化。我们在消灭资本主义的生产关系之后,紧接着实行生产资料的社会主义改造,现在又重视强调以公有制为主体,大力发展有计划的商品经济,这些都是根据我国具体国情即社会主义初级阶段的生产力发展水平所作的规定。社会主义法律正确反映了这一客观规律,党遵守和运用这种法律,有利于指导人们开展政治经济工作、文化教育工作、科学研究工作以及利用自然、改造自然的斗争,把我们的各项事业推向前进。

(二)遵循社会客观规律的活动是有预期目的的活动,党在宪法和法律的范围内活动与这种活动的目的相一致。无产阶级政党是无产阶级的先锋队,它和一切剥削阶级的政党不同,它的全部运动"是绝大多数人的、为绝大多数人谋利益的独立的运动"①。"共产党人为工人阶级的最近的目的和利益而斗争,但是他们在当前的运动中同时代表运动的未来。"②能否代表和维护人民群众的利益,这是区分无产阶级政党和资产阶级政党的根本标志,党的一切活动的出发点和归宿,都是为着无产阶级和人民群众利益的,她没有自己的特殊利益。无产阶级政党所追求的目的,是与无产阶级和人民群众的利益完全一致的。它所追求的目的,决定了她不仅因自身地位的变化而改变她同人民患难与共、生死相依的联系,并且还将通过国家的力量更有力地加强这一联系。从某种意义上说,党在宪法和法律的范围内活动,是在新的历史时期坚持群众

---

① 《马克思恩格斯选集》第 1 卷,人民出版社 1972 年版,第 262 页。
② 《马克思恩格斯选集》第 1 卷,人民出版社 1972 年版,第 284 页。

路线的一种新形式,表明党尊重人民群众的主人翁地位和在现代化建设中的决定性作用。同时,也表明了党永远与人民群众站在一起,永远为人民服务的坚强决心。党在宪法和法律的范围内活动有两个基本含义:其一,作为执政党的全部执政活动要在宪法、法律的范围内进行;其二,执政党的所有党员同普通公民一样,无一例外地履行法律所规定的各项义务。他们只应该比党外群众做更多有益的事情,而不能有什么特殊。有些意志不坚定的党员由于受封建特权观念和各种非无产阶级的思想作风、生活方式氛围的影响,很容易出现脱离实际、独断专行,以至玩忽职守的官僚主义。现在面临搞活经济、实行对外开放的考验,少数人又迷失了政治方向,他们把自己同党和人民群众的关系等同于市场上的商品交换,"假革命以营私",违法犯罪。赵紫阳同志在党的十三大报告中用明晰的语言坚定地指出:"我们当然不能因为少数党员经不起考验而改变改革开放的总方针总政策,也不能停下建设和改革去专干打扫灰尘,必须把反腐蚀寓于建设和改革之中。"问题在于,相当长的时间以来,一些单位的领导人以爱护之名,行庇护之实,对这些行为熟视无睹、麻木不仁,或是不给任何处分,或是用党纪处分和行政处分帮助其逃避法律处罚。庇护者以言代法,以权代法,犯罪者以党籍当罪,以官当罪,以连带关系当罪,导致违法乱纪现象的连锁反应。其结果,既损害了国家利益,放纵了犯罪分子,也无以教育党内外群众。再说,不用法律的最基本标准要求党员,作为公民尚且不合格,将其置于无产阶级的中坚位置上,岂不会破坏党的纯洁性?所以必须要接受党章和宪法、法律的双重约束,从严治党。身为国家工作人员的党员个人尤其应该在法律面前向人民群众负责,诚恳欢迎他们对自己实行严格的监督,并形成习惯。

(三)为了实现预期的目的,人们在实践中不得不接受手段选择上的规定性制约。党之所以必须在宪法和法律的范围内活动,也正是基于这一重要的理性认识。无产阶级政党在夺取全国政权之后,随着"剥夺剥夺者"以及镇压他们反抗的斗争结束,她制定战略决策的现实出发点是:生产资料的社会占有已经确立,剥削阶级已被消灭,共产主义思想体系在意识形态领域占有指导地位。这时"执政"的题中应有之义,根据我国的具体国情就是:以经济建设为中心,坚持两个基本点,通过社会主义的初级阶段,去实现许多国家在资本主义条件下实现的工业化和生产的商品化、社会化、现代化。可以借用列宁的话说,这决不是用高呼"乌拉"的方式所能解决的,而是需要逐步进行以大机器为主体的社会主义生产。过去是破坏旧世界,现在是建设新世界。基本任务变了,使用的手段也要随之改变。过去是用阶级斗争的暴力解决旧的国家机器的问题,现在则要用发展社会生产,创造比资本主义更高的劳动生产率的和平建设解决人民群众日益增长的物质生活和文化生活的需要。过去我们党对怎样建设社会主义缺乏经验,也没有认识到我国在生产力落后、商品经济不发达条件下建设社会主义必然要经历一个特定的历史阶段,即社会主义的初级阶段,使用了错误的手段,背离了党的预期的目的,造成了极其惨重的损失。什么是与党的预期的目的相协调的手段呢? 就宏观而言,首先要运用党的政策手段,对社会政治、经济、文化诸方面的运动变革,对国家政权机关活动进行总的指导。还要运用法律手段,维系社会主义国家机器的正常运转,建立良好的社会秩序,使人民群众的学习、劳动和自由幸福生活不受侵犯。就微观而言,必须区分社会主义社会各种矛盾的不同性质和特点,依据政策和法律,对刑事犯罪活动采取镇压、改造、综合治理手段,对经济建设采取计划指导和市场调节手段,对人民内部矛盾采取道德约束、纪律教育、经济、行政制裁手段,等等。这些手段从作用上讲,都是十分重要、不可须臾或缺的。从相互关系上讲,都是相互补充而无相互代替的。无论是处理敌我问题、国际交往问题,还是处理人民内部诸如民族问题、知识分子问题、学术问题、人们的思想认识问题,都只能按照政策和法律的有关规定进行。现在,我们不再提"以阶级斗争为纲",并非就是放弃对敌斗争;不再提"政治挂帅",并非就是接受资产阶级自由化。而是拨乱反正,对带根本性的问题用政策和法律规定下来,作为全党和全国各族人民行动的准则,为达到革命的目的而选择适宜的手段。如果迷恋往日那种暴风雨式的群众运动,幼稚地设想"用棍子把人赶上天堂"①。人心势必离散,更谈不上现代化建设。

根据以上分析,可以看出党在宪法和法律的范围内活动,它是党避免主观随意性,随着社会主义社会前进并指导这种前进的伟大历史主动性的体现,是党在新的形势下实现社会领导的更高形式。这里还需要特别说明,党在宪法和法律的范围内活动,仅靠党的历史主动性还是不够的,通过今天的政治体制

---

① 《列宁全集》第 20 卷,人民出版社 1958 年版,第 58—59 页。

改革和精神文明建设使这一原则切实地付诸实践,则具有更为紧迫的意义,也是问题的关键所在。

首先,我们所进行的改革是一个全面的、综合的、动态的社会系统工程。改革的进度表明,政治体制改革的状况,对于经济体制等方面的改革能否顺利进行影响甚大。它的意义还在于,由于制度本身不是可以任人左右的一种制约力量,那么,不经过这一制度所规定的宗旨、程序、方式的允许,一个人民群众所拥护的正确的政策、法律等,就不会因领导人的改变所能改变,就不会因领导人的看法和注意力的改变所能改变。党和政府中即使一旦出现了野心家、阴谋家,也足以制止其恣意横行,同时可以永远防止再发生类似的"斯大林现象"。这些都要求通过完善法制,不断消除过去政治体制的某些弊端。党的十三大报告已列举了近期内所要达到的七个方面的目标。我们认为,这七个方面是大有文章可做的,它的贯彻实施,对于理顺党政关系,对于决策民主化、科学化,对于提高国家管理的效率,清除官僚主义和家长制,进一步选贤任能,发挥中央和地方、上级和下级以及党内外群众的智慧和积极性,将产生深远的影响。与此相联系,现在亟待建立和健全法制体系,使各项国家管理制度有章可循。譬如,实际地提高各级人民代表大会的权威性;用普选制代替等级授权制,用任期制度废止终身制;使干部的职权同个人利益之间适当分离;保证群众监督、舆论监督作用;等等。此外还要做到,党纪由党的纪检部门管,政纪由政府监督部门管,法纪由政法机关管,明确职守,在相互制约中实现配合、协调。邓小平同志在《党和国家领导制度的改革》一文中告诫我们:"坚持四项基本原则的核心,就是坚持党的领导。问题是党要善于领导;要不断地改善领导,才能加强领导。"可以预料,随着政治体制改革的深入,党的领导作用将会得到更好的发挥,社会主义民主政治也必定一步一步地走向制度化、法律化。

其次,社会主义物质文明建设和各项改革的发展,是与社会主义精神文明建设互为因果的。在我国现代化建设的整体布局中,社会主义精神文明建设是其重要的组成部分。而由于无产阶级执政党在国家生活中的特殊地位,决定了执政党的党风,党员的精神状态、人格和能力对整个社会起着示范的作用。在社会历史领域,人们的无数的个别意向和行动,人们的自发倾向经常成为一种历史的惰性力。中国国民的性格特点或许可以这样总结,以自我为中心的优越感的内核里包含着自卑和盲从,赋有刻苦耐劳精神和创造潜力又失之保守、冷漠。它是植根于旧的生产关系和民族思想、文化传统的反映,又反过来成为阻碍这种基因发生变革的社会心理和行为惯性。还要看到,我们挣脱半封建半殖民地社会的锁链不久,最初还缺乏参与新社会建设所必备的主人翁意识和科学文化知识。经过这几十年的发展,状况已大为改观。但仍不能说已经普遍可以与现代化建设的要求相适应。凡此种种,都是无法用采取不承认主义的态度所能回避的。那么很显然,我们今天在用社会主义、共产主义理想对人们予以教育、动员,引导人们进行观念上的革命的同时,必须尽快发展科学文化事业,全面改善人们的素质。而这一切都需要运用社会主义法律进行调整。社会主义法律具体地规定了人们应该做什么,不应该做什么,对人们的行为划分了合法和非法的基本标准。它既将人们对社会的要求现实化、合法化,又将社会对人们要求合理化、科学化,使人们在社会生活中有所依归,享受权利的同时履行义务,处理好个人与他人以及整个社会的关系。党在宪法和法律的范围内活动,无疑有利于法律的正常的立、废、改,有效地抑制各种权利滥用的行为,会为一切国家机关、企、事业单位和社会团体树立榜样,理直气壮地、充满信心地率领人民群众同党内和社会上的一切消极、腐败现象进行斗争,加速党风和社会风气的好转,从而同人民群众一道改变整个中华民族的面貌。

马克思主义哲学理论中有一句名言:"环境的改变和人的活动或自我改变的一致,只能被看作是并合理地理解为革命的实践。"[1]马克思和恩格斯在论述党的纲领时,曾经告诫说,对共产主义原理的运用,随时都要以当时的历史条件为转移。后来,恩格斯更清楚地指出:"新的党必须有一个明确的积极的纲领,这个纲领在细节上可以因环境的改变和党本身的发展而改动。"[2]党在宪法和法律的范围内活动,是从必然王国走向自由王国的关系变换,是"盲目的、尚未被认识的'为我的必然性'、'自在的必然性'在转化为已被认识的'为我的必然性'"[3]。作为一个过程,它是以"人的能动和人的受动"形式呈

---

① 《马克思恩格斯选集》第1卷,人民出版社1975年版,第17页。
② 《马克思恩格斯选集》第4卷,人民出版社1972年版,第257页。
③ 《列宁全集》第14卷,人民出版社1957年版,第194页。

现出来的①。质言之,即是在对社会主义社会的初步科学考察和把握的前提下,能动地制定一系列规则,做到利用"预先地、有计划地起作用的规则"来改造客观世界②。我们党要担负起领导全国各族人民,将我国建设成为一个富强、民主、文明的社会主义现代化国家这一光荣而又艰巨的历史使命,需要继续坚持辩证唯物主义的知行统一观,注意吸取我们党正反两个方面的经验教训,走历史的必由之路,自觉地、主动地、创造性地不断解决前进中的现实问题。我们只有这一种选择,没有第二种选择。

---

① 《马克思恩格斯全集》第 42 卷,人民出版社 1979 年版,第 124 页。
② 《马克思恩格斯全集》第 23 卷,人民出版社 1972 年版,第 394 页。

法律在文明中的演进及其给我们的启示 *

　　近年来,法学界对"法律是什么"进行了多方面的讨论,通过争鸣,把对此问题以及相关问题的认识引向了更高、更深的层次。很多同志在摈弃了过去对法律概念的教条式的理解和表述之后,仍然把它看成是在阶级对立的社会里取得胜利的阶级为维持现存的社会秩序,规定人们的权利义务关系,并用国家强制力强制实施和表示自己统治合法性的社会规范体系。本文承袭这一关于法律概念的用语,并把法律纳入整个文明的框架来阐释它的历史运动,以求对我国现阶段的改革开放有所裨益。

　　在马克思主义的哲学、政治经济学和科学社会主义这一整体学说的经络中,对法现象的翔实考察是其不可或缺的组成部分。在马克思和恩格斯看来,阶级、国家、法都是文明发展过程中的衍生物,文明是相对野蛮而言的一种进步的人类社会状态,在一定的历史阶段上,这种文明不过是剥削制度产生和发展的一种条件,"当文明一开始的时候,生产就开始建立在级别、等级和阶级对抗上,最后建立在积累的劳动和直接的劳动的对抗上。没有对抗就没有进步。这是文明直到今天所遵循的规律。"①

　　"由于文明时代的基础是一个阶级对另一个阶级的剥削,所以它的全部发展都在经常的矛盾中进行的。生产的每一进步,同时也就是被压迫阶级即大多数人的生活状况的一个退步。对一些人是好事的,对另一些人必然是坏事"②。法律的产生不是基于人们的愿望和社会正义,而只是作为生产、市民,

<hr />

　　* 《海南师范学院学报》1993 年第 2 期。
　　① 《马克思恩格斯全集》第 4 卷,人民出版社 1958 年版,第 104 页。
　　② 《马克思恩格斯选集》第 4 卷,人民出版社 1972 年版,第 173 页。

国家之间的中介的需要,这基于两个原因,一是"到处都一样,社会上占统治地位的那部分人的利益,总是要把现状作为法律神圣化,并且要把习惯和传统对现状造成的各种限制,用法律固定下来。……"二是"如果一种生产方式持续一个时期,那么,它就会作为习惯和传统固定下来,最后被作为文明的法律加以神圣化"①。在经济基础与耸立于上的上层建筑变迁的过程中,抽象的"永恒法律秩序"是没有的,"国家是文明社会的概括"②,任何国家也都不是人类社会发展的最高目的。

毋庸置疑,文明是由不文明转化而来的,又是与不文明相比较而存在、相斗争而发展的,因之具有阶级性。与这一过程相联系,文明的产生、发展同阶级、国家的产生、发展须臾不可分离,在阶级对立状态下,它还是具有阶级性。因为很显然,法律的创制权、运用权与对社会生活的具体管理是一个问题的两个方面,都是被统治阶级尊奉为国家的一种权力表现。无论人们情愿与否,这种由国家制定或认可的强行性规范划开人们的尊卑界限,分赠人群各种荣辱,使人们不得不——即使被压迫被剥削阶级和广大劳动群众陷入怎样屈辱凄凉的境地——各守其分确实是不争的事实。至于它与人类文明史的作用,这里借用恩格斯当年对中世纪德国的评论予以解说:"在这种普遍的混乱状态中,王权是进步的因素。这一点是十分清楚的。王权在混乱中代表着秩序……"③

在马克思和恩格斯的著作中,"级别、等级和阶级对抗","生产方式……神圣化","代表着秩序"等等,这些话,包容着相互关联着的意味深长的辩证法思想。他们批判现存的一切,只是为了寻求人类解放的新途径。两位历史唯物主义史观的伟大创立者从来没有简单地否定过去,而是在事物的必然性里探究新的生产力的代表如何发挥历史的主动性,尽量少走一些不必要的历史弯路。他们总是瞻念、警告着人们正确地把握未来——共产主义社会以及它的第一阶段社会主义社会,譬如他们关于"权利永远不能超出社会的经济结构以及由经济结构所制约的社会的文化的发展"的论述④,关于社会主义政

---

① 《马克思恩格斯全集》第25卷,人民出版社1975年版,第894页。
② 《马克思恩格斯全集》第4卷,人民出版社1972年版,第172页。
③ 《马克思恩格斯全集》第21卷,人民出版社1965年版,第453页。
④ 《马克思恩格斯全集》第3卷,人民出版社1972年版,第12页。

党必须夺取政权,"并用法律形式赋予这些要求以普遍的效力"的论述①,关于"一切公务员在自己的一切职务活动方面都应当在普通法庭上按照一般法律向每一个公民负责"的论述②,等等。在我们实施改革开放战略,大力推进民主与法制建设的今天,继续钻研、重温这些马克思关于法的立场、观点和方法,对于防止、纠正我们队伍中人滋生新的右和"左"的幻想,显然具有恒常的理论逻辑力量和革命意义。

根据马克思主义的唯物史观,这里从三个方面对文明之于法律的关系进行简略的分析。

一、关于文明的阶段性与法律的历史变化

文明的阶段性,从总的方面讲,它是指生产力和生产关系矛盾运动推动社会发展的不同过程,而法律正是随着这种过程新陈代谢,形成一种发展的历史联系。马克思认为这是一种历史规律,"每种生产形式都产生出它特有的法权关系、统治形式等等。"③恩格斯对此也作过经典性的表述,他说:"每一时代的社会经济结构形成现实基础,每一历史时期由法律设施和政治设施以及宗教的、哲学的和其他观点所构成的全部上层建筑,归根到底都是应由这个基础来说明的。"④此外,文明的发展对法律的影响,还在于每当社会表明经济、政治等诸方面的改革要求,最终只有通过法律的承认和保障,才会得以实现。在中国,"文景之治"和"贞观之治"时,前有除三族罪、妖言令、除宫刑、除收拿相坐律令、诽谤妖言令、除肉刑(断趾、黥、剕之类)、笞刑等。继之以公布施行《开皇律》、后有"斟酌今古、除烦去弊"的《贞观律》⑤。古罗马曾经一度文明昌盛,而罗马法也"以私有制为基础的法律最完备形式"⑥和"商品生产者社会的第一个世界性法律"⑦,著称于世。

---

① 《马克思恩格斯全集》第21卷,人民出版社1966年版,第567—568页。
② 《马克思恩格斯选集》第3卷,人民出版社1972年版,第30页。
③ 《马克思恩格斯全集》第12卷,人民出版社1962年版,第738页。
④ 《马克思恩格斯选集》第3卷,人民出版社1972年版,第66页。
⑤ 《旧唐书·刑法志》,第2133页。
⑥ 《马克思恩格斯选集》第3卷,人民出版社1972年版,第143页。
⑦ 《马克思恩格斯选集》第4卷,人民出版社1972年版,第248页。

文明的阶段性在法律上表现的另一方面,还在于同生产力、生产关系发展程度基本一致,人类社会的意识形态也从简单到复杂,沿着低级向高级的历史走向前进。尤其是随着统治者的剥削阶级文化教养的提高,政治法律思想的深化,统治人民群众和驾驭整个社会的经验和能力的丰富与成熟,更直接地对法律的制定和实施产生重要影响。众所周知,中国的儒学和西方的神学就曾经被封建统治者所假借,以加强其法律的辅助作用。反之,进步的社会思潮乃至价值观念,对法律也产生着积极的影响,当年马克思曾以《拿破仑法典》为例,指出这部法典"并不起源于旧约全书,而是起源于伏尔泰、卢梭、孔多塞、米拉波、孟德斯鸠的思想,起源于法国革命"①。这表明,一方面,有什么样的经济基础势必产生什么样的上层建筑与之相适应;而另一方面,同一上层建筑领域,即如法律制度之于思想、文化等也是互相影响的。

再从法律的个别调整到一般调整的变化也可以说明这一点。开始人们不是制定一种普遍的规则,而只能够是对个别矛盾和纠纷作个别处理,随着这种过程的反复进行,认识不断深化,才逐渐就处理个别矛盾和纠纷的单行惯例衍生成统一规范,作统一的调整,从而消除了那种粗俗的应急性和随意性色彩。并且,每一个新的掌握政权的剥削阶级,都必须根据自己的需要修改旧法和制定新法,注重发挥法的多方面功能。其结果,法律不仅要解决压迫者与被压迫者之间的关系问题,还要解决在生产中产生的一般人际关系问题,以及人们与自然界之间的关系问题,还要解决随着经济、政治的发展所带来的民族与民族、国家与国家的关系问题,等等。如:禁止私人复仇,禁止近亲结婚,实行环境保护,签订国际条约保护与邻国的相互正常、友好关系,等等。与此相联系,立法思想和司法实践方式也在逐渐改变着。以往的剥削阶级由于急功近利,对本阶级的长远利益有所忽略。它表现在:第一,往往过于强调法律的镇压作用,处理各种违法行为时不太注意区分行为的不同性质;第二,在法律实施时方法简单、残忍。到后来,则越来越重视发挥法律的指导作用和教化作用,提倡所谓的"公平""理性""人道主义"等等,立法更为积极也更为慎重,在明确规定禁止性条款时,更多增加地奖励性条款,而且在法律制定后往往先行颁布,生效时间延后,使人们有一个心理熟悉和准备接受的过程。这样,就会产

---

① 《马克思恩格斯全集》第 1 卷,人民出版社 1956 年版,第 129 页。

生更切实、更理想的社会效果,即所谓"切切此布,勿谓言之不予也"。总之,在文明发展的过程中,法律的内容总是相应地出现变动,其社会作用也就越发丰富起来。

二、关于文明的阶级性与法律本质

文明的阶级性,是指标志社会发展程度的物质文明成果和精神文明成果被掌握国家政权的剥削阶级所占有和控制。进而,剥削阶级又利用国家所赋予的特殊地位,对包括法律在内的上层建筑进行强化改造、继续书写社会新的编年史。这样,生产力发展着,人们在生产中的地位不断变化着,一些阶级消灭了,一些阶级产生了,剥削阶级的奴隶主被封建主所代替,继之又被工人和农民所代替。文明阶级内容和性质则未发生根本变化。虽然,不同历史类型的法律不仅包含着它与自己同时存在的被压迫、被剥削阶级的直接对立,但还要看到它也包含着与以往的剥削阶级的直接对立,包含着新的私有制形式对旧的私有制形式的超越和否定、所以,新的剥削阶级可以沿用自己前辈不少方面的法的条律却决不会全部照搬就是理所当然了。最后还有一点可以肯定,即以往历史类型的法律每次无论如何变化、进步,都不可能游离对新的剥削方式的认可,即使是现代资本主义社会中实行"高福利"的国家,也不能断言它已游离维护人压迫人、人剥削人的主体轨道,它实则是剥削制度的"近代""现代"的文明特质的一种反映。

总而言之,以往任何一种剥削阶级的法律及其他制度都同社会灾难联系在一起,从来没有也不可能使社会的贫富分化和阶级对立从恶性循环中解脱出来。而这又正是剥削阶级的共同要求和愿望所在。在我国漫长的封建社会中,关于"严等差、贵秩序"的政治、法律思想和制度,关于"天不变,道亦不变"的哲学、伦理主张,以及西方资本主义社会中关于"私有财产神圣不可侵犯"的观念和制度是不是对这种普遍事实的承认和拥戴呢? 答案是十分明显的。

文明的阶级性和法律的本质往往被国家这一现象所掩盖,但只要不停留在对法的层面上观察,即譬如只看到地理、气候、社会风俗、宗教信仰及人的性格等方面,就明白国家之所以存在,国家之所以离不开法律调控,因为"国家是表示:这个社会陷入了一种不可解决的自我矛盾,分裂为不可调和的对立面而又无力摆脱这些对立面,这些经济利益互相冲突的阶级,不致在无谓的斗争中把自己和社会消灭,就需要有一种表面凌驾于社会之上的力量,这种力量应当缓和冲突,把冲突保持在'秩序'的范围以内,这种从社会中产生但又自居于社会之上并且日益同社会脱离的力量,就是国家。"①正是在这种意义上,马克思和恩格斯又把国家当作整个社会的正式代表。顺此逻辑,把法称之为"法是对多元利益的不平等确认"方才是正确的、深刻的②。从横向上看,法律是以现存社会的现实需要为基础的,它的产生、发展归根结底取决于这一历史阶段的经济关系,同时它是该历史阶段中各种社会关系的调整器和平衡器,执行着一定的具有全社会意义的即反映社会全体成员一般利益的公共职能。这种公共职能的履行在一定程度上反映被压迫、被剥削阶级和广大劳动群众的部分和暂时利益,尽可能避免阶级间的公开冲突,从而实际地符合了剥削阶级自身的根本利益、整体利益和长远利益。所以,这种公共职能的履行既不表明对全体社会成员进行权利、义务的公平合理的分配,更绝非是被压迫、被剥削和广大劳动群众的翻身解放。从纵向上看,法律又是依现存社会的发展需要为指向的。社会文明程度的提高,经济基础和上层建筑的变化,阶级力量对比的变化,使剥削阶级面临两难选择:要么墨守成规陋习最终被人取而代之,要么以共存供养自存,重新调整权利界限,在人与人之间(至少是在法条和法的解释上)更多地强调平权关系,同时对社会生产、社会福利、自然环境等方面的问题也给予热衷的关心,以引导全体社会成员共同解决忧患的姿态继续保持自己的权威地位。究其原因,无非是社会发展的客观规律见之于主观认识之使然,亦是剥削阶级通过国家克服自身任意性的一种结果。

正因为如此,我们不能因为看到剥削阶级的"开明",而忽略了这种"开明"及其表现在法律上的欺骗性,也不能厌恶它的欺骗性又忘记了法律毕竟是伴随着文明的进步而进步的。如否认了前者,即是忽视剥削阶级法律的根本性质;否认了后者,则无疑等于轻视被压迫、被剥削阶级和广大劳动群众数千百年来所进行的生产斗争和阶级斗争的巨大作用。通常,欺骗从反面表现出社会中各种政治力量特别是人民力量的增长。而它作为社会平行四边形的

---

① 《马克思恩格斯选集》第4卷,人民出版社1972年版,第166页。

② 参见蒋玉山:《法是对多元利益不平等的确认——法律阶级性问题浅谈》,《中国法学》1988年第4期。

力量之一必然投射在剥削阶级立法和司法实践活动之中,推动着剥削阶级法的内容和形式既统一又矛盾的运动。在阶级对立的社会里,"社会改革从来不是靠强者的软弱,而永远是靠弱者的强大来实现的。"①这是科学的结论。这里应当顺便说明,说剥削阶级法律的欺骗性,主要是以其立法取向和司法实践中的同罪异罚而言,如其立法的主动和法的强制而言则不失其为"真实"和"庄严",因为法毕竟是通过国家意志而具有普遍的效力。不如此认识剥削阶级的法现象,就会陷入无法自圆其说的理论争论怪圈。

三、关于社会主义文明的性质与社会主义法制建设

我们知道,概念是一种对客观事物本质把握的思维形式,在运用概念时要注意它的内涵和外延,"人的概念并不是不变的,而是永恒运动的,相互转化的,往返流动的;否则,它们就不能反映活生生的生活"。应该唯物地"研究概念的运动,它们的联系,它们的相互转化"②。我们今天通常所说的文明和这里所说的文明有一定区别。马克思和恩格斯唯物史观中的"文明"一词,往往同"文明时代"一词连在一起使用,因而有其特定的含义。他们曾把"文明"当作社会危机的代名词,譬如他们在《共产党宣言》中在描述资本主义经济危机的可怕情景时曾经指出:"因为社会上文明过渡,生活资料太多,工业与商业太发达。社会所拥有的生产力已不能再促进资产阶级文明和资产阶级所有制关系的发展。"这就间接地告诉我们,仅仅是生产力高度发展是不够的,还要改变所有制关系,消灭阶级。只有到这时,"人类的进步才会不再象可怕的异教神像那样,只有用人头做酒杯才能喝下甜美的酒浆。"③后来,列宁衍张其绪,一再阐明,无产阶级专政的国家已经不是原来意义上的国家,他甚至有时把这种国家简称之为"半国家"④。我们今天通常所说的文明,主要是从人民群众创造历史的角度,肯定文明是一定历史阶段人们所创造的物质文明和精神文明的总和。与三大奴役制条件下的文明不同,社会主义文明表现为一种

① 《马克思恩格斯全集》第 4 卷,人民出版社 1958 年版,第 293 页。
② 《列宁全集》第 38 卷,人民出版社 1959 年版,第 277 页。
③ 《马克思恩格斯选集》第 2 卷,人民出版社 1972 年版,第 75 页。
④ 《列宁选集》第 3 卷,人民出版社 1960 年版,第 185 页。

新的本质,即"社会主义"这种新的本质,它的主要特征正如我们党在十三大报告中所论述的四个方面:生产资料的公有制为基础的经济制度,人民民主专政的社会主义政治制度,马克思主义在意识形态中占指导地位,剥削制度和剥削阶级已经消灭。在社会主义条件下,文明的创造者第一次成为法律的制定者,第一次按照自己的意愿直接或间接地参加国家的组织、改革生活,随着政治体制的完善和生产现代化的展开,人与社会,人与国家的关系将不断地在更高的历史尺度和道德尺度上获得解决。由此,我们就可以得出关于社会主义法律新的具体概念:社会主义法律是维护社会主义社会秩序,规定该社会中人们权利义务关系,并用人民民主专政强制实施的社会规范体系,它是工人阶级领导的广大人民共同意志的体现。

社会主义文明与社会主义法律是这样一种对称关系,社会主义文明是社会主义法律的基石,社会主义法律则是社会主义文明的"护身符",社会主义法制建设是发展社会主义文明,规范社会主义的新型社会关系的实际步骤。我们知道,社会主义社会是在资本主义走下坡路时产生的,同时,它又是与资本主义社会并存的社会,这样就带来了极其复杂的情况。首先,它"在各方面,在经济、道德和精神方面都还带着它脱胎出来的那个旧社会的痕迹"①。其次,在一个很长的历史时期内,不能设想"人们立即就能学会不需要任何法权规范而为社会劳动"。② 如果说这是社会主义国家面临的普遍性问题,那么其次,在我们这样一个历史悠久,一直实行亚细亚生产方式,经济发展缓慢的国度里建设社会主义,面临的这一问题就显得更为明显和沉重。因而,制裁反动势力和一切丑恶行为,引导人们改造,矫正陈腐粗俗的传统习惯、调解人民内部矛盾,鼓励人们勇于承担社会责任,树立新的风格信仰,保障发展生产并迅速迈向现代化,以最大限度地满足人民群众物质生活和精神生活的需要,自然成为社会主义国家和法的题中应有之义,亦即是我国社会主义法制建设的紧迫和伟大的作用所在。

根据以上法律在文明演进轨迹的探视中所得来的经验和事实,对我们有些什么启示呢? 这就是:

---

① 《马克思恩格斯选集》第 3 卷,人民出版社 1972 年版,第 10 页。
② 《列宁选集》第 3 卷,人民出版社 1960 年版,第 252 页。

第一,文明和法律既是决定与被决定的关系,又是互相依存的关系。在阶级社会里,没有法律赖以产生、发展的文明和没有文明赖以支撑的法律同样是不可想象的。以往历史类型的文明和法律不可能给人类社会带来真正的福音。生产力、生产关系的落后,是与奴隶制、封建制联系在一起的,与"诸法合体""文字狱""非所宜言罪""宗教裁判所"和"大十字架"联系在一起的,但高度的资本主义文明则又和"金钱主义至上"形影相随,使过去所有的乌托邦对未来社会的设想,最后还原为"以人的天性为最高准绳而设想完美立法的企图"①。

如同人类在17、18世纪选择了资本主义有它的历史正义性、合理性一样,19世纪社会主义的诞生也有其历史的正义性、合理性。同此,中国人民经过漫长的救亡图存,比较筛选最终走向社会主义道路并没有错,虽然我们有时显得止步不前,不少问题令人忧虑:我们现在还未以繁荣昌盛的面貌真正步入世界民族之林;现有的经济能力还难以支持改革所需要的对人们利益的调整;主人和公仆的关系始终未得到很好的解决,官僚主义、权力滥用和尸位素餐者大有人在;社会主义法律原则与司法实践严重脱节,以名抵罪,以官(党票)折刑,徇私枉法等现象屡见不鲜;等等。这一切会经常给社会主义蒙上阴影。抚今追昔,使我们想起在纪念十月革命四周年时列宁讲的充满感情的话:"这是第一次胜利,还不是最终的胜利。……我们不怕承认自己的错误,我们将冷静地看待这些错误。学会改正这些错谬。"②"重要的是,坚冰已经打破,航路已经开通,道路已经指明。"③当然,我们也决不能够盲目乐观。

我们的损失之所以造成,追踪历史前因,一是体制上的弊端,二是政策上的误差,三是经验不足。此外,联系到上面对意识形态反作用的分析,是否还源于一种认识上的误解,一种文化上的命运呢?确实值得人们沉思。

第二,文明与阶级、阶级斗争密不可分,但不能把文明和阶级斗争完全等同起来,否则就会形成一种荒谬的公式:文明=法律=阶级斗争=敌我矛盾,从而导致恶劣后果。须知,任何一种历史类型的文明都离不开相对先进的生产

① 普列汉诺夫:《空想社会主义者》,载《论空想社会主义》上卷,商务印书馆1980年版,第2页。

② 《列宁选集》第4卷,人民出版社1960年版,第570页。

③ 《列宁选集》第4卷,人民出版社1960年版,第570页。

技术、科学技术和意识形态,而任何一种历史类型的法律都必须在不同程度上根据客观规律对社会实行"辨证论治"。譬如,除了调整人与社会的关系、维护社会秩序和公共安全;还要调整人与自然的关系,促使大自然为人类服务;调整民事关系,促进生产与交换;调整对外关系互通有无,维护利益均衡、避免战争,制止国际犯罪;等等。正如有的同志所说:"如果说法律的活动范围过去主要是在政治斗争的舞台上,那么现在它已经大踏步地跨入了经济发展、科学研究、文化教育、工程建设、智力开发、经济管理、人口控制、资源保护、能源开发、生态平衡等各个领域。"①

现在,在我国作为一个完整的剥削阶级已经消灭,阶级、阶层的构成已经呈现出新的形态,人民内部矛盾更加突出,资本主义的生活方式和意识形态阵发性地制造着人们的离心力。此外,我们别的问题也很多、很突出,如人口增加过多过快,环境恶化,文化、教育、卫生落后,等等,已经和正在严重地滞缓着国家的正常发展,所有这些都亟待法律导航、纠偏。总结历史经验,我们应该觉悟,就是必须把社会主义法制建设当作一项系统工程,要争取实现经济建设、政权建设、文化建设和法制建设的内部和谐以及法制建设自身的内部和谐。

第三,文明是一个过程,任何一种历史类型的文明和法律都不会凭空而来,它只会在已有的文明成就的基础上进行和发展。一个国家要发展,它既要继承以往文明的成果,还要跨越国度、主动汲取与自己同时代的其他国家和地区的文明成果,离开整个人类文明发展的大道,孤立地自谋发展不过是愚蠢的奢谈,从某种意义上与自戕无异。从本质上说,社会主义制度与狭隘的阶级偏见是不相容的,一切故步自封、坐井观天的观念和做法都会对社会主义建设造成妨害。我们现在为实现祖国统一推进"一国两制",在国际社会中坚守和平共处五项原则,积极参加世界性的"和平与发展"活动,等等,这些都是综合时代情势的明智之举。面对激烈多变的国际竞争,我们还"必须下大决心、用大力气,把当代世界各国包括资本主义发达国家的先进技术,具有普遍适用性的经济行政管理经验和其他有益文化学到手,并在实际中加以检验和发展。不这样做就是愚昧,就不能实现现代化。对外开放作为一项不可动摇的基本国

---

① 参见张崇厚:《法学研究中的多维视野和方法》,《法学》1988 年第 8 期。

策,不仅适用于物质文明建设,而且适用于精神文明建设"①。这样就既反对了盲目崇拜,又反对了愚昧保守。

在社会主义法制建设方面,当然也应持同一态度。譬如,对资产阶级法的原则性条款方面的"法律面前人人平等""法治""保障公民权利"等,对资产阶级法的技术性条款方面的"法的正当程序""越权无效""人格赔偿""新闻监督"等,都应好好研究,去弊用利为我所取。

第四,文明永远不会静止在一个水平上,文明一定要向前发展,这是不以人的意志为转移的。我国现在正处在社会主义初级阶段,初级阶段的道路还很长,是否改革、如何改革,关系到社会主义的生存死亡。我们今天需要大力发展科学技术,大力发展商品经济,认真探讨、把握商品经济的社会主义形式,继续用生产力标准衡量我们的工作。同时,要正确、谨慎地调整劳动者之间的物质利益关系,其中包括工人、农民、知识分子之间的物质利益关系,工人内部、农民内部、知识分子内部的物质利益关系,包括国家利益、集体利益和个人利益之间的关系。还要抓紧民主政治建设,扩大国家生活的民主参与,这一条做好了,党政机关的廉政建设就会更有条件。随着权力制约机制的提高和完善,公务员的公开考核、选拔将逐渐定期化、科学化。还有一个问题也相当重要,就是必须强化人民代表大会的作用。总之,要通过坚持改革,把社会主义基本制度化为更好的具体制度,使我们的社会主义重新焕发出新的生机和活力。只要有了雄厚的社会主义经济基础,消除了公民法律意识薄弱的经济原因,就会对上层建筑包括法律文化产生新的深刻的革命性影响,促成广大人民群众的法律价值观的进一步转变,使公民意识、平等竞争意识的普遍树立起来,公民的权利义务普遍受到尊重,惟其如此,人们才会习惯于运用法律维护自己的各种权益,自觉地把自己的切身利益同法律的最高权威相联系,逐步解脱各种形式的人的依附性统治,以达到社会主义的"法治文明"。

这里涉及如何看待现阶段仍然存在的"人治"的问题。毋庸置疑,传统的人治是导致人身依附和个人专制的重要因素,它与民主政治中的平等竞争是天然对立物。但是,只要我们稍微冷静一点就会懂得,今天要使人治转向法治化社会绝非易事,它要经过一个利用现存的正在改造着的社会组织机构,人们

---

① 《中共中央关于社会主义精神文明建设指导方针的决议》,1987 年。

21

的观念、习惯动作作为手段而加以推动的过程。与以往不同,现阶段是在发挥传统人治机制作用的同时,通过建立新体制逐步破除和取代它。所以,现阶段的人治,是在新旧体制的衔接点上,较多地凭借行政手段和领袖人物的影响力,弥补法律与法律效率之不足。换言之,现阶段对人治以及某些政策的借重(不管人们情愿与否),实际上是在改革过程中法治准备不足的情况下,负载缓冲任务而已。倘若社会主义商品经济和民主政治较快发展,使我们能够较早地迎接这一转变,则幸甚矣。

简述中国传统法律文化：
主要意旨、遗产及影响*

一、中国传统法律文化的主要意旨与总体模式

（一）主要意旨表现为指向"皇权至上"

与此相联系，其基本精神则是与个人本位相对应的集体本位。所谓集体本位，是指法律规范的社会功能在于通过对个人行为的制约来保障特权阶层的利益，其次是维护社会的整体安宁与秩序。这种集体本位经历了一个漫长的历史过程，出现过以下若干形式。

1. 神本位

商时期是典型的"迷信鬼神，不重人事"的时代。"迷信鬼神，不重人事"即是神本位。那时，神成了人间立法和司法的最高主宰，神权扭曲了人们的思考，压抑了人们的自主精神。神是什么？神是"上帝神"和"祖先神"的化身。它成了人间和民族最高利益的代表，服从神，就等于服从了人间和民族的整体利益。随着政治法律实践经验的积累，神本位开始瓦解。先是"祖先神"与"上帝神"之间发生冲突，进而发展为"人意"制约"神意"，促使古老的神本位或者"神治时代"消失。

2. 家本位

"不崇鬼神，注重人事"是西周开始的时代风尚。史学家认为，所谓周朝对殷朝的胜利，实际上标志着人对神的胜利。但是这里所说的"人"不是西方

＊ 2006 年，研究生法理学课程笔记。

所讲的个体的自然人,而是宗族家礼意义上的人。于是"礼"作为宗法家族制度的化身登上政治法律舞台,获得空前的社会价值。表现在建立宗法贵族政体,实行嫡长继承制和土地分封制以及世卿世禄制。体现"礼治",以"亲亲""尊尊"为原则。"亲亲父为首",推崇孝道;"尊尊君为首",力倡忠君,君父一体,忠孝合一①;家族是社会的基本细胞,国家是家庭的扩大。于是,"不孝不忠"有罪,在法律活动中处处充分体现尊卑、亲疏、长幼、男女之间的不平等。

3. 国本位

到了战国秦朝是中央集权君主专制政体确立时代。一家一户的土地私有制取代了贵族土地所有制;官僚制取代了世卿世禄制;地域行政组织取代了宗法血缘纽带;中央集权的君主专制政体取代了宗法贵族的政体;一切突出"国本位"。国本位是新兴地主阶级法律基本精神,即一切以国家利益为最高原则,而皇帝是国家的代名词。国本位的出发点和归宿都是为了确立和维护中央集权的君主专制政体。不管什么人,只要违反了以皇帝为代表的国家的命令,就要受到无情的制裁。

4. 国·家本位

在中国很长的历史时期实行宗法家族制度与集权专制政体相结合,宗法家族需要专制皇权的庇护,而专制皇权又需要家庭的效忠。这样就使维护宗法家庭秩序的"礼治",与维护集权专制政体的法家的"法制"相结合,形成具有中国特色的国家与家族的统一,即所谓"礼法合治",实行"法家法律儒家化""儒家思想法典化"。除了专制国家自身进行统治以外,又把半立法权、半司法权交给家族首长,让他们帮助朝廷来管制人民,以强化对朝廷的服从与效忠。这就是"国·家本位"。

5. 国·社本位

在国民党政府统治时期,法律实践活动体现为"国·社本位",或称为国家与社会本位,它以国家和社会利益为最高原则,表现为国家和社会是高于个人之上的统一体。法律的价值和功能不是维护个人的权利和自由,而是确认和维护国家社会的权力与自由。因此,要维护社会整体利益,就要限制个人的

---

① 孔子:"安上治民莫善于礼。"载《论语·颜渊》。荀子:"无分者人之大害也,有分者天下之本利也。"载《荀子》卷三,《非相篇》。

权利和自由。后来在法律理论化上的表达，一是宣扬和肯定"国家至上"的公法观，个人无权利，个人无自由，只有国家才有权利和自由。二是宣扬和肯定"社会至上"的私法观。这种公法观与私法观的目的只有一个，就是维护官僚大资产阶级的利益。

中国传统法律文化中的"集体本位""神本位""家本位""国本位""国·家本位""国·社本位"，有一个共同点，就是忽视个人的价值，用制约个人权利的方法来维护特定的社会秩序。首先，家本位取代神本位铸造了一张使人生而不平等的宗法血缘网，给每一个人事前安排确定了一个既定的位置：你是父，应当慈；你是子，应当孝；你是兄，应当良；你是弟，应当悌；你是夫，应当义；你是妻，应当顺。你不是你自己，你不过是宗法网结中的一个结而已。个人的价值被家族首长的特权淫威湮没了。其次，国本位取代家本位，是历史的进步，它捣乱了宗法血缘链条，把个人从家族小圈子里拉出来，多少承认了一点个人的地位。但是，国本位以维护中央集权的君主专制政体为最高原则，不惜以残酷的刑罚和暴力手段来驱使人民就范。个人必须无条件地服从国家法律和君主的命令，就是恶法也不准人民议论批评。总之，"国·家本位"是"国本位""家本位"在新的历史条件下的合二而一。个人既是家族的成员，又是国家的官民，将个人由过去分别对家族、对国家尽义务，变成既对家族又对国家尽义务，人们被这种双重义务压得透不过气来。"国·社本位"看起来，它取代了君主专制政体和宗法家庭制度，形式上也确认了人民的一系列政治权利，实际上否定了"个人本位"，它强调的是无条件服从国家、社会的利益，自己不存在独立的权利和自由。在"国家至上""社会至上"这样动听的口号下，将人民群众应该享有的权利和自由被剥夺、消解了。

（二）中国传统法律文化模式为"混合法"

"混合法"模式是中国法律实践活动的总体形态。它经历了数千年的反复实践过程，出现了以下若干形式。

1."任意法"。"任意法"产生于殷商时期，它是"神本位"法律观在立法、司法领域的产物。所谓"任意法"的"意"，是指的"神意"。任意法虽然表现为无法司法的特征，但是却以公平正义为标准司法，突出表现在以下三方面。

（1）天理司法。我们中华法系，以天理作为法的理论根据，如《尚书·甘誓》中有"今予唯恭行天之罚"的记载，《尚书·皋陶谟》中有将"天讨有罪"与

"天秩有礼"相提并论的记载,其意可理解为:凡是"有罪的人",应受到合乎天理的法律惩罚;谁"有礼",按照天理就应该得到相应的好处和地位。根据古人天或天理即为正义的象征的理解,"天讨有罪",即是指有罪者亦为违反正义者,应当给其作出符合天意的惩罚性的法律裁决。

(2)巫术司法。在古代社会里,巫术司法是客观存在的。我国法史学家瞿同祖和刑法史学家蔡枢衡都作过考察与论证,他们认为巫术司法,是古代社会的一种事实。瞿先生认为,原始社会常利用巫术来维持秩序。"古代许多法律若不利用咒的力量来维持其效力,便将成为无人遵守的具文,同时酋长若不以巫术为司法手段,他便无法担负司法上的责任了。在这些社会中超自然的制裁力量远胜于人为的一切制裁、一切力量"①。巫术分为善意巫术与邪恶巫术,善意巫术是正义的化身,他是为人求福利。因此,善意巫术司法实际是根据正义意思造法。在原始时代,对违反风俗习惯现象的惩罚,原是在天人斗争的迷信外衣之下进行的。巫术是天在人间的代表。

(3)神兽司法。据我国最早的辞书《说文解字》释义:"灋,刑也。平之如水,从水;灋所以触不直者去之,从去。"由此可知,从法的辞源看,它有"平""正""直"和公正裁判的含义。"律"字,据《说文解字》释义:"律,均布也。"清朝段玉裁注:"律者,所以范天下之不一而归于一,故均布也。"就是说"律"字含有提供模式,纠偏止邪,使之平均齐一、统一之意。"灋"是一种独角神兽,性中正,辨是非,在审判时被触者即被认为有罪,意在消除不直。传说战国时秦国的国君就曾特地用神兽秉公执法。神兽司法,寓意明确,它更贴切地反映了司法正义观。天理司法,巫术司法,神兽司法,虽然表现的形式不尽相同,但其实质都是以代表正义的神意司法,通常称为神法型司法,不是依法司法。

2. 判例法。判例法产生于西周春秋时期,是当时宗法贵族政体的产物。法官同其他官吏一样是世袭的。那时的审判方式被概括为"议事公制,下为刑群","临事制刑,不预设法"。这里所说的"事"就是判例故事,意为选择并依据已经的判例成事来审判裁决新的案件。不预先制定包括什么是违法犯罪又应当如何处罚的成文法典。所以,古人说,那时"刑不可知,威不可测"②。

---

① 瞿同祖:《中国法律与中国社会》,中华书局 1981 年版,第 264 页。
② 《左传·昭公六年》,孔颖达疏语。

判例是司法的结果,又是立法的产物,它是一种法律,即判例法。构成判例法需要具备以下条件:第一,社会上存在着一种普遍公认的法律意识,即"礼"的存在;第二,具有一批善于思考的法官;第三,有一个允许法官独立进行立法、司法活动的贵族政体。这三个条件中关键是有优秀的法官,优秀法官的标准,一是"直";二是博,就是《国语·晋语》中所说:"直能端辨之,博能上下比之",能够全面参照已往判例之义。

3."成文法"。到了秦朝,司法已不满足判例法,特别强调依法司法,秦朝除了同国家选派优秀法官以外,国家还要把法律制定得祥而备之,使法官执行起来如同作加减法一样方便和准确。《史记·始皇本纪》强调:"事皆决于法",国家禁止法官抛开法条去参酌已往的判例,不允许法官发挥个人主观能动性。衡量法官的优劣的标准是"公"和"明"。这里的"公"是指具备"公正之心";"明"是指"明法律令"。用今天的话来讲,法官就是要公正无私和熟悉法律条文。遇到法无明文规定,就逐级上报,听候上裁。这样看来,如果说判例法时代造就了一批善于思考和立法的法官,那么成文法时代就造就了一批博闻强记,长于操作的执法工匠,这就是判例法文化与成文法文化产生的不同结果。

4."混合法"。西汉以后,历代王朝重视制定以刑为主,民事、行政、实体法与程序法诸法合体的综合法典。由于成文法典不可能包罗无遗,因而历朝历代,除了颁布大量法令之外,还创制和适用判例。西汉的"春秋决狱"是判例法回复的开端,以后历朝的决事比、判例、例等,标志着判例法一脉相传,经久不衰的独立地位。

二、中国传统法律文化的若干遗产

(一) 中国传统法律文化中的不良遗产

1."亲亲""尊尊"内涵与变异后的法律精神

"亲亲",意思是指亲爱自己的亲人;"尊尊",意思是指尊敬和服从地位比自己高的人。它的本意包含着遵守等级秩序,各守本分,做好自己的要求。同时,其消极性是,"亲亲"要求人们用与自身血缘亲疏的尺度评判事物的曲直,使人们只爱其亲、其家、其族,无视他人和社会利益,违反法律普遍适用的行为准则。"尊尊"要求人们在采取行动或者评判事物时服从权势、地位(包括辈分)。这样就使法律成为公开的等级法律。发展到后来,是"君君臣臣,父父子子",是"君子三畏:畏天命,畏大人,畏圣人之言"。教导人们敬畏权力,屈从权力,崇拜权力。权力成为可以换取金钱名誉,学识、品德的一般等价物。使君尊臣卑成为天理,天子至高无上,"天子圣明,臣罪当诛",永远英明伟大。即使天子做错了事也要由臣下承担,美其名曰"天子圣明、为臣该死"。所以,有人认为,帝王至尊,以吏为师,恃强凌弱,国家和社会规则的制定交由暴力之手,既是中国长期实行封建制度所形成,也有中国人在这种长期封建制度与观念的浸润之下的中国人文化品格的原因。

2."重狱轻讼"的专制主义色彩

郑玄解释说:"狱谓相告以罪名者","讼谓以财货相告者"。(《周礼·秋司·司寇》注)按照这样解释,"重狱",是指重刑法或者刑罪严酷之义;"轻讼",是指轻视或者抑制民事诉讼正义。中国传统法律文化,沉重地压抑着人们的财产观念,私有观念、交换观念、平等观念等一系列与民法相联系的观念。所谓"重义轻利""尊农抑商""无讼""儿女无财产""存天理、灭人欲"等道德礼教,使民法,民事诉讼极不受重视,导致权利观念,平等观念,诉讼观念更为缺乏和薄弱。

(二) 中国传统法律文化中的中性遗产

1.中国传统法律文化的总体精神:"集体本位"

它忽视个人的权利和自由,严重阻碍商品经济的正常发展,延缓了社会前进的速度。很明显,这些是消极部分。同时,作为一种社会意识,它也具有维系中华民族的统一,促进人民团结以改造自然界和社会的积极因素。特别是当民族危难之时,这种"集体本位"可以激发"天下兴亡,匹夫有责""先天下之忧而忧,后天下之乐而乐""精忠报国"等豪性壮志与大无畏的牺牲精神,激励全体成员义无反顾地为民族捐躯。

2.行为规范的多元综合结构

在中国传统法律文化土壤上,难以产生近代西方资产阶级的"法律至上"观念,就是战国时期新兴地主阶级的"以法治国"的"尚法精神",也仅仅是独尚中央集权的专制政体。但是,中国古代法律文化是行为规范多元综合结构,衡量人们是非曲直的行为准则是多方面的。它表现在以下几方面。

（1）非法律规范。非法律规范通常是指道德规范,或称宗法伦理规范,它依靠人们主观的自我修养和道德觉悟来实现,依靠社会舆论来加以调整的构在的行为规范。它具有两大特点:第一,充分的有效性。中国传统法律文化要求塑造一个人只要具备伦理道德觉悟,就能自觉约束自己,循规蹈矩。在家尊家长,出外顺官府,不会"犯上作乱",根本不必运用法令去驱使人民,用刑罚去吓唬人民。即古籍所说:"君子之德风,小人之德草",统治者稍加指点就是够了,用不上法律控制。第二,要使人民达到以上道德境界,就要对人民进行教化,使道德观念在百姓心目中牢牢扎根。特别要求统治者以身作则,身教胜于言教,以发挥表率的道德合力。

（2）半法律规范。半法律规范,通常是指家族法规和官威。它们得到国家的默许或者公开支持。在国家鞭长莫及的边远地带,可以由家族法规和官威承担着特殊的社会职能。有的学者认为,家族法规似家"民法",官规似"官法"。但它们与法律又有区别:第一,创制的主体不同,法律是国家制定的;第二,产生的渠道不同,半法律规范无明确程序,带有个人色彩,并与习惯紧密结合;第三,效力不同,半法律规范仅限于本家族或者本官府内部,法律则对全体臣民具有约束力;第四,实施手段不同,半法律规范主要依靠领袖人物的权威和道德表率作用,法律依靠国家强制力作后盾得以实施。

（3）法律规范。法律规范,包括法律、法令,在中国传统法律文化中,首先是道德,强调人们具备道德观念而自定制约自己,它是第一位的。其次是法律,用残暴的刑罚手段惩戒人们,使人们不致轻易越轨。

3. 司法中的温情主义

表现在:第一,在司法政策上,宽容初犯和过失犯罪,严格确认责任能力。实行:"三宥"政策,"三宥"是指:豁免因不知法、过失、遗忘而犯罪者。强调"罪疑从轻",与其杀无辜,宁失有罪,等等。第二,在司法制度上,废止肉刑代之以笞、杖,采取限制刑讯,大赦之制,慎刑恤狱,死刑复核制,等等。第三,注重教育,息事宁人。比如,遇到母亲生子不孝,或者母子相诉案件,鼓励法官采用儒家经典加以开导,使子深深自责;如果出现"兄弟争田""亲戚争财"案件,也如此做法,使当事人深感自己无才无德,引咎自责,他们"感泣求解","终死不复争"。

4. 统一完备的法律设施

我国古代统治阶级出于对立法、司法的审慎与重视,在很早时代就开始有了司法专门机构,并逐渐形成了由地方到中央的完整体系。进入封建社会以后,法律设施更加日趋完备,最终形成了包括立法、司法行政、监察、考核、弹劾、审判、监狱、法律教育、法律宣传、法律文献整理等在内的专门机构。这些法律设施之完备,运行之精致,在世界历史上是绝无仅有的。

(三) 中国传统法律文化的优秀遗产

1. 朴素唯物主义,辩证法和无神论思想

世界上各个民族都经历过神权高于政权、神意就是法律、神明裁判阶段,我国也不例外。但有所不同的是,我国在殷商时代神权法思想通行之时,也有了法律。而从西周开始,神权法思想就不断受到冲击,"不语鬼神,注重人事"的法律文化逐渐占据主导地位。

(1)立法领域。我国从西周开始人们逐渐认识到,法律不是神的意志,而是基于社会现实生活需要制定的行为规范。越到后来,人们越认为,时代在不断变化,法也应随时代变化而"变法"或"更法"。从时变出发,立法要切中时代脉搏。《管子·正世》说:"国家不安,失非在上,则过在下","失在上而上不变,则万民无所托其命","过在下,人君不廉而变,则暴人不胜,邪乱不止"。所以,立法要有鲜明的针对性。在法律起源上,古代思想家认为,法律是为了维护财产私有制和社会分工需要产生的,人也不是生来就有罪。殷商时代平民就开始有"攘窃神祇牺牲"的无畏精神,战国时期韩非认为:"治世之民,不与鬼神相害也","博鬼神者慢于法"①,完全排除了鬼神在立法中的地位。

(2)司法领域。经过长期的实践,中国古代形成了司法活动中谨慎求实的科学态度。尽管有过神明裁判的做法,但早在西周就形成了"罪疑唯轻"的司法原则,法官在犯罪事实、适用罪名、科处刑罚遇到疑问时,果断地选择了"宁失有罪,勿诛无辜"的做法,而拒绝乞求神助,对疑难案件不求助于神来解决。

2. 人治、法制相结合的混合模式

人治、法制结合是我国法律文化的一大传统。所谓"混合法模式",即是指在司法审判中,对于有法律明文规定的,依法判决;对于没有法律明文规定的,就适用以往的判例或者遵循统治阶级法律意识判决。判例法的意义在于,

---

① 韩非:《韩非子》(《释老》《饰邪》)。

它既能够为后来的审判所援引、以弥补立法的不足，又可以为发布较抽象的法合和法典编纂创造条件。从动态看，判例法沟通了立法与司法的联系。从静态看，判例内容具体，可比性强，可以注释成文法条。中国混合法既不同于以成文法著称的大陆法，也不同于以判例法著称的英美法，它以兼具两者的长处而别具一格。

中国古代混合法模式还有一层含义，这就是半法律规范与半法律规范相结合。半法律规范不是为国家制定并保障实施，但在实际生活中却成为某些行为的准则，通常是由家长、族长制定并对本族本姓成员具有强制性。这种行为规范与国家法律规范在本质上是一致的，得到国家的首肯和关照。其中也有某些进步的内容，比如，清朝有些地方族规中有禁溺女婴的条文，它实际起到了法律起不到的作用。与家法族规相联系的还有"家训""遗训"之类。这些所以借助于家长、族长或者祖先神灵的权威，对后辈进行说教和制约。半法律规范在官方表现为"官威"，"官威"是对为官者的规劝、告诫、勉励之辞，也都是教导官吏如何修身养性、谨慎处事、廉洁奉公、体察民情、忠于职守等的，对公务人员具有一定约束力。

3. 日臻纯熟的法律艺术

法律艺术是法律文化中最具有适用性和生命力的因素。它包括立法艺术、司法艺术和法律文献管理艺术。中国古代由于具备以下条件：第一，中国古代社会连续数千年而未曾断绝，使法律艺术获得传播、继承、发展的稳定环境；第二，法律实践中的朴素唯物主义辩证法、无神论精神，使法律艺术得到较为先进的世界观和方法论的指导；第三，中国所具有的混合法模式对法律艺术提出多方面的要求并为其提供了广阔的用武之地。中国数千年的立法和司法实践是法律艺术的生命源泉，促使中国古代法律艺术十分发达。立法艺术是指国家制定、认可、颁布法律技术和方法，包括立法机构组织及其工作程序，立法指导原则，立法时机的判断与选择，法律颁布的方式，法律规范的体制或者模式，法律规范的表达方法，立法解释艺术等内容。司法艺术是指法律专门机构实施法律的方法和技术，包括司法机构的设置与协调，审判艺术，证据检验与法医检验技术，法条适用，判例适用和法律意识连用艺术，司法解释艺术、调解艺术，狱政管理艺术等内容。法律文献管理艺术是指保存、整理法律文献资料的方法与技术，它与立法艺术、司法艺术是密不可分的。

中国法律文化与世界其他国家法律文化相比,具有以下特点。

第一,起源早。中国传统法律文化起源于距今 5000 余年的黄帝时代,略早于古埃及、古巴比伦、古印度三个文明古国。

第二,历史长。中国传统法律文化与世界其他国家法律文化相比,唯独我中国传统法律文化,数千年一脉相承,未曾断绝,直抵当今。这在世界文化史上独树一帜。

第三,内涵深。中国传统法律文化深深植根于"人本"主义实践哲学之中。历经数千年,其博大精深的哲学理论和观念,早已深深注入中华民族的躯体,哺育着中华民族的法律科学永续成长。

第四,程度高。中国传统法律文化是中华民族长期实践的结晶,它产生早又较彻底摆脱了"神"的羁绊,充分发挥了人的主观能动性,在法律思想、法律规范、法律设施、法律艺术等领域都取得了为世人惊叹的灿烂成果。

第五,影响广。中国传统法律文化不仅熏陶中国土地上众多的民族,而且远播于海外。中国传统法律文化很早主移植于朝鲜、日本、东南亚等地区,形成一个中国法律文化圈,作为一种哲学理念,中国传统法律文化曾经对欧洲的革命运动施以潜在的影响。中国文官制度,曾经使西方人士叹为观止,争相效法。

第六,预见远。中国传统法律文化中的"集体本位"和"混合法"模式,在某种程度上体现了人类法律实践活动的合理性价值和内在规律性。中国的混合法兼取成文法和判例法之长而又避其短,是最为科学的法律实践模式。从某种意义上说,人类法律实践活动一般都是沿着中国这一传统法律文化树立的路标前进的。

从以上对中国传统法律文化劣性、中性、良性三方面的概述中可以看出,中国传统法律文化既有积极方面,又有消极方面。积极方面表现在:提供道德教化与法律强制相结合,刑罚实施以使人们弃恶从善为目的;要求牺牲个人利益服从社会公共利益;主张法令内部统一协调,法典与判例法相互补充;提倡用调解的方式处理一般民事纠纷;等等。消极方面表现在:维护君主至上,缺乏民主;否定个人权利,肯定等级特权;提倡平均,忽视平等;重视道德感化,忽视法律控制;视法律为专制工具,严刑处罚;言出法随,法律虚无主义;等等。

三、中国传统法律文化对法制现代化的消极影响

中国传统法律文化虽然有许多积极的东西,但是从总体上说很不适应法制现代化的需要,有些方面与现代法治格格不入,对中国的法制现代化存在以下消极影响。

1. 缺少控权法,重治民而轻治吏,更无治君之律。"普天之下,莫非王土;率土之滨,莫非王臣。""皇上口含天宪。""皇上天纵英明,罪在臣下。"千年相循,人们已经习以为常。

2. 强调人治,忽视法治的作用。中国古代虽然有较为完备的法律制度。但是法律制度从来没有成为调整社会关系、治理国家的主导力量和基础,而主要是依人而治、依靠当权者个人意志和权威治理国家。时至今日,人治观念仍然严重影响,其表现是:

(1)"为民做主"观念。总是将自己看作人民的"父母官"。一旦有一官半职,即高居人民之上,自称要"为民做主"。

(2)权大于法的观念。一些官员多在法律之外搞特权,以人废法,以权压法,以权抗法。领导人的话就是法,不赞成领导人说的话就是违法,法随着领导人的改变而改变。

(3)仰仗"青天"的观念。人们普遍把国家兴衰强弱完全寄托在贤明的领导人和好干部"青天"身上,忽视法律制度的作用。继之人亡政息。

(4)防民、治民的观念。中国古代法律渗透了防民、治民的观念,甚至公开宣称:"法律约民众约官。"时至今日,仍然有大量表现,比如普法教育,就意味着对公民进行守法教育,就意味着,对民听话教育,又比如,偏重于宣传、灌输防民、治民的实体法,不强调宣传、灌输防官、治官的程序法;再比如,一强调立法就意味着扩国家机关的权力,限制公民权利和自由,忽视对公民权利、自由扩大和保护。

(5)法就是刑的观念。中国封建法制观念的核心就是"刑罚",即使民事问题,伦理道德问题,也无不以刑罚作为后盾。法、律、刑完全是一回事,没有什么区别。法律职能就是镇压;一提法律就是刑罚,就是抓人,就是判刑,从而导致人们对法律产生一种恐惧、厌恶、避而远之的普遍心理。

（6）"坐堂问案""官无悔判"观念。由于法律是治民的,因而检察官、法官高高在上,只享受执法办案的权力,不承担执法的责任,判对判错、判重判轻都由法官说了算。判错了案通常不纠正,纠正也不应承担责任。

（7）轻视诉讼观念的观念,一方面受儒家"和为贵",重义轻利伦理道德的影响;另一方面又受野蛮残暴刑罚,刑讯制度的直接威胁,导致人们不愿意打官司,不取打官司,认为打官司是不光彩的事情。在这种观念的影响下,中国老百姓总是视衙门为畏途,凡是遇到纠纷和矛盾,总是谋求法律诉讼以外的方式和途径来解决。轻视诉讼、害怕诉讼,就是愿意诉讼也不知道怎么诉讼,不知道诉讼中的权利义务为何物。

（8）最后,是权利义务界限含混的观念。国家、家族与个人的法律地位是完全不平等的。在任何时候,国家、家族都是权利本位,个人只有义务。中国古代法律中,个人义务本位极为鲜明和极为突出。

社会主义初级阶段民主自由的
生产力意义及操作指引*

一、"初级阶段"民主自由是符合生产力发展的新型交往关系

我国正处于"社会主义初级阶段",这一结论体现了历史唯物主义的精神,概括地指明了我国现阶段的生产力发展和社会发展的程度和方向。第一,我国实行的是社会主义制度;第二,这种社会主义在我国正处在初级阶段;第三,社会主义初级阶段到高级阶段将是一个相当长的历史过程。它既指明了社会主义国家人民当家做主的政权性质,又表示建设富强、民主、文明的现代化国家是我们的奋斗目标。今天所进行的经济体制和政治体制改革,即是为实现此项目标的战略措施,而抓住发展生产力这个中心任务是社会主义社会全面发展的关键。虽然现在生产力发展了,人们生活水平普遍提高了,但似乎人们的意见更多了,甚至产生了不同程度的社会震荡。那么是回到超稳定的政治结构中去,恢复过去那种单一所有制下的铁的秩序,还是坚持改革开放,实行社会主义的民主自由,通过社会主义法制规范社会生活,应该是不言自明的道理。

根据马克思、恩格斯在《德意志意识形态》等著作中提出的交往关系理论,交往关系包括两个方面:一是物质生产的交往,表现人与自然的关系;二是社会关系生产的交往,表现人与人的关系。两者之间互相联系,人类的历史即

---

* 《海南大学学报》2001 年第 2 期。

是工业和交换的历史,而精神生产的交往就包括在上述二者之中,是其发展的高级形式。交往关系与社会生产力发展相一致,交往活动与生产活动共同构成社会生产力,它们的相互作用是推动社会发展的原动力,每一社会的交往形式都是它之前社会交往形式发展作用的结果。马克思、恩格斯还提出了"有联系的交往形式序列"的思想,旧的交往形式运用于比较发达的生产力,因而被更进步的个人自主活动类型的新的交往形式所代替;新的交往形式又会变成桎梏并为更新的交往形式所代替。所以,"按照我们的观点,一切历史冲突都根源于生产力和交往形式之间的矛盾。"①他们认为,"构成历史发展的真正的最后动力的动力"②,是由"生产力和交换关系的发展决定的"③。社会主义初级阶段的民主自由,体现了人的现实存在状态,是现实的社会关系的法治化过程。在维护现有经济基础、现有社会基本制度的同时,它能避免社会生活纯经济化,变成纯经济关系,使人对物的依赖性得到合理的限制,调节好各种利益关系,推动人与社会的全面进步。

社会主义初级阶段的民主自由,是社会主义初级阶段中的新型交往关系的制度化表现,它应该是一种体制和机制。它承认任何人都以平等一员的身份以不同的形式参与社会生活,利用社会现有各种机构和管理设备、技术等,通过某种程序参加对国家和生产的监督和管理,广大劳动者在没有根本的利害冲突条件下进行和平劳动,而这都已具备了现实基础。

这种新型交往关系,还表现在广大人民群众的政治、经济、文化生活的参与程度的不断扩大,从而完全区别于随机性的"清官政治"。在我们国家,长期以来有一种误解,就是脱离政治运行谈论民主与法律的关系,自由与纪律的关系,似乎民主自由就是奉公守法,反之,则是"和尚打伞,无法无天"。高兴时,就"百花齐放,百家争鸣",不高兴时,即使被冤枉也没有申辩、申诉,更遑论反批评的权利,这一极端不正常的现象,只能通过社会主义的民主自由来解决。

社会主义初级阶段的民主自由就是要在社会内部确立起一种制衡作用的、新的社会规则,避免专断意志的危机,引导社会走常态改革之路。如果我

---

① 《马克思恩格斯选集》第1卷,人民出版社1972年版,第81页。
② 《马克思恩格斯选集》第4卷,人民出版社1972年版,第245页。
③ 《马克思恩格斯选集》第4卷,人民出版社1972年版,第247页。

们不徒托空言,真正使国家、集体和个人回到市场关系中来,完善社会对政府权力的制约,完善政府中权力对权力的制约,对社会主义民主自由要求予以法律指引,就一定能够有效地预防和制裁各种侵害社会的行为,避免社会愤懑情绪的消极迁移,使社会主义初级阶段的生产力健康、快速地发展。

二、"初级阶段"民主自由的生产力意义

社会主义初级阶段民主自由的生产力意义是什么呢? 第一,社会主义初级阶段的民主自由有助于调动一切积极因素,迅速发展生产,增加社会财富,加速现代化建设。因为这个民主自由的实质就是积极探索和把握社会主义生产力发展和人民群众利益的关系,促进个人与他人、与社会的全面和谐,达到人的解放和生产力发展的统一。在这一历史阶段中,国家政权体现的是理性责任,使人民群众在物质生产和精神生产中逐步获得越来越多的实惠。政府用政权凌驾在社会之上只是一种形式,它的基本内容是管理、服务,在相互理解中履行管理职责。在民主政治的自由条件之下,神权、君权的专制秩序被公民参与的民主秩序所代替,法律成了社会经济、政治、文化、教育运转的总指示器。各种矛盾、隔阂乃至冲突,只认同于法律裁决。法定的程序,法定的权利义务高于一切,当事人都不得不以法律维护者的角色出现。法律培育着社会成员健康的主体意识,它一方面强化政权运作的效率,约束强权政治;另一方面扩大了人们的思想和劳动空间,同时也会纠正和减少无政府主义。第二,社会主义初级阶段民主自由有助于市场经济中的游戏规则的建立。市场经济的实行,使一个10多亿人口的农业国家历史上第一次出现了自由职业、自由劳动、自由迁徙、自由言论、自由竞争这样一种自由生存、发展的环境。这时,就业、升职、竞争压力出现并且迅速加剧,同时强制分工现象将逐步消失,阶层歧视、行业(职业)歧视、所有制歧视逐步被淡化,并最终不仅从法律上,而且从人们的观念上消失。在科学技术进步、文化、教育发达的今天,社会群体利益急剧变动,产生了新的竞争,即由身份社会、财富社会逐步向学历社会、业绩社会的竞争。新的历史条件要求新的国家政策导向,新的法律内容,要求法律必须弱化镇压职能,突出保护职能,将"中华人民共和国的一切权力属于人民"的最高准则落实、确定到每个阶层、团体、组织、个人的权利义务上,落实到保

障综合平衡、可持续发展、公正、文明的社会政治、经济、文化发展的规划、规则上,落实到促进科学技术发展和公民个人安全利益与发展利益的立法、执法上。

首先,社会主义的民主自由和生产力的发展是相辅相成、互相促进的。"在其现实性上,人是一切社会关系的总和"①,马克思在《资本论》第一版序言中写道:"我决不用玫瑰色描绘资本家和地主的面貌。不过这里涉及的人,只是经济范畴的人格化,是一定阶级关系和利益的承担者。"从生产者个人来说,生产力就是他在一定的社会分工部门和一定的生产关系中运用一定的劳动资料和生产技术从事物质生产的"自主活动"的个人力量,这些个人力量通过一定的生产关系形成整个社会的生产力总和。所以,他们每个个人的力量就是生产力。每个个人力量一旦得到适当组织,社会生产力必然获得发展。其次,社会主义初级阶段的民主自由是伴随着生产力的发展有步骤发展的一种良性循环,是对小农经济、有计划的商品经济过渡到市场经济,公民意识逐渐生成的社会转型时期人们从心理上接受新秩序的反映,生产力的发展提供了促成人们(劳动者)当家做主、相互合作、遵守规则并推及政府遵守规则(自然规则、科学规则、法律规则)的条件。恩格斯曾经教导人们,不要过分陶醉于我们对自然界的胜利,因为每一次这样的胜利,自然界都报复了我们。就人与社会关系而言,恩格斯曾经分析指出国家(之于经济)的三种作用,我们自己曾经过分陶醉于革命战争(军事)上的胜利和道义上的胜利,不也遭受了沉重的惩罚吗? 不管什么社会,如果漠视和拒绝生产力发展的要求,对生产关系和上层建筑不进行调整和变革,或只用一种手段、一种模式进行调整和变革,其后果必然是社会生机窒息,生产力停滞不前,社会混乱甚至解体。再次,社会主义初级阶段的民主自由是广大工人阶级和农民及其知识分子,以国家主人翁的实际地位,共同通过劳动摆脱贫困,在经济上、政治上、文化上的相互依存中,跨入富裕、文明、自由的新境界。就是说,生产力的成果既为广大劳动者所创造,又为广大劳动者所享有,并通过法定的程序和形式予以公平分配。譬如,得利多的人以多缴税由国家使用于得利少的人的福利救助;贪赃枉法者被剥夺公务员资格,并处没收非法所得财产;等等。

---

① 《马克思恩格斯选集》第1卷,人民出版社1972年版,第18页。

社会主义初级阶段的民主自由之于生产力的意义,最终在于确立市场经济中的平等主体的权利义务关系和市场经济之上的上层建筑的事权、职权、权限等,在国家的导向下,有秩序、有步骤地逐步达到人们所期望的既富裕而又相对安全、文明(自由发展)的新境界。我们的全部体制和机制的价值,就在于利用人民群众个体的主动性、创造性、智慧和能力等对于社会发展的作用,为社会发展提供不竭的源泉。而促进生产力更顺利、更快地发展,又把生产力的这种发展以政治利益和经济利益落置于广大劳动者身上,这就是社会主义初级阶段的生产力(物质文明)的归宿性意义,也是社会主义初级阶段的人(精神文明)的归宿性意义。所以,列宁指出:"没有民主,就不可能有社会主义。"①邓小平同志十分明确地强调:"没有民主就没有社会主义,就没有社会主义的现代化。"②

三、"初级阶段"民主自由的操作指引

社会主义初级阶段的民主自由的生产力意义的实现,关键在于实际生活中必须克服政策的膨胀和泛化,推动政策社会向法治社会的转变,使公民的民主自由进入操作状态,这不仅是一个理论问题,更是一个迫切的现实问题。那么,在社会生活中普遍运用以下三项原则则是符合逻辑的。

(一)自由权利平等

近代意义的自由权利,包括个性解放、政治自由、贸易自由、思想言论出版自由等具体内容。它是随着近代资本主义发展而产生的革命要求。自然学派的创始人格劳修斯把自由看作是不可剥夺的天赋人权。斯宾诺莎认为,思想和言论自由是每个人天赋的不可转让的权利,是任何政府都不能剥夺的;政治绝不是把人从理性的动物变成畜生或傀儡,而是使人没有拘束地运用他们的理智和创造精神。被马克思称为"第一人权宣言"的美国《独立宣言》明确地把保障每一个人都具有的天赋人权作为革命的纲领。"不自由,毋宁死"曾经是法国大革命中深入人心的口号。所有这一切,对于鼓舞人民与封建主义作

---

① 《列宁全集》第28卷,人民出版社1990年版,第168页。
② 《邓小平文选》第2卷,人民出版社1994年版,第168页。

斗争,消灭中世纪的人身依附和思想禁锢,解放生产力起到了极其巨大的革命作用。自由权利本身是一种平等的权利,而它只有在社会主义社会和共产主义社会条件下才能逐步实现。这时,人是权利的主体,不论民族、性别、文化程度、阶层、身份、地位,在法律面前都是平等的,每个人都可根据法律作出或不作出一定行为,他人不得干涉,不允许任何机关或个人任意设置障碍。与此相联系,自由权利平等否认特权,不允许因人废法和以言废法。自由权利平等地施之于一切公民,承认和允许个人愿望、个人爱好、个人个性及一切相关的个人利益的差异性和多样性,承认独特的价值观念,承认和允许个人独立地思考,可以与人互相研讨,就社会的利弊得失,提出意见。作为公民支持现政权,并不等于也不需要放弃自己的思想自由和批评自由。譬如,在杂志上开辟专栏,发表议论针砭时弊等,都是公民(作者)政治权利的表现。在决定或影响与己有关的重大问题上,个人选择和决定不受他人左右,有了解自己权利的权利,应该而且必须为自己利益和社会利益运用这些权利。对于自由,凡是为法律所未禁止的,都是允许的。

自由权利平等,还包括个人在宪法和法律范围内活动时,可以"自由地表示同意",同时适用在团体、组织中的少数服从多数的原则两者不可偏差。如果压制少数人的发言权,一旦成了惯例则会出现维护家长制的虚假多数的现象。

(二) 自由机会平等

自由机会平等,系指有效地保障公民在社会组织、经济生活中自由地选择,平等地参与竞争。萨特利主张把机会平等分为平等的利用与平等的起点两个方面,他说:"平等利用就是在进取和升迁方面没有歧视,为平等的能力提供平等的进入机会……平等起点的概念则提出了一个完全不同的基本问题,即如何平等地发展个人潜力。"[1]美国经济学家布里德曼在其《自由选择》一书中指出:详细地分析了平等与自由之间的关系。上帝面前的平等是权利的平等,自由正是平等的一部分。这种平等体现为机会均等,人人都有平等的竞争机会,这保证了自由。但每个人的能力,努力程度与机遇不同,平等的机会必然引起不平等的结果。为实现结果平等而实行的收入再分配其实是一种

---

① 萨特利:《民主新论》,东方出版社 1998 年版,第 390 页。

新的不平等——不同的贡献得到了相同的收入。他的结论是"一个社会把平等——即所谓结果均等——放在自由之上,其结果是既得不到平等,也得不到自由"。"机会均等不能完全按照字面来理解。它的真正含义的最好表达也许是法国大革命时的一句话:'前程为人人开放。'任何专制障碍都无法阻止人们达到与其才能相称的,而且其品质引导他们去谋求的地位。出身、民族、肤色、信仰或任何其他无关的东西都不能决定对一个人开放的机会,只有他们自己才能决定是否利用所得到的机会。"①

自由机会平等是一种由于自由资源利用的权利平等。但这种权利首先并非政治或经济等具体权利,而是获得这些具体权利的机会。这种权利仅仅是自由竞争而不是基本权利本身——主要是社会的职务和地位、权力和财富——之机会,而不是竞争基本权利之机会,因为基本权利是一种自然权利。从机会来源看,机会分为社会提供的机会与非社会提供的机会两类。社会提供的机会属于公共权利,是全社会人人均享有的"人权和幸福"(杰弗逊语)。根据基本权利、人权应该为人人完全平等地享有的原则,这些机会包括平等享有受教育、作出贡献、竞争权力和财富、职务和地位等。非社会提供的机会比较复杂,主要包括家庭、天资、运气提供的机会。这些机会尚属私人权利,是机会享有者的个人权利。这些机会带有先天性,所以它首先自然而然地不平等,社会和他人都无法干预。根据补偿原则,由于享有这些机会的幸运者较多地利用了共同资源即"社会合作"而获得了较多的权利,因而应补偿给机会较少者以应有的权利,这才符合机会平等的原则。在现阶段由于生产力发展水平的相对落后、封建意识形态的影响,以及各项基本制度的不完备,在选择就业、担任公职、享受社会福利、出国留学等方面还不可能很快、很好地做到真正机会平等。这是一个需要不断努力的很长的过程。

(三) 自由责任平等

责任是自由的限度,个人自由与个人自由意志一致,个人自由、个人意志与个人责任一致。个人在选择自由的限度内负有责任,不得与社会责任相违背。即是说,个人要负责任的只是他在客观上能够、并在主观上应该选择而又在行动中使其实现的东西。选择的可能性、能力以及义务决定负责任的限度。

---

① [美]布里德曼:《自由选择》,商务印书馆 1982 年版。

所以自由并非随心所欲,自由同时包含着责任。责任平等,是用义务、纪律、责任与权利、价值相对应,来解决他人利益、社会利益同个人利益的关系均衡问题。如果说,自由权利平等和自由机会平等属于民主政治中的人人参与监督,那么,自由责任平等则属于与之一致的人人被监督。它作为一种政治运行方式,反对和防止绝对自由的浸淫,使整个社会和谐有序。

在民主政治中,政治权利与政治自由同义,人身权利与人身自由一致。法国 1793 年《人权宣言》(第六条)规定:"自由就是属于各人得为不侵害他人权利的行为的权力;它以自然为原则;以公正为准则;以法律为保障;其道德上的限制表现于下列格言:己所不欲,勿施于人。"除此之外的自由则是自由的异化,是非法的自由。自由责任平等调整自由合法性的问题,自由责任平等要求任何人都一样地承担个人行为的后果。凡属合法行为,无论是政府官吏还是平民百姓,无论是职务性的还是非职务性的,都应该排除干扰。在个人决定与社会有关的行为时,也就必须承担相应的后果,任何人都不得滥用权利而规避法律,都必须负载相应的记功、表彰或者剥夺某项荣誉、人身自由或并处赔偿等责任。一方面是在社会生活中依法运用自由权利,不得滥施惩罚;另一方面不得随心所欲,肆意妄为。正是从这种意义上说,法律上的自由既是选择和创造,又是约束和责任。由此,我们可以明白,自由权利平等是平等的自然和法定的条件,自由机会平等是平等的实际内容,自由责任平等是平等的实践结果。

简论领导干部走在发展
"三个文明"的前列[*]

党的十六大正式提出物质文明、政治文明、精神文明协调发展,此后又正式提出了坚持科学发展观。这是在跨过了人均 GDP1000 美元这个具有里程碑意义的"经济成长门槛",开始全面建设小康社会之际所提出来的重大战略性决策。正因为选择了这一正确的路径,我们更有信心看到 21 世纪中国的和平崛起,实现中华民族伟大复兴的光明远景。今后 20 年左右,是中国改革的关键时期,改革形势将更加严峻。由于中国作为超大国家,其经济、政治等发展的非均衡十分突出,进入小康社会之初,会呈现出改革初期普遍受益的局面转变为部分受益、部分受损(包括城乡、地区、阶层、行业等)的更加复杂局面。从政府机关,到企业、个人,都面临着利益、身份和地位的重新调整,利益群体分化。过去未能顺利突破的难题,譬如"三农"问题、国企改革问题、人口问题、环境问题、社会诚信和国家安全问题等,不仅将继续存在,新的矛盾和问题还在出现和累积。随着改革的深入,越来越触及民主政治、政权建设、干部制度、党的领导方式等非经济领域。如何化解矛盾,坚持在前进中解决问题,既是执政党的巨大机遇,也是巨大挑战。因之,这时提出领导干部走在发展"三个文明"的前列,显然具有十分现实的意义。

---

[*] 《社会主义研究》2005 年第 2 期。

一、必须走在发展"三个文明"的前列，是对新的历史时期领导干部的特殊要求

（一）领导干部的职责和身份，规定了走在发展"三个文明"的前列是其不可推卸的义务

自党的十一届三中全会以来，在邓小平所主持确定的路线、方针、政策指引下，我国开始了以改革开放为标志的社会主义现代化建设，并使广大干部群众彻底从过去各种"左"的思想束缚中解放出来。经过 20 余年的艰苦奋斗，我国已经融通世界，为全球经济发展提供着市场机遇。在体制上，已经变革了僵化的上层建筑和经济基础，转向了现代化和法制化治理。所以这里所指的新的历史时期，既包含了政治、经济、文化上的变革的意思，又包含了时间上、事业上继往开来的意思。在这一历史时期承担领导责任的干部，必须根据新的形势和任务，有所发现，有所作为，开创马克思主义的新境界。否则，就是名实不符，就是失职。要求领导干部走在"三个文明"的前列，与要求领导干部接受社会的、党内的、法纪的监督是一致的。领导干部要走在"三个文明"的前列，率先垂范，就意味着必须要正人先正己，自觉接受党和人民的考察。而作为上级党组织和政府机关等，也要改变过去那种重选拔任用、轻任后监管的做法，加大经常性的监督力度，做到领导干部活动延伸到哪里，党内外监督（包括司法监督）就运作到哪里；从而做到在工作和斗争中不断锻炼和刷新干部队伍。

（二）领导干部作为组织的核心代表，具有促进发展"三个文明"不可替代的主导作用

中国是个发展中的大国，人口众多，地域辽阔，国家权力要到达基层，中间存在着各种距离和复杂关系。中国实现现代化，需要一支庞大而精干的干部队伍，在各地区、各部门、各行各业贯彻执行中央的路线、方针和政策，而不截留或歪曲，并下情上传，自主创新。领导干部手中的权力以及他们在领导工作中的重要地位决定了，抓住了他们，就抓住了地方和基层，就可以组织起广大人民群众。否则，我们就会一事无成。任何组织都具有一定的行为目标，这种

行为目标又必须通过各种组织成员尤其领导者的职责履行得以实现。从宏观上说,中央与地方,军队与地方等。在中观上,文教与金融、民政与工商、税务等,其工作目标是有重大区别的。在微观上,同一部门,计划、生产、销售等,工作目标也存在很大差异。所以,无论是哪一级的领导,也无论处于何种性质的工作岗位上,作为领导干部,都应该把发展当作第一要务,坚持制度建设和思想政治工作,并且围绕中心工作,兼顾全面,尽忠职守,展示实践人民根本利益的形象。

(三)领导干部的现实群体状况,为走在发展"三个文明"前列提供了基本保证

新一代领导干部普遍具有革命化、专业化、年轻化的特点,同时也就相应地具有了以下优点。第一,宏观规划能力,了解整个组织以及自己在该组织中的地位和作用;了解组织与组织之间的相互依赖关系;了解社会政治、经济、文化等因素对组织的影响。第二,技术能力,即在以往的经验积累和科学的知识、方法、专业知识的基础上,去掌握新的管理知识、方法及专业技术。第三,善于学习的能力,能够接受外部环境的变化,正确对待组织内部成员的需要和愿望以及观念的变化,不用老框框、旧观念、旧方法去解决新的问题和矛盾。

正因为如此,他们有可能敏锐地根据先进生产力的本质要求、发展趋向,认真学习科学、文化和业务知识,认真学习和借鉴外国的先进科学技术、知识以及好的管理经验。在思想政治工作上既坚持马克思主义基本理论指导,同时反对僵化。始终保持清醒的头脑和明辨是非的洞察力,做到政治上强、业务上熟悉、精神上振奋,在人民群众中当好先锋队。自觉走在发展"三个文明"的前列,是改革开放条件下领导干部建功立业的重要体现。

二、自觉走在发展"三个文明"的前列,是改革开放条件下领导干部建功立业的重要体现

(一)实事求是,科学地处理"三个文明"之间的相互关系

社会主义物质文明、政治文明和精神文明是一个紧密联系的整体,统一于社会主义现代化建设的实践之中。社会主义现代化,归根到底是不断促进社会主义物质文明、政治文明和精神文明协调发展的伟大实践。全面建设小康

社会,也是一个经济、政治、文化全面发展的目标。在政治方面,就是要使社会主义民主更加完善,社会主义法制更加完备,依法治国基本方略得到全面落实,人民的政治、经济和文化权益得到切实尊重和保障。基层民主更加健全,社会秩序良好,人民安居乐业。要做到这一点,就要在我们的实践中,把坚持党的领导与坚持人民当家做主和坚持依法治国有机地统一起来,并在此基础上继续深化各项改革。

在社会主义现代化建设的全过程中,我们必须坚持科学的发展观,"三个文明"一起抓。物质文明处于基础和中心地位,"三个文明"一起抓,最根本的是坚持以经济建设为中心,不断解放和发展生产力。离开了经济建设这个中心,物质文明上不去,政治文明和精神文明建设就有失去基础的危险。社会主义政治文明的核心是人民当家做主,包括人民当家做主的政治体制机制、政治思想文化等内容。政治文明的发展受一定的经济文化发展的制约和影响,同时又反作用于一定的物质文明和精神文明。它不仅是促进先进生产力发展的有力杠杆,而且决定着先进文化的前进方向,社会主义精神文明为物质文明和政治文明建设提供思想保证和智力支持。建设社会主义精神文明,不仅是满足和提高小康社会人民群众精神文化生活水平的客观要求,而且是构成一个国家综合国力的重要组成部分。在推进经济、政治建设的同时,只有加强精神文明建设,促进人的全面发展,才能有助于实现社会的协调、和谐与稳定,为现代化建设提供持久的精神动力和智力支持,为经济、政治持续发展打下坚实的基础。

(二) 与时俱进,全面开创工作的新局面

与时俱进,是对马克思主义坚持、继承和丰富、发展的辩证统一。继承是创新的前提,创新的最好的继承。马克思主义理论的基本原理我们任何时候都要坚持,否则,我们的事业就会因为没有正确的理论基础和思想灵魂而迷失方向,前功尽弃。只有坚持与时俱进,不断进行理论创新、制度创新和技术创新,才能使马克思主义保持旺盛的生命力。创新是前进的动力源泉,创新既要发扬革命传统,又要创造新鲜经验,敢于超越前人。

领导干部坚持与时俱进,不是一句空口号。它要求领导干部,首先,思想上要了解、认识世界变化发展的全貌,了解和认识自己国家的国情和当前的变化发展趋势,了解和认识自己所在单位的具体状况和特点,了解和认识自己身上所担负的领导责任及自己的长处与不足。要把握全局,立足本职,抓住工作的中心和难点。胸中有全局,才会看清大方向,自觉贯彻执行党和国家的方针政策,而抓住了本职工作,才会找到发愤图强、有所作为的切入点。只有这样,才能做到"发展要有新思路,改革要有新突破,开放要有新局面,各项工作要有新举措"。领导干部要做好本职工作;其次,应当提高决策能力,制定和贯彻科学的决策,善于发现和辨别新事物,学会理论思考,在实践中增强敏锐的观察能力;解放思想,不受旧的知识和旧的习惯势力的束缚,勇于负责;明谋善断,发扬民主,博采他人之长和群众智慧,形成科学的预见和远见;再次,应当在调查研究的基础上,有针对性地做出工作规划,一切从实际出发,胸中有数,能够围绕工作目标制定和落实各项工作规划。有些领导也讲开创新局面,与别人比成绩、讲面子,比荣誉和待遇,不去想也不去做工作规划,认定一个重点,其他的都按上面的文件通知,一个一个地应付,或是对感兴趣的事情做规划,其他的一概不管,临时讲讲话、补补漏洞就过去了。还有的就是不做规划,只重视单项工作汇报和年终工作总结,自讲成绩,掩盖错误和不足,这些都是不对的;最后,应当恰当和有效地使用干部和组织群众,要用事业留人,为事业发现人和使用人,在领导集体中、在群众那里找到力量的源泉。离开了正确的用人原则,搞小政客、庸人的小圈子,什么促进内部管理,完善规章制度,加强党的组织建设和思想建设,其实往往都是欺骗上级,欺骗群众的东西。

(三) 执政为民,永远当好人民群众的勤务员

共产党执政为民,最重要的是必须首先考虑并满足最大多数人的利益要求。这始终关系到党的执政的大局,关系到国家经济、政治、文化发展的全局,关系到全国各族人民的团结和社会安定的全局。利益不仅属于法治范畴,也属于历史范畴,在不同的历史时期具有不同的内容。在当代中国,最广大人展的利益的最好体现,就是为建设好中国特色的社会主义,正确制定和认真贯彻党的路线、方针、政策,使全体人民朝着共同富裕的方向一个台阶一个台阶地稳步前进。在领导工作中,既要严格执行政策和纪律,又要体现人文关怀,尊重群众的首创精神,扎扎实实地为群众排忧解难、谋取利益,坚决制止损害群众利益的行为和现象。

要做到执政为民,就不能忘记自己同人民群众的主仆关系,任劳任怨地为人民服务。领导干部要牢固树立我们的权力是人民赋予的观点,正确行使手

中的权力,始终做到勤政廉洁。要坚持和健全民主集中制这一党的根本组织制度和领导制度,严格执行民主集中制的各项具体制度,在日常工作中坚持依法行政;在内部管理上,既要讲究工作方法,学会"弹钢琴",又必须摈弃资产阶级的政客权术;发扬民主,搞好批评与自我批评,最终在单位造成一个既有集中又有民主,既有纪律又有自由,既有统一意志,又有个人心情舒畅,那样一种生动活泼的政治局面。

三、始终走在发展"三个文明"的前列,是社会主义现代化建设过程中领导干部的努力方向

(一) 对领导干部领导水平的检验

加强执政党的执政能力建设,是由我们党的执政地位决定的。执政能力建设包括提高党的领导水平和执政水平。对于领导者个人来讲,提高领导水平,是由其自身所承担的责任和任务所引起的当然要求。这就需要做到:一是以宽广的眼界观察世界的过去、现在与未来,正确把握时代发展的要求,勤于进行理论学习和战略思维,不断提高科学分析判断的能力;二是坚持按照客观规律和科学规律行事,及时研究解决改革和建设中的新情况、新问题,善于抓住机遇、加快发展,不断提高驾驭市场经济的能力;三是正确认识和处理各种社会矛盾,善于协调不同利益关系和克服各种困难,不断提高应对复杂局面的能力;四是增强法治观念,善于把坚持党的领导、人民当家做主和依法治国统一起来,不断提高依法执政的能力;五是立足全党全国工作大局,坚定不移地贯彻党的路线方针政策,善于结合实际创造性地开展工作、不断提高总揽全局的能力。

这里所指的提高领导水平,是指掌握党政军民学商等掌握一定组织、机构或团体权力的领导人,尤其是党政领导干部,一是要以胜任其职的能力管理、指挥好自己的下属和群众,通过决策、指导、监督和协调,真正履行自己的职责,完成既定工作任务。二是要以自己求真务实的工作作风和工作方法,遵守规定,依法行使权力,同时善于动员和组织群众,主动深入群众,真正服务于群众,不装腔作势,摆官架子,力戒形式主义和空话,切实地去发现和解决问题。提高领导水平,对于一把手来说,除了提高自己的领导水平,在向同志、助手、

群众、专家那里学习有关知识与技能,用人之贤,学人之长,补己之短,不断进步外,还表现在需要培养和激励被领导的团体成员形成上述相应的能力,这样才能群策群力,做到智力、能力、积极性等方面的互补,达到绿叶扶红花的境界,保持组织的蓬勃朝气和活力。

(二) 对领导干部党性、先进性的检验

领导干部走在"三个文明"的前列,说到底,就是领导干部应该通过自己的工作做好先进生产力的代表、先进文化前进方向的代表,忠实地代表最广大人民群众的根本利益。而做到这一点,就要立足本职,既当好指挥员,又当好战斗员和勤务员,任劳任怨,永远革命。

这种党性、先进性的检验,对个人应有一个量化的体系,对领导群体应有一个综合评价指数。但在实际生活中,还需要把纠正错误机制和对个人责任追究的机制结合起来,否则,不仅操作起来很难,而且也无操作的意义。譬如,一个很差的厅、处乃至科级单位,也向被管理对象征求批评函,但由于被你所管,一般别人不敢说你不好。所以要么不填表,要么只填表扬的词句。然后这种本来是虚假的社会反映,反而成为其自我肯定的证据。再有一种情形就是,各部门共同监管的事务,由于涉及不特定人的利益,通常都只顾自说自话,面对利益集团,与面对分散的谈判力量个体,态度完全不同,致使千万人的权益得不到有效维护。而中央政府所代表的国家,在缺少某些方面的历史管理经验、存在管理真空的情况下,利益集团和投机的个人就会利用政府的分散决策机制,非正当地谋取利益的最大化。这样就会出现表面上各种机构负责、人人负责,实际上都不负责的状况。即以对证券市场的监管为例,作为政府有关部门、上市公司和券商,多年以来只顾融资、筹资,只顾加速上市和增发、配股、炒作市场,把股市当作提款机,瞅住社会公众的钱袋不放,竭泽而渔,致使"政府托市,企业圈钱"的现象循环往复。难道对这种问题,除了从改革试验和经验上找原因,同时严厉查处违法违规行为,不也应该检讨我们监管者的某些思想和做法的缺失吗?

(三) 对领导干部素质和作风的检验

作为领导干部必须带头在改造客观世界的同时,改造自己的主观世界,求实效而不慕虚名。明辨是非,善于听取不同意见,敢于坚持真理,能够自觉认识和纠正错误,正确面对各种困难和风险,拒腐防变,长期保持自警、自省、自励、自强的精神动力。毛泽东在新中国成立前夕所作的七届二中全会报告中早就告诫全党，中国革命是伟大的，但革命以后的路程更长，工作更伟大、更艰苦。为此他提出了"两个务必"："务必使同志们继续地保持谦虚、谨慎、不骄、不躁的作风，务必使同志们继续地保持艰苦奋斗的作风。"新的时代背景和社会条件给我们广大领导干部提供了大有用武之地，而在胜利与荣誉面前，在和平、繁荣的环境里，各种诱惑也必然随之增多，只有紧密地团结在党中央的周围，只有坚持批评和自我批评这个马克思列宁主义的武器，牢记"两个务必"的教导，才有可能够经受历史和现实的任何考验，不辱使命。

总之，领导干部走在"三个文明"的前列，是时代和社会、执政党对其所提出的约束和希望，是其自身存在价值的重要标示。同时，我们还认为，其普遍实现，则不仅依赖于组织的训导、指引和个人自觉，更在于各种关于公务员法纪规范的切实践行。

中国区域发展之基本路径[*]

——《中国非均衡格局中的区域发展》结束语

———

我们的研究表明,中国作为一个超大国家,其非均衡性的政治,影响和强化了城乡、区域与民族因地理、经济条件等差异而形成的发展速度的非均衡,观察今日之中国的区域发展,中央决策、地方自觉与草根力量仍旧是重要视角;外源性变革方式与内源性条件,使主导中国现代化过程中新的政治权力成为一种有效的组织力量和文化动力;追赶型现代化,形成中国的现代化自上而下启动、推动作用超强和社会意识形态多元。而中国非均衡政治、外源性与追赶型现代化的性质、特点与社会主义市场经济体制的结合,必然使中国社会出现新的转型,而这一社会转型的表里,一是社会主义方向不变;二是社会主义现代化的可持续发展;三是国家与社会、中央与地方关系的法治现代化与社会思潮现代化;四是现阶段国家对市场运行过程、市场制度、市场分配进行干预方式的并重。

非均衡格局中的地方自主性问题的提出,其意义在于探讨转型期国家发展的重大理论和实践问题。基于此,我们主要从中央与地方关系变化中,比较清晰地关注到中国的改革开放在世界市场格局以及社会制度和新型组织形式的变化中的联系和位置,看到一个落后的区域社会究竟通过了何种

 * 本文是笔者博士毕业论文《中国非均衡格局中的区域发展》的结论,中国社会科学出版社 2012 年版第 3 次印刷。

路径真正地走进世界历史之门。从而更深刻地理解马克思所指出的：应该尽可能地从经济方面"为任何当时的独特的国家形式，找出最深的秘密，找出隐蔽的基础"，①认识此一规律性的发展，即："各个相互影响的活动范围在这个发展进程中越是扩大，各民族的原始封闭状态由于日益完善的生产方式、交往以及因交往而自然形成的不同民族之间的分工消灭得越是彻底，历史也就越是成为世界历史。"发现我国经济体制等全方位改革的经验源泉所在。②

正如本书③讨论之初所揭示的，社会主义市场经济所选择的资源配置方式为地方自主性的发挥提供了前提条件和历史机遇；制度创新—权益博弈—路径选择，体现了非均衡格局中的区域发展的一般规律；而体制转型—法制建设—质量型发展，则是其发展的重要内容；后发外生型的区域现代化模式规定了地方自主性互动的基本内容和主要形式；有选择的中央集权和追赶型经济发展则促成了地方自主性的法治走向和伦理智慧。进而，经济特区设立的主要目的，是为全国作出示范，在经济发展和制度创新方面"先行一步"。但对于个别地区而言，重要的使命是，采用经济特区的优惠政策和措施，以制度创新，实现追赶型现代化。其样本经济社会发展的实际过程表明，地方自主性是区域经济社会发展的内源性动力，并以地方政府为代表的制度创新为主要标志。因而，这一经验资料，不仅具有剖析区域经济社会发展的个别性意义，同时具有认识社会主义初级阶段重大政策调整和整个国家区域经济社会发展走向的一般性意义。

非均衡格局中的区域发展与非均衡格局中的地方自主性是两个不同的概念，又存在着关联、递进关系。在本书中，前者主要指地理环境之于经济、政治制度和其他资源输入的影响，怎样促成了区域之间的发展差异，后者主要是指在经济体制等全方位改革的条件下，以地方政府为代表的利益主体所主导下的一定区域内的经济，社会运行状态。从均衡发展到非均衡发展，再到非均衡协调发展，中央政府的决策无不对地方发展产生重大影响。"传统的行政区划，主要考虑的是如何加强中央的控制和维护祖国统一。20世纪80年代改

① 《马克思恩格斯全集》第25卷，人民出版社1974年版，第891—892页。
② 《马克思恩格斯选集》第1卷，人民出版社1995年版，第88页。
③ 是指《中国非均衡格局区域发展》一书。

革以来,经济因素开始成为一种定性的价值标准。"①改革开放改变了地方政府消极被控制的被动地位,从而具备了能动追求自身区域利益的能力。在获得授权和区域利益驱动下,地方政府重建了同企业和市场的关系以及其他关系,极大地解放和发展了生产力,直接地参与了同相邻地区及国际市场的竞争与合作。但中央与地方的关系在这一时期还局限于政策调整、行政集权与分散的循环上,只有到了明确提出建立社会主义市场经济体制之时,才找到既不妨碍生产力发展又不会导致颠覆性社会动荡的制度化途经。同时,地理位置对于任何一个区域和区位都带有恒常性,可以从国家实现现代化的目标,步骤及区域地理环境和自然禀赋的特点上,找到自己的区域特色定位。也就是说,对于一个区域来说,面对地理历史发展非均衡,当国家现实制度输入非均衡时,应该看到这种非均衡隐含着的某种历史机遇,从区域发展的现实条件和现实需要出发以制度创新的手段予以及时回应。②

二

地方自主性是以区域经济社会发展过程中的制度创新为特征的,从中央

---

① 赵成根:《中国经济体制转型中地方政府角色转换和中央地方关系的发展趋向》,载王浦劬、徐湘林主编《经济体制转型中的政府作用》,新华出版社 2000 年版,第 336 页。

② 行文至此,已基本完成对该项研究中所提出的命题,即对"非均衡格局中的地方自主性是区域经济社会发展的内源性动力,并以地方政府为代表的制度创新为重要标志"的解读。这里应该特别说明两点:一、地方自主性应该是一个政治学上的概念。但是迄今为止,尚未见到对它的规范定义。在学术界和国家领导人的话语中,它往往被"地方积极性"所指称。显然,这一"称谓"不具有法律本位的精神。而地方自主性,则是指以地方政府为代表的利益主体自主参与市场竞争和资源配置,自我设计、自我管理、自我发展的权利(权力)能力及其活动。地方自主性,内含中央和地方的关系,国家和社会的关系,也就是说,它是相对于中央控制地位,相对于国家集权而存在的基层社会的能动性。现在提出地方自主性有两个背景,一是我国的地理环境背景和新的行政区划背景,二是市场经济背景。历史经验证明,经济发展程度的差别往往等同于经济社会发展程度的差别,而这种差别的另一面又是一种制度(体制和机制)发展程度的差别。二、关于该项研究的命题的提出。我在华师研读期间,正在苦苦思索如何写作博士论文的时候,有意无意之间寻找到了赵南平先生发表在《中外法学》2000 年第 12 期上的大作:《法学博士论文的"骨髓"和"皮囊"——兼论我国法学研究之流弊》,找到该论文后,我如获至宝,先后捧读 20 余遍,并先后向不少朋友做了推荐。可以认为,该论文的价值远远超出对进行法学博士论文的研究写作的指导性意义。当然,论文所提出的观点,目前在大陆还没有被普遍接受。这一问题很敏感,对社会科学博士论文写作的传统要求可能带有颠覆性。但拙命题的构思与整个框架的确立,确实深受此文之惠。在此深致谢意!

与地方关系互动角度看,它是整个国家从革命走向改革转型期的一个缩影,其政治生态上的重要表现即实行制度激励与制度规范。

这里的制度激励是指,以制度转型初期的放权加优惠刺激和维护发展,其具体方式是:(1)中央政府与地方政府放权、授权;(2)中央政府给予某些地区和城市以优惠政策,主要是税收优惠等;(3)中央政府继续给予少数民族地区优惠政策及授权,中央政府给予地方政府的财政包干政策中的返还规定等;(4)中央政府对于以公有制为主的多元经济所有制成分的肯定等;(5)制度激励的基本取向不会改变,但其中部分规定只是阶段性的,如对经济特区的大部分优惠措施;(6)以省区级为代表的地方政府对辖区内不仅贯彻执行这一激励政策,还采取了不少更具体的办法,譬如税费减免、补偿,还延伸到对党政领导及企业家个人的各种奖励、推荐进入当地政权机构等。

这里的制度规范是指,以制度化、规范化维护和促进可持续发展,其具体方式是:(1)改革决策与施政行为越来越多地采取了法律、法规、规章形式,减少"红头文件"和当权者个人的随机性指示;(2)在法律上进行立、废、改,对有关政策,譬如对社会主义市场经济,实行以公有制为主体的多种所有制形式等,都载入了宪法和其他国家基本法律;(3)对于地方人大通过的法规性文件进行备案审查;(4)对重大的区域性政策进行适时调整;(5)对重大的带全局性的经济社会问题进行宏观调控,防治地方"政府失灵"和"市场失灵";(6)以此类推,地方人大和政府对辖区内的经济、政治、文化等重大问题的认定和解决,也越来越多地采取了政府规章和地方性法规的形式。不仅如此,还表现在整个政策、法规制定过程中,保证了效率优先和兼顾公平,坚持了追赶型发展与可持续发展等种种关系的协调。与此相联系,区域制度创新本身不是目的,它只是促进区域经济社会发展的一种手段。所以,一必须符合区域现实发展需要,二必须遵循"激励"与"规范"并重,为发展和可持续发展而规范,否则势必出现区域性产业畸形,导致区域经济社会发展失衡。所以,制度激励和制度规范实际上是一种制度建设的科学尺度。以地方政府为代表的利益主体的制度创新,既有政府、立法、司法层面,又有企业、中介机构、社会团体及家庭层面。就政策和法规、规章而言又存在多重组成部分,譬如:(1)根据国家政策、法律制定具体规定;(2)根据有关授权,从当地经济发展的实际需要制定变通规定;(3)根据有关授权,从当地经济发展的实际需要制定专门的具体规定。

对区域后发优势的发挥和区域追赶型发展的把握,需要上层建筑变革相适应。恩格斯指出:"政治、法、哲学、宗教、文学、艺术等等的发展,是以经济发展为基础的。但是,它们又都互相作用并对经济基础发生作用。并非只有经济状况才是原因,才是积极的,其余一切都只不过是消极的结果。这是在归根结底总是得到实现的经济必然性的基础上的相互作用。"①由于国家发展方向的转向和国家战略决策的调整,引发了一系列制度变迁,不仅使政府职能转型不可逆转,而且将使令许多人忧虑的"诸侯经济"渐行消亡。因为,适应现代市场经济特点与要求的、规范化的财税体制的建立和逐步完善,为消除"诸侯经济"提供了内在的动因。资源配置方式的转型,从"卖方市场"向"买方市场"的转变,已经和正在对"诸侯经济"的存在产生强烈的抑制与冲突。"诸侯经济"藩篱的拆除,是深化以资本为纽带的企业内外部改革的客观要求和必然成果。经济运行机制的转换,全国统一市场的形成,将使"诸侯经济"的渐行消亡成为历史的必然趋势。②

制度创新既是区域经济社会发展的过程,又是区域经济社会发展的结果,但制度创新与制度实施之间存在着一定距离。所以,制度实施效率的低下对于区域经济社会的危害,更甚于制度创新体系缺失所引起的危害。

三

区域非均衡,首先是指区域与区域之间发展非均衡,还包括区域内的城乡、区位、民族发展非均衡。同时,在一定的区域,非均衡既是一种历史性条件,又是一种现在进行时态;既是一种发展约束,又是一种发展机会。可以说,在中国特色的行政区划架构下的每一个行政区域都是地方自主性的舞台,在社会主义市场经济体制的框架中,这一进行时态自然反映为市场化过程中的各种竞争。我们一贯把经济特区—沿海沿江沿边开放城市—沿海经济开放带—内陆地区,当作我国对外开放格局的几个层次,另外把经济的开放与开发

---

① 《马克思恩格斯选集》第 4 卷,人民出版社 1995 年版,第 731 页。

② 这一判断无疑是正确的,但分析和依据似乎不够严谨、可信。可参考本《基本结论》(之五)(之六)部分。此处引述参见刘溶沧:《调控与发展》,社会科学文献出版社 2000 年版,第 82—86 页。

分成若干模式,等等。本书是从体制改革中的中央与地方关系的政治学角度提出模式分类的,它涵盖了第一产业、第二产业和第三产业,以一种市场化的机制引进了国家力量、地方政府力量和境内外资金、人才和技术,使闲置土地成为企业和市场实现其利益的机会,使区域性的自然经济成为国家现代化经济一体化的组成部分。并且,以有限创造、授权创造和自发创造为基本模式,进而坚持质量型发展战略,是城乡二元经济结构地区实行对外开放过程中,为实现追赶型现代化目的的有益尝试。

如果稍作具体分析,就可以看出,第一,区域经济的有限创造模式的意义,首先,"在于找出正确的方法,即应当怎样把不可避免的(在一定程度上和在一定期限内不可避免)资本主义的发展纳入国家资本主义的轨道,靠什么条件来做成这件事,怎样保证在不久的将来把国家资本主义变成社会主义。"①其次,它促进了国际惯例的采用,为吸收境外资金、与境内外企业进行联合提供了便利。再次,为政府通过机构改革走向职能调整,在市场化条件下推动中央与地方的关系的改革,为维护中央的权威与充分发挥地方自主性提供了可操作性的办法。

第二,授权创造模式的意义,首先,体现了发展型政府引导企业走向市场的作用,即市场规则制定、公共权力与资本权利的运作与边界的划分。表现在提出、发现与推广开发规划、区域生产力布局、产业导向、对外开放—合作—竞争的原则与形式。其次,壮大了公有制经济的力量,引导了非公有制经济成分的发展,使基层政权组织、企业组织有了充分利用自然禀赋和市场的机会。再次,这一模式改变了以往行政力量的注意方向,重塑了政府与企业、市场的关系,使区域经济发展与区际开放、与建立现代企业制度得以互相促进。

第三,自发创造模式的意义,首先,在于促成了企业、家庭、个人等市场主体的多元化,改变了有关利益主体对党、政权力的单纯依赖关系,改变了经济发展对政府投资的单纯依赖关系;在市场化过程中出现了企业与企业的联合,企业与个人的联合,改变了传统的劳动与利益分配、实现了产品的市场价值转换,最大限度地扩展了资源开发和利用的空间;由此广泛地形成了一种"新的力量""新的品质""新的观念"和"新的交往方式"。其次,市场主体的多样

---

① 《列宁选集》第4卷,人民出版社1995年版,第504页。

化,改变了过去经济开发、经济生产的社会动员方式,参加者的自觉性和创造性成了最重要和最持久性的因素。再次,它体现了在对外改革开放和经济增长新的阶段中,从权力主导型增长模式向资本增长型模式、再向知识型增长模式的转变,并拓宽产业领域,实现技术升级,以特色经济为标志树立区域性核心竞争力,变区域潜在的后发优势为现实的后发优势。

进而,上述三种创造模式在一定程度上反映了作为发展中国家的"乡土中国"追赶型现代化的特点,其久远意义还在于:当对特定地区的优惠政策观照趋于淡化的时候,它又是一种保护和支持其继续发展的"反应机制"。

区域均衡发展到区域发展非均衡发展的战略调整,必然与中央和地方关系的调整联系在一起,成为正在尝试的政治体制改革的组成部分。但是这种政治体制的改革,当时主要停留在工作制度、组织制度、工作方法和工作作风方面,继而对中央与地方关系的调整所包含的各级政府机构的改革,也更多的是强调权力下放、精简机构、提高效率、干部年轻化、调动地方基层和群众的积极性,其出发点与立足点是搞活经济、加快社会主义生产力的发展。而将政治文明建设与物质文明建设、精神文明建设并列,承认政治现代化、民主化,提出建设服务型政府,提出实践"科学发展观",这是中国改革开放的逻辑发展,属于相互衔接、层次更高的重大时代课题。

四

权力内核向地方下放权力和发挥地方自主性,其取向是加速实现追赶型现代化,所以,整个改革是以中央与地方互动、国家与社会互动为特征的。经济体制改革中的基层尝试,政治上的民主表达、组织形式的多样化,司法公正及中央部分事权的重新集中,构成了此一过程的主要脉络。可以说,通过权力下放以搞活经济,宏观调控以防治市场失灵和诸侯经济的老办法,走向社会主义市场经济体制下的各种权利(权力)规范;破旧立新,顺势而为;明确坚持"改革要从实际出发,整体推进,重点突破,循序渐进,注重制度建设和创新。"①这些,既是

---

① 江泽民:《全面建设小康社会,开创中国特色社会主义事业新局面——在中国共产党第十六次代表大会上的报告》,人民出版社 2002 年版。

我们用改革开放加速实现我国社会主义现代化的关键步骤,也应该是我们处理新时期各种区域经济社会发展问题时的基本思路。归根到底,所谓非均衡格局中的地方自主性,是指在中国特色的行政区划架构下的地方政府为代表的利益主体的地方化制度创新过程,即"非惟天时,亦抑人谋也"。

影响区域经济社会发展的关键条件是:(1)国家注意力及其发展战略;(2)地理环境与资源禀赋;(3)以地方政府为代表的制度创新能力是区域经济社会发展的内生变量;(4)通过经济发展和制度化建设解决区域经济社会发展中的问题。进而,非均衡格局中的地方自主性有三重主导因素:一是政府、企业、中介组织的规范化制度,二是地方政府科学的管理和决策的运作,三是社会的市场化公平竞争及裁判。中央权力下沉,以制度化划分中央和地方的事权,有利于激励而不是阻滞地方经济的发展。市场经济的发展和各项改革的深入,决定了特区优惠政策只会是阶段性手段。而最终依赖制度和知识,认真借鉴国内外区域发展的经验,在某些方面"先行一步",方才符合地方的长远利益。这就要求地方不能简单地对中央政府的政策和国家法律、法规进行对接,不能直接地对其进行"来料加工"和桌面上的设计,而必须从区域经济社会发展的现实需要出发,着眼于区域内外的现实关系,把发展目标与现实条件结合起来,把资源优势与制度优势结合起来,方可减少经济和社会发展的摇摆性。优惠政策的机会利益应当珍惜和把握,但地方政府真正的职责是规则供给和公共服务,而不是诱导或参与投机。否则,将造成地方的畸形发展,甚至可能出现人为的大起大落。从均衡发展再到非均衡协调发展是一种必然趋势,这种协调发展在一个区域内部还应该包括产品增量与自然、社会环境质量提高的一致,包括经济的可持续发展和市场诚信的重塑,才能够继续顺利地进行对内对外全方位开放和两个根本性转变。

由此引起我们进一步关注的是,我国的经济特区是在中央基于特定的需要下放权力的结果。这种放权式改革的主导权在中央,中央与地方分权并没有明确和规范化。随着中央注意力的转变,特区的地位和角色也会转换,不再能享受某些特权。同时,在放权式改革中,权力参与经济,并形成看不见但处处都发生作用的特殊利益关系和特殊利益力量,导致特区的创新能力逐步衰退,不仅体制出现复归,而且在体制创新动力和能力方面比内地可能更弱,这势必导致特区的重新边缘化。正是由于原来为权力控制的边缘地位,所以在中央赋予特殊政策下得以在经济体制创新方面领先一步；但由于相应的政治体制创新，且有了特殊利益集团包袱而失去政治体制创新动力，所以会在新一轮的体制创新中再度边缘化。这虽然只是一种可能，但也初步显示其迹象。这一现象对我们的启发之一是，地方的保守性有可能较普遍地、不同程度地存在于区域经济社会发展的任何阶段，而某些区域在因采取开放创新而取得较大历史性进步后，对此同样应该予以正视。

可以认为，中央政府的放权和优惠政策支持，地方自主性的发挥，是走向体制转型，实现"自费改革"的最佳选择。计划经济体制下的均衡发展的政策取向，是通过公平优先达到政治稳定和经济发展；市场经济体制下的非均衡发展的政策取向，是通过效率优先和经济发展，并实现政治稳定。目的都是维护和发展社会主义社会的福利和公正，但存在着方向上的差异，其效果如南辕北辙。可以推论，市场经济体制这一基本制度创新以及由此派生出的每一制度创新过程，都会引起不同内容与形态的中央与地方的良性互动，国家与社会的良性互动，以地方政府为代表的利益主体之间的良性互动，而这一切都将有利于加速和保障自然与社会资源的从权力配置到市场配置的过渡，并更好地以整个社会基层为平台贯彻国家的意志和体现人民群众的利益。这就需要此一制度创新过程，应当始终以融入国家现代经济一体化进程为目标，这是地方自主性最根本的政治伦理要求。

五

由于地方政府在区域经济社会发展中所处的特殊地位，其非理性的本位主义决策和投机取巧式的操作所引起的"政府失灵"现象，有可能使地方自主性的功能受到扭曲。

既然改革开放是在资源配置不足的前提下采取的一种战略选择，既然我国作为超大国家的经济主要表现为区域经济，而中央向地方下放事权，在增加了地方政府管理、引导经济社会权限的同时，也增加了其经济发展的压力。与此同时，传统的自上而下的任命制也容易引发、滋长某些地方官员的错误政绩观与党政机动性权力，因此，在一定行政区域内，国内生产总值（CDP）和国民生产总值（CNP），极大地影响着地方政府的政策取向，其结果是：（1）自觉同步进行经济体制改革与政府职能转换,政府性质演变为"发展性政府",积极培育企业的市场意识和竞争力,不断改善投资环境。(2)政府施政动机发生变化,一般的认识排序为:A. 提高本地区经济发展速度;B. 增加本地区财政收入;C. 改善本地区投资环境;D. 实现本届政府的政绩目标;E. 促进本地区就业,实现社会稳定;等等。(3)政府部门容易产生短期行为,表现在:A. 对经济增长的重视更基于对民主、法治制度引进的重视;B. 对"跨越式发展"的重视更基于对可持续发展的重视;C. 对大、中型企业的重视更基于对一般企业的重视;D. 对政策优惠的重视更基于对遵守平等法律规则的重视;E. 对"面子工程""大路经济"的重视更甚于对落后区位扶贫的重视;F. 对土地、矿山等可货币化资源利用的重视更甚于对科学技术与管理思想引进的重视;G. 对上级决策机关及利益部门的关系的重视更甚于对执行规范文件与正当程序的重视;等等。正因为如此,诸如重复建设、违规审批、"开发区热"、数字名牌虚假、随意处置国有资产、袒护豪富公司与权势关系人、忽视生态环境,以及其他各种"上有政策,下有对策"之类的瞒上欺下,以形式主义对付官僚主义、滥用司法权力、地方保护主义等现象,陈陈相因、普遍存在。

与此同时,地方自主性功能的发挥还会因为受到公务人员个人的干扰,成为消极甚至破坏性的力量。在存在公共权力的社会里,人和某一组织或团体在与国家发生关系时,需要一个中间环节,这就是政府公务人员的行政活动。我们知道,地方政府对下代表国家、代表中央政府,在行使对区域经济社会的管理权时,体现着法律和道德的基本原则,表达着社会对秩序和正义的共同要求。在这一过程中,它不仅要采取抽象行政行为,还要采取具体行政行为。前者是指行政主体以不特定的人或事为对象所实施的行为,一般以规范性文件的形式出现,发现制度、创立(移植、改革)制度、完善制度等,可简称之行政立法,即执行法律和行政立法。后者是指行政主体为特定的人或事为对象所实施的行为,如行政决定、行政审批、行政征收等,可简称之行政执法。因而,作为国家与社会、政府与社会大众关系联系的直接承担者,政府(包括党的部门、司法部门,乃至履行部分行政权力的事业单位等)公职人员的知识能力、服务精神和廉洁表现如何,至关重要。

由此观之,在新的历史发展阶段,需要在国家层面引导下继续完成的任务是:(1)对仍然约束生产力发展与颠倒公民权利—官员权力关系的体制和机制进行新的突破,化解旧的权力部门和垄断行业的利益格局,逐步消除权力私有化—权力傲慢—权力遮蔽的基础。(2)继续规范政府权责,不断清理和完善各项规则,同时全国人大常委会和国务院应该切实履行对地方性法规备案审查的职责;地方人大与地方政府在施行重大措施,制定重要法规等事项时,不仅要实行专家论证,还应吸收社会团体等各方面的意见和建议,鼓励媒体监督,增加政治透明度。(3)实行司法系统垂直领导与有关重要行政机构的人、财、物的垂直管理,从体制与机制上解决地方政府权益地方化、短期化现象。(4)按照科学发展观统筹"三个文明"建设,把一些应当交还的权利(权力)交还给社会中介机构、社会团体和司法机关,各司本责,解放自身。(5)在培育企业、市场和社会中介组织的同时,努力提高政府(包括党的机关、司法部门等)公务人员的品质,率先示范区域经济社会"诚信增长"的"发展形象"。所谓"发展形象"即在地理环境、人文历史和产业品牌等物化形态的基础上,以制度文明为核心竞争力,以地方政府为代表所维护的诚信体系和有序竞争的社会运行状态。对于政府,它是一种权力理性;对于社会,它是一种互助秩序;对于企业,它是一种经营范式;对于个人,它是一种自由边界。

六

地方自主性既然是以地方政府为代表的利益主要自主参加市场竞争和资源配置,自我设计、自我管理、自我发展的权利(权力)能力及其活动。那么,地方自主性在这里即是指社会主义市场经济条件下,以地方政府为代表的利益主体对中央政府的政策反映能力与市场条件的运用能力。进而,制度创新、权益博弈和路径选择是追赶型中国区域现代化的一般规律。

地方自主性的产生和发生作用的背景是社会主义市场经济体制的确立和由此带来的新的行政区划调整。经验还表明,地方自主性的作用还受到国家区域政策调整的影响,第一次区域政策调整,使珠江三角洲成为优势区域,第二次区域政策调整,浦东与长江三角洲成为领头羊,第三次区域政策调整,西部大开发正式拉开序幕,第四次区域政策调整,东北老工业基地焕发生机。前者着重体制创新示范和经济发展引路,让一部分地区和一部分人先富起来,然后带动全国各地区和全体人民较快地普遍地富裕起来。时至今日,我国的区域发展已经焕然一新,但地区差距在相当长时期内将继续存在甚至会有所扩大,应当采取积极有效的政策措施减缓差距扩大的速度;城市化水平迅速提高,城市在经济发展中的作用进一步扩大;城市间的经济联系不断加强,大城市圈已经逐渐成为区域经济发展的主导力量;企业日益成为市场主体,大企业在跨区域资源配置中的作用更加突出。地方政府为代表的利益主体如何面对这一调整,能否正视经济全球化和区域一体化,做到苦干(workingharder)加巧干(workingsmarter),正确处理内源性和外向性经济关系,加强社会公正,妥善处理资源和环境问题,努力消除地区和城乡差距,有效遏制腐败和促进市场诚信,坚持发挥地区比较优势,优化产业结构,统筹城乡发展,大力发展区间与系统经济,争取本地区经济社会全面进步,实现可持续发展,则是对各行政区划内的地方自主性的主动性与适应性程度的检验。

从对样本区域的考察,可以看出区域现代化的大致图形,即:从经济体制上,是从计划经济体制到市场经济体制;从发展步骤上,是从农村改革破题到城市改革,从经济体制改革到文化、教育、科技与政治体制改革全面推进;从发展形态上,是从均衡发展到非均衡发展再到非均衡协调发展;从发展阶段上,是从脱贫到温饱,再从温饱到小康;从技术进步上,是从粗放型逐步过渡到集约型;从发展动力上,是从引进外资到融通内外资,再到在吸引外资的同时开始对境内外投资;从发展水平上,是从发展速度第一转向发展质量第一;从市场控制上,是从市场封锁到市场开放,再到市场一体化;从发展目标上,是从对劳动者与自然资源的索取到对人与自然的充分保护;从中央控制能力上,是从政策指导型逐步转向法制规范型。今天科学发展观的正式确立,既是对改革开放以来所有经验教训的不断归纳与总结,也是对世界各国现代化迄今为止的经验教训的有益的借鉴和创造。

对样本区域的考察表明,下述观点无疑是正确的:在18—21世纪期间,地区现代化过程可以分为两大阶段。第一阶段简称为地区第一次现代化,指从农业经济向工业经济、农业社会向工业社会、农业文明向工业文明的转变过程;第二阶段简称为地区第二次现代化,指从工业经济向知识经济、工业社会向知识社会、工业文明向知识文明的转变过程;地区第二次现代化不是地区发展的终结,将来还有新的现代化。……发达地区现代化过程的两个阶段是先后进行的;发展中地区现代化过程可以两个阶段先后进行,也可以是两次现代化协调发展,走新型综合现代化道路。①

七

全面改革开放和建立社会主义市场经济体制,既是中国特色社会主义的伟大实践创造,亦是马克思主义中国化的伟大理论创造。这是因为:第一,面对经济政治危机或贫穷、动乱,是走向更加封闭与反动,甚至于法西斯,还是通过改革,走向自新与法治,前者如当初的德国和日本,后者如美国。而中国最终走上了"以人为本"、法治建设与全面小康建设的社会主义新路。第二,不仅通过改变苏联式国家高度集权、剥夺农民、计划统治一切的传统做法,从而防止了这一必然导致普遍贫穷后果的复制,而且避免了资本主义的"羊吃人"式的少数人剥夺多数人而暴富的弊端。第三,同时,防止了一种虽然发展却导致国家分裂或者一时发展停滞的重大风险。20 世纪中晚期南斯拉夫和伊朗,还有苏东社会主义各国,它们都积极地进行了改革,但是后来都以不同的形式而宣告失败。南斯拉夫主要失误在任由南共联盟解体,对民族分裂势力和行为让步;伊朗的失误,则是在巴列维国王在追赶型的现代化过程中,忽视了贫富悬殊问题,政治体制改革迟滞,结果民众不满,极端宗教势力一夜复辟;在苏联,同样是虽然有巨大的改革热情,却采取了以激进的政治体制改革和进而放弃共产党执政党领导的路径,最终导致国家分裂。

中国改革开放 30 多年的经验有很多、很丰富,而从国内经济社会发展的角度观照,最重要的经验至少包含了这样几点:第一,遵循马克思主义基本原则和坚持马克思主义中国化实践相结合;第二,坚持社会主义道路和坚持不断提高、改善广大人民群众的民生问题相结合;第三,坚持执政党的领导和发挥人民群众的首创精神以及发挥中央和地方两个积极性,坚持中央决策与地方自主性创新相结合;第四,坚持通过"依法治国"的途径重构新型的中央与地方关系,从山村草根民主发展和走向公民社会,允许各种社会团体和公益组织、利益集团进行博弈;第五,坚持政府职能转变,努力建设服务型政府,从提

---

① 参见中国科学院中国现代化研究中心:《中国现代化报告·2004——地区现代化之路》,北京大学出版社 2004 年版,第 3 页。

高效率第一、放权让利,转向还权于民;第六,坚持与时俱进,不断完善马克思主义的公共政策,规范各行业各区域公平竞争,促进城市反哺乡村、城乡互补;引导企业从争取优惠、投机取巧、短期行为转向培养核心竞争力,以利实现整个社会利益分享,发展共赢。

我国设立经济特区,是中外比较和历史比较的结果,是社会主义现代化发展的有机组成部分,是物质文明、政治文明和精神文明互相协调、与时俱进的体现,而经济特区优惠政策的淡化,则表明我国已经进入全面开放和全面建设社会主义市场经济体制新时期。

处于新时期的经济特区,仍然赋有在政府服务、社会管理与经济、文化、教育、科技等方面继续进行体制机制创新的使命。而在经济社会规划领域,离开海岛型比较层面,以更开阔的眼光观察,不断创新适合自身条件的发展模式,处理好天人关系、达到和谐共生,这一课题的解答和实践,永无止境。国际上有不少成功的事例同样值得我们思考和借鉴,譬如:

(1)以色列地处一片沙漠地带,土地贫瘠、资源极其短缺,但是由于坚持走科技强国之路,重视教育和人才的培养,成功地建立了发达的经济。它立足于现代化农业的高起点,实现资源经济向智力经济的转化;充分发挥政府对农业经济的宏观控制能力;强化劳动力教育制度,提高农民的知识水平与现代意识;注重农村社区建设等。大力发挥合作经济,积极推行农业技术进步,建立比较健全的农业社会化服务体系,以外向型出口农业为发展方向等,最终形成了以高效率、高速度、高科技、可持续发展为特征的现代化农业。(2)卢森堡的现代化,则走了另外一条完全不同的道路,它是在最大限度地开采生境内的铁矿资源,发展起世界第一流的钢铁冶炼系统,在出口优质钢铁产品上实现了高额的能量控驭水平。(3)法国能源矿藏的蕴藏量严重短缺,靠本土的能源储备根本不能提高人均的驭能水平,必须大批够进口能源矿藏,才能达到高额的人均占有水平。为了实现这一目标,它不是拼命地办工厂,而是大力维护具有世界声誉的手工产品,稳定出口以换取足够的外币。葡萄酒、名牌时装、高档化妆品等,这些既非高科技产品,又非大工业产品,但是它们却是法国跻身世界发达民族之林的拳头产品。(4)日本的发展囿于生态环境资源贫乏的海岛,其现代化模式采取了原料、产品同时大进大出的文化运作方式,整个文化围绕大批量的物质进出,在本土内实现精加工和综合利用而协调运作,对无法进入的资源,甚至不惜牺牲已有的生产能力,以保证人民生产和生活的必需,比如为了大气降雨以获得的淡水,不惜把已有的农田改作林区,以增加地下水的贮量,保证工业和生活必需的淡水供应。(5)美国又是一种发展典型,它一是靠远离旧大陆发达民族纷争的机会,超然观望,从中渔利而造成的大国地位,二是凭借高科技和金元帝国的优势,廉价地购进能源和其他矿产资源,并凭借这样的能源优势,压缩第一线的农业劳动力,形成了低成本的农产品,去反冲发达国家的农产品市场,以维持其高国民收入,维持和强化了现代化的进程。

所以,根据本选题的样本地区的历史基础和地方特点,立足于"一省两地",突出热带高效农业,同时重点抓好旅游、海洋和高科技,应该是比较符合实际情况的正确决策。

八

中国超越旧体制,克服传统社会主义体制危机的成功的根本原因在于坚定不移地实行改革开放,而其基本经验在于实行了由中央高度集权的体制转型期的"内核—边层:可控的放权式改革",以及发展中的"超大国家"的"先乡村,后城市"的示范—攻坚式改革,进而逐步完善社会主义初级阶段的"意识形态—法治—意识形态—法治"的螺旋式改革,达到经济基础与上层建筑的划时代的革命演进。具体做法又在于做到了目的与手段的统一:"权力下放—体制创新—契约约束",收放有致,渐进展开。

与此同时,我们注意到这样一个事实,即:地方自主性显然是离不开行政区划以及这一人口、土地面积、自然与社会资源的基础。本文分析的样本为省级经济特区,它具有一般省级行政区划的特征"在我国即是省级行政区为单元所组成的经济区。省级经济区在大国即是二级经济区,在中等国家则为一级经济区。其地域面积在几万平方公里以上,人口在几百万以上……区内有相当数量的自然与社会资源,有多个具有区域或全国意义的专业化部门,有一个或多个主要经济中心。我国的省级经济区的形成发展过程中,长时期的行政职能与转为完整的行政界限发挥了重要作用。"①可以认为,中央与地方关

---

① 陈才:《区域经济地理学》,科学出版社 2001 年版,第 212 页。

系的实质，是国家政权内部因社会网络与行政区划而产生的国家权力和利益分配及利益创造的矛盾统一运动。因而，这一运动过程必然反映国家政治经济体制的性质、特点，生产力水平以及与此相适应的法治化程度。在中国的现阶段，如果不下放权力，发挥地方自主性，地方就不可能具有相应的发展空间，最大限度地挖掘地方各种潜力，反之却可能最终丧失地方乃至整个社会的生机和活力。但我们今天还需要从维护中央政府权力的能力、效率和国家权威及主权统一这一长远利益的角度，考虑到应对由于地方经济发展到一定阶段，有可能产生与中央政府的离心力的问题。也就是说，这种离心力并不是由优惠政策所带来的，而是由于中央放手让地方发展，随之出现了"地方政府经济圈"，并激发了那种与中央政府的讨价还价之类的地方保护主义等情形。为防治这一现象，避免中央与地方在相互期待上的错误，必须做到：(1)继续坚持对外开放与区际开放并重，以产业等指导政策为主兼行适度区域优惠倾斜政策；(2)继续坚持运用国家宏观调控手段，加快建立和完善全国统一的市场规则，有效防范和治理行业垄断和地区垄断；(3)继续从体制上理顺中央对地方放权和收权的关系，进一步打破传统利益格局；①(4)继续完善宪法及其他基本法律中关于中央与地方的权力规范，使之更加明确和具体。

在我国走向现代化的过程中，如何改变落后地区的面貌，促进其经济、政治、文化、社会的发展，不仅是关系到落后地区数亿人民物质文化的改善和提高的大事，而且也是一个关系到我国社会的全面发展和政治稳定的大事，甚至是关系到我国在21世纪头20年能否实现全面小康的大事。而今天的全面实现小康，意味着：(1)应该由以往的让一部分人、一部分地区先富带后富走向均富；(2)应该由以往的城市剥夺农村改变为反哺农村；(3)应该由以往的绝

---

① 对这一问题研究和关心者多，就设计的出发点而言，都是为了进一步规范中央和地方关系，促进国家经济社会的良性发展，但重点有所不同。其一，既保持中央和地方关系的良性运行，又能够活跃经济。主要有三种观点：一种是"增设直辖市"。该方案主张缩小省级行政区划的辖区，通过增设至少8个直辖市，逐步把中国的一级行政区划建制扩大到50个左右。一种是"弱省废县"。该方案主张现有行政边界不变，把省级行政淡化为中央的派出机构，把公共事务的管理权限下放到城市，强化市的经济地位，同时废除县的建制，以市、镇两级行政区划为核心。一种是"都市经济圈"。该方案主张现有行政边界不变，在全国设立9个左右"都市经济圈"，由中央派驻一个在经济事务权力上高于省，跨越省区组织"都市规划办"，统一行使辖区内经济事务的规划权和管理权。其二，一种较为新近的观点，则偏重于减少行政层级，以达到减少行政成本和社会成本，其主张是："增省、撤市、并县、弱乡"以及"合部、增省、撤市、并县、弱乡"。

大多数人民群众的生存斗争转向全面发展。今天妨碍其现代化实现与现代化价值实现的顽症是:权力优先(优惠),权力与资本的结合。如果说传统的计划经济体制包含了国家权力对劳动的剥夺,那么,在体制转型时期,更突出地表现为以党政权力与资本权力相合为基础的新权力体制对劳动的剥夺,既妨碍国家与社会、政府与公众、企业与消费者、人与自然等的良性关系,并且由于涉及大多数人的切身利益,所以很容易酿成追赶型现代化过程中的政治风险。因此,今日之中国,与上述国家层面的改革相联系,应该努力争取做到:(1)在前进过程中不断解决前进中的问题,重视解决公众日益增长的对公共品的需求,同公共品供给短缺、低效之间的矛盾。(2)实现从经济建设型向公共服务型的政府转型,注重经济社会协调发展,适时进行社会再分配,继续进行乡村治理与城市社区建设。(3)重视解决人们在生活脱贫奔小康之后对民主权利的需求,保障公众的知情权、参与权与言说权。(4)坚持治理个人特权、部门特权和阶层特权,打破所谓的"贵族阻滞",认真解决教育、医疗、就业、社会保障及收入分配等问题,增强对弱势群体的法律救济。(5)建立和完善利益集团成长的制度环境,理顺政府改革与社会组织发展的互动关系。(6)坚持和进一步完善分权制衡,扩大差额选举,推行问责制与责任追究制度。只有这样,才能超越极左时期的"大锅饭—阶级斗争"的模式,通过改革时期的"效率—发展生产力"的路径,达至科学发展观指导下的"协调—社会公正"的境界;才能把实现社会主义追赶型现代化与建设社会主义物质文明、政治文明和精神文明统一起来;也只有这样,才能有效防治各种不同性质的社会冲突与反社会的犯罪行为;才能在真正的意义上,实现最广大人民群众对社会主义发展利益的分享,构建和谐社会。这是径由国家解放走向人的解放,即"山高人为峰"式的新的历史行程。

简论现代化进程中的民族
和谐关系的构建[*]

一、国内外对现代化进程中的民族和谐关系研究的现状

马克思、恩格斯、列宁作为无产阶级革命导师重视发展民族和谐关系,其主张见之于其伟大的理论著述中。中国共产党近 90 年的历史,尤其自毛泽东开始的历届党中央领导集体创造性地运用了这一思想。江泽民在 1992 年中央民族工作会议上明确指出:"在我们祖国的大家庭里,各个民族的关系是平等、团结、互助的社会主义新型民族关系,汉族离不开少数民族,少数民族离不开汉族,各少数民族之间也相互离不开。"在 2010 年 1 月召开的第五次西藏工作座谈会上,胡锦涛再次强调民族问题的重要性,提出了衡量民族工作成效的重要标准,即:有利于民族平等团结进步、有利于各民族共同繁荣发展、有利于民族交往交流交融、有利于国家统一和社会稳定。

随着中国社会现代化的展开,国内一些著名学者很早就对民族和谐问题加以关注,如费孝通、王沪宁、金炳镐、何传启、马戎、郑杭生、赵杰、郝时远、王希恩、龚学增、王继、王浩斌等,国外的如瓦西里·季什科夫(俄罗斯)、康奎斯特(美)等,则深入探讨了民族政策失误与苏联国家解体中的联系。

国内外著名学者对此问题的观察分析,其主要的理论视角是:(1)中华民族多元一体格局;(2)马克思主义社会现代化思想;(3)马克思主义民族理论发展;(4)村落家族文化对中国社会现代化的影响;(5)中国社会现代化历程;

* 《社会主义研究》2010 年第 6 期。

(6)民族和谐与民族发展;(7)妥善处理构建和谐社会中的民族矛盾;(8)民族问题处理失当是苏联国家解体的原因之一;等等。

二、对现代化进程中的民族和谐关系研究的意义

1. 重要的理论意义

构建社会现代化进程中的和谐民族关系,是多民族国家在现代化进程中为实现共同进步而必须面对的一个现实而重要的课题。新中国的成立和改革开放对于少数民族的影响极其至深且巨,坚持科学发展观,不断促进各民族的共同繁荣发展,发展社会现代化进程中的民族和谐关系,认真对待中国自身处理民族问题的经验与不足,继续促进民族繁荣进步和民族和谐,有助于我们更加有效地防治国内外分裂势力的破坏,促进各民族的国家认同,避免苏联和南斯拉夫处理民族问题的悲剧重演,继续把具有中国特色的社会主义胜利地推向前进。

经济现代化是手段,社会现代化是目的,而社会现代化包括了民族自身和谐、民族与民族和谐、民族与社会和谐、民族与自然和谐。各民族共存和发展作为一种社会历史存在,它是社会和谐的要素之一。在中国这样一个多民族国家,民族和谐关系是构建社会主义和谐社会的重要基石。加强对这一问题的研究,有助于进一步发展马克思主义民族理论。

2. 重要的实践意义

社会现代化是现代化的深化和加速,它给不同区域、区位的少数民族带来不同程度的冲击。在现代化的发展进程中,如何实现人与环境的良性互动,更加关注 GDP 的构成和质量,真正迈上新型的发展道路,不仅关系我国民族问题解决的进程,也涉及全体人民群众的利益。

根据马克思主义民族理论和科学发展观,基于中国社会现代化的大背景,从有关现实问题入手,探索民族交往、融合过程中的规律、内容及形式,纵向沿革,以期提供参照和勾勒发展图景,更好地推动民族和谐与社会和谐。

三、社会现代化之于民族关系变迁的一般特征

马克思主义社会现代化思想认为,现代民族国家的形成是社会现代化得

以真正开始的前提。其中贯穿了人与人的对抗(包括阶层与阶层、阶级与阶级、民族与民族的对抗),人与自然的对抗,贯穿了政治革命的一系列过程。

社会现代化指的是以现代工业文明替代传统农耕文明,其中包括经济、政治、思想、文化等在内的全面社会整合过程,是整个社会结构的革命性变迁和整体性发展。中国社会现代化的主要特征,是"有中国特色的社会主义现代化"。

社会现代化是社会领域的一种革命性的社会变迁,它包括不同国家、地区和民族追赶、国内社会生活、社会结构、社会观念、社会制度的深刻变革。各民族和谐关系的进一步发展是 21 世纪中国社会现代化新的历史阶段的体现之一。

社会现代化的过程,在其本质上,是以技术创新、思想创新、制度创新为路径的互动创新过程。同时,这一过程的实现并非自发完成,其政府性质、国家能力、发展战略及具体政策,具有决定性的意义。由此,启示我们坚持全面体制、机制改革的历史自觉性与主动性。

在以传统为主要特征的乡土社会,与发展中的现代社会存在着潜在的对抗因素。现代化进程的不断加快,对乡土社会的溶解也在日益加速。在追赶型现代化进程中,引起乡土社会的解构与重建;实现民族团结与和谐社会,是中国社会现代化的理想境界和现实实践。

民族问题是社会现代化进程中必然面临的问题。苏联和东欧发生了社会政治演变和国家裂变,其中很重要的原因之一是解决民族问题的失败。苏联的高度集权和南斯拉夫的无度放权呈现了两个极端,但却造成了解决民族问题实践中殊途同归的结果——民族分裂和国家解体。科学、完整地把握马克思主义民族理论精髓,清晰地认识与把握符合自身国情和实践经验的各民族共同发展繁荣的路径,是马克思主义中国化的重要组成部分。

因为国内外分裂势力的存在,经济落后地区的宗教、文化(习俗)等影响民族团结从而影响社会和谐的因素将长期存在。出现这种新形势的大背景是:我国正处于并将长期处于社会主义初级阶段,随着工业化、信息化、城镇化、市场化、国际化趋势深入发展,我国的社会流动加速,社会分化加剧,市场经济下陌生人世界形成,价值观开放,给民族地区及相邻地区的稳定,带来积极或消极的影响。

平等对待少数族裔构成中国人权观念的组成部分。与欧美等移民国家在对待土著居民过程中出现的民族和种族歧视甚至杀戮不同,无论中国的政权更迭还是社会演变,都没有以造成民族不平等为代价。中国的文化传统和执政者平等对待少数族裔的民族政策避免了在多民族的中国形成对少数族裔的歧视而重演历史悲剧。

民族和谐是民族隔阂和民族差异消除的历史过程,是民族间经济、文化及生活习惯密切联系的良性结果。它不仅是多民族国家由分裂走向统一的前提,又是防治内外分裂势力破坏,实现中华民族复兴动力基础。由此,它与治理形态的现代化,与国家和乡村的"制度—关系"转型联系在一起。

民族关系好坏关系国家稳定。随着苏联、南斯拉夫的解体,出现了大量新的独立国家。从1990年到2006年共出现29个新的独立国家,其中15个在欧洲,9个在亚洲,大洋洲和非洲分别为3个和两个。而且不少地区曾经被视为现代国家的国家,出现了进一步"民族化"的过程,真正民族国家的"细分化",导致国家解体。

民族和谐是社会领域的革命性的社会变迁,它与地区和民族追赶、国内社会生活、社会结构、社会观念、社会制度的深刻变革同一步伐、互为表里。执政党执政理念、政府能力、发展战略及具体政策,对这一过程的顺利实现具有决定性作用。由此启示我们坚持全面改革的历史自觉性与主动性。

四、构建和谐民族关系对于发展中国社会现代化的具体作用

现代化是文明普遍发展的趋势,但是西方现代化是不可在全世界复制现代化道路,我们既要深刻认识和把握现代化的一般规律,又要深刻认识和把握我国现代化的特殊规律,包括我国社会现代化的特殊规律。

中国社会现代化进程中的民族和谐,其支撑体系包括经济繁荣,文化发展,制度文明,是一种人们与政府、人与人、人与市场关系的重构,实现公平、正义与人的尊严的体制化、生活化;是执政党坚持科学发展观,实现"以人为本"执政理念的历史和现实实践。

中国作为一个幅员辽阔、城乡、区域发展不平衡的、多民族共存的国家,其

超级大社会机体所蕴含的经济、政治、文化的总能量巨大,如果这些能量一旦失去有效控制,一旦通过不正常的渠道释放,对于社会现代化的正常进程将造成的不可估量的危害。

我国少数民族有 1 亿多人口,占全国总人口 8.41%,民族自治地方占国土总面积的 64%,蕴藏着支撑中华民族可持续发展不可缺少的丰富的自然资源和丰富多彩的社会人文资源,而西部和边疆绝大部分地区都是少数民族聚居区,有 30 多个少数民族与境外的同一民族毗邻而居。随着中国经济社会的发展,早已形成中国各民族的人口呈现大散居、小聚居、交错杂居的特点。这一基本国情,决定了民族问题始终是我们必须认真处理好的一个重大问题。

中国社会现代化进程中各民族和谐关系,是社会制度、社会整合与生产关系、生产方式转型之于社会存在关系的具体化,它是一种人们与政府,人与人、人与市场关系重构、和谐,实现公平、正义与人的尊严的趋势,也是执政党落实科学发展观,实现“以人为本”执政理念的过程。

在现阶段的中国,城乡差别、区域差别仍未消除,而日益膨胀的城市则衍生出越来越多的矛盾和问题,我国的国情也不允许过多的农村人口涌入城市。所以,民族聚居地的乡村现代化与城市现代化一样重要,应该成为国家战略选择之一。

国家统一是各民族的最高准则,繁荣发展、公共安全、环境友好等,是各民族全体成员的共同利益。为促进少数民族地区经济社会发展,对少数民族实行优惠政策是必需的,它与宪法权威的至高无上、法制统一并行不悖。认真总结历史经验和教训,就会发现我们关于处理民族关系的有关政策仍有完善和发展的空间。

中国作为超大型国家,其政治、地理、经济、文化发展的非均衡,尤其是改革开放过程中的政策非均衡,给不同区域的少数民族的现代化冲击程度不同,如何使其充分行使发展权利与分享发展利益,同时保持好民族文化,这是中国所应当密切关注和处理的。

经济基础决定上层建筑,民族和谐共存的共同之处,即:因应生活便捷与社会交往扩大、市场诚信延伸的城镇化,既是农耕村落文明的终点,又是现代化变迁的起点。

日益膨胀的城市衍生越来越多的问题,中国的国情也不允许过多的农村人口涌入城市。因此,乡村现代化与城市现代化一样重要,成为社会主义中国的国家战略选择之一。

服务型政府建设:实践路径与理论思考*

——改革开放 30 年回顾与前瞻

  30 年前的中国政府,由于受长期封建社会传统、计划经济、阶级斗争与无产阶级专政的体制、经验及观念的影响,其性质属于管制型政府。它的历史性作用在于,正是在中国共产党作为执政党的中国政府的运作、领导之下,古老而新生的东方大国,完成了从新民主主义到社会主义的转变,完成了社会主义制度的确立,初步奠定了社会主义现代化国家的前提和基础。但这种管制型政府存在重大缺陷,即:维系运转的成本太高,游离人民政府的原本宗旨,人民大众的法治权利被抽象化、剥离和扭曲,严重妨害市场和社会活力,导致频繁的社会动荡,使生产力与生产关系,经济基础与上层建筑的良性运动难以为继,迟滞和损耗国家发展能力。

  从革命型政党转向建设型政党,从管制型政府转向服务型政府,是中国改革开放 30 年来具有决定性的两项制度建设。管制型政府向服务型政府转型的过程中,有一个过渡期,可称之为管理型政府。

  改革开放 30 年,中国政府的转型建设,是中国社会主义特色的政治文明建设的伟大成就之一。

---

  * 本文为《特区服务型政府公共政策创新研究》一书导论,其第三部分发表于《社会主义研究》2008 年第 6 期。

一、中国管制型政府、管理型政府、服务型政府转型的阶段划分

(一) 关于管制型政府、管理型政府、服务型政府的概念

管制型政府也叫统治型政府,它以政府全能主义和权力本位为特征,政府处于整个社会的中心。如改革开放之前的中国,它"形成了非常独特的情况,就是我们这个社会没有中间层,形成了社会和国家二者合一,把社会挤没有了,政府直接面对每一个公民。这样一种特殊结构形成了单位制度,国家控制了一切资源、信息和发展的机会,分给每一个单位,每一个单位通过控制一切资源、信息和发展的机会,最终控制了每一个个人"①。对此,中国传统的理论依据是"阶级统治"和"阶级专政",处理社会关系的主要手段是"管制",因此属于比较典型的管制型政府。管制型政府的基本特征是:第一,命令行政;第二,一统行政;第三,经验行政;第四,轻责行政。管制型政府直接造成的后果就是,第一,政府主导;第二,救世主观念;第三,专权封闭,缺乏监督;第四,政府职能无限扩张。在管制型社会治理模式中,政府与社会的关系体现为建立在等级制基础上的权力关系,其本质是"权治"与"人治"。

管理型政府,这里是指在政府主导下,以推动经济发展为主要目标,调整和重建经济社会关系,以经济增长作为政治合法性主要来源,政府倡导并在其运作中遵从法制规范。管理型政府是社会经济发展的推动者和组织者,是社会转轨的主要行动者。其主要特征是:第一,发展型政府具有强国家能力(state capacity);第二,运行有效的经济政策;第三,理性的官僚体制;第四,与私人资本之间的合作主义关系;第五,整个社会的运行依靠健全的法制。在管理型社会治理模式中,国家法律的废、改、立,能够持续有效地进行,政府与社会的关系体现在是建立在法制基础上,政府作为行政权力中心,虽然仍然居于强势,但其权力运行处于法律的有效监督与约束之下。

服务型政府也就是为人民大众服务的政府,它是在公民本位、社会本位的理念指导下,在整个社会民主秩序的框架中,把政府定位于服务者的角色,并

---

① 李楯:《生存和发展压力与中国的道路》,南方网—评论周刊,2008 年 4 月 27 日。

通过法定程序,按照公民意志组建起来的,以"为人民服务"为宗旨,以公正执法为标志,并承担着相应责任的政府。服务型政府的基本特征是:第一,来自于人民授权并向人民负责;第二,依法行政;第三,为全社会提供公共产品和服务;第四,合理分权。在服务型社会治理模式中,政府与社会的关系,是建立在服务与合作基础上的,这种关系既不排斥政治关系和法律关系,也包括良好和谐的伦理关系,其本质是"德治"。

以上管制型政府、管理型政府和服务型政府之间是依次递进与超越的关系。三者之间的重要区别在于:服务是由被服务者所支配的;而所谓管制,则是"管理和控制",强调的是依靠法律制度而实施的被管理者的积极地引导性行为,而控制强调的是对被管理者的一种消极地限制性行为。[1] 但是此时的法制及其实施具有极大的任意性,因而并不能真正体现法治精神,带有浓厚的人治痕迹。管制型政府强调的是公民对政府的服从、下级对上级的服从。政府包办一切,管理一切,审批一切。[2] 管理型政府强调政府自身也是市场竞争主体之一,应当同其他企业一样在提供公共产品方面平等竞争。管理型政府提倡公民参与、综合治理,强调的是社会公平和平等竞争,即机会公平、条件公平和责任公平。服务型政府强调公民是社会的主人,政府的责任是为整个经济社会提供统一规则,以及科学有序的发展战略和发展规划。在这个规划和战略的框架下,由社会各种组织、社会公民采取协调一致的行动,去追求大家共同的公共利益和社会目标。以人为本,一切为了人,一切依靠人,一切为了人的全面发展,除了要紧紧抓住发展这个第一要务以外,还应当更多地在教育、卫生、文化、体育、医疗、安全、社会基础设施等方面,更多地为全体民众提供优质的政府服务,使全体民众更好地分享发展利益。

(二) 中国服务型政府建设的历史基础和条件

1. 理论上的"与时俱进"

邓小平理论。邓小平理论作为马克思主义在中国发展的新阶段,开阔了

---

[1] 井敏:《构建服务型政府理论与实践》,北京大学出版社2006年版,第168页。

[2] 根据有关统计,中国在改革开放之前,在国务院,65个有审批职能的管理部门,经过几年清理,大约还有4147项行政审批;省一级人民政府平均的行政审批事项,大约为2000多项;市一级人民政府的行政审批事项,平均大约1500多项;县一级人民政府平均行政审批事项,大约500多项;乡一级人民政府平均的行政审批事项,平均是200多项。从中央到地方五级人民政府行政审批大约1000万项。

马克思主义的新境界,成为建设中国特色社会主义的新的科学理论体系。它抓住"什么是社会主义,怎样建设社会主义"这一根本问题,以"三个有利于"为标准,通过改革开放,成功地指导我们走出了一条具有中国特色的社会主义新道路。邓小平很早就注意到了制度层面的改革作用。他指出:应该"从制度上保证党和国家政治生活的民主化、经济管理的民主化、整个社会生活的民主化,促进现代化建设事业的顺利发展"①。他认为,在社会主义社会,"要有群众监督制度,让群众和党员监督干部,特别是领导干部"②。人民有权依法对搞特权者进行检举、控告、弹劾、撤换、罢免,而"最重要的是要有专门的机构进行铁面无私的监督检查"③。对于通过政治体制改革推进社会主义政治文明的问题,他在 1980 年 8 月 18 日在党的政治局扩大会议上所作的《党和国家领导制度的改革》的讲话中有比较集中的论述。1986 年 6 月 10 日,他重提政治体制改革,他说:"现在看,不搞政治体制改革不能适应形势。改革,应该包括政治体制的改革,而且应该把它作为改革向前推进的一个标志。"④1987 年党的十三大正式提出政治体制改革,此后他又提出,要通过这种改革,"使我们党的生活民主化,使我们国家的政治生活民主化。"⑤也正是这些思想和相应制定的政策,促进了中国政府现代化转型的步伐。

"三个代表"重要思想,把治党和治国、执政和为民结合起来,在领导力量和根本目的,怎样建设社会主义、怎样建设党等方面,指明了 21 世纪的中国化的马克思主义的胜利走向。其中包括关于建立社会主义市场经济体制的思想,关于公有制为主体、多种所有制经济共同发展是我国社会主义初级阶段的基本经济制度的思想;关于按劳分配为主体、多种分配方式并存的思想;关于实行全方位对外开放的战略思想;关于社会主义物质文明、政治文明和精神文明协调发展的思想;关于发展是党执政兴国的第一要务的思想;关于正确处理改革发展稳定关系的思想;关于建设社会主义法治国家的思想;关于依法治国和以德治国的思想;关于走中国特色的精兵之路的思想;关于巩固党的阶级基

---

① 《邓小平文选》第 2 卷,人民出版社 1983 年版,第 336 页。
② 《邓小平文选》第 2 卷,人民出版社 1983 年版,第 332 页。
③ 《邓小平文选》第 2 卷,人民出版社 1983 年版,第 332 页。
④ 《邓小平文选》第 3 卷,人民出版社 1993 年版,第 160 页。
⑤ 《邓小平文选》第 3 卷,人民出版社 1993 年版,第 259 页。

础和扩大党的群众基础的思想;等等,这些思想、观点和论断形成了一个统一的思想体系。党代表先进生产力的发展要求,是党的历史使命和社会主义的本质表现。代表中国先进文化的前进方向,是关心人类文明进步,推进社会主义精神文明建设,归根结底是为了人民的利益,实现为人民服务的宗旨。这一系列科学论断,加强了中国政府现代化转型的思想基础。

科学发展观,是马克思主义同当代实际和时代特征相结合的产物,是马克思主义中国化的新成果。科学发展观是坚持以人为本,全面、协调、可持续的发展观。以人为本,就是要把人民的利益作为一切工作的出发点和落脚点,不断满足人们的多方面需求和促进人的全面发展;全面,就是要在不断完善社会主义市场经济体制,保持经济持续快速协调健康发展的同时,加快政治文明、精神文明的建设,形成物质文明、政治文明、精神文明相互促进、共同发展的格局;协调,就是要统筹城乡协调发展、区域协调发展、经济社会协调发展、国内发展和对外开放;可持续,就是要统筹人与自然和谐发展,处理好经济建设、人口增长与资源利用、生态环境保护的关系,推动整个社会走上生产发展、生活富裕、生态良好的文明发展道路。很显然,科学发展观是站在马克思主义人类历史观的高度,深刻总结中国特色的经济社会的发展的经验教训,为解决中国特色的社会主义现代化的发展规律、根本目的、基本原则等重大问题而进行的理论创新,其中包括了服务型政府建设的指导方针、制度框架、施政方式等各个方面,它对于推进服务型政府建设,使其全面履行经济调节、市场监管、社会管理和公共服务等方面的职能,提高工作效率,真正实现小康社会的目标具有决定性的意义。

总之,中国的改革开放,使马克思主义中国化发展到了新阶段,极大地丰富了中国共产党作为执政党的治国理念。而难能可贵的是,社会主义核心价值体系吸收、改造、融合了中外政治文化,在此基础上进一步形成了构建社会主义和谐社会理论。其中,"天下者非一人之天下,惟有道者处之。"①"在知人,在安民。"②"为政以德,譬如北辰,居其所而众星共之。"③"民贵君轻"④

---

① 《六韬·武韬·顺启第十六》。
② 《尚书·皋陶谟》。
③ 《论语·为政》。
④ 《孟子·尽心下》。

"政得其民"①"君舟民水"②"水可载舟，亦可覆舟"③"和为贵"④"安人宁国"⑤"先存百姓"⑥"宽以养民、严以治吏"⑦"社会正义"（social justice）等人本思想和良法论，得到了进一步继承和发扬。可以认为，今天的中国政府不仅具备了一定的适宜现代化变迁的制度体系，而且具备了与之相互呼应并适应其变迁的思想、文化体系，成为社会主义的政治意识文明、政治制度文明和政治行为文明的重要载体。

2. 国家有效政治成长⑧

首先，中央国家机关改革的有序推进和全国性地方政府规范化目标的实施。在中国，这种政府改革是以行政体制为中心，实现政府自身的转型。这个转型的先后任务：一是由管制型政府转向管理型政府，再由管理型政府转向服务型政府；二是由阶级斗争为中心转向以经济建设为中心的政府，再转向服务型政府。

中国 1982 年尝试第一次政府机构改革，五届全国人大通过《关于国务院机构改革的决议》。改革的目的，一是打破领导职务终身制；二是根据邓小平提出的"四化"标准，即革命化、年轻化、知识化、专业化的条件要求改造政府。

1988 年进行第二次行政管理体制改革，改革的重心由农村转向城市，七届全国人大通过国务院改革方案。这次改革首次提出："转变政府职能是机构改革的关键。"

1993 年进行第三次行政管理体制改革，中共十四届二中全会通过《关于调整"八五"计划若干指标的建议》《关于党政机构改革的方案》，会议提出经济体制改革的目标是："建立社会主义市场经济体制。"

1998 年进行第四次政府改革，先是九届全国人大一次会议批准国务院机构改革方案，然后国务院全体会议通过《国务院机构设置和调整国务院议事

---

① 《孟子·离娄上》。

② 《贞观政要·论政体》《荀子·王制》。

③ 《后汉书·皇甫规传》注引《孔子家语》"孔子曰：'夫君者舟也，人者水也。水可载舟，亦可覆舟。'君以此思危，则可知也"。

④ 《论语·学而》。

⑤ 《贞观政要·政体》。

⑥ 《贞观政要·君道》。

⑦ 《读通鉴论·卷十一、卷二十八》。

⑧ 参见林尚立等：《政治建设与国家成长》，中国大百科全书出版社 2008 年版。"有效政治""政治有效性""有效政府"是该著作中的重要概念。

协调机构方案》。此次改革,将行政管理从具体的工业经济管理中淡出。

2003年进行第五次政府机构改革,中共十六届二中全会审议通过《关于深化行政管理体制和机构改革的意见》。稍后,在十届全国人大一次会议审议批准《国务院机构改革方案》。这一改革,是在加入世贸组织的大背景下进行的,其目的是进一步转变政府职能,提高政府部门工作效率,更好地推动我国市场经济的发展和政府管理方式的完善。

2006年10月,党的十六届六中全会举行,全会审议通过《中共中央关于构建社会主义和谐社会若干重大问题的决定》。《决定》明确提出"建设服务型政府"的目标要求,并就服务型政府的宗旨、职能配置、管理方式、行为模式等方面作出原则性规定。从"以经济建设为中心""发展才是硬道理"转变为"坚持科学发展观",突出"以人为本"。新一届党和国家领导人,更加明确和频繁地提出关注民生,要让全体人民群众分享改革利益、发展利益,并以人民群众满不满意、高不高兴、答不答应作为衡量工作好坏的标准;要求党政干部"权为民所用、情为民所系、利为民所谋",通过服务型政府建设,不断实现好、维护好、发展好最广大人民群众的根本利益。

2007年党的十七大报告首次明确提出建设服务型政府,为第六次行政管理体制改革指明了方向。

"十一五"规划提出,未来行政管理体制改革将成为改革开放的关键。党的十七届二中全会更进一步指出,深化行政管理体制改革,"是政治体制改革的重要内容"。

2008年中国共产党第十七届中央委员会第二次全体会议通过《关于深化行政管理体制改革的意见》。意见要求推进政府机构改革,探索实行职能有机统一的大部门体制,完善行政运行机制。国务院提出,包括设立大部制的此次改革的目的是,按照精简统一效能的原则和决策权、执行权、监督权既相互制约又相互协调的要求,着力优化组织结构,规范机构设置,完善运行机制,为全面建设小康社会提供组织保障。深化行政管理体制改革的总体目标是,到2020年建立起比较完善的中国特色社会主义行政管理体制。

其次,在全面实施法治的同时,行政法体系进一步完善。1999年全国人大常委会通过了《中华人民共和国行政复议法》,这标志着国家行政机关对依法行政的认识达到了一个新的高度。2004年国务院印发《全面推进依法行政实施纲要》,要求经过 10 年左右坚持不懈的努力,基本实现建设法治政府的目标。该《纲要》是继 1999 年 11 月国务院《关于全面推进依法行政的决定》之后,发表的又一个"依法行政宣言"。所不同的是,《纲要》进一步明确了推进依法行政的政治目标和政府转型的模式,即在 10 年内建立起职能比较完善的法治政府。同时,从全能政府转型到有限政府,从单纯的管理型政府转变为服务型政府,从权力政府转型到责任政府。同年,十届全国人大常委会通过《中华人民共和国公务员法》,2007 年 4 月,国务院办公厅发布《中华人民共和国信息公开条例》。

(三) 中国管制型政府向管理型政府、服务型政府过渡的大致时间界限

从国家发展战略、政府职能调整、政府与公民关系和政府工作方式的角度,大致可以这样划分:自 1949 年中华人民共和国成立到 1978 年党的十一届三中全会,中国政府属于管制型政府,1978 年党的十一届三中全会以后直至 2000 年新纪元开始,应该属于管制型政府转向管理型政府并向服务型政府过渡的实验期。

2004 年 2 月 21 日,温家宝总理在对中央党校举办的省部级主要领导干部的讲话中,正式提出要"努力建设服务型政府"。同年 3 月 8 日,温家宝总理在参加全国人大会议期间,又提出:"管理就是服务,我们要把政府办成一个服务型政府,为市场主体服务,为社会服务,最终是为人民服务。"在 2005 年 3 月 5 日召开的全国人大十届三次会议所通过的政府工作报告中,正式提出:"健全政府职责体系,全面正确履行政府职能,努力建设服务型政府。在加强和改善经济调节、市场监管的同时,更加注重社会管理和公共服务,维护社会公正和社会秩序,促进基本公共服务均等化。"以此全国人大批准而变成国家意志的规范性文件时序为重要标志,中国政府正式转向服务型政府建设。

一般认为,新中国成立尤其是改革开放以后,快速实现国家现代化成为中国压倒一切的目标和任务,为此政府运用一切可行的手段来进行国家的工业化和现代化建设,以经济建设为中心成为政府的基本政策,政府成为一种典型的"发展型政府"。这种看法和判断尚可讨论,因为 20 世纪 50 年代后期,中国的现代化虽然仍然持续,但是党和国家的重心已经转向阶级斗争,对国民经济是彻底计划的,对社会大众是以最高权威言说与刑法为引导的。政府一切从管制出发,对经济、社会和公民个人进行管理和控制。政府扮演的是社会资

源的所有者和经营者的双重角色,政府行为方式以集权强制垄断方式为主,公共服务中存在严重的官僚主义现象。邓小平在反思这段历史时这样说过:"多少年来我们吃了一个大亏,社会主义改造基本完成了,还是'以阶级斗争为纲',忽视发展生产力。'文化大革命'更走到了极端。"①造成的结果是:"就整个政治局面来说,是一个混乱状态;就整个经济情况来说,实际上是处于缓慢发展和停滞状态。"②他还举例说:"我们干革命几十年,搞社会主义三十多年,截至一九七八年,工人的月平均工资只有四五十元,农村的大多数地区仍处于贫困状态。"③正是有这种深刻的反思,他得出的结论是:"贫穷不是社会主义,社会主义要消灭贫穷。不发展生产力,不提高人民的生活水平,不能说是符合社会主义要求的。"④

所以,1978 年以前的中国政府称之为管制型政府,或者说是管制规制下的发展型政府,可能更为客观和准确,而这与本文所指的发展型政府是不同的。这样我们才能更好地理解 1978 年党的十一届三中全会以来 30 年改革开放对中国的贡献,理解本文所指的发展型政府向服务型政府转型的革命性意义。本文所指的发展型政府,是指允许和维护市场经济自由,国家计划与干预在于扩大市场,以降低和减少市场风险。政府的主要动机是经济增长和干涉工业化事务,政府主要通过利率、税收、工资水平以及工业机构规范私有化因素。发展型政府一般具有四个特点:其一,主要由精英构成的政府官僚体系;其二,政府组织体系的高效率地运转;其三,政府干涉、控制与市场经济自由同时并存;其四,存在政府授权的非政治经营组织,如新加坡的经济发展组和日本的通商产业省。

二、中国服务型政府建设:背景·特点

(一) 服务型政府建设的中国国情背景

从求生谋变到大胆改革,从权威压迫到柔性治理,受到最广泛的民意支

---

① 《邓小平文选》第 3 卷,人民出版社 1993 年版,第 141 页。
② 《邓小平文选》第 3 卷,人民出版社 1993 年版,第 264 页。
③ 《邓小平文选》第 3 卷,人民出版社 1993 年版,第 10—11 页。
④ 《邓小平文选》第 3 卷,人民出版社 1993 年版,第 116 页。

持。亿万劳动群众激情而又真诚拥戴中国共产党领导有两个显著的历史标记,那就是,1949 年全国解放后的土地改革和 1978 年后的家庭联产承包责任制。出发点为了人民群众,政策制定贯彻了"从群众中来,到群众中去"的路线,所以政府所进行的"以人为本"的改革也自然会得到全社会的呼应和拥护。

由于上述原因,在所制定的政策目的和条款明确情况下,就难以形成经常和普遍性的对抗中央政府的集团性行为。调查数据证明,大量基层与民间采取的"上访""抗议"或直接"告御状"的方式的主要目的,其实多是以落实国家法律和中央政府政策为诉求,希望通过"上面"的介入,真正解决和制约地方政府中的违法乱纪行为。同时也意味着,那种从生存危机中寻求制度变革而非盲目造反,普通群体性事件并没有演变为革命运动,反映了基层群众对党和政府仍然存在着历史认同和对未来的希望。

赶超型发展与社会主义市场经济体制的确立,以及人治向法治的历史性转变,各类市场主体、包括中介组织等逐步成熟,促成普遍的公民意识生长,网络技术的普遍利用,给基层社会的各种制度创新提供了制度保障和巨大机会,也形成政府追求善治的经济社会基础和文化支持。

在温饱问题解决之后,向全面小康社会过渡的同时,城乡差别、区域差别、民族差别继续存在;尤其随着利益集团的出现,各种反市场行为、政商勾结行为层出不穷,社会诚信度低,形形色色的利益博弈行为扭曲和隐蔽化,一方面造成了普遍的贫富悬殊,增加了和谐社会建设的障碍,同时也给政府提供了一种良性掌控的动力。

1960 至 1978 年经济增长率为 4.8%;1979 至 1991 年经济增长率增到 9.1%;1992 年至 2007 年经济增长率高达 10.4%,人均所得显著提升,人民生活大幅改善。与此同时,环境破坏严重,官员政绩观扭曲,贪腐层出不穷,这些问题的一个重要根源,就是政府拥有过多的支配和配置资源的权力。当年苏联和东欧国家片面强调高速发展的教训和中国曾经犯过的类似教训,警醒和促使中国思考,如何通过政府转型,重建政府与公民社会的关系,以及科学处理宏观调控与市场自由的关系,完善考核干部的指标体系。

在传统安全仍然存在的情况下,国内外非传统安全危机又不断出现,经济、金融、环境、疾病传染等等危机不断产生,以民族分裂以及各种极端的反社会的犯罪行为频繁出现,社会管理危机加大。这些都显示出了执政党的执政能力建设和政府治理方式的转变的重要性和紧迫性。只有妥善应对这些挑战,才能真正维护和延长"重要战略机遇期",巩固执政基础。

经济全球化为我国发展带来机遇的同时,也对我国政府管理体制提出了挑战。中国加入 WTO、融入经济全球化的客观局面,是政府又一次转型的强大外力。而 SARS 疫情的暴发,又一次促进了人们对政府职能、公务员政绩观、CDP 指标意义等的更全面思考。人民对再造一个更加求真务实、依法行政、公开透明、服务到位、廉洁高效、运转灵活的政府的现实愿望,与政府改革的积极性契合一致。

几十年来,西方发达国家政府新公共管理试验和相应理念的形成,对中国具有促进意义。其经验是,要改进公共官僚制的绩效,改革策略的设计就必须让管理者从政府繁文缛节的枷锁中解放出来,政治家和其他人必须"让管理者来管理",因此,需要解除不当规制和放权,使管理过程如预算、人事、采购等合理化。而西方政府在管理体制和组织形式方面的改革成效,让他们有动力把公民当作公共服务的客户,根据公民的需求以及相关的支付能力来提供服务。这些都给中国服务型政府的建设以很大的启示。

(二) 服务型政府建设的中国政治特点

1.执政党领导下的政府自觉

改革开放 30 年,中国共产党作为执政党,通过向政府和社会分权,改变了以前高度集权的权力体制,通过制定改革开放方向、原则、战略等,实现社会主义的本质目的,通过改变领导方式和再造干部队伍坚守对国家领导权的控制。同时,作为执政党领导的重要载体的政府,则通过向地方政府、企业和社会分权,适应和推动各项改革,激活资源,加快发展生产力,真正发挥广大人民群众作为改革主体的能动性。形成这种政府自觉的原因,一是中国共产党作为执政党的宗旨所决定的,二是作为后发达国家的追赶型现代化发展的需要。应当肯定的是,这种自觉,还是一种包括了对社会主义国家本质、政府管治的经验教训、社会权利分配的重新思考和定位,从而积极清理维护政府作为行政中心的强势文化,扬弃中国行政历史的强权传统,以及克服苏联大一统模式影响的意识形态重构过程。正是在此前提下,现阶段中国进行的政府改革,更多地带有中国特色,即:科学地调动政府主体能动性,自觉规范政府职能的价值坐标,实现由政府推动型向社会自主型转变,由"自发政府"到"自觉政府"、责任政府的转变。

政府自觉,一方面是一种权力组织、权力责任、权力运行、权力意识的自觉;另一方面是权力环境、权力激励、权力适应、权力维护的自觉。在服务型政府建设的问题上,它意味着政府对于自身功能、编制体制、政策制定、社会效益、公众位置、业绩评价、追责程序、操作界限等清晰认识的前提下,使以往占统治地位的"政府权力=国家至上"的这种"政府自觉"成为现实中的"政府权力=政府服务"的"政府自觉"。所以,能否处理好政府与政党、政府与社会、政府与国家、政府与市场、政府与企业、政府与公民的关系;确立政府"独立人格",即政府必须从党的工具、党的传声筒,对企业利益交换的依附性中解放出来,独立依法行使属于自己的职能和行政权力,做到政府"自立"和"自治";回归政府"公共本位",即:民主法治,公平、公正、正义的精神,广大人民利益和公共利益服务至上的精神;增强政府责任感、使命感,成为执政党与广大人民群众之间的桥梁,真正对执政党肩负起政治责任,对国家权力机关肩负起执行责任,对司法机关肩负起法律责任,对自身系统肩负起行政责任,对公民和社会肩负起公仆责任;提升政府能力,主要表现为政府能否制定切合实际的现代化公共政策,能否有效地推行和贯彻这种公共政策,以及能否持续稳定地将这种公共政策引向深入的能力。

2. 思想解放与公共政策调整相辅相成

改革开放 30 年,是一部思想解放的历史,马克思主义中国化新阶段的历史,一部中国特色社会主义现代化转型的历史。改革开放之始,中国共产党就利用了自身强大的组织力量和政治动员能力,从讨论、批判过去的失误中,清理和创新理论,渐进式地引领经济与政治等各项领域的改革。譬如:其一,从闭关锁国到全面改革开放,吸取境内外资金、技术、人才和管理经验,为我所用;其二,从彻底否定市场经济到实行市场经济体制,为市场在资源配置中基础性作用的发挥创造有利条件;其三,坚持把农村改革发展放在重中之重,支持农村体制改革和城市经济体制改革,实行城市反哺农村;其四,设立经济特区,打开对外开放和经济发展及制度创新的全新格局;其五,正式提出和倡导物质文明、精神文明和政治文明协调发展,坚持渐进政治改革与民主的转型;其六,改革党的领导方式和执政方式,提高党的执政能力,改革和完善决策机

制,促进民主化、科学化决策;其七,以和谐、和平重建外交关系,获取和平发展
战略机遇期;其八,实行依法治国、依法行政,开启法治时代;其九,实行村民自
治和基层民主,尝试地方治理;其十,容纳多元意识和利益,开发协商资源;
等等。

事实证明,中国特色社会主义改革过程,正如党的十六大报告所指出的,
"实践基础上的理论创新是社会发展和变革的先导"。器物变革、思想变革与
制度变革依序而行,相辅相成,社会发展是广大人民群众作为历史主体在各项
创新实践综合作用的结果,而社会主义的不断改革,可以利用其制度条件提高
其加速度。也就是说,理论创新与制度创新、科技创新、文化创新及其他创新
如影随形、相互促进,而且一定会对其他创新发挥示范和推动作用。每一次理
论创新的成果,都是人们对自然、社会和人类自身发展规律更进一步的认识,
是科学的世界观和方法论的现实反映,记载和表达着引导人们冲破传统观念
的束缚,拓展新视野、新思路、新认识,构成其他创新的前提和基础。作为执政
党和人民政府,任何时候都不能故步自封,要理论联系实际,坚持一切从实际
出发;要坚持科学发展观,勇于创新,敢于超越自己,防止和避免盲目性、自发
性和随意性。只有这样,我们的改革才能永葆动力,人民群众才会真正成为改
革的主体力量,政府的一切改革才会具有社会主义"三个文明"的制度功能。

3. 基层民主和地方治理能动展开

基层民主的实现,是完善和发展中国特色社会主义民主政治的必然趋势
和重要基础。随着中国的发展和进步,全国各地城乡基层民主不断扩大,公民
有序的政治参与渠道增多,民主的实现形式日益丰富。现在,中国已经建立了
以农村村民委员会、城市居民委员会和企业职工代表大会为主要内容的基层
民主自治体系。广大人民在城乡基层群众性自治组织中,依法直接行使民主
选举、民主决策、民主管理和民主监督的权利,对所在基层组织的公共事务和
公益事业实行民主自治,已经成为当代中国最直接、最广泛的民主实践。同
时,职工代表大会和其他形式的企事业单位的民主管理制度在实行民主管理、
协调劳动关系、保障和维护职工合法权益、推进企事业单位的改革发展稳定等
方面发挥了不可替代的作用。国家坚持全心全意地依靠职工办企业的方针,
随着改革开放的深入,将努力推动各类所有制企事业单位建立和完善民主管
理制度,切实解决在这方面存在的突出问题,确保职工的民主权利和合法权益

得到落实。

改革开放30年的地方治理,首先是以加快发展经济为目的的中央权力下放为标志的。在起始阶段,一是因为改革开放之初中央财政无钱,地方发展需要自己"杀开一条血路";二是为打破高度集中的计划经济体制,这种中央向地方下放立法权、财权和事权的做法,极大地调动了地方发展经济的积极性,其实它属于一种政治体制分权化的改革。地方自主性因此应运而生。地方自主性的实质是制度创新,地方政府能力的归根到底是制度创新能力,而制度创新水平和实施效率是检验地方政府能力的客观标准。地方自主性的制度创新,分为制度复制和制度创新,不仅由于中央政府除了给予一个基本制度的平台,即阶段性的差别待遇,还由于区域之间发展的非均衡、区域发展过程的非均衡和区域内经济与社会发展的非均衡,所以地方政府还需要从行政区划内的具体实际出发制定新的规则,实现与国家制度输入的衔接和完善。"在这里,地方自主性成为区域发展的内源性动力,制度创新则是其发展的内生变量。制度创新又是一种政治行为,它的思想主要渊源和权力依据为:(1)马克思主义关于领袖、政党、阶级、群众之间的关系的学说,关于历史'合力论'的学说,关于社会主义国家的学说,等等;(2)我国宪法中关于'充分发挥地方的主动性,积极性的原则'和关于'国家实行社会主义市场经济'的规定;(3)中央政府所推行的改革路线和政策;中央政府给予地方阶段性的优惠政策及专项授权。市场化条件下的社会分工,使地方自主性的制度创新具有了广泛的社会性和形式的丰富性。"①

三、服务型政府建设与运作中应当重视的若干问题

(一)关于服务型政府诚信与社会诚信

所谓政府诚信,它包括"人民政府"的名与实相统一的理论基础,"为人民服务"的言与行相统一的管理基础,以及"以人为本"的"民信"与"信民"相统一的行为基础。政府诚信的本质,即"权为民所用、情为民所系、利为民所

谋",体现立党为公、执政为民。所以,政府诚信的根本内容,是指政府遵守宪法和法律,坚持依法行政,认真履行对公众的承诺,服务第一;政府诚信的主体表现,是指政府机构(包括授权部分行使行政职能的事业单位、司法部门)、领导干部与一般公务员,奉公守法、令行禁止、不会政出多门或朝令夕改,公正廉洁,杜绝官僚主义作风,不欺上瞒下、不搞数字与质量造假,等等;政府诚信的效果评价,是指政府的服务对象即社会组织、民众对政府存在及其行政行为所产生的信赖的一种心理反映,一种对政府机构及公务员的权力运用和职责履行、基于多数人意志和实际感受而产生的公众舆论。因此,政府诚信是服务型政府的基石,它对于确立政府合法性,增强引导、管理社会的号召力,促进社会和谐,净化社会风气,维护经济竞争力,具有不可代替的作用,是服务型政府形象的前置条件。

政府诚信与社会诚信都是社会主义社会的信用体系的组成部分,其影响涉及整个新型社会关系和市场秩序的健康、可持续发展。在转型期,政府诚信缺失的主要表现,是一些地区和部门政策多变、随意性大、暗箱操作、公权私营、地方保护主义。社会诚信主要包括个人诚信和企业诚信,以及生产者和消费者之间形成的市场诚信。社会诚信缺失的主要表现,在个人诚信方面,是说假话、假文凭、假证件、假发票、假彩票、考试作弊、偷逃税款、骗取保险,等等;在企业诚信方面,是不守信用,恶意逃避银行债务、企业之间相互之间拖欠货款、合同违约严重,企业财务信息严重失真,虚假宣传,制假贩假猖獗,等等;在市场交易诚信方面,是价格失真、欺行霸市、股市欺诈,等等。我们认为,政府诚信和社会诚信的真正形成,至少应该包括以下方面。

1. 追求制度正义与诚信

制度正义与诚信,是指制度的设计符合社会经济、政治、文化、科技、教育等方面综合发展的实际,符合多数公众实际需求,符合公共生活的本质和发展规律;制度设计过程具有程序性、科学性,来自于实际,听取民意,专家集成,定于法定机关;设计内容具有规范性、正义性,职权和责任相辅相成,是基于人的真实需要而建立的;制度实施具有合理性、权威性,具体表现为不以任何个人或者阶层或团体的特殊利益为目的,而是要"兴天下之利,除天下之害";制度效果具有目的性、效力性,能够约束全社会一律遵照执行,任何机关、社会团体和个人都必须受其约束,制度面前人人平等。

2. 构建体制完善和技术创新保证的社会信用体系

"所谓社会信用体系,是在市场经济条件下,在一个国家或地区范围内,由一系列与信用有关的、相互联系、相互促进、又相互影响的信用道德文化、相关法律法规、制度规范、组织形式、技术手段、运作工具和运作方式而构成的综合系统。"①应当借鉴国外的经验,结合我国的实际,建立起与社会主义市场经济体制相适应的社会信用体系的基本框架。这一框架主要包括:一是基本建立起社会主义市场经济所要求的社会信用道德和文化环境;二是在法律规范下,建立起社会化的社会信用信息的共享机制,努力减少社会信用信息的不对称性;三是完善信用的法律体系并严格执法,健全失信惩罚机制,加大失信违规成本;四是健全和完善信用监管体系和相关制度。②

3. 政府必须率先兑现各种承诺③、随时纠错,同时大力扭转社会失信的乱象

其一,各级政府必须坚决奉行依法行政、失信赔偿(包括对企业、单位、个人的欠债当还),端正政府角色定位,做到政府信息公开(重大事件办理、人事任免、干部选拔、公务员考录、部门信息、财政公开、专项资料等)。其二,结合政府信息公开的深化,加强对公务员群体的诚信教育和管理,以政府诚信建设,带动和促进社会诚信体系建设的深化发展。其三,依法坚决打击和治理各

---

① 参见国务院发展研究中心课题组:《健全社会信用体系目标及政策建议》,《经济要参》2003 年第 66 期。

② 参见国务院发展研究中心课题组:《健全社会信用体系目标及政策建议》,《经济要参》2003 年第 66 期。

③ 这里的"承诺"不是政府造假,主要是指政府决议、决策以及有关对社会、企业、个人所做的正式表态,其形式主要是以领导机关名义,或以领导个人的名义在处理具体问题时的承诺。所谓不守承诺,就是指,譬如说过、决定过甚至公示过,要么半途而废,要么"当面拍胸脯,事后不承认",要么一说了之。譬如,政府召开联席会议后做了《会议纪要》,事后过了很长一段时间,某领导不同意了,竟然将已经发出的《会议纪要》修改成与当时会议完全相反的结论重新发出;2004 年海口市政府有关部门曾经寻求为本市的环境规划区形象命名,在报刊上刊登了征集及奖励的告示,人们参与很多,结果采用及奖励之事却再无影子;2005 年我去四川参加对一个上市公司的调查,了解到这样一件事:一个国营企业资金周转困难,银行贷不到,就想向别的企业借,结果求到一个省政府的领导,领导大笔一挥,让另一家企业借出数千万元人民币,结果巨额资金借出,最后领导走了,也没人管还的事了。至于现在的许多政府工程建设欠款、乡镇各种欠款的现象,已经很严重了。它既是财政偿还能力问题,也是政府诚信问题。

种市场非法行为,促进市场普遍诚信。

(二) 关于服务型政府的正当利益与非正当利益

根据过去的传统观点,人民政府完全不存在或忌言本身的利益问题。理由至少有这么几条:第一,马克思和恩格斯在《共产党宣言》中曾经明确指出,"过去的一切运动都是少数人的或者为少数人谋利益的运动。无产阶级的运动是绝大多数的、为绝大多数人谋利益的独立的运动。"①作为共产党人"他们没有任何同整个无产阶级的利益不同的利益"②。服务人民,是人民政府一直坚持的宗旨。做人民公仆,为人民办事,对人民负责,受人民监督,是中国公务员最根本的行为准则。中国公务员没有自己集团的特殊利益,也不存在任何形式的特权。第二,人民政府作为行政机关,运用国家权利(权力),履行国家义务,它是国家的受托人,所代表和所维护的利益只是国家的利益。显然,上述看法是片面的,脱离实际的。因为:其一,马克思和恩格斯所表述的,只是指共产党人所领导的无产阶级运动的根本目的,是无产阶级和整个劳苦大众在资产阶级剥削和压迫下获得翻身解放,而非小集团或少数人的"特殊利益",而非否认社会主义国家的政府机关及其公务员享有相应的利益,否则,恩格斯就不会说:"一切自由的首要条件:一切官吏对自己的一切职务活动都应当在普通法庭面前遵照普通法向每一个公民负责。"③其二,根据组织学原理,组织都是具有利益追求的。人民政府作为社会主义国家的代理机构,它与委托人存在着利益重合,同时又自有其具体而现实的利益,由此可以分析出国家与政府,政府与社会,政府与其雇用人员,中央政府与地方政府的权利(权力)义务界限。因此,虽然人民政府和社会的利益具有一致性,并且应当是其利益的集中代表者,但是无论在计划经济条件下,还是在市场经济条件下,政府都有其自身的利益(即部门有部门的利益,各级政府有各级政府的利益)需求和利益表现,与此反映出政府与社会、政府机关与公务员、中央政府与地方政府、政府行政、公安、税务、财政等以及部分履行行政职能的事业单位的不同利益。因此,不应该否认政府利益这一客观事实,问题只是在于,如何"通过综合性改革,使政府逐步从利益的制约和束缚中走出来,

---

① 《马克思恩格斯选集》第 1 卷,人民出版社 1995 年版,第 283 页。
② 《马克思恩格斯选集》第 1 卷,人民出版社 1995 年版,第 285 页。
③ 《马克思恩格斯选集》第 1 卷,人民出版社 1995 年版,第 324 页。

重返公共利益代表者的地位。"①

重视以下问题，将有效控制政府的非正当利益。

1. 继续界定政府与企业、市场、社会的权利边界，明确公共服务角色，防治任何类似如"以国家名义"，越权行政审批、收费、交易，侵害公众利益，不允许领导、经办人或单位捞取额外好处；现在要特别警惕和防止干部兼职经商、利益板块近亲世袭的现象蔓延，要特别警惕和防止政府和既得利益集团合谋，利用自己的组织、资源优势，以发展经济之名，行"为老板服务"之实，或是以其话语优势，通过一定的"合法程序"，以消除原罪等名义，把既得利益制度化，把以往对社会利益或民众利益的非法掠夺合法化，形成权力资本主义。还要通过审计等内部纠错手段，坚决查处中央和地方的机关单位类似如"资金闲置"、私设"小金库"、乱收费、挪用资金等违法乱纪问题，尽力减少和杜绝权力地带的"灯下黑"现象。

2. 从实际需要出发，依法设置机构、人员编制和机构职能，分清政府利益和部门利益，部门利益和工作人员利益，规范绩效评价体系，把问责任制落到实处，聘用、升职与降职、辞退，以及薪酬和奖励程序合法透明。坚决消除阻力，尽早实行公务员家庭财产登记制，各级党的机关、人大机关、政协机关、审判机关、检察机关中的县(处)以上(含县处级)领导干部，社会团体、事业单位县(处)级以上领导干部，以及国有大中型企业的负责人都必须申报自己的收入。同时，还必须坚决纠正公务活动的形式主义和浪费行为，对中央和地方各部门实行严格的收支审计，以及对党、政、军和国营企业领导的离任审计。

3. 完善权益明确、利益补偿的机制，维护经济社会发展的活力。譬如，用财政转移支付和特殊税收政策等市场手段，对环境污染、动物活动等造成的财物以及其他损伤的区域和个人进行生态补偿；对弱势群体进行社会保障补偿；进一步调节中央政府与地方政府，地方政府之间的关系，科学安排资源开发、财政拨付、项目设计等，运用法律手段和市场机制实现资源优化配置，实现社会的公正、公开、公平，从而使政府的施政切实做到令行禁止，具有权威。

（三）关于服务型政府权威与市场权利

政府是需要权威的，这一权威在维护经济社会正常运转，促进社会公平、

① 迟福林：《变化与选择——我国新阶段的趋势》，载中国(海南)改革发展研究院《中国改革下一步：变化与选择》，第12页。

正义,代表国家发展和调控涉外关系等方面,同政府权力本身相辅相成;政府权力属于权力的国家制度形态,政府权威属于权力的运行作用形态,二者之间须臾不可或缺。而中国具有"超大国家"的特征,当然更需要相应的政府权威。"超大国家"与"巨型国家""超大社会"两个概念的含义是不同的,超大国家强调的是其地理性特点,幅员辽阔、人口众多等等,巨型国家强调的是国家对每个人的周密控制,实现其巨大规模和地位。[1]"超大社会"则是指这个社会的结构是复杂的、多维的,"它在发展中衍生出的问题也是多方面的,是其他社会不可能出现甚至是独一无二的。"[2]超大国家的概念,一般表述为:"中国是一个人口多、地域辽阔、发展极不平衡的发展中的大国,是世界上自然地理、人口资源、经济发展和社会发展差距最大的国家之一。"[3]因而也就决定了,在我们整个追赶型现代化的过程中,不能背离这一"制定有效经济发展与社会发展公共政策的客观依据"。[4] 同时,在中国这样一个大国建设和谐社会的过程中,梳理和校正经济社会中各种失控、失序关系,按照科学发展观治理国家,促进全面小康社会的实现,不仅政府权威的意义不言自明,而且有其权威的合法渊源:其一,中国共产党领导下的多党合作制下的中国社会对权威政府的历史需要;其二,有效领导中国现代化改革的政治路线正确;其三,管理转型社会和谐有序的组织资源和制度基础。

服务型政府的权威的意义,主要在于法治和有效,在于建立政府与社会、政府与公民、政府与市场关系之间服务与合作的和谐关系。在依法行政的前提下,一是在政府与企业的交易关系上,不管买方还是卖方,适用市场价格谈判等程序,不得强买强卖;二是作为国家代表,必须运用法律和政策,允许和维护各种经济成分自由竞争,对经济实行必要的有限的干预,以实现"经济民主"和充分就业,保障市场运行的健康有序,同时实行发展社会福利,让社会弱势群体获得更多的参与社会竞争的能力和机会,以体现社会公正;三是有关政府部门及其工作人员与企业发生产权、计划实施或消费等纠纷,或有关政府

---

① 王沪宁:《比较政治分析》,上海人民出版社 1987 年版,第 34—36 页。

② 程竹汝:《论中国社会的现代化压力与政党需求》,《山西师范大学学报》1991 年第 1 期。

③ 王梦奎、李善同等:《中国地区社会经济发展不平衡问题研究》,商务印书馆 2000 年版,第 29 页。

④ 胡鞍钢、邹平:《社会发展——中国社会发展地区差距研究》,浙江人民出版社 2000 年版,第 10 页。

部门及其工作人员向企业乱摊派、乱罚款或放纵企业违法乱纪,适用司法处理。这里所指的尊重市场权利,在现阶段需要注意的是:

1. 按照科学发展观筹划和管理经济社会事务

一个政策性的规范文件出台之前,必须反复调研论证,慎提号召性口号。在 20 世纪 90 年代后,先后所提出的"一切为了发展""发展证券市场为国有企业脱贫服务""教育产业化""公共事业社会化",实践证明,这些口号及其做法,都是不好的。还有一个现象,就是不少地方党政领导换届后,一把手们为了显示权力(权威)和能量,对上一届所公开向社会承诺过的,甚至规划过、正在进行的项目,常常横加干涉,另搞一套;有时是一些干部好大喜功,习惯于指手画脚,动辄"宏伟蓝图",这些都容易造成巨大的损失和浪费。这些,都必须实行有效预防。

2. 带头执行规则,促进经济社会实现公平、正义,不得直接参与市场建设

建设服务型政府,体现在与市场关系方面,就是应该继续解决政府权力过大问题,杜绝"以收定支""雁过拔毛""预算外收入"等做法,还利于民。还要继续解决所有制歧视问题,从市场正常发挥配置资源的基础性作用以及社会就业的大局出发,正确对待国营企业与民营企业和个体工商户,同时也不能因为地方税收,偏袒、包庇赢利民营企业违法。总之要均衡权利,实现法治化的体系监督。

3. 彻底纠正政府部门与资本合谋分享资源的行为

譬如:利用职权,与关系户暗通款曲,变相转移国营资产;①在公路建设、邮政电信、供电供水、油气等行业,通过承包、转让、定价、安排负责人等方面,隔离社会,相互勾结,分享利益;与企业达成默契,阻挠媒体公开曝光及实行其他堵塞言路的方式,扭曲事实真相,"大事化小,小事化了",致使违法开采、违法用工禁而不绝、重大事故频繁,警方出警迟钝(听命于政府权力),而环境污染、伪劣假冒产品等现象更成为顽症。

---

① 如国营企业破产转让,数千万元的资产,在领导的操纵授意下,可以以数十万元即可卖出。土地开发,企业可以按一亩地 50 万元支付失地农户,但程序麻烦,通过政府工作就很简单,政府有关部门可以通过各种强势手段作为解决,自己出钱请专家论证、制作文件,结果只答应给农户 7 万元,其余的款项就落到政府腰包里了。

（四）关于服务型政府的管理、管制行为

中外国家发展史的事实证明，无论何种性质和类型的政府，都具有管制、管理和服务的职能，只是价值追求、制度目标和实施手段不同罢了。事实上，管制型政府、管理型政府和服务型政府的区分是相对的，就某一具体的政府而言，应该同时具有管制、管理和服务的职能，只是在不同的政府治理模式中管制、管理和服务职能所体现的程度和比例不同而已。管制型政府离开了一定程度的公共服务无以生存，服务型政府放弃管理、管制，在反社会势力和反社会行为继续存在，经济、文化、科技多元的社会快速发展的今天，文明秩序将一天也不能维持。管制型政府治理范式，首先属于一种以统治阶级自居的，以一种以颠倒形式出现的政府与民众关系的价值信念，作为主体的民众变成了客体，作为客体的政府变成主体。因此，在政府与民众的关系中，政府是主导与积极的，社会是顺从与消极的，这就决定了官员与民众的关系也必然是倒置的，即"官主民从"（包括人治时期的"专政""做革命的螺丝钉"，等等）。其次，管制型政府奉行的是"权力即真理""国家至上"等固定化了的衙门理事传统和程序规则，譬如："上命难违""杀鸡儆猴"等。再次，管制型政府的治理在操作范式上，虽然有具体的可操作的解决政府与社会之间冲突管理的法律制度，但随机性的上层意图、指示更具备解决习惯，而且以强制性为主。服务型政府与此相反，在以人为本的前提下，其管制的作用不同，目的不同，受法律限制的程度不同，对管制行为和事后追究机制不同。[①]

所以，"不论管理还是控制强调的都是政府行为的主动性和单向性，都是政府利用公共权力的强制性而对公民行为的一种约束；如果被管制者不服从管制者的支配行为，管制者就可以强制执行或给被管制者以相应的惩罚。管制概念这种支配性和服务概念的被支配性相比，说明这是两个完全不同的概念，也就是说无论哪种类型的政府都包含着管制和服务这样两种施政手段，只不过在不同的政府类型中，服务和管制的地位和作用不同罢了，而不是有些人所认为的服务型政府就不要管制了。"[②]也就是说，管制型政府的服务把自己（统治阶级）当作目的，服务型政府的服务把服务对象（社会大众）当作目的；

---

① 参见井敏：《构建服务型政府理论与实践》，北京大学出版社2006年版，第171—172页。
② 井敏：《构建服务型政府理论与实践》，北京大学出版社2006年版，第168页。

管制型政府的管制依赖的政权威慑,服务型政府的管制依赖的是人民参与;服务型政府把发展当作中心和基础,把管制当作手段和工具;服务型政府将管制寓于服务之中。应当明确:

1. 服务型政府管制的必要,首先是因为市场存在天生的缺陷:如企业追求赢利第一,对于公共交通建设、环境污染治理等获利迟缓或有限的公益事业一般不会热心投资,而会积极利用特殊行业的信息不对称进行投机,寻求垄断领域暴利,此外严重的经济泡沫、自然灾害,以及刑事犯罪,等等,必然要求政府以经济社会的指导者和安全保卫者的身份介入,相机引导或强制处理。也就是说,政府除了正常情况下的指导、调整,还会面对突发事件的风险,不仅会面临市场风险,还会面临社会风险和大自然风险,其超出公众自动应对、调整能力的行为,都属于政府应该组织处理,调动力量的公权力的行为,即属于管制的范畴。

2. 政府管制的制度设计,必须预先考虑公务员在执行法律法规时有可能产生非理性行为,因而要根据经济社会变化的实际建立与完善纠错机制,确立和完善各种救济措施,当政府部门或工作人员同公民发生法律纠纷应由司法机关解决。同时,必须改变过去政府行为完全取决于上级部门评价的做法,把法律依据和公众满意作为衡量公共服务质量的基本要素,强调政府工作必须反对形式主义,注重实际效果,必须与社会公众进行互助,通过多种渠道和形式广泛地集中民智。

3. 建构合理、公正、有效的服务型政府的管制权力授予、行使、约束、监督和惩罚制度,严格而有效地追究失职、渎职现象。政府管制机构的管制类别、权力限度、方式等,必须经过人民代表大会的授权,政府管制的准立法和准司法行为都必须经过立法机关的授予或委托(而非党政一把手的决定;而编制办(委)设置机构职能时也应明确审查程序),并向立法机关负责。服务型政府的管制,不允许政府独家垄断信息和资源以及自行决断重大事项的做法,对与人民群众利益密切相关的重大事项,必须引入评估、咨询、公示、听证等程序。

(五) 关于服务型政府建设与政治体制改革

服务型政府建设与政治体制改革的关系,表现在两个方面:其一,表现在作为行政管理体制改革的深化,它与政治体制改革所追求的实现社会主义民主是一致的,其实质是预防"社会公仆变成社会的主人"。① 恩格斯在马克思《法兰西内战》所写的 1891 年单行本导言中的原话是这样讲的:"以往的国家特征是什么呢? 社会为了维护共同的利益,最初通过简单的分工建立了一些特殊的机关。但是随着时间的推移,这些机关——为首的是国家政权——为了追求自己的特殊利益,从社会的公仆变成了国家主人。这样的例子不但在世袭君主国内可以看到,而且在民主共和国内同样可以看到。"②其二,表现在服务型政府建设,是在社会主义政治文明原则指导下的整个综合社会改革的重要组成部分。此一过程就是通过更新吏治、消除行政垄断,实现社会主义民主的过程。根据制度经济学家道格拉斯·C.诺思的"国家悖论","国家的存在是经济增长的关键,然而国家又是人为经济衰退的根源"。"诺思悖论"认为,许多行业因为事关国计民生,需要管制和行业准入,因而需要政府干预;但政府却又因为种种原因,如出于自身利益的考虑,有限理性的限制等等,其努力常常不能带来好的效果,相反却造成更坏的结果。好政府和好官员所提供的良政善治必须以法治保障为前提。所以,一方面"政府是必要的恶";另一方面必须加以制约,防止出现绝对权力。领导俄国十月革命的列宁,当年把马克思和恩格斯分析过的巴黎公社为防止国家政权由社会公仆变成社会主人而采取的措施规定为三点:1. 公仆不但选举产生,而且随时可以撤换;2. 薪金不得高于工人的工资;3. 立刻使所有的人都来执行监督和监察的职能,使所有的人暂时都变成"官僚",因而使任何人都不能成为"官僚"。据此,在处理服务型政府建设与政治体制改革的关系上,以下两点特别重要。

1. 增加政府权力运行和政治体系改革的透明度,权力制衡机制建设着眼于限权与问责

在社会主义条件下,解决政府(权力)的两面性问题,既不能采取革命"推翻、打倒"的办法,也不能只当作是一种思想作风和工作作风问题。其着力点在于:其一,消除公权力的垄断,实现对权力的监督制衡、吏治的重建,改变"买官卖官""带病提拔""官官相护",以及"文山会海"、人浮于事等丑陋的官场现象,重塑政府的行政文化,完成"官本位"向"民本位"的过渡。为此,要科

---

① 《马克思恩格斯选集》第 3 卷,人民出版社 1995 年版,第 12 页。
② 《马克思恩格斯选集》第 3 卷,人民出版社 1995 年版,第 12 页。

学地设计和颁行民主考察、民主选举和民主监督制度,党的纪律检查制度和国家监察制度,党、政、立法、司法分工制衡和相互关系制度,也就是说,要逐步完善独立监管、透明监管和对监管者的监管。其二,要继续完善社会主义市场经济制度,促进公开、公平、公正、规范的普遍建立而有效地施行,要实现社会繁荣,就必须从坚持科学发展观、改善民生的角度,转变经济增长方式,注重社会事业发展,建立符合社会现实条件和民众意愿的财政投入和分配制度,以及某种程度的普遍福利制度,保障广大人民群众分享发展利益,而非维护少数人的非法掠夺。其三,建立公务员流动和正常退出机制,防治政府系统权势纠结并世袭政治权力的现象。最后,在不宜采取普选制、多党制和新闻自由的模式的情况下,现阶段应当重点改革那些阻碍经济协调运行、市场有序发展、社会充分发育的政治体制部分,渐进发展。

2. 继续积极推进司法体制改革

社会主义司法制度必须保障在全社会实现公平、正义。按照公正司法和严格执法的要求,完善司法机关的机构设置、职权划分和管理制度,进一步健全权责明确、相互配合、相互制约、高效运行的司法体制。从制度上保证审判机关和检察机关依法独立公正地行使审判权和检察权。尤其可以施行的是:其一,从现在开始,中央收回司法权,实行垂直管理。所有司法机关的办公费用、工资由国家直接划拨,不再受制于地方政府。法院院长、法官、检察长、检察官全部由国家直接任命,法官实行终身制,除非违反法律或自行辞职,地方党委政府无权干涉他们执法。其二,提高司法人员的工资、待遇,使他们珍惜自己的职位,提高他们的抗腐蚀能力。① 同时,人大要加强对司法部门的督察,最大限度地避免司法腐败。

《圣经·旧约》里有一个关于"通天塔"的故事:人类的祖先最开始讲的是同一种语言,互相理解,互相协作。他们在底格里斯河和幼发拉底河之间,发现了一块非常肥沃的土地,于是就在那里定居下来,修起了城池。后来,他们的日子越过越好,决定修建一座可以通到天上去的高塔,这就是通天塔。他们规划好了,又找到了砖和河泥做建筑材料。直到有一天,高高的塔顶已冲入云

---

① 李克杰:《河北省委省政府赦免民企"原罪",五个突破:典型的司法权力地方化》,《检察日报》2008 年 8 月 20 日。

霄。上帝得知此事后,又惊又怒,认为这是人类虚荣心的象征。上帝心想:"人们讲述同样的语言,就能建起这样的巨塔,日后还有什么办不成的事情呢?"于是,上帝决定让人世间的语言发生混乱,使人们由此引起隔阂。其结果,这个正在建造中的辉煌工程就半途而废了。

加快发展社会事业,全面改善人民生活[*]

加快发展社会事业、全面改善人民生活是实现经济社会协调发展的必然要求,也是广大人民群众对全面建设小康社会、构建社会主义和谐社会新的期待。党的十七大报告在提出全面建设小康社会新的更高要求时,强调深入贯彻落实科学发展观,坚持以人为本,要始终把实现好、维护好、发展好最广大人民的根本利益作为党和国家一切工作的出发点和落脚点。做到发展为了人民、发展依靠人民、发展成果由人民共享。这就要求我们的一切工作要从广大人民最关心、最直接、最现实的利益问题入手,坚持发展是党执政兴国的第一要务,"要通过发展增加社会物质财富、不断改善人民生活,又要通过发展保障社会公平正义、不断促进社会和谐。"①为此,党的十七大就加快发展社会事业、全面改善人民生活提出了六个方面的新要求。加快社会建设,要落脚在"关注民生、普惠民生"上,这是党的宗旨和发展中国特色社会主义的本质要求。社会建设的实质是构建社会主义和谐社会,必须要有新思路、新举措,并把具体措施落到实处。

一、坚持教育优先发展,进一步完善国民教育体系

坚持教育优先发展,使现代国民教育体系更加完善,是全面建设小康社会

---

　* 本文为中共中央宣传部课题,王明初主编:《全面建设小康社会的目标和要求研究》第五部分,中央文献出版社 2009 年版。
　① 胡锦涛:《高举中国特色社会主义伟大旗帜　为夺取全面建设小康社会新胜利而奋斗——在中国共产党第十七次全国代表大会上的报告》,人民出版社 2007 年版,第 17 页。

的客观需要,是中国社会主义现代化建设的一个战略方针。邓小平曾经指出:"我们国家,国力的强弱,经济发展后劲的大小,越来越取决于劳动者的素质,取决于知识分子的数量和质量。一个十亿人口的大国,教育搞上去了,人才资源的巨大优势是任何国家比不了的。"①江泽民在党的十五大报告中指出:"我们必须把德育摆在优先发展的战略地位,努力提出高全民族的思想和科学文化水平,这是实现我国现代化的根本大计。"胡锦涛在党的十七大报告中进一步强调:"优先发展教育,建设人力资源强国。教育是民族振兴的基石,教育公平是社会公平的重要基础。要全面贯彻党的教育方针,坚持育人为本、德育为先,实施素质教育,提高教育现代化水平,培养德智体美全面发展的社会主义建设者和接班人,办好人民满意的教育。"

"坚持教育优先发展","坚持教育为社会主义现代化建设服务,为人民服务","建设人力资源强国"等基本思想,是以邓小平同志、江泽民同志为核心的党的第二代、第三代中央领导集体和以胡锦涛同志为总书记的党中央对教育发展一以贯之、传承发展的,它构成了现阶段我国教育发展核心内容,也包含了改革开放30年来教育发展的经验总结,对加快构建完善的国民教育体系具有深刻的启示。

(一) 加快构建完善的国民教育体系

第一,兼顾普通教育与职业教育。

现代国民教育体系中,包括两个基本方面,一是普通教育,二是职业教育。普通教育是以传授知识为主的教育。职业教育是在现代经济与社会的快速发展中产生和发展起来的新的教育类型,其本质特征是适应社会需求。两者各有相对完整的体系,并有机结合于现代国民教育体系的整体之中。根据我国的有关法律、法规,两者主要通过"以初中后为重点的教育分流",形成各自的学校教育体系。在此前阶段,学校教育以普通教育为主,也包括少量具有早期职业导向性的职业学校教育(如小学、初中阶段的体育学校、武术学校、杂技学校教育,体育、艺术院校的附属小学、附属初中教育等)。在此后阶段,两者则平分秋色,保持大体相当的比例,但应进行结构调整。比如,应该将现属高等普通学校序列、招收普通高中毕业生的属于应用性学科的院校和专业(如

---

① 《邓小平文选》第3卷,人民出版社1993年版,第120页。

多数工科、农科、医科院校和专业)及以术科教育为主的院校和专业(如艺术、体育院校和专业),从原系列中剥离出来,调入高等职业院校序列,与相应的高等职业学校教育的专科层次"对接",成为高等应用性、技能类高端和前沿人才的培养中心。将经济学、法学、文学、史学、哲学、理学等学科门类教育的院校和专业继续保留在普通教育系列之中,通过传统普通高考招收普通高中毕业生,形成两大基本学校教育系列。

第二,抓好初等、中等、高等教育三个层次。

国民教育体系分为初等教育、中等教育、高等教育三大层次,在现代国民教育体系中应当保持,普通教育和职业教育均应以此为统一标准,但是应加以规范。应当明确,两者的区别仅仅在于各自的专业领域、层次重心和教学重点有所不同。普通教育的专业领域主要在知识型专业范畴,教学重点是进行普通文化课教育,层次重心在中小学阶段的基础教育,面向这个年龄段大多数的公民。职业教育的专业领域主要在知识型、知识—技能型、技能—知识型专业范畴,教学重点是进行职业能力教育,发展重心是高中阶段和大学专科阶段的教育,面向这个年龄段的大多数公民。而从整体上看,两者则各有自己完整的学校教育体系,并形成"相互沟通、协调发展"的和谐关系。

第三,持续解决成长教育与继续教育。

根据终身教育理念,现代教育不是只针对一个人一生某一阶段的教育,而是面向一个人一生的教育。当然,这种面向不是平均用力,而应有所侧重,重心仍然在于培养一代新人成长、塑造未来社会成员的全日制学校教育,亦即在于成长教育阶段。除此之外,现代国民教育体系还应当关注一个人长大成人后的受教育情况,亦即继续教育阶段。当然,现代国民教育体系不可能包办所有的继续教育,属于它的实际上只是具有学历教育性质的继续教育。现阶段相应的管理体系还不够严谨,如什么人属于成人教育的生源范畴? 在校生能否接受自学考试教育? 成人教育、自学考试教育怎样根据人才类型进行各自的内部分类? 采取什么样的标准选拔生源? 等等。这些问题均要认真研究解决,并制定相应的管理办法直至法律、法规,形成科学、合理、严谨的体系。

(二) 保障现代国民教育体系更加完善的主要措施

第一,继续通过社会再分配提高广大农村和落后地区的义务教育水平。国家财政对农村义务教育投资不足的差额部分进行补贴,县级地方财政按国家规定的教育投资占财政一般预算收入和支出的比例进行投资,不能达到国家规定的教育资源配备水平、受教育者享有的教育资源标准时,差额部分主要由国家财政予以补足。实行城市"反哺"农村的政策。地区级以上中心城市的教育费附加统一上缴省财政,主要用于对义务教育阶段因县级地方财政投入达到国家要求的比例,但学校教育资源配置仍不能达到国家标准的差额部分进行补贴。此外,在全国范围内建立规范的教育转移支付制度,如以全国生均预算内教育事业费作为转移支付标准,以财政性教育经费支出占当年地方财政支出的比例作为转移支付的条件。

第二,制定和完善相关法律。要以规范性文件,授予学校法人地位,在法律的框架下回归学校的治理权。建立刚性的财政预算,统一教育经费的使用,废除弹性的赞助费、择校费等收费制度,堵住可能产生的腐败空间。重新确立各省市教育部门的职责主要是"扩大国民的受教育面",它们应该是管教育而不是办教育,应将学校的开办权放回社会。

改革当下单纯和封闭的行政管理,通过建立基金账户来实现非义务教育学校的公共管理和优质资源的扩张,透过基金模式可以实现教育这类公共产品的社会监督。让学校、家长、社会、政府都有权去了解运作情况,以实现公正,提高资金运用效率。促进这类学校的规范办学与管理。

二、实施积极的就业政策,进一步促进社会就业

就业是民生之本。胡锦涛在党的十七大报告中提出"实施扩大就业,促进以创业带动就业",是党和政府解决我国就业问题的重要思路。对于就业问题,我们在取得巨大的成就的同时,也面临着严峻的挑战。一是劳动力供求总量矛盾突出,就业压力大。到 2010 年,全国劳动力总量将达到 8.3 亿,城镇新增劳动力供给 5000 万人,而劳动力就业需求岗位只能新增 4000 万个,劳动力供求缺口在 1000 万人左右。二是劳动力素质与就业岗位需求不相适应而产生的劳动力结构性矛盾突出。一些传统行业出现大批下岗失业人员,而一些新兴的产业、行业需要的高技能劳动者却供不应求,直接影响经济发展。三是人力资源市场不规范。一些非法的职业中介活动,侵害求职者的合法权益。四是一些用人单位在招工中存在对妇女、残疾人、农村劳动者以及传染病病原

携带者的歧视，侵害他们的平等就业权利。五是随着我国经济的快速发展，对劳动者的职业能力和素质提出了更高要求，迫切需要建立完善以就业为导向的职业教育和培训体制，以提高劳动者的就业能力和创业能力。认真贯彻党的十七大报告精神，是全面推进社会就业的基本保证。

（一）加强人力资源开发

第一，形成比较优势的发展。在保持国民经济竞争力的同时，大力发展吸纳就业潜力大的领域，实施比较优势的战略。一是巩固稳定第二产业，大力扩展中、低端制造业和建筑业，稳步实现产业升级，在发展资本密集、高技术制造业中兼顾劳动密集企业和环节，使第二产业就业份额保持稳中有升。二是大力发展第三产业，特别是大力发展服务贸易、金融服务业、生产服务业、居民生活服务业等门类广泛的各类服务业，发挥其投入较少，就业贡献大的优势。我国第三产业从业人员的比重2007年为30%以上，远低于发达国家70%—80%的水平，有着巨大的发展潜力。三是重点扶持中小企业、微型企业发展。中小企业占企业总数的98%以上，占社会就业总量的80%—90%。

第二，推动创业带动就业。创业是最积极的一种就业形式，是发挥劳动者自主性、能动性就业的重要途径。创业还具有带动更多就业的"倍增效应"，在我国劳动力供大于求矛盾长期存在、社会投资吸纳就业有限的情况下，弘扬劳动者的创业精神，依靠劳动者自主创业、自筹资金、自主经营，创造更多的就业机会，具有重大的现实意义。对建立中国就业新格局、新机制也具有深远意义。

第三，实施统筹城乡就业。统筹城乡就业，就是从我国经济社会城乡协调发展的大局出发，在搞好城镇就业再就业工作的基础上，大力推进农业富余劳动力向非农产业和城镇转移就业，从体制、政策和工作体系入手，建设城乡统一规范的人力资源市场，形成城乡劳动者平等就业的制度。

（二）实行促进就业的社会经济综合政策

第一，实行更加有利于促进就业的经济发展政策。协调产业政策与就业政策，通过鼓励发展劳动密集型产业、服务业，扶持中小企业，鼓励、支持、引导非公有制经济发展，增加就业岗位。发展国内外贸易和国际经济合作，发挥投资和重大建设项目带动就业的作用，拓宽就业渠道。最终实现发展经济和扩大就业的良性互动。

第二,实行更加有利于促进就业的财政保障政策。促进就业是政府的重要职责,也是公共财政投入的重要方向。各级政府要按照法律规定,加大资金投入,在财政预算中安排就业专项资金用于促进就业工作,建立起政府财政投入的保障机制。同时,规范就业资金的使用和管理,进一步发挥资金效益。

第三,实行更加有利于促进就业的税收优惠政策。税收优惠政策是促进就业政策中最有效的重要手段之一。要对符合法定条件的企业和人员依法给予税收优惠,并对从事个体经营的失业人员和残疾人免除行政事业性收费。鼓励企业增加就业岗位,扶持失业人员和残疾人就业,使税收优惠政策对促进就业发挥应有的作用。

第四,实行更加有利于促进就业的金融支持政策。加大金融信贷支持,是促进中小企业发展和劳动者自主创业的关键。要增加中小企业的融资渠道,鼓励金融机构改进金融服务,加大对中小企业的信贷支持,并对自主创业人员在一定期限内给予小额信贷等扶持。使金融支持常规化、普惠化,有利于促进中小企业发展以更多吸纳就业,有利于发挥劳动者自主创业带动就业的"倍增效应"。

第五,实行更加有利于促进就业和减少失业的对外贸易政策。将促进国内就业作为制定、调整货物和服务进出口政策,调整汇率机制,以及处理贸易争端的重要依据。对于因为受贸易摩擦影响较大的行业或企业,适时采取税收减免等保护措施,尽量减少失业。

第六,实行更加有利于促进就业的城乡、区域和群体统筹就业政策。建立健全城乡劳动者平等就业的制度,引导农业富余劳动力有序转移就业。实现城乡统筹就业是缩小直至消除劳动者城乡就业差别,实现平等就业。支持区域经济发展,鼓励区域协作,统筹协调不同地区就业的均衡增长。支持民族地区发展经济,扩大就业。要根据各个群体不同时期的不同情况进行统筹安排,统筹做好城镇新增劳动力、农业富余劳动力转移就业和失业人员就业工作。

第七,实行更加有针对性、实效性的教育培训政策。健全面向全体劳动者的职业技能培训制度和人力资源开发政策体系。加强新成长劳动者就业预备制培训、企业在职职工培训、下岗失业人员再就业培训,强化创业培训、农村劳动力转移就业培训,全面提高劳动者职业素质和就业能力。

第八,实行更加有利于困难群体的就业援助政策。对困难群体实施就业援助，是保障公民实现劳动就业权、维护和改善劳动者生存状况、促进社会公平和和谐的基本要求。要建立健全就业援助制度，明确就业援助的措施，对就业困难人员给予扶持和帮助，并确保城市有就业需求的家庭至少有一人实现就业等。

第九，实行更加有利于保障和促进劳动者就业的社会保障政策。加快建立覆盖城乡劳动者的社会保障制度和政策措施，扩大覆盖范围，提高保障能力。做好社会保险关系接续工作，促进劳动者自主流动。建立社会保障与促进就业的联动机制。要采取措施，逐步完善和实施与非全日制用工等灵活就业相适应的劳动和社会保险政策，为灵活就业人员提供帮助和服务，促进灵活就业规范健康发展。

（三）关于实现充分就业的机制保障

第一，强化政府促进就业的责任。

一是要树立就业优先的理念，将扩大就业作为经济和社会发展的重要目标，制定发展战略，调整经济发展模式，确保社会就业目标更加充分实现。二是要按照《就业促进法》的要求，进一步强化政府在促进就业方面的六个重要职责，即：发展经济和调整产业结构增加就业岗位、制定实施积极的就业政策、规范人力资源市场、完善就业服务、加强职业教育和培训、提供就业援助。三是建立促进就业的目标责任制，建立对所属有关部门和下一级人民政府进行考核和监督的制度。四是要实行有利于促进就业的财政政策，建立促进就业专项资金，加大资金投入，并实行有利于就业的经济社会综合政策。

第二，强化市场配置资源的基础性作用。

要彻底改变目前由于地域、身份、行业、部门的原因造成的人力资源市场分割状态，培育和完善统一开放、竞争有序的人力资源市场，建立市场导向的就业机制，充分发挥人力资源市场在配置劳动力资源中的基础性作用，实现劳动者和用人单位供求双方相互选择，调节劳动力的供求，引导劳动者合理流动和就业。切实保障劳动者的择业自主权、创业自主权和用人单位的用人自主权。同时，规范企业用人行为和人力资源市场秩序。

第三，建立面向全体劳动者的促进就业工作制度。

建立城乡统一的公共就业服务制度和体系，加强人力资源市场信息网络及相关设施建设，建立健全人力资源市场信息服务体系，完善市场信息发布制度。建立健全公共就业服务体系,设立公共就业服务机构,为劳动者免费提供就业服务。

建立面向所有劳动者的职业培训、职业资格证书制度和体系。建立职业能力评价体系,对规定的职业实行职业资格证书制度。政府制订并实施以就业为导向的职业能力开发计划,通过职业培训补贴等形式,鼓励劳动者参加各种形式的培训。鼓励和支持各类职业院校、职业技能培训机构和用人单位依法开展就业前培训、在职职业技能培训、继续教育培训和再就业培训,形成面向所有劳动者终身学习的职业培训体系。

建立困难群体就业援助制度,对困难群体实施优先扶持和重点帮助的就业援助。同时支持和鼓励劳动者自主择业,倡导劳动者树立正确就业观念,充分调动劳动者就业的主动性和能动性,促进他们发挥就业潜能和提高职业技能,依靠自身努力,自谋职业和自主创业,尽快实现就业。

三、深化分配制度改革,加快建立合理有序的收入分配体系

合理的收入分配制度是社会公平的重要体现。党的十四大第一次明确提出要"兼顾效率与公平";党的十五大明确提出要坚持效率优先、兼顾公平;党的十六大提出初次分配注重效率,再分配注重公平;党的十六届五中全会提出要"注重社会公平,特别要关注就业机会和分配过程的公平"。党的十七大进一步提出"初次分配和再分配都要处理好效率和公平的关系,再分配更加注重公平",这一论述,增强了解决收入分配领域矛盾和问题的针对性,是从实际出发对效率和公平关系认识的不断深化和完善,也为我们完善社会主义分配制度确立了基本的原则。我们要继续坚持和完善按劳分配为主体、多种分配方式并存的分配制度,健全劳动、资本、技术、管理等生产要素按贡献参与分配的制度;逐步提高居民收入在国民收入分配中的比重,提高劳动报酬在初次分配中的比重;创造条件让更多群众拥有财产性收入;扩大转移支付,强化税收调节,打破经营垄断,创造机会公平,整顿分配秩序,逐步扭转收入分配差距扩大趋势。

（一）建立和完善现代薪酬制度

建立和完善现代薪酬制度，关键是在组织层面上树立正确的价值创造和价值分配的评价标准。分工明确、职责清晰是建立现代人力资源管理体系的基础。以此为基础，根据工作职责、知识技能、努力程度以及工作环境等要素来评价不同工作之间的价值差异，进而确定员工的薪酬水平。应该重视科学的人力资源管理工作平台和基础设施建设，在全社会范围建立科学的职位、职责和能力体系，通过科学的绩效管理制度，使组织在制定薪酬时有公认的依据和标准。取缔非法收入，限制垄断收入，防止和反对"懒惰的人剥削勤快的人""无能力的人剥削有能力的人"的现象。同时还要注意，在利益集团已经进入政治领域，成为形成公共政策制定的代言人与参与方的今天，在面临对社会经济政治资源的分配再分配的问题上，既要继续维护效率与按劳取酬的公正性，也要保证发展利益分享、控制差别尺度；在各种政府机构、企事业单位的利益分配领域，首先应该确立这样一种机制，即能够事前防止或事后纠正那些为自己和权势团体谋取特殊利益的人成为利益分配的规章制度的创制或批准人，再以"合法程序"的名义实施的现象。

（二）加大宏观层面的收入分配调节力度

营造公平竞争的发展环境，有利于起点公平。但问题在于，不同行业、不同地区、不同组织及不同个人的自然禀赋不同，不可能单纯通过微观的薪酬分配机制实现收入分配公平。因此，还要关注过程公平和结果公平。国家应保障低收入群体的基本收入，把城乡困难群众作为低保的重点保护对象；建立最低工资保障制度，及时调整并严格执行最低工资标准。国家也要对国有单位特别是垄断行业进行工资分配的宏观调控。一方面，应积极推进企业制度改革，引进竞争机制，研究和解决造成分配不公的深层次问题；另一方面，应积极开展以工资指导线、劳动力市场价位、人工成本预测预警等制度建设为核心的工资宏观调控体系建设。此外，还应发挥工会的职能和作用，在外资企业和民营企业建立工会组织，扩大工会会员覆盖范围。工会组织应积极转变职能，学习和掌握市场经济条件下薪酬决策的知识和技能，在推行工资集体协商和谈判制度的过程中，依靠科学的理论和方法，维护员工的合理合法要求，实现职工工资水平随着企业发展和经济效益的提高而同步增长。同时，加强工资法制建设，反对收入分配歧视，依法解决工资纠纷，使劳动关系双方有通畅的解决问题的渠道。

（三）继续扩大中等收入者比重，提高低收入者收入水平

中等收入者阶层的发展和壮大是社会经济稳定的基础，其发展和壮大有利于缩小社会收入分配差距，同时是现阶段经济的内需推动力以及加速城市化的关键。在成熟的市场经济国家，其分配结构是两头小、中间大。"两头小"是指富人和穷人的比重小，而"中间大"是中产阶层的比重大。这是一种有利于社会经济稳定的分配结构。稳定的社会环境有利于中产阶层的形成，而中产阶层的形成和壮大又有利于社会的稳定。这是一种良性循环互动的关系。在我国，应继续创造一个庞大的具有活力的中等收入者阶层，这个阶层既可以增加社会的消费信心，带动服务业的发展，也能推动社会文明。随着经济、科技和文化的发展丰富，在收入调整时，政策制定要体现中产阶层发展的需要及趋势。在税收方面，坚持将个税起征点与城市居民收入变化、实际负担及通胀等因素挂钩，确定应纳税所得额的使用税率和纳税扣除额，实行不同年度或地方的浮动个税起征点制度。

（四）具体任务与工作[①]

第一，切实解决城乡收入差距扩大问题。要按照"多予、少取、放活"的方针，从各个方面提高农民收入。一是在确保粮食安全的前提下，按照高产、优质、高效、生态的要求，加快推进农业结构调整，不断开拓农业增效、农民增收的空间。二是以促进农民增收为核心，发展乡镇企业，壮大县域经济，完善农村市场体系，积极引导农村富余劳动力向非农产业和城镇有序转移。三是建立和完善适合国情和 WTO 规则的农业支持保护制度，综合运用税收政策、财政补贴、金融政策等加强对"三农"的支持保护。四是强化并不断完善粮食生产直接补贴、农业生产资料价格综合补贴、良种补贴和大型农机具购置补贴等财政补贴政策。五是加强宏观调控，保持农产品价格的合理水平，促进农民增收。六是进一步提高扶贫开发水平，逐步提高扶贫标准，对缺乏生存条件地区的贫困人口实行易地扶贫，对丧失劳动能力的贫困人口建立救助制度，着力解决农村贫困人口的温饱问题。积极探索贫困地区和贫困群众生产生活的可持

---

① 参见《十七大报告辅导读本》，人民出版社 2007 年版，第 308—309 页；蒋同明：《社会再分配：构建和谐社会之利剑——试论经济转轨、社会转型与社会再分配》，载中国（海南）改革发展研究院论文集《政府转型与社会再分配》，第 53—57 页。

续发展道路,逐步转变扶贫模式。

第二,以推进基本公共服务均等化进程引导生产要素跨区域流动,缩小区域发展差距。促进区域经济协调发展,不断提高中西部地区居民的收入水平,是解决收入分配问题的重要方面。加速实现基本公共服务均等化,引导生产要素跨区域合理流动,是缩小区域差距的重要措施。要大力推进西部大开发,振兴东北地区等老工业基地,促进中部地区崛起。要加快中西部地区科技教育发展和人才开发,充分发挥资源优势,大力发展特色产业,增强自我发展能力。健全市场机制,打破行政区划的局限,促进生产要素在区域间自由流动,引导产业转移。健全合作和互助机制,鼓励和支持地区间发展多种形式的经济技术合作,发达地区要采取对口支援等方式继续帮扶后进地区。

第三,改革垄断行业管理体制,加强国有企业收入分配监管。对于垄断行业的收入分配改革,要下力气改革垄断行业管理体制,强化国有企业收入分配监管。结合垄断行业的改革和重组,完善国有资本出资人制度,建立健全法人治理结构,强化内部收入分配的产权约束。加快垄断行业内部用人制度和收入分配制度改革,使垄断行业职工工资收入水平逐步与劳动力市场价格接轨。再是将垄断收益的大部分收归国家财政,对留归企业的垄断收益,必须依法监管。建立健全国有资本经营预算制度和企业经营业绩考核体系,强化国有资本保值增值对经营者收入增长的约束作用,改进工效挂钩的办法,规范职工个人收入列支渠道。还必须明确和完善对垄断行业和国有企业收入分配的外部监督机制,严格规范企业经营管理者薪酬制度和职务消费,有效制约国有企业高管阶层的贪腐。

第四,整顿市场秩序,积极营造公平竞争环境,强化对非法收入的整治。要继续治理旧体制留下的部门、地区不合理政策,从源头消除"权力"分配,规范竞争环境,坚决整治各种非法经济活动,强化对机构和人员的经济监督。与此同时,还必须完善相应的政策和法律,加强对高收入群体的收入调节和监督。应当积极建立规范、完整的簿记体系,尽早地实现收入透明化;进一步完善收入所得税制度,提高对高收入者征税幅度,建立开征对个人财产(包括遗产)征税制度;通过政策优惠,鼓励高收入者向公益、慈善事业提供捐助。

四、加快建立覆盖城乡居民的社会保障体系，保障人民基本生活

加快建立覆盖城乡居民的社会保障体系，保障人民基本生活，不仅是我国社会主义现代化建设的一个重要战略，还是一项重要的社会制度，起着维护社会稳定和国家长治久安的保障作用。30年的改革开放，使我国经济社会发生了翻天覆地的变化，其突出的标志是绝大多数城乡民众的生活水平得到根本改善，贫困人口大幅度下降，社会保障体系已经基本建立。现在存在的问题是城乡居民的社会保障覆盖面不够，保障水平比较低，制度还不健全。胡锦涛在党的十七大报告中对此提出的明确要求是："要以社会保险、社会救助、社会福利为基础，以基本养老、基本医疗、最低生活保障制度为重点，以慈善事业、商业保险为补充，加快完善社会保障体系。促进企业、机关、事业单位基本养老保险制度改革，探索建立农村养老保险制度。全面推进城镇职工基本医疗保险、城镇居民基本医疗保险、新型农村合作医疗制度建设。完善城乡居民最低生活保障制度，逐步提高保障水平。"

（一）建立、健全多层次的社会保障体系

社会保障是满足社会成员最低生活需求的法定保障。从我国国情出发，大力发展社会保障事业，促进市场经济体制的健全和完善，必须建立起多层次的社会保障体系。包括社会保险、社会救济、社会福利、社会优抚以及社会互助、个人储蓄、商业保险等。在目前的社会转型过程中，出现了许多新情况、新问题。如产业结构调整、现代企业制度的建立、非公有制经济的发展等，这些都需要社会保险能先行一步，特别是事业保险和养老保险的改革更应作为重中之重。可以说，失业保险、养老保险改革的成败，直接影响到整个社会保障体系的成败。要逐步形成以社会保险为核心，社会救济为最低层次，社会福利为最高层次，社会互助、个人储蓄、商业保险为必要补充的多层次社会保障体系。尽一切可能，扩大社会保障覆盖面，缩小城乡之间的差别。只有这样，才能消除劳动者的后顾之忧，维护社会稳定，促进经济的健康、协调发展。

（二）加快社会保障制度的法制化进程

现代社会保障制度的建立，在世界各国无一不是通过国家立法来实现的，

它首先是通过对国民收入的调节来实现社会保障和提高公民社会福利目标的一项社会政策,它不是通过一般的经济杠杆就能实施的,它必须依靠国家的强制才能保证它的顺利推行。要尽快建立起一套与市场经济体制相适应的、完善的社会保障法律体系,其法律应基本覆盖社会保障的各个领域,这样既可使社会保障工作有法可依,更有利于社会保障基金的缴纳和解决其他纠纷问题,同时,也有利于公民维护自身的合法权益。有关法律完备了,公民的社会保障意识增强了,社会保障制度才能建立和完善起来。

(三) 广开财源,加强社会保障基金的管理和监督,确保基金保值增值

社会保障基金是国民收入通过分配和再分配,用于社会消费基金的那一部分。社会保障基金来自中央和地方财政预算支出,企事业单位缴纳、筹措,劳动者个人所缴的社会保险费等。由于我国人口多,底子薄,社会保障基金筹集形式单一,致使我国社会保障基金严重不足。为彻底改变这种状况,在基金筹措方面,要广开财源,可在企业兼并、出售、转让和资产重组中,提取一定比例的国有资产化为社会保障基金,土地转让也应从土地转让费中提取部分,还可以从高额利润行业和个人收入所得税中拿出一部分,从接受国内外社会团体、经济组织和个人的捐赠中拿出一部分等来弥补社会保障基金的不足。在基金管理方面,建议成立专门的社会保障银行,集政策性银行和商业性银行的优势于一身,既享受国家法规赋予的优惠政策,又可与商业银行一样进行金融运作,收益全部纳入社会保障基金。在基金监督方面,建立由政府、企业、工会、职工代表等组成的各级社会保障基金监督委员会,行使对保障政策、法规的执行情况和基金管理工作的监督,同时要根据现实国情,保持一定数额的社会保障基金储备,建立起社会保障基金保值增值的机制,在遵循完全性、营利性、流动性、社会效益性原则的前提下,可在储蓄、政策发行的债券等方面作些尝试。

(四) 目前扩大城乡居民的社会保障覆盖面的几个重点①

第一,失地农民的社会保障。包括失地农民最低生活保障、失地农民养老保险、失地农民医疗保险。一是改革征地安置补偿方式,加大对农民的安置和

① 参见景天魁:《努力扩大社会保障覆盖面》,载中国(海南)改革发展研究院论文集:《政府转型与社会再分配》,第120—121页。

补偿力度:提高征地补偿标准;改革征地安置方式;加强对征地过程的监督。二是解开土地产权桎梏,实现"农地农有"。三是规范政府征地行为:理顺委托—代理关系;健全政绩考核制度;加强农村基层组织建设。四是对失地农民进行培训,拓宽其就业渠道。

第二,灵活就业人员的社会保障。依法维护灵活就业人员的权益。国家应制定最低工资法等法律法规,实行企业用工报告制度,规范用工行为和劳动报酬支付行为,将灵活就业纳入正常统计范围,加大劳动保障执法力度,切实维护灵活就业人员的合法权益。

五、提高人民健康水平,力争人人享有基本医疗卫生服务

改革开放以来,我国医疗卫生事业的成就举世公认,但与人民群众对医疗卫生的需要仍然存在较大差距,看病难、看病贵的现象仍然较为普遍。大力发展医疗卫生服务,既是广大人民群众的迫切愿望,也是党和国家以改善民生为重点的社会建设的重要内容之一。我们着眼于实现人人享有基本卫生保健的目标,坚持公共医疗卫生的公益性质,坚持预防为主、以农村为重点,强化政府责任和投入,完善国民健康政策,鼓励社会参与,建设覆盖城乡居民的公共卫生服务体系、医疗服务体系、医疗保健体系、药品供应保障体系,为群众提供安全、有效、方便、价廉的医疗卫生服务。

(一) 现实状态和改革目标

我国卫生事业发展中长期存在的一个突出问题,就是卫生资源配置不合理,优质资源过度向大医院集中,城市大中型医院集中了大量的高新医疗设备和优秀医护人才,基层卫生资源则严重不足。因此,大中型医院吸引了大量常见病、多发病患者,门诊治疗人满为患,而方便且成本低廉的社区卫生服务机构很少有患者问津,还没有形成分级医疗、双向转诊的机制和"大病"进医院、"小病"在社区的格局。这是造成群众看病难、看病贵的重要原因之一。新型农村合作医疗和社区卫生服务,如同医疗卫生保障的两张网。这两张网的惠及对象,应该涵盖并支持中国百姓的最基本医疗需求,让每个人都能就近看得上病、花少量的钱看得起病。在提供基本医疗保障的前提下,让百姓在各种档

次的医疗上有多种选择，应该是中国医疗卫生体制改革最根本的目标。

"人人享有"的本质含义是"公平享有"，任何公民，无论年龄、性别、职业、地域、支付能力等，都享有同等权利。"基本医疗卫生服务"指的是与我国社会主义初级阶段经济社会发展水平相适应的，国家、社会、个人能够负担得起的，投入低、效果好的医疗卫生服务。基本医疗卫生服务既包括疾病预防控制、计划免疫、健康教育、卫生监督、妇幼保健、精神卫生、卫生应急、急救、采供血服务以及食品安全、职业病防治和安全饮用水等公共卫生服务，也包括采用基本药物，使用适宜技术，按照规范诊疗程序提供的急慢性疾病的诊断、治疗和康复等医疗服务。

（二）主要解决办法

第一，必须充分发挥政府的动员、领导、投入、服务和监管职能，通过加强法制建设，完善公共财政体系，加大医疗卫生投入，充分调动中央和地方以及社会各方面的积极性，增强公共医疗卫生服务提供能力，加强监管，保证服务安全和质量，不断满足人民群众基本医疗卫生服务需要。同时，也必须看到公共资源的有限性与需要无限性之间的矛盾，卫生事业发展必须坚持科学发展的原则，坚持从优先满足社会成员的基本健康需要入手，努力改善条件。各级卫生行政部门和卫生工作者要始终把增进健康放在一切卫生工作目标的优先位置。当前，尤其要准确分析和全面把握新形势下影响城乡居民健康的各种因素和主要健康问题，采取积极、主动、有效的干预策略，努力改善和不断增进人群健康，努力促进公共服务均等化。以提高人民群众健康为目标，以解决危害城乡居民健康的主要问题为重点，坚持预防为主、中西医并重、防治结合的原则，采用适宜技术，以政府为主导，动员全社会参与，切实加强对影响国民健康的重大和长远卫生问题的有效干预，确保到2020年实现人人享有基本医疗卫生服务的重大战略目标。

第二，实施"健康中国2020"战略。一是根据我国居民的主要健康问题及其可干预性和干预的成本效果以及相关国际承诺，确定优先领域和重点。二是根据影响健康的主要问题，制订切实可行的全国和地方行动计划。行动计划不仅要提供良好的卫生服务，还要特别关注影响健康的各种社会经济环境和人口因素，营造有利于健康的环境。三是建立健全健康评价体系。评价体系要以人民健康状况为中心，既反映工作情况，又要反映群众健康素质的变化。为此,必须建立和发展相应的体制机制、投入、人才、科技、文化和国际合作等支撑体系。

第三,完善重大疾病防控体系,提高突发性公共卫生事件应急处置能力。"突发性公共卫生事件"是指突然发生、造成或者可能造成社会公众健康严重损害的重大传染病疫情、群体性原因不明性疾病、重大食物和职业中毒,以及其他严重影响公众健康的事件。长期以来,由于各级政府对公共卫生事业的不重视和投入不足,导致公共卫生体系严重不健全。2003年"非典"时期,中国公共卫生的脆弱性暴露无遗,警示我们必须把建立完善的公共卫生体系作为一项重要的战略举措常抓不懈。当下,我国肺结核、病毒性肝炎、性病、艾滋病、血吸虫等重大疾病的预防控制形势依然严峻。几年来,"非典"、手足口病、禽流感、"三鹿"事件,又一次次考验着我国的重大疾病防控体系和突发性公共卫生事件应急处置能力。我们必须彻底转变"重医疗、轻预防"的传统观念,加大公共卫生投入,建立国家应对突发公共卫生事件应急处理机制,通过建立全国公共卫生组织指挥体系,完善疾病监测、信息网络和实验室鉴别诊断网络,提高控制疫情的应急处理能力。

六、完善社会管理体系,保障社会和谐有序

完善社会管理体系,保障社会和谐有序是改革发展的重要前提,也是全面建设小康社会的重要任务。所谓完善社会管理体系,就是要从现实的经济体制、社会结构、利益格局和人们思想变化及治安状况出发,正视社会矛盾和问题,妥善处理内外关系和各种类型的突发事件,推进社会管理体制创新。这就要求我们深入研究社会管理规律,完善其管理体系和政策法规,整合管理资源,建立健全党委领导、政府负责、社会协同、公众参与的社会管理格局。同时还必须更新管理理念,创新管理方式,拓宽服务领域,发挥城乡基层自治组织协调利益、化解矛盾、排忧解难的作用,发挥社团、行业组织和社会中介组织提供服务、反映诉求、规范行为的作用,形成社会管理和社会服务的合力。加强和改进对各类社会组织的管理和监督。加强对各种犯罪的防治,坚决维护社会安全和国家安全。只有这样,我们才能真正实现胡锦涛在党的十七大报告中向全党所提出的"我们要紧紧依靠人民,调动一切积极因素,努力形成社会

和谐人人有责、和谐社会人人共享的生动局面"。

（一）社会管理体系建设的基本要求

改革开放以来，我国在社会管理方面进行了全面的改革与建设，比如：初步建立健全突发事件应急管理机制；从财政和配套政策上不断增强社会减灾能力，初步建立了各种协作支援关系的机制；努力完善重大行政决策听取意见制度，推行重大行政决策听证制度；建立重大行政决策的合法性审查制度；坚持重大行政决策集体决定制度；建立重大行政决策实施情况后评价制度；建立行政决策责任追究制度。改革行政执法体制，适当下移行政执法重心，减少行政执法层次。对与人民群众日常生活、生产直接相关的行政执法活动，主要由市、县两级行政执法机关实施。继续推进相对集中行政处罚权和综合行政执法试点工作，建立健全行政执法争议协调机制，从源头上解决多头执法、重复执法、执法缺位问题。始终把握"统筹协调各方面利益关系""完善应急管理体制机制""加强安全生产"，主动应对利益关系多元化、各种矛盾相交织的关键阶段的现实，适时做出社会管理工作重心的重大调整。事实证明，这样必然增强我国社会主义现代化的活力与安全，有利于促进社会和谐，提升广大人民群众的公民意识和整个社会的法治秩序。

社会管理体系建设是一项系统工程。这一建设的实质是社会主义市场经济条件下的福利分享与法治权利运行，特征是不分管理者与被管理者，都既是管理体系建设的参与者与利害关系人，内容是涉及行政、司法、教育卫生、企业、社会中介等各行各业，包括责任体系建设、信用体系建设、质量体系建设、服务体系建设、保险保障体系建设、危机管理体系、监督体系建设等。推进社会主义和谐社会建设，要求我们必须适应社会发展的客观要求，不断创新社会管理体制，逐步形成经济社会相互促进、共同发展的良性协调机制。

（二）社会管理体系建设主要内容

第一，转变政府职能，为社会管理提供制度平台。构建社会主义和谐社会，不仅需要持续快速健康的经济发展为其提供物质保障，还需要科学、合理、完善的社会管理制度协调社会各方利益，促进社会公平正义，维护社会正常秩序和社会稳定。但不可否认，我国原有政府管理职能过分强调了政府管理是直接进行政治统治的工具；强调了作为管理主体的政府与社会公众之间关系的非对等性；强调了政府管理是对社会进行管治。由此使政府管理忽略了对社会公共事务的管理作用和为社会公众提供服务的服务性作用;忽略了社会公众对公共事务管理的参与以及社会公众的需要对政府管理行为的导向性作用;忽略了社会公众对政府管理的主体及其行为的制约和监督;忽略了政府管理过程中公共责任机制的建设与发展。这与党的十六届六中全会的要求是不相适应的。因此,在建设新型社会管理体系的过程中,一定要按照"社会管理型""公共服务型""依靠市场调控型"政府的目标加快政府在社会管理层面的职能转变。当前,应当按照六中全会提出的制度建设的要求,努力为新的社会管理体制的建立和完善提供制度平台。在这些制度的制定和执行中,政府既要更加注重履行社会管理和公共服务职能,同时又要改变政府担负社会管理和公共服务责任就是包揽一切的制度安排。要通过新的制度建设,将政府社会管理的重点逐步转移到对那些家庭、社会团体及社会自治所不能解决的社会事务的管理中来,具体而言就是通过社会政策的制定与执行,建立健全社会救助体系,加快推进社会福利事业发展,大力发展慈善事业等,积极提供更多的社会公共产品来增进公共利益。同时日益放松对社会经济事务和公民私人事务的管制,更多地让公民和社会民间组织进行自我管理,将公众参与的方式方法制度化、法制化,最终达到以加强社会制度、社会政策的制定与执行来推进社会管理体制改革与创新的目的。

第二,创新管理机制,充分发挥非政府组织的作用。社会管理体制改革和创新的关键在于明确政府和社会的责任分工,建立政府调控机制同社会协调机制互联、政府行政功能同社会自治功能互补、政府管理力量同社会调节力量互动的社会管理网络,形成对全社会有效覆盖和全面管理的体系。在这种新的体系中,非政府组织以其设置灵活、与基层联系密切、了解各社会阶层和社会群体情况、管理成本低和效率高等优势,在社会管理中具有不可替代的作用。近几年非政府组织已经成为提供社会服务、吸纳劳动就业、优化资源配置、促进经济发展、参与社会管理、推进民主政治、协调社会关系、维护社会稳定的一支重要力量,在促进各项事业发展和构建社会主义和谐社会中发挥了积极作用。但从目前的实际情况看,这些非政府组织已经和正在发挥的作用与现实需要之间还存在较大差距。因此,政府不断加强与非政府组织之间的分工与协作,既是社会建设和管理的必然要求和现实选择,也是必须加强的薄弱环节。在今后的工作中,政府应该把非政府组织的培育和发展纳入国民经济和社会发展规划，一方面要按照以人为本的要求，通过完善法律法规，大力推动和支持社会团体、民办非企业单位、群众团体等各类社会组织的发展，扩大其社会参与度，逐步实现社会的自我管理；另一方面，要不断加强和改进对各类非政府组织的管理和监督，完善社会化服务网络，为非政府组织的发展拓展必要空间，努力形成社会管理和社会服务的合力，促进社会管理功能的多元化。

第三，加强基层建设，不断加强社区管理。在现代社会，社区既是人们聚集、生活的区域，也是人们参与社会管理的重要场所，在社会事务管理中扮演着十分重要的角色。目前，不少国家开始重新定位社区在社会公共事务管理中的角色，把社区视为未来公共事务管理的关键因素。随着经济、社会转型和公民社会的兴起，社区管理在我国的重要作用也日益突出，人们居住的社区逐渐成为加强社会管理和提供基本公共服务的新平台。当前，完善社会管理体系的一个重要内容就是要探索新的社区发展和管理模式，健全社区管理组织体系，加强社区基础设施建设，不断丰富社区建设的内容，完善社区功能，加强社区法律制度建设。要逐步建立与社会主义市场经济体制相适应的社区管理体制、运行机制和服务体系，合理配置和利用社区资源，努力建设管理有序、服务完善、环境优美、治安良好、生活便利、人际关系和谐的现代化新型社区。需要指出的是，与西方发达国家现代意义上的社区不完全一样，我国城市中的居民委员会和农村中的村民委员会尽管也在社会管理中发挥了重要作用，但这些组织同时又大都履行着部分地方政府的职能。在建设社会主义和谐社会，完善社会管理体系的过程中，必须按照社区居民参与社会管理的实际需求，进一步发挥社区组织在协调利益、化解矛盾、治安管理、环境卫生、排忧解难等社会事务管理中的独特作用，不断加强对社区居民各项自治功能的整合，使之与社区其他各方面工作相互协调和配合，真正把群众的力量凝聚起来，把群众的积极性调动起来，逐步在基层形成一个横向到边、纵向到底的社会管理体系，从而在最广大的基层范围里促进社会的和谐。

（三）完善社会管理体系的现阶段任务

第一，建立常设性的危机管理部门，制定权责明晰的危机反应机制。在国务院部门中增设具有会商决策功能的综合体系和常设性的危机管理的综合协调部门；在国家安全的高度上制订长期的反危机战略和应急计划，地方各级政府层面上相应地设立相关机构。在反应机制中,解决危机分类(大协作机制、公共危机沟通、新闻报道干预、志愿者安排、社会救助办法等),设立独立的调查制度,公正甄别事件诱因;改革各级政府信访机构职能,在机构上实现一定程度的纵向设置。

第二,近一步统筹协调各方面利益关系,妥善处理社会矛盾。适应我国社会结构和利益格局的发展变化,形成科学有效的利益协调机制、诉求表达机制、矛盾调处机制、权益保障机制。坚持把改善人民生活作为正确处理改革发展稳定关系的结合点,正确把握最广大人民群众的根本利益、现阶段群众的共同利益和不同群体的特殊利益的关系,统筹兼顾各方面群众的关切。拓宽社情民意表达渠道,推行领导干部接待群众制度,健全信访工作责任制,建立全国信访信息系统,搭建多种形式的沟通平台,把群众利益诉求纳入制度化、规范化、法制化的轨道。①

第三,加强社会治安综合治理,增强人民群众安全感。坚持打防结合、预防为主、专群结合、依靠群众的方针,完善社会治安防控体系,广泛开展平安创建活动,把社会治安综合治理措施落实到基层,确保社会治安大局稳定。严厉打击各种严重刑事犯罪活动,着力整治突出治安问题和治安混乱地区,扫除黄赌毒等社会丑恶现象,坚决遏制刑事犯罪高发势头。②

第四,积极推进危机管理研究。各级政府部门要尽快推动危机管理研究,与适合的科研部门合作,选择国内外典型案例,建立处理各种危机事件的案例库,并从法律和政策上完善符合我国现阶段国情的操作原则和操作细则。

---

① 参见杨信礼:《科学发展观研究》,人民出版社2007年版,第202页。
② 参见杨信礼:《科学发展观研究》,人民出版社2007年版,第200页。

城乡发展及现代治理

制度指引:中国现阶段农民的就业及增收[*]

　　农民的就业与增收从宏观上关系到国家的发展,从微观上关系到亿万群众的生活幸福。本文采用新制度主义的研究范式指出,促进农民的就业与增收是政府现阶段的重大任务之一。

　　制度经济学强调市场所导向的制度转型影响,[1]新制度主义研究范式侧重于社会制度与政治制度的相关性及其对人的行为的影响。它把关注的焦点放在制度、结构、集体行动、公共选择等主题上面,更加强调国家、制度的自主角色,[2]在农民就业与增收问题上,需要政府进行制度支持以使农民无限的致富热情转变为生活富裕的现实。

一、社会安全发展: 农民就业和农民增收的重要性

　　历史已经进入 21 世纪,回头看 20 世纪的中国历史,一个典型的特征是,农民特别是农民问题在其中起着决定性的作用。20 世纪 30 年代,以"农村包围城市",走出了独具中国特色的革命道路;20 世纪 50 年代,以"农业支援工业",在短时期内建立了国民经济体系;20 世纪 80 年代,以"农民服务市民",仍然沿袭着传统中国以来的城市与农村二元发展格局。在中国成功由传统农

　　* 《社会主义研究》2011 年第 3 期。
　　[1] 柯武刚、史漫飞:《制度经济学:社会秩序与公共政策》,韩朝华译,商务印书馆 2000 年版,第 32、33、34、38—39 页。
　　[2] 樊红敏、贺东航:《农村政治学研究范式的检视与拓展》,《学术月刊》2007 年第 6 期,第 27 页。

业国向工业国转变的历史时期,在取消农业税和进行社会主义新农村建设的关键时刻,农业、农村和农民问题,仍然成为当代中国发展战略中的一块短板。如何解决中国的农民问题,如何促进中国的农业发展,仍然成为21世纪中国政府必须充分重视的重大问题之一。

(一) 事关国家稳定与安全的重大问题

我国现在是一个高速发展着的正步入现代化的大国,同时又是一个地区、城乡非均衡发展的大国,一个人均耕地少、自然灾害不断的农业大国,而又以农民人口之众和全国人口之众,决定了农业兴,则百业兴;农民富,则国家富;农村稳定,则天下稳定。深化农村改革,加快农村发展,维护农村稳定,直接关系到我国经济社会发展的全局。实现全面建设小康社会的宏伟目标,最繁重、最艰巨的工作在农村,没有农民的小康就没有全国人民的小康,而没有农村的现代化,也就没有国家的现代化。如果不能恰当处理农业、农村、农民问题,就会在迷茫中持续徘徊。当前的"三农"问题集中反映在农民收入低,农民就业问题严重,相比较城市农村经济发展仍然迟缓许多。尽管中央政府对"三农"问题给予了极大的关注且采取了许多有针对性的政策措施,但是,传统条件下长期形成的农村与城市分割的城乡二元社会经济结构,还没有伴随我国市场化改革的推进做出根本性的变革,而这又极大地限制了当前"三农"问题的切实有效的解决。

(二) 事关亿万农民群众劳动权利和致富前途的重大问题

农民阶层是中国社会的基石,农业发展,离不开解决农民的就业和农民的非农化。所谓就业,是指具有劳动能力且有劳动愿望的人参加社会劳动,并获得相应的劳动报酬或经营收入。劳动者同生产的物质条件相结合,为社会创造物质财富或提供劳务,并取得劳动报酬或经营收入。从事有一定劳动报酬或经营收入的工作的人员,称为就业人员。在有的国家,雇主、自营人员和家庭工人(即协助家庭经营企业或农场而不支付报酬的)也算就业人员。在改革开放之前,我们的政治经济学是不存在"农民就业"这个词语的,农民生来就是种地,靠天吃饭,然后缴农业税、缴公粮。而实行"以人为本",就必须关注和切实维护农民群众的劳动权利,促进农民不断致富。改革开放带来了市场经济,也带来了城乡现代化的人、财、物的流动、城镇化的大规模启动,在经济政策上的"工业反哺农业""让全体人民群众富裕"的政府施政的价值取向随之明晰。

二、制度基础与实践创新：农民就业与增收的关系及政府引导农民就业的两种主要途径

（一）农民就业与增收的关系

农民就业与增收是一个问题的两面,就业问题是根本。《中共中央国务院促进农民增加收入若干政策的意见》(2004 年)指出,当前和今后一个时期要做好扩大农民就业、增加农业投入、确保农民增收较快增长工作。仅从其逻辑语义来看,农民就业是最根本性的问题,它是农民收入增加的前提和基础;只有解决了农民就业问题,才能真正增加农民的收入。因此,农民就业问题是农民增收、农村经济发展和社会进步的根本性问题。并且,这一问题与我国未来十大问题中的首要两大问题高度相关(排在第一位的是就业问题,农民问题排在第二位)。其后,党的十七大报告、党的十七届三中全会决议、"十二五"规划等,都对现阶段农民增收问题进行了专门性的阐述,把它作为本届政府亟须解决的重大问题。

还有一点就是,今天的农民就业与增收状况已今非昔比,它已经和社会主义市场经济、和城镇化扩展、和城乡互动联系在一起。根据考证,"导致家庭收入、人均收入和劳均收入之间差距的因素首先是非农劳动力的数量,其次是否从事农村兼业;农业生产和家庭副业生产在山村的家庭之间显得比较平均。因此,要想显著地提高家庭收入的话,最快速的途径就是农民的非农化,在农民不能够非农化的条件下,尽可能地从事农村兼业的生产。"[1]

（二）政府引导农民就业的两种主要途径

1. 支持就地就业和就地转业就业

关于就地就业,第一,优先安排扶持资金,对返乡创业人员参与基础设施、生活设施、环境改造等新农村建设项目,给予一定的资金扶持。鼓励农民到集镇从事二、三产业,对在集镇建房落户的,优先提供宅基地,除有明文规定收取的费用外,免收其他一切费用。第二,对从事个体经营自筹资金不足的农村劳

---

① 刘金海:《山村经济》,中国社会科学出版社 2007 年版,第 191 页。

动力,提供小额贷款,并逐步建立小额贷款贴息政策。对在农村主要从事商业零售和修理服务等经营活动的流动商贩,以及在集贸市场或政府指定区域销售自产自销农副产品的,免予工商登记或收取各项工商行政管理费。第三,同时做好加大就业援助工作。把返乡农民工纳入就业援助范围,全面落实就业扶持政策。要将家庭困难的农民工作为重点援助对象,公共就业服务机构为每一位重点援助对象免费提供职业指导,为农村"零转移农户"提供转移培训、岗位信息等服务,落实职业培训补贴、职业技能鉴定补贴等政策,努力实现农村"零转移农户"至少有一人实现就业或转移就业。

关于就地转业就业,第一,通过加大对农村人员技能培训,提高农民转移就业能力。主要包括对酒店、餐饮、家政服务、会展策划等行业,开展岗前培训和技能提升培训;结合新兴农业发展需要,开展海产养殖、家禽养殖、反季节瓜果种植等农业新技术的培训;结合大项目大企业需要,开展保安、电工、保洁等公益性岗位的岗前培训等。第二,积极拓展转移就业渠道。要组织开展当地就业岗位信息专项调查活动,摸清辖区内各类企业和新开工项目的用工需求。统一组织开展返乡农民工与就业岗位对接活动,促进返乡农民工在各地转移就业。加强省、市、县之间的联系与沟通,开展各种劳务协作和劳务对接活动,不断扩大转移就业概率。第三,立足资源优势,创新就业门类。比如,利用田园景观和独特的自然生态环境资源,结合农业生产、农村文化及农村生活,大力发展以生态、观光、休闲度假为一体的休闲农业,积极解决农民就业和增加农民收入,并由此发展出城乡共享的新型产业:休闲农业,休闲农业是利用农村田园景观、自然生态环境资源、现代高效特色农业示范园区等,结合农业生产经营、农村文化及农村、农民生活习俗,为游人提供休闲、观光、度假、体验、娱乐、健身及教育、推广、示范等多种服务,以促进农民就业增收和新农村建设为主要目标的新型农业产业。

2. 支持城市就业

通常的做法主要有:第一,社保。逐步将社保纳入城镇职工养老医疗保险体系。在稳定家庭联产承包责任制的基础上,对外出务工稳定的农村劳动力,采取以出让承包土地换取社保的方式,确保他们老有所养、安居乐业。同时,对在城里工作,但不想放弃家里的土地和房子,政府也将给予充分保障,允许外出务工农民依法对其承包土地进行转让、转包、租赁、出租或作为资本入股,使其得到应有的土地收益。对迁居到县城、集镇和中心村集中居住的农户，其自愿退出的宅基地，在符合规划的前提下，可由集体经济组织置换、流转或用于公共设施等项目建设，它的收益用于农民的社会保障、集体经济发展和当地基础设施建设。对工伤风险程度较高的行业，用人单位必须及时为农民工办理保险，按时足额缴纳工伤保险费，并将其作为工程开工建设的前置条件。农民工可自主选择参加农民工大病医疗保险、城镇职工基本医疗保险或灵活就业人员医疗保险。第二，户籍。户口进城退出土地，可获一次性奖励。深化完善城乡一体化户籍登记管理制度，以具有合法固定住所为条件，积极调整户口迁移政策，鼓励有条件的农民工在城镇安家落户，完善相关配套政策，使其逐步享受城镇居民同等待遇。对进入城镇的重庆籍农民工免费办理流动人口居住证。对职业稳定、有合法固定住所，并将全家户口转移到城镇，退出承包土地的农民工，可给予一定奖励。农民如果把户口迁到市外去的，有条件的区县可对户籍迁移到市外的农户给予一次性补助。城乡户口逐步统一。第三，子女教育。纳入输入地教育发展规划。为解决农民出来打工的后顾之忧，帮助管理好"留守儿童"。将农民工子女义务教育纳入输入地教育发展规划，明确农民工子女接收学校，并按照实际在学人数拨付学校公用经费。农民工子女接受义务教育要与当地子女在收费、管理等方面同等对待，以保障进城务工农民子女接受义务教育。第四，维护农民工合法权益。采取有效措施稳定就业，避免大规模经济性裁员。制定适合失地农民特点的劳动合同文本，督促和指导农民工较集中的建筑、餐饮、加工等行业的用人单位与农民工签订和履行劳动合同。对于薪酬、工伤等重大纠纷中涉嫌违法的，司法机关要依法介入。

三、制度完善和国家后续支持：农民增收

（一）农民增收的主要渠道和历史经验

农民增收的主要渠道，就全国而言主要是：1. 粮食收入；2. 经济作物收入，如油料、水果、蔬菜；3. 畜牧业收入；4. 外出务工收入；5. 乡镇企业务工收入；6. 政策性扶持。对于农民增收的原因，一般认为，主要有这样几点：第一，各级党和政府坚持贯彻中共中央"多予、少取、放活"的方针，围绕增加农民收入采取措施，加强督促检查，强化生产指导，开展培训和信息服务，抓好救灾防灾，

为农民收入增长发挥了关键性作用。第二,加大农业结构调整力度。加大优势农产品区域布局规划实施力度,尽快实现农业生产的区域化、专业化、规模化、标准化和现代化。推广优质小麦、优质早稻、优质专用玉米和"双低"油菜面积等,巩固和加强农业基础地位,确保农民收入增长。第三,开拓国内、国际市场。这是促进农民增收的有效措施。各地围绕提高农产品竞争力,普遍加强了农产品市场建设和管理,建立"绿色通道",取消不合理收费,开展促销活动,加强信息体系建设,促进了农产品流通。第四,加大对农业基础设施投入。今年应继续实施积极的财政政策和稳健的货币政策,调整宏观调控的方向和力度,向农业倾斜。要提高农业投入在国债投资中的比例。调整投资结构,在节水灌溉、人畜饮水、乡村道路、农村沼气、农村水电、草场围栏"六小"工程的基础上,增加沃土工程、旱作农业和小型农机具的投资项目,降低农业的生产成本,进一步改善农民的生产生活条件。第五,全面推进粮食流通体制改革,继续实施对种粮农民的直接补贴政策,保护农民种粮积极性。第六,按照"合理引导,公平对待,完善管理,搞好服务"的原则,搞好对农民外出务工的管理和服务,取消一切不合理证照收费和种种歧视性限制,推动农村劳动力转移,引导农民工有序流动,努力实现农民工的充分就业。第七,扩大农村信用社改革试点,扩大农村政策性金融机构的服务领域和服务对象,服务领域由主要支持粮食收购转为重点支持粮食生产体系建设、农田基础设施建设、农村生态建设,服务对象由主要对国有粮食收购企业转向对农村专业大户和农业产业化龙头企业;商业性金融机构凡从农村吸收存款的,要确定适当的比例用于农村,切实解决农村贷款难问题。

(二) 保障农民增收,必须继续重视解决的若干事项

第一,明确农民土地财产权利,严禁行政违法调整。必须坚决制止以行政手段违法调整或收回农民承包地的行为,目前要解决农民二轮土地承包是否全面到位、乡村组织出面包揽土地流转和土地流转不规范问题;不再搞重新分配;农民对承包地有继承、转让与出租自由的权利。

第二,严格执行《基本农田保护条例》,建立耕地保护地方首长责任制。一定要坚决禁止违法侵占、破坏和污染耕地的行为。尽快出台新的土地征用办法,将公益性占地和经营性占地严格分开,经营性占地要退出政府征地范围,一律按市场规则运作,公益性占地要提高补偿标准,切实解决好失地农民

的安置问题。

第三,加快土地征用制度改革,解决征用补偿标准过低问题。在执行目前补偿标准时就高不就低;通过法规提高补偿标准,使农民分享合理的土地增值利益;房屋拆迁补偿,要使房屋征用地段的土地补偿和建造同样等级住房所需建材、工力以及搬迁、安居等方面精力耗费和损失都得到足额补偿;补偿到位和已往征地款项的清欠。

第四,妥善处理征地收益管理和失地农民的安置。对土地转让收益,不论农民选择何种发展道路,产权都应明确落实到人,以利农民创业增收。对失地农民要提供就业培训与相应出路,并以部分补偿费纳入城镇居民同等社会保障待遇。

第五,做好农村低保的申领和核查,将惠民政策落实到实处。要认真对待"关系保"泛滥,而真正的困难户仍累累被拒之门外的问题,将党和国家的关怀送达每个贫困户,做到"应保尽保"。对申请低保的贫困户,村民小组必须讨论决定,并进行两次公示,做到公平公正;对弄虚作假的现象要有监督和纠正措施。

村治中的民主理财制度与执行效果[*]

——海南省 Q 村调查①

Q 村的情形证明:民主理财制度框架的建立是村民自治的重要进步,但同时存在着其制度框架形式大于实际内容的问题;自然村在财务管理问题上所拥有的权力大于行政村,较之行政村的财务问题,村民们也更关心自然村的财务问题。财务管理规则的实际落实和发挥应有的效用,需要加强村民代表会议的作用;而民主理财背后的村民权利实现,还需要村庄的上级政府的日常关照与村庄社会精英的产生和从城市回流。

一、选题的目的、调查方式与表述对象

村治即村级治理,是近年来学术界研究的热点问题,村民自治被称为基层民主的"生长点"。在经历了"海选"之后的村庄,财务管理成为村庄民主的核心与焦点,也成为村治落实的重要措施与环节。本文通过实证调查,围绕村庄财务管理的规则与执行效果问题,试图探讨民主理财对村民自治的影响。

本次调查采用实地研究的方式,具体采用深度访谈法来收集资料,同时注重村庄历史资料的收集。根据研究目的,课题组成员选择海口市近郊的 L 镇

---

* 《参与式财政与乡村治理——经验与实例》(合作者:李芬),西北大学出版社 2006 年版,第 112—121 页。

① 本项调查为海南大学政治与公共管理学院副院长、教授李德芳老师主持。在前后数次调查过程中,先后有张慧卿老师、陈丽琴老师和邢红斌老师等参加。其中,王默忠书记在联系调研点方面提供了很大帮助,王章佩老师在参与设计问卷、深入调查对象方面付出了很多劳动。在此一并表示感谢!

Q村作为实地研究的地点,并于2004年12月前往L镇进行探索性调查,收集到相关的文本资料;2005年3—4月间两次深入Q村进行个案访谈。访谈对象主要有Q村村委会主任、会计、若干村民小组组长和普通村民。在访谈结束后对收集到的资料进行了去粗取精、去伪存真的分析。

Q村位于海口市南渡江东岸,从海口市坐车不到半小时即可到达,距离海口市美兰区机场不远,地理位置优越。全村现有13个村民小组(自然村),总户数537户,人口2784人,支部共有党员67人,预备党员3人,党小组12个。原有水田旱地面积2683亩,坡园地375亩。由于1993年、1995年先后被某公司和琼山新市区征用土地2200亩,现仅有水田面积648亩,坡园地210亩,人均土地占用量大为降低。由于地少人多,工业又不发达,Q村的村民一般靠运输、卖水果、蔬菜谋生,经济状况很一般。

二、Q村的民主理财制度框架

Q村财务管理分为两个层次,第一层次是适用《L镇人民政府关于加强村委会财务管理的规定》,也就是以上级政府的制度颁布的财务管理制度,第二层次是成立财务公开监督小组,这一情形估计在广大的乡村带有相当的普遍性。至于创制本制度细则和制定监督执行人,共同构成有关制度框架,这在理论上是成立的。《L镇人民政府关于加强村委会财务管理的规定》一共有十二条①,这是Q村在村民自治过程中,最能显示民主理财精神的规范文本。

---

① 为了加强和规范我镇村委会财务管理,加强民主监督,保护集体财产、壮大集体经济,特作以下规定:

一、村委会的财务管理,必须接收镇政府的指导、监督和检查。

二、村委会财务管理队伍,村委会设会计、出纳各一名,实行账、钱分开管理。革会主任不得兼任本村委会会计、出纳。各村委会财务人员名单须报镇农经站备案。村委会财务人员因故需要更换的,须事先报农经站批准。

三、村委会的集体资金原则上指定在农行L营业所和L信用社开设集体存款账户。如有特殊情况,需要在其他银行存款的,必须报农经站批准。

四、村委会的资金必须公款公存,村委会的账户存取款实行印鉴管理。各村委会存取款必须加盖村委会主任、会计员、出纳和村委会四个印章方能领取。各村委会所开设的账户及留存印鉴须报农经站备案。村委会出纳员库存现金不得超过500元。

五、严格村委会财务开支手续。村委会必须实行一支笔审批制度。其一项开支1000元以下(不含1000元)由村委会主任审批,1000元以上(含1000元),10000元以下(不含10000元)的开

　　为促进民主监督,村里于 2001 年 11 月 5 日成立了财务公开监督小组,成员为:组长:吴明桐,副组长:吴坤兴;成员:吴坤茂、李和娃、吴坤民等共 5 人。这种财务公开监督小组的主要责任,是监督自然村的财务开支、存储,以及行政村对自然村的财务处理问题。

　　从该《规定》中可以看出:

　　1. 由于该《规定》是由镇政府统一制定的,制定者自然会依据一定的政策精神,也会有一定的立法立规的样本,在指导思想、主要内容(项目、条款)、立法技术、用语等方面都是比较规范、明确具体,具有很强的操作性。也因为如此,该《规定》涵盖了财务民主决策、财务管理、财务监督等基本方面。

　　2. 文本形式形成的《规定》具有一定的权威性。因为这一规定是村委会上一级的 L 镇人民政府统一制定和颁行的,所以它对所有管辖的村级单位都

　　支经村委会干部会议讨论通过后由村委会主任审批,10000 元以上(含 10000 元)经全体村委会干部会议讲座通过并报镇政府同意后由村委会主任审批。违反规定程序或超越权限审批的单据,视为无效单据,财会人员有权拒绝开支并向上级报告情况。

　　六、严肃纪律,规范管理。严格实行会计制度,村委会会计员、出纳员必须用账簿记账。村委会发生的任何一项现金收入、支出或流转,均须入账。账面要清楚,收支要平衡。一切现金收支,要求使用国家统一规定的标准单据,并实行登记管理。村委会开出的票据,须加盖村委会及主任、会计、出纳四个印章。支出凭证必须有经手人和审批人签名,财务人员方能付款。不符合规定和手续不完备的单据,财务人员有权拒付。财务人员要做好记账凭证和账簿的保管和归档,因管理不算造成遗失者,追究当事人责任。

　　七、村委会账目要做到日清月结,会计和出纳当月结账对账,做到账账相符,账款相符。财会人员至少于每年一月下旬前张榜公布前半年财务收支情况一次。以便接受群众监督。如果发现错误和漏洞,必须立即纠正。村委会干部对集体财务收支不明白的,可提出质询,财务人员和村委会主任应予以如实解释说明。

　　八、加强村委会固定资产管理。原值 500 元以上的集体固定财产须记实物账,或填写固定资产实物账,或填写固定资产登记簿,做到专人管理,账物相符。非正常原因造成损坏和损失者,追究当事人责任。

　　九、实行村委会报账和检查制度。村委会每季度的首月份 10 日前,向镇农经站报送前季度的《财务收支情况报告表》。在此基础上,镇委、镇政府对村委会财务进行定期或不定期检查,以便及时发现、纠正和解决管理中出现的各种问题。

　　十、各村委会所有经济活动,必须坚持民主、公开的原则,任何经济合同的签订需经村委会全体成员讨论通过标的在人民币 10000 元以上(含 10000 元)的,须事先报镇农经站批准后方可签订,签订的合同到镇司法办公证后方生效。

　　十一、加强村委会财会人员培训工作,包括思想教育和业务培训,以提高他们的思想道德和业务水平。对违反本《规定》的贪污、挪用公款者,依照有关法律规定严肃处理。

　　十二、原各村委会财务管理制度规定内容与本《规定》抵触的,以本规定为准。

(一九九六年八月十七日)

具有约束力。是否遵守,遵守得如何,镇里和市里都可据此检查和评价行政村的财务管理工作。相应地,自然村(村民小组)也能够据此要求行政村的领导班子和每一个成员。可以想象,村里对这一规定执行得如何,也会成为上级党政机关对其进行工作评价的依据之一。正因为如此,一般而言,上级的重视程度如何也会左右规定的权威性和影响程度。

3. 该《规定》缺乏财务公开的内容,没有关于设立财务公开监督小组的条款。突出了财务的科学管理,而缺少财务管理的群众性监督。同时,村民的财务公开监督小组的设立,既不与本规定相冲突,不违反本规定,也使村民对财务公开监督小组的设立缺乏明确的依据。如果村委会不主动接受财务公开监督小组成员的监督,或者是只搞一下形式、走一走过场的话,村民也就不能切实有效地进行监督。

4. 所以造成这种情况,其中一个原因就是,文本制度制定于 1996 年 8 月 17 日,村里成立财务公开监督小组于 2001 年 11 月 5 日,时间差造成了规则制定的指导思想与规则运行中所形成的新机制的脱节。这既反映出村民自治中的民主内容深化,又表明了记载和肯定村民自治成果的规章制度,将伴随着形势发展进行废、改、立的这一制度建设空间。

三、民主理财制度的执行情形及效果

(一) 财务决策

决策,就是针对某一问题,确定反映决策者偏好的目标,根据实际情况,通过科学方法从多个方案中选出一个最优(或满意)的方案的过程。决策分析一般有四个步骤:(1)形成决策问题,包括提出方案和确定目标;(2)判断自然状态及其概率;(3)拟订多个可行方案;(4)评价方案并做出选择。由于村级决策关系到本村经济发展,涉及村民的切身利益,对村民的生活影响甚大,因此,加强村民在财务或经济决策上的参与,有助于更多地倾听村民呼声,加强财务决策的透明度。

在 Q 村的组织架构中,各自然村即村民小组掌握着自然村行政事务的大权,行政村的权力很小,相当于自然村与镇政府之间的一级组织。因此,我们主要调查了自然村的有关财务决策问题。

各自然村在进行经济决策时一般是由几个村民小组干部成员讨论规划,提出一个建议,后提交村民大会,听取意见,过半数同意时才通过。其中,提交村民大会讨论,广泛听取村民意见,是保证村民参与村级经济、财务决策的主要途径。

如咏塘自然村1997年决定修路,首先由自然村5个干部讨论提议,召开村民大会,过半数村民参加,一般是一家一个代表,听取村民意见。村民大会共商讨两件事:一是工程量,一是工程价格。事先讲好,只有过半数同意才能够正式实行。

但大部分村民表示,在村级经济事务方面,一般是村干部说了算,收多少钱,为什么收钱,以及收的钱怎么用,只有村干部几个人自己知道。因此,有村民提出,以后有类似的关系到整个村庄利益的事件的话,除必须提交村民大会讨论外,还必须招标,增加决策过程中的透明度。

(二)财务管理

这里所说的财务管理是狭义的财务管理,即村庄印鉴、财会及审批管理。自然村及行政村的资金存取款实行印鉴管理。各村存取款时须加盖出纳、会计、村委会主任或村民小组长、村委会公章四个印章才能取钱,在一定程度上可以减少村干部私吞公款的机会。

财会人员的工作是民主理财的重要环节。1996年以前,Q村的会计与出纳由一人承担,1996年财务大清理后,会计与出纳分开,会计审批,出纳数钱。各自然村的会计与出纳由村民选举产生,一般而言,是先选出人,然后按其自身特点分配职位,这就排除了当选为会计或出纳而不认识字的情况。为确保会计与出纳了解基本的财会知识,增强财务管理能力,新当选的会计与出纳要到村委会培训。并且,镇政府会组织会计与出纳进行培训,一般是一年一次或两次。

为进一步加强自然村财务管理,实行分等级的审批制度。支出金额在500元以下的,村民小组长有权审批;支出金额在500—1000元之间的,须经理财小组同意;支出金额在1000元以上的,须经全自然村80%以上家庭户参加的村民大会过半数批准通过。存在银行的公款,有村长印章,有村民财务监督小组组长的印章,有村委会的印章,缺少一个印章就取不出钱来,这样就增加了公款存储的安全性。

（三）财务监督

1. 对于行政村的监督

对于行政村财务的监督主要包括内部监督与外部监督。在行政村内部，设有财务公开监督小组形成行政村的内部监督。财务公开小组由五人组成，组长为一自然村的小组长，副组长由村农技员兼任，同时是村保卫委员，三名成员中有两人分别为党支部的治保主任、纪检委员，另一成员为普通村民。总体来看，党支部、村委会成员占五分之四，只有一名为自然村的普通村民。

对于行政村财务的外部监督主要是指镇政府的监督。据《L镇人民政府关于加强村委会财务管理的规定》，村委会的集体资金存入指定银行，村委会每季度首月份的 10 日前，向镇农经站上报前季度的《财务收支情况报告表》。此外，镇委、镇政府对村委会财务进行定期或不定期的检查。

2. 对于自然村的监督

自然村的财务监督主要有三个方面。

首先是民主理财小组的监督。村级民主理财关键在于群众参与监督，参与管理，民主审理村级财务收支。此目的主要由民主理财小组达到。各自然村设有民主理财小组，如咏塘自然村的民主理财小组由 2 人组成。这 2 人由村民民主选举产生，选举与村民小组长的选举同时进行。但有村民认为，民主理财小组"没用"，连干部、队长的开支、收入都不知道，主要是因为干部不通知。

其次是自然村内部自下而上形成的舆论监督。村庄是个熟人社会，相互之间十分了解，信息的传达主要是通过人与人之间交流沟通的非正式渠道进行，但这种监督作用有限。访谈中发现，部分村民对村干部能盖起漂亮的楼房有意见，认为是以权谋私的结果，但鉴于没有实证的依据，一般都是大家背后讨论，没有实际的行动。但这种讨论也会对村干部使用、支配村集体经济财产产生影响，在一定程度上制约其权力与利益之间的交换。同时，我们也发现，一旦因为具体的事件对个别村民的利益造成损害，这种舆论监督的作用便显现出来。如咏塘自然村在分配土地款时由于分配数额不公平，引起村民们极大的愤怒，村庄内的舆论沸腾，其直接后果除了部分村民上访外，更为严重的是引发村内的无政府状态。

最后，行政村村委会对各自然村进行财务监督，主要体现为每年年底进行财务大清理。

（四）财务公开

作为民主理财监督的重要环节,财务公开在其中扮演着重要角色。《海南省实施〈中华人民共和国村民委员会组织法〉办法》第二十三至二十七条对村务、财务公开作了具体要求。财务公开这有利于增强村干部的民主意识、公仆意识,自觉将自身置于群众的监督之中。一般而言,财务公开是事后监督,Q村与属下各自然村在村公共场所都有固定的村务公开栏,一般以财务公开为主。

1.行政村财务公开

行政村财务公开每季度公开一次,公开内容包括村集体的收入与开支。其中,收入包括以下几项:承包租赁、上级拨款与赞助、存款利息、应收福利及其他收入;支出项包括干部工资、应付福利、办公费及其他费。具体如表1所示:

表1　Q村2004年收支公开栏(元)

		第一季度	第二季度	第三季度	第四季度
收入	承包租赁	1000	1000	1000	3000
	上级拨款与赞助	4000	11000	11000	11000①
	其他收入	6820	11320	26320	32050
	存款利息		171.5	171.5	171.5
	应收福利				750
	合计	11820	23491.5	38491.5	46971.5
支出	干部工资	4380	8500	11280	15420
	其他费用	10501.6	21311.3	40798.44	54452.5
	应付福利	1456	1456	2546.5	2546.5
	办公费			34	506.5
	合计	16337.6	31367.3	54658.94	72925.5

从表1可以看出,其他收入与其他支出占有绝大部分比重,但却没有明确指出是何种收入何种支出。因此,为达到村民监督目的,使财务更透明,应具

---

① 公开栏上为1100,但据公开栏计算应为11000,因此这里使用后面的统计数字。

体列出大项支出,而不应用"其他"来概括。

由于村民更经常的是与村民小组联系,故对行政村一级的财务公开较少关心。

2. 自然村或村民小组的财务公开

这一级的财务公开是村民关心的焦点,也是最具争议的。如果做得好的话,村民小组的财务公开可以更好地增加透明度,得到村民的支持。根据村民参与程度的不同,各自然村财务公开内容、形式、时间各不相同。

有的自然村,村民参与意识较强,所以财务公开的内容很详细。如咏塘自然村最近一期的财务公开是关于春节"公灯"活动的,采用在祠堂门口用红纸张榜公布的形式。公开内容主要包括收入与开支,其中收入部分包括上年结转余额、总人口数与捐款额、生产队拨款、公灯收入、初一、二、三挂公红封等八项,共收入 6474 元;支出部分尤其详细,包括活动所用大小物品及其价格,甚至连一元钱的灯泡都榜上有"名",共支出 2694.5 元。为表示负责,公开内容还包括首事①五人的名单在上面。财务公开详细是一个渐进的过程。咏塘自然村在前几年时村民参与意识较弱,村财务公开很混乱,但是经过修路、卖地等事件,村民们为维护自己的权利,参与程度提高。尽管村民参与意识强,但在财务公开时间上仍不能保证。按规定财务公开应是每季度公开两次,由于农村实际,通常并不能做到,经常是一季度一次或半年一次。

有的自然村,村民参与意识较弱,因此,财务公开的内容主要是收入与开支,列支较为笼统,并且公开时间相隔较长,通常一年才只有一次,公开的方式主要是张榜公布或在村公共空间的小黑板上公布。由于时间较长,平时不公布,所以村民们搞不清楚,财务公开流于形式。

四、从 Q 村看海南乡村的管理关系特点及问题解决途径

1. 村治的关系特点

自然村与行政村的关系与内地大不一样。在内地,村民小组的作用非常

① "首事"即为公灯活动中的负责人、管事。

小,行政村的作用大,但在海南却完全相反,行政村(至少在表面上)几乎被架空,行政村要办事,事事都要经过自然村同意才行,村民称行政村为"乡"。①行政村权力小,缺乏各种资源。村委会按照惯例,给一个妇女做计划生育手术,要去送慰问品,平均得花费 180 元,行政村每年的这项支出需要好几千元钱。还有,换届选举时需要开会补贴,培训人员,买红纸作宣传等,得花费 5000—6000 元。村委会有一个鱼塘,还有一间房子出租给人办私人幼儿园,村委会办公费用十分困难。村长等经济待遇也很低。Q 村长每月才 300 元补助,秘书 250 元补助。② 村长说,这点钱连每月的摩托车汽油费和手机费都不够。这些,都出乎我们这些调查者的意料。因此,虽然很多人还是愿意当村干部,或者想献身公益,要为大家谋福利,或者想出人头地,但是,这种待遇是否也在一定程度上影响到了他们工作的积极性呢?

2. 存在的若干问题

这里行政村缺少对自然村的支配权力,自然村权力较为实在,可是同时却存在着村民的民主参与程度低、无力进行群众性监督的现象。譬如:过去卖地,林苗赔偿了没有,群众不知道,按照有关规定林苗是要计价赔偿的。滥用地、占地、承包鱼塘,有些人乱挖乱占,队长一个人承包几十亩,签合同没有,怎么样签的,连副队长都不知道。2002 年,上面政府要买地 51 亩,因为价格大大低于以前别人出的价格,群众不同意。不同意也不行,变相强征。村里就派人下来,一家一户地捺手印,一个家庭无论妇女、老人,还是小孩子,一个手印 20 元钱。几年过去了,有些合同条款也不兑现,不少人觉得被糊弄了。还有就是前任村长账目不清,好多问题没有搞明白。可被选掉以后账目几年没有交接,村民反映强烈,却找不到好办法,镇政府和市政府都也没有认真调查处理就搁那里了。

按照一般推理,民主理财情形应该是衡量村民自治程度的一个重要方面(我们在 Q 村的调查也可以佐证这一点。据村委会主任介绍,1996 年、1997年前农村有两大难热点问题,即土地问题主要是宅基地问题和计划生育问题,

---

① 据说广东那里没有村民小组,都是村委会。

② 2004 年 Q 村总收入 120774.5 元,其中上级拨款约占 31%,承包租赁、应收福利及其他收入占 69%;总支出 175289.34 元,干部工资约占 22%。这里有的村委会干部认为,对于缺少补助的问题,如果不能向下面收一点的话,应该列入市财政解决。

此后两大难点、热点问题中的后者变为农村财务问题)。如果这一判断成立，而且行政村对自然村的约束力小，民主理财机制已经建立的情况下，是否就意味着村民的普遍参与呢？事实并非如此，至少我们调查的 Q 村，显示的是民主的制度框架大于实际内容。正因为如此，村庄干群关系比较一般，似乎缺少一种活力和动力。从村民对于自然村财务公开的满意程度看，他们一般不信任自然村的财务公开，很少去看，只有开会时才去看村务公开栏。根据我们调查走访，多数人肯定了财务公开的性质，但同时又认为公开只是形式，没有什么意义。"公开好是好，但只是形式，没有什么实质意义"，财务公开是"表面公开实际不公开"，"能公开的当然相信，但不公开的账目呢？"，"写得太简单、太潦草，根本没有用，老是其他，谁知道，'其他'是什么""再说公开的内容太笼统，而且有些账他们根本不上"。如何发挥财务公开的作用，提高财务管理的透明度，增加村财务公开在民主理财中的作用和村民的参与是亟待解决的问题。

3. 问题产生的原因和解决途径

整个国家的改革开放和村民自治的深入，无疑培育和激发了广大村民的当家作主意识和致富热情。过去那种高度集中的人民公社体制一旦被破除，由市场经济所形成的平等交往关系日益冲击着传统的行政层级支配关系以及人身依附关系。自由选择、机会均等、平等竞争的权利观念逐步形成。但是，权利观念并不等于权利能力。Q 村村委会的村长当年在部队当过兵，咏塘自然村新当选的村长在海口市开过多年出租车，就是说也是见过世面的人。在写作本文之前的最后一次走访中，刚与一个中青年谈过出门，该男子的哥哥在门外出现，他一再欲言又止，很想同我们再谈谈，他一再表示，希望我们把村里的有些情况向上级政府反映，争取得到解决。他说他在海口市打工，平时不在村里，对村里的事只着急没有办法。[①] 同时，据了解，这里以前人们不想出去打工，一是怕没技术，二是嫌给老板打工没自由，现在想外出的人比以前多一些了。从长远看，基层社会的法律意识培育，与劳动力向城市、"向公家"的输出和回流，具有同等的重要性。也只有如此，方才不至于使某些农村因为缺少

---

① 这是"田野研究者经常面对困难的伦理决定"。参见林聚任、刘玉安主编，泥安儒副主编：《社会科学研究方法》中的第十八章"社会科学研究中的伦理问题"，山东人民出版社 2004 年版，第 390 页。

精英分子,而陷于遇事无人牵头的又一"空卷化"现象。而做到这一点,很显然亦非一日之功,它是一个社会主义物质文明和政治文明所带来的城乡互动过程。

我们调查走访的 Q 村,其村民民主理财的制度框架,如有关村委会财务管理的规范性文件,是镇政府制定下发的,村民财务监督小组这一机制则是上级政府提倡的。但是,镇政府对于行政村的监督流于形式。而村民对有关问题的反映,上面往往又不重视。这样,制度框架就会虚置。只有政府有关部门经常深入实际,不断解决群众的实际难题,包括帮助处理一些损害群众利益的陈年旧案,才能取信于群众,使群众把民主理财真正当一回事。此外,还应该加强村民会议在民主理财中的作用。

资本农业:海南热带高效农业发展之新路 *

一、海南农业目前的成就和进一步发展的需求

海南是全国最大的经济特区,是我国的第二大宝岛,同我国深圳、厦门等城市经济相比,有一个很大的不同就是:海南是城乡结构型经济,它有广阔的农村,农村人口占全省人口约80%,少数民族人口达100多万。农业产值直到1992年一直占全岛国民生产总值之首,成为海南整个经济发展的"瓶颈"。因此,农业、农村、农民的"三农"问题,是海南整个经济发展不得不特别重视的问题。

海南属热带季风气候,拥有得天独厚的自然资源,终年无霜,素有"天然温室"之称,阳光充足,雨量充沛,土地肥沃,物产丰富。正如识者所说,同全国一样,海南在计划经济体制下"农村发展机会长期丧失,由于工农业产品长期的不等价交换,破坏了农村的积累功能;市场的关闭,使农业经营者失去了优化资源配置的可能性和动力;农业经营体制中缺乏有效的激励机制和监督手段,使劳动者的生产热情受到严重损害;严格的身份管理制度,使农村劳动力失去了流动和重新组合的机会。这样就造成了农村的发展程度明显地低于城市,农业的物质技术装备明显地落后于工业,农民的消费水平大大低于市镇居民"。长期以来,海南主要以种植粮食、甘蔗,以及橡胶等有限品种,品种单一,"靠天吃饭"。改革开放和建立特区之后,实施科教兴农,加强农业综合开发,积极调整农业结构,以运销加工为中心组织生产,促进了热带高效农业发

---

* 《特区经济》2001 年 6 月。

展、多种经营发展、乡镇企业崛起。据统计,从 1995 年到 2000 年的 5 年间,农业连续保持两位数的增长,农业增加值年均递增 10.8%,粮食连年增产,年均递增 5%,实现口粮基本自给,初步形成了热带作物、热带水果、冬季瓜菜、蔗糖、南繁育种、水产、畜牧 7 大产业。以橡胶为主的热带作物种植面积达 55 万公顷,其中橡胶 37 万公顷,年产干胶 22.8 万吨,占全国总产的 60% 以上,现有热作加工企业 500 多家,产品 100 多种,年产值近 60 亿元;热带水果种植面积 9 万公顷,总产 36 万吨,以饮料为主的水果加工业发展迅速,现有大型加工企业 6 家,产品 30 多种,年产值 20 多亿元;冬季瓜菜种植 14 万公顷,总产 200 万吨,年产值 58 亿元;南繁育种每年约 2 万—3 万公顷,生产种子 1000 万公斤;肉类总产量 39 万吨,全省有大型饲料厂 8 家,双班生产能力 64 万吨,产品包括禽、畜、鱼、虾等系列配合饲料。近年引进筛选并大面积应用生产的农、牧、渔业新品种 100 多个,主要农作物良种覆盖率达 90% 以上。海南农业正从传统的“粮、糖、橡”走向“瓜果菜、热作、海洋渔业”的特色农业。正如 1998 年秋朱镕基在海南检查工作时曾经指出的那样:“海南只要发展好了农业,就可以富甲天下。”

但是,还要看到海南农业要实现持续发展,最急需的知识、技术和资金问题仍未很好解决。资金问题一直存在着非可控因素,其渠道有限,而各行各业都在争夺,出现“僧多粥少”的现象。并且,发展资金中相当一部分用作了“救济金”,并且有时不得不动员党政机关和事业部门把参加扶贫作为硬性任务。1988 年以来,全省直接投入各类扶贫资金 6 亿多元,建立扶贫产业开发基地 212 个,种植各类热带农产品 200 多万亩,扶贫地区创办中小企业 100 多家,创办 40 家卫生院。现在,全省的贫困人口已从建省前的 202 万人减少到 1999 年年底的 12 万人。要实现新的“十五规划”,海南应当保持和提高农业增收能力,提高农业的综合生产能力和可持续发展能力。这种救济、辅助型的资金投入,其作用仍然是有限的。除了利用已有的渠道,譬如国内财政投入,继续争取国外和港、澳、台的资金外,还必须进行农业投入的制度创新,这就是实行“资本农业”,以资本和技术的新型制度供给为海南特区的农业带来新的资金源流。

“资本农业”为我国著名的农村问题专家、华中师范大学中国农村问题研究中心主任、科社所所长徐勇教授提出的一个重要概念。徐教授指出:传统农业是低效农业,原因在于它只是简单劳动与土地的结合。由于劳动力质量变化甚少,农业产品数量增加有限,为了增加产量,只得投入更多的劳动力。而有限的产品又为大量劳动力所消耗,造成剩余产品甚少,由此陷入低效农业的陷阱。且仅依靠传统农业自身所有的劳动和土地这两大生产要素,是无法走出低效农业陷阱的。要提高农业效率的唯一出路是将农业生产过程中需要的资金、技术、知识、管理等现代生产要素吸引到农业中来,进行最优配置,实现对传统农业的根本性改造。要使具有增量性的现代生产要素进入农业,并与传统农业自身已有的存量性生产要素(劳动和土地)实现有机的结合,从而走出低效农业陷阱。这一出路即资本农业。因此,资本农业是一种以资本为纽带,并通过市场对生产要素进行最优配置,最大限度提高生产效率的生产方式。资本农业是商品农业发展的高级阶段,既是发达的市场经济的产物,又是发达的市场经济的必要条件,是一种具有普遍性的生产组织方式,它的兴起将使中国传统的农业社会获得根本性改造。这一理论告诉我们:应以农村土地承包经营制度为基础,将城市分散的资金投入一部分到农业产业化开发,以补偿农业投入和城市居民投资方式各自的欠缺,使更多的私人资本变为社会资本,从而加速技术创新,完善生产组织方式和动力机制,从而真正改变农业的政策精神强势实则弱势的地位,带动整个国民经济的良性循环,为中国的农业和农村发展继续迈出历史性的一步创造条件。

二、海南资本农业的初步尝试和发展前景

海南其实在资本农业方面已有比较成功的初步尝试,其主要形式是:

(一)运用股份制改革后的证券市场,诱导部分股份公司特别是上市公司投资于农业,使其成为海南农业开发的生力军。20余家上市公司中,已有3家如罗中山、椰岛、恒泰公司每年吸纳数亿元资金或成为当地的菜篮子工程,或成为饮料产品大户。

(二)支持公司租地开发新型农业项目。譬如据《海口晚报》2000年12月14日报道的,海口秀英区出3600亩地给公司开辟观光型农业。报道说,有公司打算租地扩大开发面积,形成规模,搞观光型水果园,有的公司除了搞海鲜养殖,还准备投资完善框架式和浮绳式网箱,开辟海上景点。

（三）农业综合开发试验区。建立留工农一体化、产供销一体化的机制，建设"生产社会化，经营企业化，公司+农民，农民办公司"为模式的农业新区，但在现阶段，它的投入主要是农民。

（四）加强琼台以及国外（如以色列等国）的农业合作，扩大农业对外开放。从 1988 年始，台商投资海南农业的企业达 232 家，投资总额 2.1 亿元，承租开发土地面积 1.45 万公顷。其投资涉及水产品养殖加工，瓜果、花卉、蔬菜种植和栽培、种植繁育推广、生物工程等领域，引入优良品种 500 多个，出现了一批"龙头"企业和专业化生产基地。

（五）农业庄园。海南 1997 年 11 月第一家南州庄园公开招商之后，在不到 5 个月的时间里，相继出现了龙湾、太乙、南丽湖等公开筹集资金的农业庄园，吸引了社会上的大量资金。由于规划不完备，操作不规范，缺乏监管，后来受到了政策性禁止。如何看待和解决这个问题，不仅对海南，而且对全国都具有一定的引导性意义，所以这正是本文后面要阐释的。

（六）类似于如上，即是某些退休干部、知识分子、职员家属等个人或合伙以租让、承包等方式进行农林牧副渔，多种经营，不予宣传，辛勤劳作，悄悄地收获，这也是一种极少见诸报端的确实存在的形式。

由以上可以看出，资本农业的资本与以往的农业资金来源大不相同。历来的农业资金按照来源的性质，有自有资金和借入资金；按照来源的区域，有国内资金和国外资金；按照来源的产业和部门，有农业自身的积累和非农业的供给。这些资金来源一是手续（程序）复杂，二是时间限制，三是不稳定，量小，不敷所需，因此，一方面它将对我国农业现状的改变继续产生巨大的作用；另一方面由于供求之间的矛盾突出，长期得不到解决，又成为传统农业向现代农业转变过程中的一个突出制约因素。因为农业资金投入计划性强，随着农业的增幅波动，影响扩大再生产，对农业发展的不稳定问题的解决助益有限。农业投资主体和投资渠道的多样化，财政资金用于农业支出的比重自然下降，也影响到农用工业的发展。而农业的比较利益低，成本又越来越高，农户对农业投资的热情受到打击，自然而然地寻求非生产性建设和非农业投入。进而，又因为农业生产直接受到自然界的限制，风险系数高，投资回收期长，农业贷款利息低，受利益驱动，农村金融组织就会把投入农业的信贷资金转向非农产业。正因为如此，就完全凸显出了资本农业这一农业经济制度创新的价值所在。

结合海南的实证予以理论推演,它在实施中必然产生一系列连锁效应,使之城乡互补,为海南的热带高效农业的更大发展提供更现实的条件:(1)大量补充农业资金缺口,大大增加对农村、农业的资金投入,促进农业技术升级、品种改良,兴建农业水利设施,顺利进行扩大再生产。(2)有助于解决大量农民无工可干,"望天收",种地赔钱之后涌向城市的现象(同时可能会吸纳少量失业工人),从而变劳动力多的包袱为劳动力财富,减轻城市负荷。(3)加快农村落后地区尽快脱贫致富,缩小农村贫富地区之间的差别,促进少数民族地区更快地走向大社会,走向现代生活,有利于民族团结和共同富裕。(4)由于资本农业的实施过程往往采取的是股份合作制形式,以企业现代管理形式操作,以资金为纽带,同时还带来知识、技术和管理技能,可提高所招聘的农民劳动力的素质。(5)有利于加强农产品对外部市场的衔接,融通市场,添加农产品流通的渠道。"一人投资,全家关心,邻里相闻",容易形成较大的社会关注,进而促进农村经济网络化的形成。(6)由于把直接的利益关系引向农业、农村,使投资多元化,在利益互动之中使城市社会的闲散资金投向农业,减少货币资源的浪费。(7)资本农业的产品将主要作为市场流通产品,投资人期望通过市场谋取更大的利益回报,所以由于竞争规律使然,将不断提高农产品产量和质量,讲究科学耕作,推广生物技术,即以海南而言,会更充分地发挥其农产品的"季节差、名优特、无公害"的多重优势。(8)提高复种指数,增加播种面积,并推动由单一粮食结构向多种经营的转化和农业集约化水平的提高,加速农业的经济结构调整。(9)伴随农业生产结构、多种经营的发展,农业资金运作的季节差异性的缩小,资本农业正好适应了资金的常年性的需求。(10)扩大农产品的出口创汇,农副产品出口是对外贸易的组成部分。在海南建省之初,则占外贸商品出口总额的74%左右,今后工业产品出口将大幅度上升,但农产品出口仍然会占据重要位置。(11)资金量的增加,加速农业现代化发展速度,也会促进农村生态环境的保护,更增添第三产业譬如旅游业的资源(如观光农业),使农耕文化再上台阶。(12)密切城乡关系,资本农业实施的地方,将加强中、小城镇扩张,多建道路、学校、卫生院(所),容易形成具有城市特点的新农村,淡化城乡二元经济结构。(13)资源互换,增加农民收入,符合党和国家的富民政策。在租、借农民土地进行农业生产的地方,除了租、借本身要支付资金外,其耕种、收割、施肥、修剪、养殖、运输等,都需要长期工和临时工,这些都可使农民获得现金性报酬。

三、海南资本农业实践中存在的问题和解决办法

(一)公司开发中的破坏土地权属和进行非农开发。根据我国宪法和有关法律,农村土地所有权属于农民集体,任何单位和个人不得侵占、买卖或者以其他形式非法转让土地,但土地使用权可以依照法律规定转让。现在的农村家庭承包责任制,就是在继续承认和保护集体对土地使用权的前提下,将土地使用权交付农民个体。无论国家、集体的土地所有权都不得进行市场买卖,或私相授受或征用,但对其使用权可以在履行相应手续的条件下进行转让、出让、出租、承包,否则即是违法。例如,某开发商与土地所在地村委会签订数千亩土地承包合同,但所"承包"的土地,是几十年从未耕种过的荒山荒地。这样就产生了几个问题:一是按照有关土地法规,此种荒山荒地应当属于国家而非集体,村委会无权发包。二是越权审批。按照海南土地管理条例,集体所有土地出让或出租用于农业生产的,市县政府审批权限在33公顷以下。上述数千亩的土地(假设由于某种历史原因已确权给集体),市县也无权批准。此外,有的公司在开发的宣传及合同中约定,还有给投资人一定的面积建造住宅、别墅的条款,而土地管理法明确规定,农民集体所有的土地的使用不得出让、转让或者出租用于非农业建设,承包的集体土地"不得改变土地的集体所有和农业用途",如果非本村农民建筑住宅,应当履行相应法律手续。所以,这种承诺无论其真假,均属违反法律、法规的无效合同。

(二)庄园开发中利用土地非法集资及经营资金使用欺诈。农村开发用地必须依法进行土地登记,明确规划要求和转让、转租的限定条件,未经批准不得擅自进行分割转让、转租。通过出让方式取得的国有土地使用权或以拍卖方式取得的集体所有的未利用的土地使用权,在缴清全部土地价款、完成前期开发后,方可依法转让、出租抵押;以租赁或承包等其他方式取得的土地使用权,未经原出租或发包方同意,不得转让、出租、抵押或转包、分包。还有一种情形,就是投资者与开发商关系不明确,合同条款模糊,投资者缺乏对开发商的约束手段,投资者没有法律上的安全保障。譬如,在资金的使用方面,有

的开发商任意提高工程造价和生产成本,中饱私囊。还有的不是将募集到的资金用到农业开发,而是用于购买与生产无关的高价消费品,大肆挥霍。造成前期费用过大,后期资金不足,资金账外流失严重,使投资者难以取得预期的回报。其次,有些开发企业和个人存在短期行为,表现在:一是土地使用缺乏严格规划,没有做到使用和整治、保护相结合。无论传统农业、现代农业,都有一个对土地本身利用的问题。土地之本破坏了,现代农业也难以持续。资本农业的实施过程,是农业、农民进入市场的过程,是农村土地进入市场的过程,农业经济进入现代化市场体系的过程。在投资主体的多元化的情况下,更需要爱护土地。要注意荒山荒坡的整治,采用先进的技术,合理利用"宜农则农,宜热作则热作,宜林则林"。二是部分农产品质量时有下降,海南农村水果和冬季瓜菜适应省内城镇和内地居民需要,有些人为抢市场时间和市场价格而不择手段,甚至注射药剂催熟,一再损害消费者利益,影响海南的市场信誉和形象。

对以上现象应当进行认真的调查了解,一边清理,一边完善规则,一边加强政府部门的监管,既不能因为违法乱纪的行为出现,在依照法律予以制止和惩罚之后,即以一纸行文否定资本农业这一创新制度本身,更不能因为眼前的局部利益而对于操作上的短期行为放任自流。同时,政府部门还要注意正确引导资本农业的项目投向,使之更好地符合海南实际,充分利用综合优势。除了农林牧之外,海南的海洋渔业是其农业经济的增长点之一。海南年捕捞量可达200万吨以上,海岸线长,沿海天然港湾多,滩涂面积很广,宜发展高位池养虾的工厂化养殖的海岸带土地很多,此外西、中、南沙群岛更有辽阔的海域适宜贝、藻类养殖。水养殖业投资不大,产出高,回收快,便于管理。有关部门应注意宣传、引导,使投资人不仅看到海南的土地产出(或局限于土地上附带的水塘养殖),还要看到海南的海洋产出。曾有报道说,某省尝试把邻近海滩租让给私人使用,这种做法海南完全可以依照试行。

我国城乡基本公共服务均等化的
制度安排与创新*

  在党的十七大开幕式上,胡锦涛指出,中国"必须注重实现基本公共服务均等化","建立覆盖城乡居民的社会保障体系","建设覆盖城乡居民的公共卫生服务体系、医疗服务体系、医疗保障体系、药品供应保障体系","加强农村基础设施建设"。2008 年 2 月,中共中央政治局进行第四次集体学习,胡锦涛再次强调:建设服务型政府,是坚持党的全心全意为人民服务宗旨的根本要求,是深入贯彻落实科学发展观、构建社会主义和谐社会的必然要求,也是加快行政管理体制改革、加强政府自身建设的重要任务。要在经济发展的基础上,不断扩大公共服务,逐步形成惠及全民、公平公正、水平适度、可持续发展的公共服务体系,切实提高为经济社会发展服务、为人民服务的能力和水平,更好地推动科学发展、促进社会和谐,更好地实现发展为了人民、发展依靠人民、发展成果由人民共享。因此,研究我国城乡基本公共服务均等化的制度安排与创新问题,具有很强的理论与实践意义。

一、城乡基本公共服务均等化进程中的中央与地方关系的制度完善方向

  (一) 体现转型期法治状态下中央权威

  这里所指转型期,是指在已经摈弃高度统制的计划经济,确立社会主义市

---

  * 本文为国家软科学基金项目、海南大学"211"工程重点学科建设项目成果,安应民主编:《构建均衡发展机制——我国城乡基本公共服务均等化研究》,中国经济出版社 2011 年版。

场经济体制的条件下,实现民主法治治理的改革开放的新的历史时期。由此,它必然体现一种新的制度规范创新,包括中央与地方关系的制度规范创新,而这一中央与地方关系的制度规范创新的表现之一,即是重新树立与维护法治状态下的中央权威。

中央政府是国家的代表和象征,拥有国家政治权力中最高、最后和最普遍的权力——国家主权。从而中央(政府)也就获得了一个国家中法律和政治的最高权威;从执政党方面说,一个在全国具有执政地位的政党,其中央机构及其人员掌控中央政府,成为国家政治权力的核心,也就拥有向所有社会成员传播和灌输其价值和信仰的合法的特殊的权力,成为创制治国理念和国家大政方针、进行政治动员和组织实施的中枢。因此,作为执政党的最高领导机构的中共中央,同时就具备一个国家中政治理念、价值和政策决定与运行的最高权威。在此情况下,执政党中央与中央政府的结合从法理、制度、机构、理念乃至人员构成了最高政治权力的全部架构。所谓中央权威,就是指一个国家中由中央政府和执政党中央机构代表的所有社会成员都必须信从的最高政治力量和威望,由法律的、制度的、机构的、人员的、政策的、理念的权威等层次构成。中央权威的最大特征,首先在于它是一个国家中最高的政治权威,这是国家主权赋予的并有国家根本法——宪法作保障的,其他任何政治的及其他权威都不能向它挑战而必须服从于它。其次,中央权威也具有唯一性。最高实际也就说明它是唯一的,换句话说,一个国家只能有一个中央权威,这也是现代民族国家的一个重要特征。再次中央权威还具有统合性。中央权威在一个国家的领土内的普遍有效性,使得其他层级的政治权威不仅在不同程度上来源于它,而且必须受制于它。从而,中央权威也就具有了统合性。最后,从纵向发展的角度来看,任何权威都不是绝对的和永恒的,都具有相对性、时空局限性和阶段性。也就是说,一个国家中央权威的状况在一定时期虽有某种连续性,但却又是随这个国家中央政府的更迭、中央领导集体的换代以及主要领导人的变更而呈现出明显的阶段性,需要重新确立和维护的。

转型期的中国的中央权威主要现在两个方面。首先,中央制定和颁布的法律、制度、政策和政令的权威;其次,中央党政领导机构及其成员的权威。我国是单一制国家,中央政府代表了国家的所有主权,除了宪法规定的公民基本权利的限制之外具有无限权力;地方政府只是中央政府的分支,有义务服从中央的命令,中央政府可以随时通过法律或命令超越并取消地方规定。同时,我国又是一个统一的多民族国家,维护国家的繁荣稳定和长治久安需要中央权威和政令畅通,同时,由于各地区情况千差万别,中央政策不可能兼顾所有地方的具体情况,贯彻落实中央精神不可能千篇一律、整齐划一,如何统筹处理好执行党的路线方针政策同因地制宜地开展工作的关系,在充分发挥地方积极性的同时维护好中央权威,在维护和发展好全局利益的前提下实现和发展好局部利益,始终是各级领导班子和领导干部面临的一个重要问题。

能否处理好中央与地方关系,事关国家长治久安。地方是基本公共服务的主要提供者,应明确其职责,发挥其优势,保护和调动其积极性和主动性。同时,也必须强调中央权威,保证国务院统一领导全国地方各级国家行政机关的工作。在财政管理体制上,必须保持中央对国家财力的相当程度的集中,保持中央强大的宏观调控能力,以保证国家法制统一、政令统一和市场统一。有些基本公共服务,如保证国家经济安全需要的粮食储备、石油储备以及医药储备和救灾物资储备等,由中央来做具有明显优势。坚持维护中央权威,又注意调动地方积极性,使二者有机统一,是健全中央和地方财力与事权相匹配体制必须坚持的一个基本原则。

(二)体现市场经济条件下的利益均衡

利益关系是行为主体之间最基本的社会、经济、政治、文化等关系。不同的行为主体即利益主体间的利益差异及诸主体对这种差异的追求是利益关系演变的动力所在,因而利益关系总表现为经常调整与变动的现实关系。中央与地方的利益关系构成中央与地方关系的核心内容,它的变化不仅仅只表现为财政体制的转换,还综合表现为税收、计划、投资、金融等其他宏观管理体制的变革。社会主义市场经济体制的建立推动利益多元化格局的形成,作为利益主体的中央政府和地方政府之间的利益关系在多元化利益格局中占据十分重要的地位,它直接关系到政府与企业、政府与社会、企业与市场等诸多复杂关系的走向。以政策调整为主要内容的体制变革促使中央与地方利益关系的重大变动,然而,政策调整所产生的制度性缺陷也日益明显,导致中央与地方关系及其他诸多关系的紊乱。

在转型时期,中央与地方关系先后持续性地进行了以放权让利为内容和以适应市场经济为目标的调整。经过调整与发展,一方面,地方政府经济权力扩大,地方自主性和经济实力增强;另一方面,中央经济能力下降,中央权威也有所削弱。这种此消彼长的发展,正在改变中央与地方的经济政治对比格局,中央与地方实力向均衡化发展。与此同时,中央与地方之外的社会权力迅速崛起,对中央与地方关系产生重要影响。当前存在的主要问题是中央能力下降,地方权力利益膨胀,中央与地方冲突明显。其原因是多方面的,有中央与地方权限分配缺乏制度规范,中央与地方的条块关系不顺,政府利益的异化,监督制约机制不健全等。构建中国中央与地方关系,应当坚持:维护中央权威,地方适度分权,责任与权力相匹配;与市场经济和公民社会相适应,法治和民主。也就是说,中央与地方关系模式应该是中央集权与地方自治相结合。它充分发挥中央与地方两个积极性,实行中央集权和地方分权,同时它又结合了中国自下而上的民主改革。所以它又是中央集权、地方分权和民主政治三者合一的结构模式。核心要对中央与地方进行权限划分和监督控制协调。中央与地方构建路径有这样几个方面:第一,在行政体制上进行改革,转变政府职能、建立有限和有效政府、弱化条,强化块,实行分权化改革;减少政府层次,而市县并立是可行选择之一。第二,在财政上实行财政联邦制;合理划分中央与地方政府的收入与支出;建立均等化的转移支付制度,使各级财政能力和财政支出达到平衡;并通过预算改革使财政制度化、民主化和科学化。第三,创新地方政府制度:推动行政改革和民主改革,强化地方政府自我约束,逐步实现地方自治。

理顺政府间的收支关系。做到这一点,取决于中央与地方的统筹兼顾,这就要求建立公共财政体系。实行公共财政的目的是将政府的主要职责调整到为市场经济主体提供公共服务上来,以基本公共服务均等化的实现为目标,这是由公共财政的公共属性决定的。在财政制度设计上更加注重社会公平,为了建立公共财政体系,理顺政府间的收支关系,需要做如下工作:首先,理顺中央与地方政府之间财力与事权相匹配的关系,明确各级政府在提供义务教育、公共服务、社会保障和生态环境上的职能和权限,体现财力向公共服务倾斜、向农村倾斜、向西部倾斜,切实增强乡镇政府履行职责和提供公共服务的能力。其次,建立和健全转移支付制度。转移支付制度在大国治理中扮演着重要的角色,它是中央调控地方、政府调控市场的重要手段,为此,可以建立专门的部门,在对地方政府进行充分调研的基础上,尊重国家战略和考虑地方实情,进行制度化的有针对性的转移支付,做到转移支付的制度化、科学化和民主化。再次,完善预算管理体制。在预算管理体制改革的进程中,应根据事权所确定的支出责任合理界定中央与各级财政的支出需求,调整各级政府的财权和事权划分,在现有宪法框架内逐步调整行政层级和财政层级。公共财政体系的建立服务于构建社会主义和谐社会这一时代目标,社会和谐的重要条件之一是府际和谐,因此,建立公共财政体系,理顺政府间的收支关系是中央与地方关系探索中的重要课题。

(三) 体现法治状态下的适当协商精神

一般地讲,中央的利益代表整体利益、全局利益和国家利益。同时,地方利益是客观存在的,其中有不合理的成分,但也有合理的部分,对于合理的地方利益我们必须正视。为此,就必须建立一种制度化的利益表达机制使地方利益能够得到合理有效的表达,从而改变以往由于种种原因引起的利益表达不畅,或者是利益表达不能够得到中央政府平等对待的状况。因为如果没有正常的利益表达渠道,地方就会通过非正常渠道进行利益表达。非正常渠道的利益表达往往会带来暗箱操作、地方向中央个别部门寻租以及地方与地方之间的不公平竞争等一系列负面效应。为克服这些负面效应,使得地方利益能够得到及时、有效的表达和反馈以促进中央决策的科学化与民主化,就必须建立科学合理的地方利益表达与平衡机制。此外,随着地方政府独立性与自主权的不断扩大,地方利益日益凸显。中央与地方的关系也发生重大转变,即由过去的以行政组织为主要基础的行政服从关系,转向以相对经济实体为基础的对策博弈关系。中央与地方关系所发生的这种重要变化客观上也需要建立地方利益的表达和平衡机制,以正式的渠道、合法的手段扩大地方参与中央决策的机会,进而提高中央决策的科学化与民主化水平,增强中央政策的合法化程度。

如何设计一个科学合理的地方利益平衡与表达机制有待于进一步探索,但有些方面是十分明确的。首先,平等参与是建立地方利益表达和平衡机制的重要原则,即不管大省小省、穷省富省,在中央决策过程中具有平等的表达权和参与权。胡鞍钢就曾经提出,可借鉴美国参议院的方式,在全国人民代表大会常务委员会中设置财经委员会,其成员来自省级政府,每个省级政府只有一名代表,加上中央代表,专职决策中央资源分配方案,或者由国务院拟订的国家财政预算和投资计划方案必须由该机构通过和批准。其次,一个科学合理的地方利益平衡与表达机制应当不仅有助于中央决策的民主化与科学化,加强权力的纵向制衡,也应当有助于地方领导人了解全国情况,增加相互之间的合作。

二、城乡基本公共服务均等化过程中的宪法义务与政府新的角色定位

(一) 实现城乡服务均等化,政府应当履行的宪法义务

所谓基本公共服务均等化,主要是指政府为社会公众提供基本的、与经济社会发展相适应、最终大致均等的公共产品和公共服务,让广大人民群众在教育、卫生、就业、文化、社会保障和公共安全等方面共享改革发展成果。我国《宪法》第四十二条、第四十三条、第四十四条、第四十五条和第四十六条分别规定了国家要保障公民劳动就业、休息、退休、社保、教育等公民基本权利。这在实质上构成了我们进行基本公共服务均等化立法依据。

2004 年我国现行宪法第四次修正案规定,"国家尊重和保障人权",从宪法层面为人权保障提供了明确、有力的制定法依据。正如有学者所言,人权入宪很可能会大大提升中国宪法乃至整个法律体系的时代性、文明程度和在当今世界的受尊重程度。市场机制在增进效率的同时也使得社会成员享有社会发展成果的差距扩大。个人的全面发展需要国家的帮助,国家也负有帮助使公民自由发展的基本义务。而且国家也有能力,它拥有公共资源,可以通过提供公共服务来满足人们的基本需求。现在,我国改革开放不断深入,各项事业发展迅速,经济总量已有很大提高,人民生活不断改善,实现人权的物质基础也不断增强。但社会两极分化趋势明显;城乡、区域、经济社会发展仍然不平衡;劳动就业、社会保障、收入分配、教育卫生、居民住房、安全生产、司法和社会治安等方面关系群众切身利益的问题仍然较多,部分低收入群众生活比较困难。这部分人的人权保障问题成为社会关注的焦点。他们处在自由与发展受阻的现实困境中。正是考虑到这部分群众的困难和国家经济实力的不断增强,党和政府提出并实施了一系列基本公共服务均等化的重大决策。例如,加大国家对欠发达地区的支持力度,加快革命老区、民族地区、边疆地区和贫困地区经济社会发展,为这些地区人们的人权保障提供了坚实的物质基础。在农村全面实行免费的义务教育,对特困家庭学生提供补助,从而将公民的受教

育权落到实处。对下岗职工进行免费再就业培训,广开就业门路,等等,切实维护和保障劳动者的劳动权等各项权利。党的十七大报告进一步提出,"加快发展社会事业,全面改善人民生活。覆盖城乡居民的社会保障体系基本建立,人人享有基本生活保障"。这将为全体公民生存权的保护建立具体的可操作性的制度保障,奠定坚实的物质基础,解除人们的后顾之忧。

(二) 政府在实施城乡基本公共服务均等化过程中的使命与角色

1. 确定指导思想、制定基本政策和制定规划

随着社会的不断发展,基本公共服务均等化会提出不同的指标与要求,其实现过程是一个动态发展的过程。它是在既有的历史条件下作出的一种施政导向,要求政府维护公众利益关系和谐共生,促进社会公平与正义。政府必须通过处理效率与公平关系的公正途径去实现基本公共服务均等化,公正途径意味着政府从公正的基本原则和理念出发进行职能定位,正确处理政府与市场、社会的关系。这具体表现为:在提高效率方面,要调整和优化政府职能结构,以完善基本公共服务体系;构建新型公共财政体制,以提高基本公共服务的供给能力与水平;有效聚合社会资金,实现政府与社会共同承担公共服务的提供。在实现公平方面,政府必须重视全体公众的基本公共需求,在服务职能的基础上进行角色定位,承担除旧布新的责任,促进社会合作的生成。公共服务是现代市场经济对政府职能的本质界定,也是中国经济社会转型对政府职能转变的基本要求。在城乡基本公共服务均等化的背景下,实现政府职能向创造良好发展环境、提供优质公共服务、维护社会公平正义转变,为农民创造与城市居民平等的发展条件。

2. 转变职能、构建服务型政府

建设服务型地方政府。服务型政府也就是为人民大众服务的政府,它是在公民本位、社会本位的理念指导下,在整个社会民主秩序的框架中,把政府定位于服务者的角色,并通过法定程序,按照公民意志组建起来的,以"为人民服务"为宗旨,以公正执法为标志,并承担着相应责任的政府。服务型政府的基本特征是:第一,来自于人民授权并向人民负责;第二,依法行政;第三,为全社会提供公共产品和服务;第四,合理分权。在服务型社会治理模式中,政府与社会的关系,是建立在服务与合作基础上的,这种关系既不排斥政治关系和法律关系,也包括良好和谐的伦理关系,其本质是"德治"。服务型政府强

调公民是社会的主人,政府的责任是为整个经济社会提供统一规则,以及科学有序的发展战略和发展规划。在这个规划和战略的框架下,由社会各种组织、社会公民采取协调一致的行动,去追求大家共同的公共利益和社会目标。以人为本,一切为了人,一切依靠人,一切为了人的全面发展,除了要紧紧把住发展这个第一要务以外,还应当更多地在教育、卫生、文化、体育、医疗、安全、社会基础设施等方面,更多地为全体民众提供优质的政府服务,使全体民众更好地分享发展利益。①

3. 实现治理方式的转变

改变过去由政府单方面行使权力、提供服务、维持管制、解决社会问题的传统方式,致力于政府与市场、政府与社会、政府与企业、政府与公民之间互动状态的构建和实现。当前,尤其是要把建立和完善社会组织,提高社会自我管理能力作为改革的重要内容。当前我国属于第三产业的经济师、律师、经济人机构,以行业协会、同业工会为主的行业性经济组织、城镇居民自治组织虽已初步建立,但还很不健全,独立性很差,自我管理、自我服务的意识也十分淡薄。如果政府在分解权力、转变职能、撤并机构的同时,不重视市场机制的完善、社会组织的建设和能力培养,一大批由政府剥离出去的职能就可能会因无组织承担而落空。

具体来说,政府作为提供者应该承担的主要任务包括以下几个方面。

第一,根据现有国家基本政策,进一步建章立制提供公共服务。为此政府要提供多样化的制度安排以方便公民表达公共服务需求,比如投票、公共论坛、公民直接向政府官员表达其需求偏好等,通过这些渠道政府了解哪些公共服务是其辖区内大多数公民急需的,这大多数公民所共同需要的公共服务就会进入政府的公共服务提供议程。

第二,从实际出发,为所提供的公共服务制订详细计划。即政府要确定公共服务的质量和数量、提供服务所需要的财政支持以及如何筹措等。政府在进行这些安排时,也要充分听取公民的意见,以确保公民愿意为某一公共服务支付税费,并且使每个公民所支付的费用比例基本上和其所享受到的服务比

---

① 沈德理:《服务型政府建设三十年》,载沈德理主编:《特区服务型政府建设公共政策创新研究》,人民出版社 2009 年版。

例相当,否则,政府所提供的公共服务就可能得不到公民的支持。

第三,明确规定并执行公共服务的权利对象与权利限度。即哪些人可以享受某一公共服务,哪些人则被排除在外。不同的公共服务可能涉及不同的消费边界,重要的是要坚持财政平衡原则,即个人所负税费和收益必须匹配,当外部性发生时,应根据财政平衡原则建立合理的财政转移支付制度。

第四,确定某种公共服务与之对应的实施方式。即政府要根据收益成本分析确定某一公共服务的具体生产者,方式可以是公开招标,或由专门的评估机构进行成本效益评估,政府应该秉持效率原则选择那些成本和效益比例最为适当的生产者来承担生产任务。

第五,对公共服务的运行效果进行监督和评估。政府要对生产者的生产过程进行监督和评估,如果生产者不能按政府要求履行任务,政府可以根据事前的约定,终止合约并追究生产者相应的责任或寻求司法途径解决问题;同时,政府还要对生产的结果即产品质量进行评估,以保证生产者生产的公共服务能满足公民的服务需求。

(三) 实行中央和地方财力与事权相匹配的体制变革

1. 建立对社会透明的公共财政制度

透明性公共财政是政府有效提供公共服务的经济基础,也是提升公民可行能力的经济保障,公共服务的范围随政府的能力大小而定,一般应该包括基础设施建设、福利制度、公共交通、公共医疗、公共教育和公共卫生等。这些公共服务的提供是政府调控社会群体之间收入差距,防止两极分化的有效的制度性手段。政府信息披露出去以后,有律师向财政部和国家发改委要求公布数据,对结果进行公布。

公共财政改革和建设已经取得巨大成绩。一是公共财政的理念逐步深入人心。从1998年提出建立公共财政框架,到2003年党的十六届三中全会要求"健全公共财政体制",再到党的十七大提出"完善公共财政体系",建立和完善公共财政成为党、政府和广大人民的共识。二是公共财政的目标更加清晰。这一目标就是要提供公共产品来满足人民的需求并逐步使其均等化,同时使财政体制更加公平、公开、透明。三是财政支出的公共性更加突出。财政资金用于竞争性领域的越来越少,用于提供公共服务和公益事业的越来越多。四是更加注重发挥财税的杠杆作用促进科学发展。一般不再采用直接投资的方式,而是更多采用财税政策创造公平的市场环境,促进经济发展方式转变。五是转移支付的规模加大、结构优化,均等化的效果初步显现。六是开始实施复式预算。中央财政开始试编国有资本经营预算,朝着建立包括经常性预算、国有资本经营预算和社会保障预算的复式预算方向迈进。这些成绩的取得,为深化公共财政体制改革提供了坚实基础。

透明性公共财政,在这里是指,第一,对税收公开,税收之后在公共服务领域,政府提供怎样的公共服务? 如何使用这些服务? 第二,要对公共财政预算实行社会公开。预算是政府运作的血液,控制预算就是制约政府的最有效手段。在西方国家,议会对政府制约的主要机制是控制预算。我国人大完全有责任承担这种监督的义务。政府从企业和民间提取经济资源,这为有效的公共财政制度所必需,但这个过程必须透明化,否则腐败在所难免。在一些地方,由于地方政府向社会提取经济资源的方式不当,经常导致政府与社会之间的关系处于紧张状态。

2. 中央和地方财力与事权相匹配的体制完善

第一,以法律的形式实现中央与地方的合理分权。财力与事权不匹配已成为完善公共财政体系的主要问题,健全中央和地方财力与事权相匹配的体制成为深化公共财政体制改革的关键环节。地方政府改革的成败,从根本上说,取决于中央与地方关系的重新组合。从我国的实践来看,现行的中央与地方关系模式下的地方制度已无法满足经济、社会发展的需要,迫切需要创新,其主要目标就是实行法律分权制。赋予地方自治的法律地位,依法明确划分中央与地方的职责权限,实现中央与地方权限划分及其运行机制的法定化、制度化和程序化。首先,依法明确规定中央与地方的职责权限,包括中央政府的专有权,地方政府的专有权,中央政府与地方政府的共有权,以及禁止中央政府与地方政府行使的权力,使中央与地方的权限划分有法可依。其次,在中央与地方合理分权体制下,集权和分权都是有限度的。中央集权的上限是,不能导致国家领导人的个人过分集权和专断,不能导致某一国家机关或组织的过分集权和专断;下限是,不得侵犯和剥夺地方自主权,不得侵犯和剥夺企事业、社会团体的合法权益,不得侵犯和剥夺公民的合法权益。地方分权的上限是,在政治上,不得危及国家的统一、主权和领土完整,不得损害国家统一的政治、法律制度,不得损害中央的合法权威;在经济上,不得妨碍社会主义市场经济体系的建立、形成和发展。下限是,不得侵犯和剥夺公民的合法权益,不得侵犯和剥夺企事业、社会团体、社会中介组织的合法权益。再次,纵向分权与横向分权要有机结合。合理划分中央与地方权力只涉及权力的纵向配置,但如果没有横向合理分权,即党同政府、经济组织、社会团体等分权,纵向合理分权也是不能长久的,甚至会导致滥用权力、以权谋私。因此,要使中央与地方的权限划分科学合理,运行有效,就必须处理好横向分权与纵向分权的关系,并使二者结合起来。

第二,改革地方行政区划体制,实行地方制度创新。我国的地方行政区划肇始于古代,是与高度中央集权体制并行不悖的。在改革开放的今天,不仅不适应地方分权化改革的发展方向,而且也阻碍了统一的社会主义市场经济体系的形成,必须进行改革。改革的方向是,首先,根据中国经济、政治和社会发展的需要,从中国地理环境相对同质性出发,重新划分省级行政区域,缩小省级区划,增加省级区划单位。这样既可以减少官僚层次,又可以适当扩大中央政府和省级政府的管理幅度,使政府结构与现代化建设和信息社会的发展要求相适应。其次,减少地方行政区划层次,统一地方行政层级。与缩小省区、增加省数区划体制改革相配套,根据行政管理幅度和省级区划改革要求,结合我国地理环境的特点,我国省级以下地方行政区划采取省、县(市)、乡(镇)三级制为宜。具体方法是,撤销地级区划建制,实行省直辖县(市)体制;改革市管县体制,实行市县分置,探索和创新城镇管理模式,健全社区服务功能,建设管理有序、文明祥和的新型社区。根据国土面积、人口、经济总量适当合并和减少县乡行政单位数额,不仅可以从量上减少行政人员,而且还可以相对集中地开发当地资源,促进地域经济和社会的协调发展。再次,实行地方和基层自治的制度创新。地方自治源于西方社会的历史文化,有着悠久的历史传统,它最初主要是指城市自治。现代国家的地方自治是指"国家特定区域内的人民,基于国家授权或依据国家法令,在国家监督之下,自组法人团体,以地方之人及地方之财,自行处理该区域内公共事务的一种政治制度。"新中国成立后,我国在较大范围内实现了地方自治,在少数民族聚居地区实行民族区域自治;在农村基层实行村民自治;1997 年以后在香港和澳门特别行政区实行高度自治。但总体来看,发展还很不平衡,在大多数乡(镇)、县(市)没有实现直接选举和竞争选举,这是导致地方"面子工程""政绩工程"的主要原因。所以,政府体制创新的目标,首先,要适应世界潮流赋予地方政府和基层政府在地方事权范围内相对自主的权力,地方政府的自主权力由宪法或地方政府法授予,地方事权范围一般要有明确的列举,建议创立《地方自治法》以规范地方政府行为。其次,完善选举制度,将竞争机制引入选举之中,使地方各级政府能够真正置于选民的监督之下,为本地区社会经济发展掌好权、用好权。

第三,实现基本公共服务均等化的体制保障。要认真解决这样一些现实问题:一是职责不清。中央和地方各级政府基本公共服务的重点职责不够清晰,往往一件事中央和地方都有责任,但各级政府应当支出多少并不落实,致使一些公共服务不到位。二是基层政府没有相应的财力保障。基层政府缺乏主体税种,目前许多地方特别是中西部地区的县级财政依然十分困难,转移支付已成为地方特别是基层财力的重要来源。这一方面致使提供公共服务的效率有所下降;另一方面导致县级财政预算不完整。尽管转移支付对缩小地区财力差距发挥了重要作用,但存在着不规范、层次太多而难以有效监督等问题,迫切需要改革和完善。

健全中央和地方财力与事权相匹配体制的目标任务基本目标是为推进基本公共服务均等化提供体制保障。党的十七大报告明确指出,完善公共财政体系,要"围绕推进基本公共服务均等化和主体功能区建设"。我国公共财政体系的目标是实现基本公共服务均等化。这个决策既符合我国实际,也借鉴了国际上的经验教训。政府提供公共服务的水平,归根结底取决于国家经济发展水平。超越阶段和发展水平盲目提高公共服务水平,只会欲速则不达。我国仍处于社会主义初级阶段,保障和改善民生任重而道远。应立足于"基本",扎扎实实地先把基本公共服务做好。根据这个目标,健全中央和地方财力与事权相匹配的体制,基本方向就是确定各级政府基本公共服务的职责重点,并相应保障财力。

三、公共服务均等化进程中的城乡收入分配与供给制度创新

(一) 收入分配、就业再就业、义务教育改革

1. 深化分配制度改革,加快建立合理有序的收入分配体系

经济社会发展和改革开放的成就,不仅体现在经济总量的增长上,还要体

现在经济发展的质量和效益上,以及社会财富的公平分配上,要建立一个大家都有幸福感和满意度的和谐社会,人人能享受充分的政治自由和民主,人权和私人产权得到充分保护,社会真正进入一个民主、和谐、幸福、法治的发展阶段。这应该是 21 世纪中叶实现的目标。

我们现在的问题是,在国民收入初次分配中,资本所得偏多、劳动所得偏少,是目前我国收入分配结构不合理中最突出的问题。低收入人群最主要的收入来源是工资所得,要增加他们的收入,就要在努力增加就业的同时,进一步提高劳动报酬在初次分配中的比重。而要提高劳动报酬在初次分配中的比重,关键是要提高农民工收入,因为这个群体已经成为中国产业工人的主体。

目前我国经济发展态势趋好,物价上涨不大、就业压力与以往变化不大,可以坚持持续性地提高最低工资标准。各类企业低收入工薪劳动者增加工资收入主要是依靠政府适时适度提高最低工资标准和建立职工工资正常增长机制来实现。要对劳动密集型中小企业建立职工工资正常增长制度给予税收减免优惠,鼓励和引导这些企业给员工加工资。在企业员工工资增长的同时,事业单位逐步实施绩效工资,还可以通过建立边远地区、艰苦地区津贴,特殊岗位津贴等对这些地区公务员特别是基层公务员合理增加一些工资。

合理的收入分配制度是社会公平的重要体现。党的十四大第一次明确提出要"兼顾效率与公平";党的十五大明确提出要坚持效率优先、兼顾公平;党的十六大提出初次分配注重效率,再分配注重公平;党的十六届五中全会提出要"注重社会公平,特别要关注就业机会和分配过程的公平"。党的十七大进一步提出"初次分配和再分配都要处理好效率和公平的关系,再分配更加注重公平",这一论述,增强了解决收入分配领域矛盾和问题的针对性,是从实际出发对效率和公平关系认识的不断深化和完善,也为我们完善社会主义分配制度确立了基本的原则。我们要继续坚持和完善按劳分配为主体、多种分配方式并存的分配制度,健全劳动、资本、技术、管理等生产要素按贡献参与分配的制度;逐步提高居民收入在国民收入分配中的比重,提高劳动报酬在初次分配中的比重;创造条件让更多群众拥有财产性收入;扩大转移支付,强化税收调节,打破经营垄断,创造机会公平,整顿分配秩序,逐步扭转收入分配差距扩大趋势。总的来说,目前的重点是在这样几个方面,一要抓紧制定调整国民收入分配格局的政策措施,逐步提高居民收入在国民收入分配中的比重,提高劳动报酬在初次分配中的比重。加大财政、税收在收入初次分配和再分配中的调节作用。创造条件让更多群众拥有财产性收入。二要深化垄断行业收入分配制度改革。完善对垄断行业工资总额和工资水平的双重调控政策。严格规范国有企业,金融机构经营管理人员特别是高管的收入,完善监管办法。三要进一步规范收入分配秩序。坚决打击取缔非法收入,规范灰色收入,逐步形成公开透明,公正合理的收入分配秩序,坚决扭转收入差距扩大的趋势。同时,要提高劳动报酬在初次分配中的比重,关键是要提高农民工收入,因为这个群体已经成为中国产业工人的主体。

还有一个问题就是,要确保进城农民工的工资收入。劳动和社会保障部、建设部曾经联合下发通知,规定:用人单位必须以法定货币形式按时足额支付劳动者工资,不得以任何名目拖欠和克扣。各级劳动保障部门和建设行政主管部门将定期对建筑行业企业工资支付情况进行监督检查。对查出拖欠和克扣工资的建筑业企业,将责令其及时补发工资;不能立即补发的,制订清欠计划,限期补发。对恶意拖欠、克扣工资的企业,严格按国家有关规定进行处罚,并向社会公布有关企业名单。涉及犯罪的将及时移交司法机关依法严肃处理。

2. 转变发展思路,全方位促进城乡就业

就业是民生之本。胡锦涛在党的十七大报告中提出"实施扩大就业,促进以创业带动就业",是党和政府解决我国就业问题的重要思路。对于就业问题,我们在取得巨大的成就的同时,也面临着严峻的挑战。一是劳动力供求总量矛盾突出,就业压力大。到 2010 年,全国劳动力总量将达到 8.3 亿,城镇新增劳动力供给 5000 万人,而劳动力就业需求岗位只能新增 4000 万个,劳动力供求缺口在 1000 万人左右。二是劳动力素质与就业岗位需求不相适应而产生的劳动力结构性矛盾突出。一些传统行业出现大批下岗失业人员,而一些新兴的产业、行业需要的高技能劳动者却供不应求,直接影响经济发展。三是人力资源市场不规范。一些非法的职业中介活动,侵害求职者的合法权益。四是一些用人单位在招工中存在对妇女、残疾人、农村劳动者以及传染病病原携带者的歧视,侵害他们的平等就业权利。五是随着我国经济的快速发展,对劳动者的职业能力和素质提出了更高要求,迫切需要建立完善以就业为导向的职业教育和培训体制,以提高劳动者的就业能力和创业能力。认真贯彻党的十七大报告精神,是全面推进社会就业的基本保证。

建立平等的就业制度。各地政府必须进一步改革劳动人事制度,逐渐淡化城镇常住户口有限就业和对非城镇户口限制就业的政策取向,打破束缚劳动力合理流动的各种身份等级制,制定公平的民工就业政策,最终实现劳动者凭身份证和职业资格证书就可参加劳动力市场竞争的新格局。湖南省委省政府《关于加快发展劳务经济的决定》中明确要求:取消对农民工进城务工的不合理限制。在这种政策要求下,农民工进城务工的两个"门槛"正在被拆除:一是在农村,外出务工农民可以自由转让承包土地经营权,任何单位和部门不得在规定承担的税费外,向外出务工农民加收其他任何费用;二是在城市,取消企业使用农民工的行政审批,取消对农民工进城务工就业的职业工种限制。这些措施,有利于建立城乡统一的劳动力市场,进而形成劳动者平等就业的制度。

改革现行的户籍制度。农民工受到歧视,最根本的原因就是由于身份,或者说是其角色转换与身份转换的脱节。为了有效解决农民工的身份问题,政府必须改革现行的户籍制度,实行常住人口申报制和登记制,只要是具有劳动岗位(正规就业和灵活就业)、合法收入或报酬,居住地就可以视为当地注册人口,并有权获得公共服务选择权和公共事务参与权。

在就业机制方面,要注意这样几个方面。

第一,强化市场配置资源的基础性作用。要彻底改变目前由于地域、身份、行业、部门的原因造成的人力资源市场分割状态,培育和完善统一开放、竞争有序的人力资源市场,建立市场导向的就业机制,充分发挥人力资源市场在配置劳动力资源中的基础性作用,实现劳动者和用人单位供求双方相互选择,调节劳动力的供求,引导劳动者合理流动和就业。切实保障劳动者的择业自主权、创业自主权和用人单位的用人自主权。同时,规范企业用人行为和人力资源市场秩序。

第二,建立面向全体劳动者的促进就业工作制度。建立城乡统一的公共就业服务制度和体系,加强人力资源市场信息网络及相关设施建设,建立健全人力资源市场信息服务体系,完善市场信息发布制度。建立健全公共就业服务体系,设立公共就业服务机构,为劳动者免费提供就业服务。建立面向所有劳动者的职业培训、职业资格证书制度和体系。建立职业能力评价体系,对规定的职业实行职业资格证书制度。政府制定并实施以就业为导向的职业能力开发计划,通过职业培训补贴等形式,鼓励劳动者参加各种形式的培训。鼓励和支持各类职业院校、职业技能培训机构和用人单位依法开展就业前培训、在职职业技能培训、继续教育培训和再就业培训,形成面向所有劳动者终身学习的职业培训体系。

第三,建立困难群体就业援助制度,对困难群体实施优先扶持和重点帮助的就业援助。同时支持和鼓励劳动者自主择业,倡导劳动者树立正确就业观念,充分调动劳动者就业的主动性和能动性,促进他们发挥就业潜能和提高职业技能,依靠自身努力,自谋职业和自主创业,尽快实现就业。

3. 提升农村义务教育水平,实现城乡义务教育均等化

发展农村义务教育主要是两个问题:其一是思想观念和制度;其二是国家财政投入。义务教育是强制教育、免费教育、无差别教育。所谓强制教育,系指中华人民共和国公民接受义务教育是其基本权利和义务。必须办义务教育,否则就是政府不作为和违法。家长和监护人必须送适龄儿童入学,接受义务教育,否则就是家长和监护人违法。入学儿童不得辍学,如因病休学,愈后必须补足九年教育。也就是中华人民共和国公民成年后,进入社会,起码都受过九年教育,根本不存在文盲。所谓免费教育,系指义务教育不能收费,收费就不是义务教育。改革开放以来,在教育改革方面,搞义务教育收费和义务教育商品化。免费教育变成收费教育,甚至提出教育产业化的口号。这是极端错误的。义务教育不但收费,甚至滥收费,导致农村孩子读不起书和教育腐败。

继续推进农村义务教育改革,完善农村义务教育制度。目前,"以县为主"的农村义务教育管理体制,由于多数县市的财力明显不够、县级行政管理力量和教育教学指导力量明显不足等原因,难以适应农村对教育的需求。要尽快完善和健全相关配套措施,把以县为主管理体制的有关规定从政府文件层面上升到法律层面,修改《教育法》和《义务教育法》的有关规定,为新的农村义务教育管理体制实施创造良好的法律环境。要重点推进农村义务教育历史债务化解试点工作,同时加大中央和省级政府对农村义务教育的转移支付,建立农村义务教育稳定投入机制,提高农村尤其是偏远的农牧区和山区的中小学校舍维修改造的长效机制,进一步巩固完善现行教育工资保障机制,建立

以县域为中心,面向农村基础教育,具有区域性服务功能的教育评价制度。

解决农民工子女上学问题。为解决农民工进城就业的后顾之忧,2003年10月,国务院办公厅转发教育部等部门的《关于进一步作好进城务工就业农民子女义务教育工作的意见》,意见指出:农民工子女上学以流入地公办小学为主;收费与当地学生一视同仁;转学返学禁止收取任何费用;等等。对此,城市流入地政府应当采取措施,将进城务工就业的农民工子女的义务教育纳入城市社会事业发展计划,利用和扩充城市现有教育资源,积极吸纳农民工子女进入城市学校学习。

关于保障现代国民教育体系更加完善的主要措施有以下几个方面。

第一,继续通过社会再分配提高广大农村和落后地区的义务教育水平。国家财政对农村义务教育投资不足的差额部分进行补贴,县级地方财政按国家规定的教育投资占财政一般预算收入和支出的比例进行投资,不能达到国家规定的教育资源配备水平、受教育者享有的教育资源标准时,差额部分主要由国家财政予以补足。实行城市"反哺"农村的政策。地区级以上中心城市的教育费附加统一上缴省财政,主要用于对义务教育阶段因县级地方财政投入达到国家要求的比例,但学校教育资源配置仍不能达到国家标准的差额部分进行补贴。此外,在全国范围内建立规范的教育转移支付制度,如以全国生均预算内教育事业费作为转移支付标准,以财政性教育经费支出占当年地方财政支出的比例作为转移支付的条件。

第二,制定和完善相关法律。要以规范性文件,授予学校法人地位,在法律的框架下回归学校的治理权。建立刚性的财政预算,统一教育经费的使用,废除弹性的赞助费、择校费等收费制度,堵住可能产生的腐败空间。重新确立各省市教育部门的职责主要是"扩大国民的受教育面",它们应该是管教育而不是办教育,应将学校的开办权放回社会。

第三,改革当下单纯和封闭的行政管理,通过建立基金账户来实现非义务教育学校的公共管理和优质资源的扩张,透过基金模式可以实现教育这类公共产品的社会监督。让学校、家长、社会、政府都有权去了解运作情况,以实现公正,提高资金运用效率,促进这类学校的规范办学与管理。

(二)建构城乡统一的社会保障制度

促进基本公共卫生服务逐步均等化、进一步扩大城乡居民基本医疗保障覆盖面、建立比较完善的基层医疗卫生服务体系、建立国家基本药物制度、推进公立医院改革试点。归其所宗,就是为了缓解老百姓看病难、看病贵的现状。

1.确保中央和地方财政资助的及时到位

新型农村合作医疗制度的一个重要创新之处是对地方财政和中央财政筹资及其数量标准进行了明确规定,其目的除强化政府责任外,更重要的是希望借此调动农民参与的积极性。但能否取得预期效果,关键在于中央和地方财政资助能否及时足额到位。由于中央转移支付的前提是地方政府的筹资到位,而地方政府的筹资又是以农民的筹资为前提条件的,这样导致新制度在实际执行中可能陷入各级政府之间以及政府与农民之间的博弈。这一问题如果不能得到有效解决,政策的实际执行将会大受影响。解决问题的关键是建立政府信誉,其依赖于中央和地方财政资助每一次都能及时到位。另外,为了鼓励乡村集体经济对新型农村合作医疗制度给予资金扶持,建议国家对其出资采取税前列支的税收优惠政策。

2.科学制订农民大病医疗统筹实施方案

新型农村合作医疗制度提高了统筹层次,以县(市)为单位进行统筹,并针对农民因患大病出现的因病致贫和因病返贫问题,采取了风险型(保大不保小)补偿模式,从而有效降低了制度的系统风险。但各地普遍面临的问题是如何科学制订大病统筹实施方案,特别是如何确定统筹各方的出资额和保障水平。对此,我们认为可行的方式是:首先,各县(市)应在核清近几年本地区农民住院和门诊大病医疗费用的基础上科学测算出筹资总水平;其次,根据当地经济发展水平、财政收入、集体经济和农民个人收入情况确定各方出资额;最后,本着"以收定支、保障适度"的原则,在留有一定比例风险准备金的基础上,合理确定新型农村合作医疗的保障水平,同时确定报销起付标准、报销比例和报销最高限额。建立并完善多层次的监督机制。具体而言应包括以下四部分:(1)管理系统内部的监督。指农村合作医疗管理委员会对经办机构的监督,监督的重点是合作医疗基金的收支和使用情况。(2)监督委员会对管理委员会的监督。由于管理系统内部的自我监督存在一定的局限性,农村合作医疗监督委员会对管理委员会的直接、外部监督就成为多层次监督机制中最为关键的环节。(3)社会监督。指利用新闻媒体及群众进行监督的机制。建议建立基金收支及使用情况的张榜公布制度,以提高社会监督的力度。(4)法律监督。指利用行政诉讼等司法程序进行监督。为此,我国应加快出台相关社会保障法律、法规。

3. 探索建立县级农村合作医疗救助基金

新型农村合作医疗制度是一种自愿参与的医疗保障方式。但现实中农民参与与否并不仅仅取决于主观愿望,还受到农民经济条件的制约。对于许多农村特困群众而言,"拿不出钱"是其放弃参与农村合作医疗的主要原因。而较差的生活状况本身又使这部分群众尤其需要依靠合作医疗提供必要保障。为了有效解决特困群众"看病难"问题,我们认为应在有条件的地区探索建立县级农村合作医疗救助基金。基金来源既可从财政拨付,也可通过捐赠等方式筹集。但无论如何,农村特困群众的医疗保障问题不应成为新型农村合作医疗制度的盲区,而应作为检验农村合作医疗工作水平的重要标准。

4. 建立新型农村合作医疗与农村卫生体制改革形成良性互动

在发展新型农村合作医疗的过程中,一方面要择优选择农村合作医疗的服务机构,并通过加强监管完善并落实各种诊疗规范和管理制度,切实保证医疗服务质量、服务效率并有效控制医疗费用;另一方面又要通过不断总结经验来积极推进农村医疗卫生体制改革,从而形成农村合作医疗与农村卫生体制改革之间的良性互动。

5. 改进和创新农村养老保险制度

在中国,农村建立农民养老保险是一项全新的工作,没有成功的经验和模式可资借鉴,导致其在制度设计和实际执行方面出现了许多问题,突出表现为:其一,未能合理考虑制度的系统风险,承诺了较高水平的固定利率。由于我国近年来利率持续下降,导致预定利率长期高于实际基金收益,从而引发农村养老保险机构发生严重亏损。在不得已的情况下对预定利率进行调整,又使得人们对农村养老保险制度产生不信任,出现了大量退保情况。其二,养老保险基金运营层次低,县级管理机制使得基金分散,难以形成规模效益。其三,养老保险基金投资渠道单一,收益有限。由于基金只能存银行、买国债,缺乏合适的投资渠道和专门的投资管理人才,使得基金难以保值和增值。其四,农村社会养老保险机构按照所收取基金的3%提取管理费,加大了制度运行成本,并进一步降低了基金的保值增值能力。其五,基金管理不够规范,缺乏有效的监督和约束,地方政府利用掌管农村养老保险基金的便利条件而挤占、挪用和挥霍农民养老金的情况时有发生。其六,缺乏国家的政策扶持,集体补助没能落实到位。这些问题的存在,严重制约了农村养老保险事业的发展,并最终导致该制度于 1999 年开始陷入规范整顿,停滞不前甚至倒退的局面。但整顿并不意味着放弃。农村市场化改革进程的深入进行,必然要求以农村社会养老保险制度取代以家庭养老为主的传统养老模式。因此,当前的工作是针对存在的缺陷和出现的问题对原制度加以改进、完善和创新,以期形成一个更加合理并具有可持续性的新制度。

(三) 城乡反哺与社会主义新农村建设

1.发展城市与工业反哺相对滞后的农村、农业

当工业化和城市化达到这个阶段的时候一般都应该是工业反哺农业、城市反哺农村。过去处在与此具有同等发展程度阶段的大多数市场经济国家,特别是东亚的日本、韩国等小农社会国家,都会适时提出新农村建设。这是一个比较普遍而非孤立没有事实根据的问题。我们现在农村存在着很多问题,在发展上无法与全面小康、科学发展以及和谐社会的要求相符合。所以必须进行"新农村建设",通过两个反哺使得农业可持续发展,使农村社会走向和谐。新中国成立以来,农村基本公共服务主要是"自上而下"的供给模式,广大农民的意愿和选择得不到应有的重视,农民成为被动的接受者,造成农村公共服务供给的非理性与供给效率损失。针对农民迫切需求的公共服务供给不足且效率低下,应充分尊重农村作为农村基本公共服务需求主体的作用,改革农村基本公共服务供给决策制度。鼓励农民参与农村基本公共服务供给过程决策,形成政府与农民共同决策与管理的模式,保证农村基本公共服务的有效供给。进一步推进农村基层民主制度建设,充分实行村民自治,通过村民委员会和乡人民代表大会制度,使农民通过直接或间接的渠道充分表达自己对基本公共服务的意见。就政府而言,当前应重点推进县乡政府公共服务职能创新,整合相近公共服务职能,解决部门之间衔接不够、交叉重复、效率不高等突出问题,强化对县乡公共服务行为的监督和约束。

2006 年 2 月 21 日公布的中共中央、国务院《关于推进社会主义新农村建设的若干意见》,客观地确立了工业与农业、城市与农村的辩证关系——农村与城市亟待共同成长,不能再由谁背着谁来前进。在城市发展的过程中,农村

作出了非常大的贡献,正因如此,"反哺"在此应当是一种城市对农村的回报,而绝非施舍的关系。这就是"反哺"的题中之义:没有重谁或轻谁,两者共同发展,互相支持,而且城市在优先发展的基础上应当给予农村相应的回报以促进其赶上城市发展的脚步。

公共资源的稀缺实际上影响的是资本在城市与农村之间配置的问题。只要能做到配置合理,这一稀缺性是不会阻碍城市反哺农村的。"资本下乡"就是调整国民收入分配格局和财政支出结构,增加对农业农村的投入,解决长期以来资本向城市流动,农村资本短缺,投入严重不足的问题,以在新的发展阶段实现"工业反哺农业,城市反哺农村"。但由于公共资源的稀缺,有限的"资本下乡"如何才能得到有效使用这一问题的确凸显出来。然而这可以通过一些途径来解决。我国农村人口分布相当分散,因此要保证资金的使用效率,一方面可通过着重搞好新村镇建设规划,有序引导人口集中居住,对人口过少、生存发展条件较差的自然村,一般不搞"村村通路"等投入较大的工程,应以搬迁集中为主等途径来节约资本;另一方面在人口相对集中的基础上,加快改善农民生产生活条件,特别是要扩大公共财政覆盖农村的范围,加快发展农村各方面公共事业,以增加农民生存发展所必需的公共服务。

新农村建设必须首先让农村具备接受"四化"——农业生产的产业化、农产品的市场化、农村人口的教育社会化、农村人口福利的公共化——之能力和条件,所以其本身就体现了一个"生产蛋糕"的过程,即非单纯地将资源和金钱投向农村就能一蹴而就,还包括了制度的建设。由于制度的进步完善本来就是渐进的,不可能预先完全靠理性设计好。既然如此,新农村建设,工业反哺农业,城市反哺农村就应该同时包含一个"制度反哺"的过程,即逐步建立并完善制度。这一过程中会不断出现新的、适应发展的制度,同时这些新制度也在一天天地变成旧制度,随时都可能出现我们现在不可能预料到的问题。一旦到问题出现那一天,我们依然需要对制度进行改进、完善或又再重新建立另外的制度。针对我国农村的现状,比如说一些家庭因病致贫,因学致贫,还有像社会保障、老人养老、五保户的救助等问题没有得到有效解决,这些都需要我们把城市中已经相对完善的社会保障制度引入农村才能真正解决问题。因此,新农村建设所体现的城乡之间的良性互动,同时包括农村借鉴城市,逐步建立相关社会制度的过程。

2. 加快"新农村建设",实现城乡统筹

所谓"新农村建设",是指在社会主义制度下,按照新时代的要求,对农村进行经济、政治、文化和社会等方面的建设,最终实现把农村建设成为经济繁荣、设施完善、环境优美、文明和谐的社会主义新农村的目标。其要求是"生产发展、生活富裕、乡风文明、村容整洁、管理民主",在全面发展农村生产的基础上,建立农民增收长效机制,千方百计增加农民收入。进一步发展农村的义务教育和职业教育,加强农村医疗卫生体系建设,建立和完善农村社会保障制度,以期实现农村幼有所教、老有所养、病有所医的愿望。

我国的国情决定了新农村建设不能单靠农村自身的力量,必须借助城市的支持。在城市化理论中,有人提出"就地式城市化"的模式,主要包含两种含义:一是农村中心集镇的规模扩大化、功能城市化、经济工业化、服务多样化,农民集中到中心集镇进行生产与生活。二是农村一般村落,通过科学规划,具有现代化的基础设施、生活设施以及文化娱乐功能,农民仍在本地从事工业生产或农业产业化,享受相当于城市的现代化生活,并且可以不受限制地近距离、短时间进入城镇,进行购物、社交、教育、文化娱乐等活动。这种就地式城市化,无论从哪一种含义,都必须具备三个必要条件:一是农村经济的高度发达和农民收入达到一定的水平;二是农民享受城市相似的社会保障与公共服务;三是农民生活方式实现与城市居民相近的现代化。就地城市化进程中,必然会实现村镇建设、农民生活方式和农村服务功能以及农业生产方式的同时提升,这实际上也是社会主义新农村建设的重要模式。

农业产业化,农村设施、功能城市化,经济工业化等通过资金的投入以及制度的建设就可以实现,然而要使新农村建设从根本上得到保证,还应该解决一个更深层次的问题——农民价值观念的现代化更新问题。有的人甚至把农村问题最终归结为观念的问题,虽然这种归纳似乎过于含糊,也过于片面,但我们不得不承认,观念的确是涉及最深层次的东西。这里的观念现代化更新包括很多方面,如接受教育,通过学习知识提高自身素质,改造农村;还有摒弃原有的对农村印象的定格,树立农村也可以通过建设提供更加舒适、和谐的环境等观念。

新农村建设是统筹城乡关系,有效利用"下乡"资本进行农村基础设施等的建设,用工业经济的组织方式改变农村,促成农村生产方式的合理构成,即工业——农业一体化建设;是城乡社会体制一体化,对农村社会各种保障制度的建设;是农民价值观念的转变与更新,打破农村原有落后、愚昧无知的观念的过程。在这个过程中,我们实际上就是要关注两大问题:一是经济和制度建设问题。资金不能盲目投放,可以借助韩国"新村运动"的经验,将资金投入基础设施项目上,直接用于农村公共投入。财政和国家资金这两大块用到县以下基层和农民相关的项目上,让农民直接获利,不要在不同部门间不断流动,否则会导致各个部门"分盘子"。另外,制度的建设可以对资本的利用起到监督的作用。二是新农村的社会文化观念建设问题。要让农民有平台获取足够可靠的信息,培养农民求知的意识和独立思考的能力,让他们知道自己有"免予愚昧的自由",同时还可以通过许多社会组织的建立,给农民创造互相交流、沟通、学习的机会,在农民中树立进步、开放的观念,提高农民整体的综合素质。

3.统筹城乡发展、拉动消费

我国的工业化和城市化进程很快,但是还远远没有完成,工业的发展虽然已经具备了内生动力,但是问题和困惑也出来了,其中,第一,区域发展失衡,第二,资源环境约束趋紧等。城市化水平近年来明显提高,城市的功能也不断提升和完善,城市发展已经面临资源短缺等诸多问题和挑战。因此,统筹城乡发展不仅仅是依靠工业和城市来支持农业农村发展的问题,同时也是如何进一步吸取和整合农业农村资源进一步壮大工业和城市的问题。统筹城乡发展必然是城乡间互补互动,并最终实现均衡发展的过程。随着我国由生存型向发展型阶段的转变,广大社会成员消费需求的增长越来越取决于人的基本生存发展保障,越来越取决于以基本公共服务为重点的社会福利保障体系的建立和完善程度。

目前正在进行的工作是:第一,继续完善和落实现有各项农业农村政策,进一步增加对农民的直补、良种补贴、综合生产资料补贴和农机具购置补贴等,同时可考虑扩大良种补贴范围,并将牧业、林业、抗旱节水机械设备纳入农机具补贴范围;加快农村社会养老保险制度的改革试点工作,迅速扩大覆盖面,争取在三到五年的时间内完成农村社会养老保险制度改革;继续提高新型农村合作医疗筹资水平,增加中央和地方政府的补助标准;扩大家电下乡和汽车下乡补贴品种的范围;按照新农村建设规划,支持农民建房,推行建材下乡政策。第二,全面深入推进农村产权制度改革,完善农村市场经济体制机制;统筹城乡基础设施和社会事业发展,按照城市公共社会事业发展思路和政策推进农村公共事业发展,继续大幅度增加农村基础设施建设投资,加强农村公共服务体系建设,逐步实行城乡公共服务均等化;加快农村金融制度改革,尽快扩大农村金融制度改革试点覆盖面,争取将农村金融制度改革试点扩大到全国每个县级城市。

四、城乡基本公共服务均等化进程中的法治建设创新

（一）城乡基本公共服务均等化的法律、法规体系

1. 构建完善的基本公共服务均等化的法治体系

法律法规是一种由政府提供的“公共产品”,也是一种“公共服务”。目前来看,符合城乡一体化要求的相关法律法规严重短缺,无法满足城乡居民人人享有均等化的基本公共服务需要,实际上,现行法律法规已成为制约城乡一体化发展的掣肘。应加快基本公共服务均等化的法治体系建设,推进符合中国国情的基本公共服务的相关立法,研究制定《基本公共服务均等化法》,从法律上规范基本公共服务提供主体、资金来源、运营管理,建立相关主体的责任追究机制,以便使每一个环节切实落实均等化措施,确保广大人民群众在享有基本公共服务方面权利平等。在制定《基本公共服务均等化法》的同时出台相关配套法律法规,形成系统化、科学化的促进城乡基本公共服务均等化的法律体系。如出台《中央与地方关系法》,明确各级政府提供基本公共服务的职责,在维护中央权威的基础上,调动地方提供基本公共服务的积极性。借鉴国际经验,尽快完善《预算法》,增强公共预算的严肃性,提高公共预算的执行力。让公共预算离普通民众不再遥远,公共财政的阳光普照民生。加快推进《转移支付法》立法工作,赋予转移支付相应的法律地位,建立起良好的激励约束机制,提高转移支付资金的使用效益,形成制度红利。同时,建立健全促进农村发展的其他法律法规。进一步修改完善《土地管理法》《水法》《森林法》《草原法》《能源法》等法律制度中不利于城乡基本公共服务均等化的有关条款,保证农民与市民同步享受到均等化的基本公共服务。

与此同时,逐步建立起具有权威性、规范性的基本公共服务法规体系。以

《中华人民共和国宪法》对公民基本权利的规定为依据,围绕义务教育、公共卫生与基本医疗、基本社会保障、公共就业服务等领域,形成比较完善的基本公共服务法规体系。整合现有法律法规体系,提升基本公共服务的法律层次。现行的基本公共服务相关法规多以政府法规政策和部门条例为主,立法层次较低,缺乏全国统一的法律体系,有的领域政策文件起着更实际的作用。虽然这种模式有利于地方政府因地制宜地制定和实施政策,但也成为逐步实现基本公共服务均等化过程中的不确定因素。①

2. 完善转移支付法律制度,建立城乡统筹一体的公共财政体系②

转移支付是指各级政府之间为解决财政失衡而通过一定的形式和途径转移财政资金的活动,是用以补充公共物品而提供的一种无偿支出,是实现基本公共服务均等化的重要手段。它在协调政府间财政分配关系方面发挥着巨大作用,已成为市场经济发达国家的普遍做法和基本方式。为了尽量避免转移支付的人为因素干扰,保证转移支付的顺利实施,实现国家的政策目标,需要制定完善的法律制度对转移支付进行规制。财政转移支付的规范性、法律性是它们的共性。转移支付法,就是调整在财政转移支付过程中发生的社会关系的法律规范的总称。德国通过《基本法》强调"生存条件一致"的原则,规定经济发展水平高的州必须对经济发展水平低的州提供一定的财政补助。而且德国通过其《税收分配法令》和《联邦与州间财政平衡法令》对转移支付制度的具体操作办法也做出了详细的规定。加拿大1982年将财政均等化纳入宪法。

完善转移支付法律制度首先要完善宪法规定。可以借鉴加拿大宪法或德国基本法的规定,确立财政转移支付在宪法中的法律地位,对转移支付的一些基本制度做出规定,保障公民享有基本均等的公共产品和服务的权利,这是实质公平观在宪法中的体现。其次,要制定《转移支付法》。在转移支付方式上应借鉴德国的经验,实行纵向转移支付为主,横向转移支付为辅的方式。按照事权与财权统一的原则,合理划分中央与地方、各级地方政府之间的事权和财权范围。再次,要完善财政转移支付的法律监督制度。全国人大对全国性的

---

① 中国(海南)改革发展研究院,迟福林等:《加快推进基本公共服务均等化(12条建议)》,人民网"中国改革步入30年——回顾与展望"国际研讨会。
② 阳建勋:《基本公共服务均等化之经济法路径》,《法学》2008年第5期。

财政转移支付进行预决算监督,地方各级人大对地方政府接受的上级政府的转移支付资金的使用情况进行监督。此外,审计监督近年来在我国经济社会生活中所发挥的作用十分引人注目,应当充分发挥其在转移支付监督中的重要作用。

3.建立一套完整的基本公共服务均等化的考核体系

要建立一套完整的基本公共服务均等化的考核体系,并在此基础上强化中央对地方政府关于公共服务的行政问责制;同时,改革审批体制。彻底清理、减少、规范行政审批项目;推进政府机构改革。逐步解决层次过多的问题;再是继续推进与政府机构紧密相关的社会事业单位改革。对于与基本公共服务均等化密切相关的教育、卫生、文化等事业单位,应按照公共性、准公共性和营利性区别对待的方略分类改革。中国地方政府的建设应适应社会主义市场经济的要求,由传统的管理型政府向服务型政府转变。所谓"公共服务型政府",从经济层面上说,主要是为社会提供市场不能有效提供的公共产品和公共服务,制定公平的规则,加强监管,确保市场竞争的有效性,确保市场在资源配置中的基础性作用。在政治层面上,政府的权力是人民赋予的,政府要确保为社会各阶层提供一个安全、平等和民主的制度环境,全心全意为人民服务,实现有效的治理而不是统治;在社会层面上,政府要从社会长远发展出发,提供稳定的就业、义务教育和社会保障,调节贫富差距,打击违法犯罪等,确保社会健康发展。

(二) 完善公共服务供给效率的评估制度

1.制定"基本公共服务国家标准"

制定"基本公共服务国家标准",同时制定公共服务范围与责任分工的技术标准,即确定各级政府应该提供的公共服务范围和分类与责任分工,并明确哪些应该政府承担、哪些可以市场提供、哪些可以由社会组织承担、哪些应该市场提供而政府提供相应补贴、哪些应该政府特许等,作为政府职能转变的前提。制定公共服务质量的技术标准,即根据各类公共服务的特性,分类制定服务质量标准。如:制定全国统一的基础教育质量标准,公共卫生和基本医疗质量标准,也可在充分考虑了当地价格和消费指数的前提下,分类制定社会福利标准和养老保障标准。制定公共服务绩效评估的技术标准,通过制定《政府公共服务绩效评估条例》等,规范公共服务绩效评估的原则、主体、程序、指标和应用途径,用以检测城乡基本公共服务均衡化程度和公共服务的效率与质量,为实行"公共服务问责制"提供依据,形成激励约束机制。

我国基本公共服务的标准存在一系列问题,包括:一些标准比较模糊,大部分文件或政策只说明按照当地的情况考虑,没有给出最低标准,各项公共服务的人均占有标准也没有,一些方面的服务标准还没有被考虑,标准制定工作还比较滞后,适应不了形势变化和经济社会发展的需要,标准制定工作透明度不够,标准修订不及时,有些标准标龄太长,标准老化,有些标准未能得到全面、正确实施。一些标准比较模糊。以老年养老设施标准为例,民政部"十五"规划标准要求全国百名老人平均拥有床位为1张,"十一五"规划要求达到1.2张。2004年,《全国文明城市测评体系(试行)》的"安居乐业的生活环境"项目,对直辖市每百名老年人口拥有社会福利床位数提出三个指标要求:大于2张、大于1.7张、不大于1.7张,以1.7张为标准、2张为优。这些都不利于精确计算和测量。现阶段,普遍存在的情况是,首先,缺乏基础数据支持。以社区服务体系规划为例,从"十一五"时期开始,这类规划不仅缺乏社区服务设施、设备、人员的国家标准,而且也没有全国各地社区服务设施、设备、人员情况的基础数据,很难对实现目标精确界定,也很难把各类实施措施具体化。其次,标准制定落后于现实发展。一是我国制定社会福利和社会救助的标准在程序上是:研究、制定、审批、实施。这个过程大致需要2—3年,所以新的标准往往会与现实经济社会发展水平有2—3年的距离。二是随着经济社会的发展,当前许多规划依据的基础条件已经发生了根本变化,现有的指标体系和数据系统很难反映实际情况,各类标准也不能满足人民群众的新要求、新期待。三是现行统计指标体系更多反映的是过去注重经济发展的理念,还没有完全把以人为本和科学发展很好地纳入进来。

2.建立公共服务体系建设的激励约束机制

由于公共服务涉及的服务对象、供给主体和政府层次较多,在服务程序、支出标准、服务质量等方面的要求不一,从而影响公共服务的规范化和公平性。这就要求我们根据基本公共服务均等化的要求,分类制定基本公共服务国家标准,明确服务的目标、内容、对象、基本程序、资金来源、质量控制、公众参与以及绩效评估等内容,为全国各类基本公共服务的推进建立一个基本参照体系。只有这样,才能确保统计机构的相对独立性,减少地方政府领导对统计工作的干扰,切实切断公共行政权力与统计职能之间的联系。同时,依托政务公开和电子政务的建设,畅通信息传递的网络,开辟公众参与的渠道,培育公众参与的文化和能力。在评估方法上,应该坚持定量和定性分析相结合,所选取的评估指标应该有代表性、独立性和可获得性;以及定期的检查修改评估方法。

(三) 城乡基本公共服务均等化的公共治理与多元参与

1. 各级人民政府组织、推动

第一,明确前提与实施者。城乡基本公共服务均等化,首先需要政府组织和推动,向社会提供满足公民公共需求的、价值含量均等的公共产品和公共服务,并致力于保障公民在公共服务生产与提供过程中参与决策的机会均等。基本公共服务将实现无差别地、普遍地提供给所有公民,任何个体公民的单一份额很难从整体中分割出来,它不同于私人产品市场中消费者直接影响生产者的决策意志,公共产品的供给以公共政策的形式决定。在这里,政府是以代理人的身份,集中公共需求与公共偏好,统一为社会提供公共服务,以政策调整国民财富在社会各种公共需求之间的再分配格局,从而实践公共政策的价值追求。

第二,确定"底线均等"标准。从国际经验和操作性看,均等化并不等于绝对平均,并不是强调所有国民都享有完全一致基本公共服务,而是在承认地区、城乡、人群存在差别的前提下,保障所有国民都享有一定标准之上的基本公共服务,其实质是强调"底线均等"。均等化的主体是地区、城乡和个人,客体是以上分层次和分阶段的各类基本公共服务,目的要使地区间、城乡间和个体间享有大致一样的基本公共服务。所以,要推进基本公共服务均等化,必须先界定清楚均等化的"标准",根据什么标准实施均等化。若标准定得太高,不切实际,难以实现;若标准定得太低,又可能难以达到均等化本身预期的,缩小差距、推进平衡发展的目的。而且这个标准的选择必须具有可操作性,可以为实际工作提供现实参照。[①]

同时,实行政府公共服务的责任制:一是必须强化政府监督责任,如市场

---

① 杨林、陈书全、张晴:《青岛市城乡基本公共服务均等化实证研究》,《地方财政研究》2009 年第 10 期。

主体或社会主体的公共服务出现问题时,政府出面调查解决,不能推卸政府应负的责任;二是政府原先承担的服务责任分解后,按照权限与责任相一致的原则,政府、市场主体、社会主体都应当对各自分担的责任负责;三是建立以公共服务为取向的政府业绩评价体系和科学的行政问责机制。尽快按照公共服务型政府的要求,建立以公共服务为取向的政府业绩评价体系,强化政府的社会服务功能。与此同时,要建立科学的行政问责机制,追究政府行政机关和官员在公共服务职能方面失职的责任,建立与完善引咎辞职制度。

2. 公共服务均等化政策制定中的公民参与[①]

这种公民参与已经在全国的范围内成为一种日常的政治生活,而公民参与的范围不断扩大,已经涉及整个的政策制定的全过程。在这一过程中,公民的参与既有对公共政策问题认定的参与,也有对公共政策议程的参与,还有对政策方案选择的参与。公民的参与已经涉及政策制定过程的每一个环节。从我国公民所采取的参与形式来看,公民参与的方式日益丰富。近年来,我国各级政府逐渐意识到公民参与的重要性,他们积极探索公民参与切实可行的途径,创造了诸如公民列席旁听两会制度、政府发言人制度、市长接待日制度、关键公民接触制度、民主恳谈会制度、政府网络讨论制度和社区自治制度等一系列公民参与公共决策的新形式。公民政治参与的类型呈现多元化。既有自动的参与,也有动员的参与;既有组织的参与,也有自发的参与;既有合法的参与,也有不合法的参与;既有有效的参与,也有无效的参与。概括而言,我国公民的参与出现了三个根本性的趋向:即不断由动员型参与向主动型参与转变;不断由非理性激情型参与向理性参与转变;不断由传统的革命型政治参与向建设型参与转变。同时,我们还要看到,我国公民参与在实践中仍然存在着许多不足,具体表现在:

第一,从参与的主体来看,精英参与占主导,公民参与深度、广度和效能有待提高。第二,从参与的意识来看,公民的参与意识仍然相对较弱,真正出于自主意识自愿参与的公民参与率低,存在一定范围和一定程度的政治冷漠。第三,从参与能力来看,公民参与的能力不足,现有的公民的参与行为具有随大流的从众性。第四,从参与的途径来看,公民参与的制度供给不足。参与途

① 沈德理主编:《特区服务型政府公共政策创新研究》,人民出版社 2009 年版,第 30—31 页。

径和渠道还不充足,缺少制度化的参与方式和途径,缺乏可操作的程序规范,而已有的相关制度规定过于粗疏,缺乏细节性规定,非制度化参与现象如抗议、暴力对抗、越级上访还比较突出。第五,从公民参与的作用来看,常规的公民参与主要用于形成共识,成为我国政治社会化的重要途径,而对政权体系和重大决策影响甚微,尚不能形成有效的社会监督和强大的舆论压力,更谈不上在决策中公民的主导权。第六,从公民参与的构成来看,存在地域、行业和阶层间的巨大不平衡。就地域而言,城乡之间、大小城市之间、经济文化较发达地区与经济文化欠发达地区之间,公民的参与要求差别悬殊;就行业而言,党政机关、文教科研单位从业者参与意识较强,其他行业从业者参与意识不足;就阶层而言,社会中上阶层及新兴阶层参与意识明显强于其他社会阶层。

3. 发挥非政府组织的作用

非政府组织中的非企业单位通过非营利性的市场化运作,在满足一般性公共需求方面发挥着重要的作用。非政府组织公共服务市场化是我国行政改革的一个重要趋势,非政府组织是公共服务市场化的一个重要依托,在公共服务市场化的过程中扮演着越来越重要的角色。一般认为,市场能有效对资源进行配置,并推动经济和社会的发展。但是公共服务的供给方面,市场由于投入的成本相对于收入而言并不合算,所以市场在面临这些问题时常常失败。在传统的行政管理体制下,政府长期扮演着"全能政府"的角色。公共事业主要是由政府直接举办,不仅要投入大量的人力、物力、财力,还导致政府职能越位与缺位并存,机构重复建设,既"养事"又"养人",造成财政资金的浪费。但是,越来越多的实践告诉我们,完全由政府提供公共服务,既不能达到效益最大、效率最高,也不能保证所有社会成员都平等地享有。而非政府组织由于其不以营利为目的的公益性特征,在公共医疗卫生服务、孤寡老人服务、残疾人服务,甚至市政建设、环境卫生等一些公共服务领域发挥独特的作用。政府购买公共服务是政府将原来由政府直接举办的、为社会发展和人民日常生活提供服务的事项交给有资质的社会组织来完成,并根据社会组织提供服务的数量和质量,按照一定的标准进行评估后支付费用。简单说,就是一种"政府承担、定项委托、合同管理、评估兑现"的新型政府提供公共服务方式。①

---

① 李建林:《发挥非政府组织在公共服务中的作用》,《深圳特区报》2007年9月3日。

4. 吸收民营资本投入

随着经济发展和市场经济的完善,一些基本的公共服务也可以吸收民营资本投入,减少政府支出,形成以政府为核心的多元公共服务体系,即"公私伙伴关系(PPP)"机制。它是在强调政府在基本公共服务供给中主导作用的同时,必须提倡基本公共服务的多元参与,这是世界上许多发达国家所倡导的。当然应该严格区分基本公共服务多元化供给与基本公共服务过度的市场化,在利用市场机制的过程中,政府必须独立公正,而不能被市场"捕获"。实行多元化供给的前提条件之一是对事业单位体系要加大改革的力度。如果文化、教育、体育、卫生、科研共 2900 万人系统的改革不能取得明显进展,基本公共服务供给的效率就难以提高。①

---

① 于香情、李国健:《基本公共服务均等化必然性分析与对策研究》,《东岳论丛》2009 年第 4 期。

城市化进程中的社会冲突：政府的视角[*]

——来自海口市的实证调查[①]

一、问题的提出及研究方法

随着我国从传统社会向现代社会的转型,工业化与城市化快速发展。国际经验显示,人均国内生产总值 1000—3000 美元是一个经济起飞国家发展的关键时期。在这个时期,既充满新的机遇,又面临着各种社会风险,往往是产业结构快速转型、社会利益格局剧烈变化、政治体制不断应对新的挑战的时期。我国人均 GDP2003 年达到 1090 美元,开始步入关键阶段,以后若干年内如何发展是我们要面对的主要问题。在这个关键时期,我国的具体国情是:第一,国内人口流动频繁,流动的方向是自西北向东南、自农村向城市流动,近年来城市向城市的流动也增多。据保守估计,有 1 亿左右的农民工进入城市打工,若将户籍迁移人口计算在内,则国内人口流动规模巨大,移民数量庞大。第二,贫富差距、区域发展差距和城乡差距进一步拉大,并没有像库兹涅茨的"倒 U 形曲线"一样随着国家进入经济起飞阶段而下降。

在快速城市化进程中,城市作为社会政治、经济发展中心同时也是社会矛盾与社会冲突的集中地。在城市化推进时,政府扮演着十分重要的角色,无论

* 《华中师范大学学报》2007 年第 1 期。合作者:李芬。
① ［基金项目］海南省社科联基金项目"城市移民与城市社会冲突调控"(HNSK05—32)。说明:限于文章篇幅,这里删去了描述海口城市化进程中人口(包括人口增长、人员流动等)、面积、社区变动等情况的一节。文中有关征地政策的资料,来源于本院 2003 行管的李权与李晓梅同学对国土资源局相关负责人的访谈,在此表示感谢。

是政府内还是政府外的社会冲突都直接影响到市民与移民的日常生活,也关系到社会秩序的稳定与发展,而政府的正式社会控制能够使社会冲突缓解或激化。所以,本文主要从政府的角度来考察在城市化进程中的社会冲突,以期完善政府在利益调整过程中的功能。

社会冲突是西方社会学理论的经典课题。经典大师马克思(Marx)和韦伯(Weber),冲突论的代表人物科塞(Coser)和达伦多夫(Dahrendorf),法兰克福学派以及哈贝马斯(Habermas)等都十分关注社会冲突。他们主要从冲突产生的原因、功能和冲突的程度等方面对资本主义社会的冲突进行理论与经验的探讨。[1] 经过百余年的发展,社会冲突理论取得了很大成就,这些经验对我们仍处于起步阶段的冲突研究具有重大借鉴意义。改革开放后,随着社会政治环境的宽松,我国学者对社会冲突的研究和讨论逐渐热烈,除对于西方冲突理论的引入与深化外,我国学者还对现阶段社会转型期的社会冲突进行了分析,并从国家、社会等方面探讨了冲突的解决机制。[2] 其中与城市化有关的讨论主要集中于移民冲突的研究。

农民工冲突。随着农民工流入城市规模扩大、时间加长,农民工的权益问题、与市民的冲突成为关注焦点。学者们考察了农民工与市民冲突的原因、冲突的功能。还有学者从近一年来中小企业的民工荒出发,探讨了中小企业劳资关系冲突产生的原因,从政府、企业和农民工三方角度出发,提出了在健全的法律法规和公正的监察体制下,缓解劳资关系的措施。而第二代移民由于身份认同障碍,试图改变不平等的动员与组织的努力,在不久的将来有可能面临一场"旷日持久的社会冲突"[3]。有学者采用实证方法,分析了大城市外来农村人口犯罪人的主要特征,提出城乡二元结构对中国经济与社会的诸多影响,其犯罪的主要原因是经济条件的差距和城乡文化冲突,治理外来农村人口犯罪的根本政策是化解城乡二元结构冲突。

拆迁移民冲突。城市化进程的加快,使拆迁移民紧随水库移民而进入学

① 参见张康之:《在政府的道德化中防止社会冲突》,《中国人民大学学报》2002年第1期,第80—86页。

② 参见李朝晖:《人口流动与城市冲突》,《中国改革》2005年第9期,第67—68页。

③ 参见程同顺、王焱:《从外来农村人口犯罪看城乡二元结构冲突》,《调研世界》2004年第8期。

术界视野,尤其是现实中冲突的存在,更使拆迁移民的冲突问题引起人们关注。拆迁的关键是补偿价格,冲突的主要动因是补偿价格偏低而使被拆迁人利益受损,从而引起利益冲突和矛盾纠纷。在拆迁所形成的特定"场域"中,地方政府、开发商与被拆迁人三类利益主体是能动的,拆迁制度使冲突成为可能。关于解决机制,曾有学者提出应强化利益表达机制以减少拆迁冲突,降低社会代价;对利益相关者进行识别和分析,在政府角色定位、市场契约机制、法律选择和项目社会评价制度等方面创新,从而解决冲突。

从以上简略的介绍可以看出,有关城市化进程中社会冲突的研究取得了一定的成果,对于揭示移民冲突的规律、解决冲突问题具有一定启示作用。但这些研究仍存在一些不足:第一,采用静态的视角看问题,视野较窄。多数研究只探讨其中一类移民的冲突问题,且将此类移民从社会大背景中孤立出来研究,缺少现代化、工业化与城市化的动态视角。第二,研究层次较低,主要以移民个人为分析单位,或探讨移民生活适应,或探讨移民与市民冲突,只在政策层面与社会控制上涉及宏观层面,较少宏观层面上政策改变所引起的冲突和中间层次的分析。

本课题主要采用实证方法,在城市化的背景下来探讨政府在社会冲突及社会控制的作用。具体采用访谈法与文献法收集资料。地点选择在海南省海口市,原因主要有:第一,作为五大经济特区之一的海南省,在改革开放之初,曾出现过"百万人口下海南"的状况,移民较多,易于研究城市化过程中的社会冲突;第二,作为省会城市,其人口约100多万人,规模与大陆大中城市相似,且其经济发展经过了起步——迅速高涨——泡沫——衰落——回升等几个阶段,其城市化进程中出现的冲突及控制对内陆类似城市具有借鉴作用;第三,海南省"大社会小政府"的模式在全国推行较早,考察政府在社会冲突中的作用与功能对其他城市具有启示作用。当然,研究者身处海口市,具有一定的社会关系网络,易于进行实地调查,收集资料,这也是一个很重要的因素。

访谈于2005年1月至11月进行,主要访谈对象有海口市信访局、公安局、人事劳动保障局、民政局、教育局、交通局、国土资源局、统计局等政府相关人员,市委精神文明办、综治办负责人及龙华区、美兰区相关部门的负责人和美兰区灵山镇某村负责人。在进行访谈的同时,还从相关政府部门收集工作总结、报告等第一手文献资料。此外,我们还在图书馆、档案馆收集关于海口市移民状况与冲突情形的文献资料。对所收集到的文献资料和访谈资料在去粗取精、去伪存真整理的基础上进行了定性分析。

二、海口市城市化进程中的社会冲突

（一）冲突主体与表现形式①

城市化进程涉及城乡关系的调整和各方利益的变化,因此,易导致社会矛盾和社会冲突的产生。在调查过程中发现,城市中社会冲突的形式主要有各种投诉与和平抗议,以及暴力的反社会的犯罪等形式,其中暴力的反社会的犯罪是程度最强烈的社会冲突形式,在调查城市海口市中此种冲突形式为数不少(如表1所示)。

表1　2004年1月—2005年8月海口市犯罪情况统计表　　　(人,%)

	合计	本市县	省内其他市县	外省市	流动人口犯罪百分比
盗窃	1150	299	543	306	73.8
抢劫	780	294	324	161	62.2
抢夺	433	190	175	68	56.1
伤害	420	220	77	123	47.7
诈骗	307	52	80	174	82.7
寻衅滋事	31	5	11	15	83.9
毒品犯罪	965	548	314	101	43.0
杀人	73	25	16	32	65.8
合计	5007	1939	1719	1314	60.6

资料来源:海口市公安局;流动人口犯罪百分比=(省内其他市县+外省市)/合计列。

---

① 新版《辞海》中对"移民"一词这样解释:(1)迁往国外某一地区永久定居的人;(2)较大数量、有组织的人口迁移。与这两种释义相对应的英文词语分为 immigration 和 resettlement。移民是人类社会发展的必然结果,移民与社会进步和发展紧密相连。(当时还处于计划经济条件下的1999年版的《辞海》中对"移民"的解释是不同的。参见《辞海》,上海辞书出版社1999年版,第751页。)移民一般分为自愿移民和非自愿移民两类,还可分为政府或团体集中移民和自愿的个体式移民,它都涉及社会、政治、经济、文化、宗教、环境、技术等诸多方面。非自愿移民和自愿的个体式移民,各有特点和安置难度。从一定的意义上讲,包括笔者在内,如果从时间上分,如从1988年设立经济特区算起,现在海口市人口大部分都属于移民,当时海口市30余万,短短17年,随着各种外来人口的到来及城市区划的调整,现在已经超过100万了。

从表 1 可以看出,一年半以来,移民犯罪行为占犯罪总量的 60.6%。其中,诈骗、盗窃、抢劫、抢夺、寻衅滋事、杀人等项目的比重均高于市民,尤其是在诈骗与寻衅滋事上比重更高达 80% 以上。上述简单介绍显示,移民暴力冲突发生的领域广、数量多、性质严重①。

个人是构成社会的基本单位,也是冲突的主体之一。由于本次调查主要注重于从政府角度来看城市化进程中的冲突,因此,对于移民个人之间的冲突关注较少。但需要说明的是,调查中发现移民之间并非是"统一战线",而是异质性较大的群体,移民之间的冲突较多。尤其是流动人口发生了二次分化,其中一部分人在海口市有固定的住房与较好的生存环境,并雇用一定数量的外来人口作为雇工而成为实质意义上的"雇主",这部分人与大部分农民工之间存在着较大的冲突。常见于报端的克扣农民工工资的报道向我们展示,克扣农民工工资的不仅仅是城市里的企业或个人,还有相当一部分是来自于外地的包工头。

对于此种冲突,政府的作为较少,只是在维护农民工合法权益方面颁布了部分政策或法令,并进行行政执法。如近段时间的农民工工资问题,为维护农民工合法经济权益,海口市响应中央号召,由人劳局对劳动用工进行调查,并与建设银行进行合作,对建筑企业按农民工比例收取一定比例的工资保障金,同时将清欠农民工工资作为一项常规工作来抓。通过这种调控,将农民工合法经济权益的保障纳入政府工作范围,建立了新的政府行为规范。

2. 移民与市民之间的冲突

移民与市民之间的冲突表现在社会生活的方方面面。经济领域、社会领域和文化心理领域都存在着对立,这种冲突的烈度较低,频度较高,形式多样。尽管这种冲突方式给相关部门造成工作压力,但从总体上看,通过投诉与上访等冲突方式,可以将移民累积的对于社会不满的情绪发泄出去,同时,问题的解决可以进一步消除潜在的烈度更高的冲突的危险,以免给社会造成消极影响。

移民群体与市民之间的冲突首先表现在经济方面,主要体现在就业与再

①　这些犯罪有些为外来移民,相当一部分则是省内外进入城市包括临时进入城市游荡的流民。这里应该特别加以说明。

181

就业问题上。海口市是一个旅游城市,以第三产业为主,第二产业不是很发达,因此,就业岗位作为稀缺资源就成为移民群体与市民群体冲突的重要原因和突出表现,一般市民认为移民"抢"了市民的饭碗。自经济体制转轨开始,海口市的企业进行改制,部分企业停产破产,部分企业减员增效,下岗失业人员人数众多。这些下岗失业人员多是一些四五十岁左右的人员,人力资本低,只能从事一些脑力劳动成分少的工作,如做小生意、清洁工等,这恰巧与外来农民工的就业领域重合,因此较易引起冲突。另一方面,移民中学历较高的人口占据了海口市较好的职业,如高校教师、公司白领等,使得本地居民产生排外的社会心理。

对于经济资源的争夺还表现在城市公共事业重新调整时移民或移民企业与当地市民或企业的冲突。城市化首先表现为公路交通的发达,和城市公交事业的发展。近年来海口市发展城市公交事业,一方面增加营运车辆,另一方面,中巴退市,公交市场进行重新洗牌。在发展与转型过程中,不可避免地损害到部分车主的利益,引起利益冲突与社会冲突,而海口市公交司机中移民的数量可观,这种冲突逐渐演变成群体冲突。

据交通局运输管理处介绍,截至 2005 年 11 月初,领取大客小客驾驶证者(即从事出租、公交运输及旅游交通者)共有 16063 人,其中海口市 3396 人,其余均是来自省内外的移民,内地移民共 3348 人。在 12667 位移民中,不少人承担起海口市公交的重任,其中司乘人员以东北人居多。据统计,海口市共有48 条公交路线,由数十家各种所有制性质的公交公司承运,其中拥有 30 辆以上车辆的公司有 8 家。在 2005 年 2 月至 9 月初,共有 18 条线路发生围堵、停运等矛盾冲突。如由金盘开往府城、万福新村方向的 44 路车在 2005 年 3 月首日开通的上午,就受到多辆 19 路、20 路车围堵而无法正常通行,经协商,一个小时后才得到疏散。2005 年 8 月 30 日,35 路车共 17 辆全部突然停运。

公交"闹事"的,当时十有八九与东北人有关,特别是 2001 年很多具有"闯劲、冒险精神"的东北人卖掉家产,移民来海口承包线路,这些人易结成团体,只管自己的经济效益,服务态度差,公众效益差。他们维护自己利益的手段多样,除围堵、罢运外,还请到残疾人参加,让残疾人坐在车前,阻止执法部门协调处理。

从公交系统这些罢运、围堵事件可以看出,移民基于经济利益正在向团体化、组织化方向转变,但又没有完全形成正式组织,只是一些基于地缘关系而形成的非正式初级群体,这些非正式群体更可能因为短期的经济利益而与其他群体发生冲突。若已经形成正式群体,则可以通过理性的谈判与磋商达成一致与合作。

其次,由于农民工价值观、生活方式的不同,农民工与市民之间在社会交往与社会心理和文化方面存在着隔阂与对立。在此,我们主要考察移民在维护自己利益的过程中,与政府官员——同时是市民——所发生的冲突。部分官员认为移民,尤其是某些地方、具有冒险精神的、农民出身的移民,对城市社会秩序形成威胁,从心理上抵触移民迁入,在执政过程中,容易与移民发生冲突。关于这方面的研究较多,主要从移民适应的角度或移民与市民冲突的角度出发,立脚点一般在移民。本次研究并没有像以往一样从移民角度出发进行调查,而是从与政府相关部门负责人的访谈中来揭示市民与移民的冲突。

据信访部门负责人介绍,2005 年信访局共收来信 2500 件左右,接待来访6500 件左右,与前几年维持在同一水平。其中土地纠纷、征地、拆迁(15%)与养老保险是信访的主要内容。可见,一方面,城市化进程中移民冲突发生的频率较高;另一方面,冲突主要由利益因素驱动,即改革涉及利益结构的调整,以牺牲一部分人的利益推动现代化的进行,而这一部分人主要是社会上的普通阶层,企业改制、征地等使其面临坠入社会底层的危险,因此冲突较易发生。

尽管信访部门近年来在处理矛盾纠纷中发挥了重要作用,在一定程度上缓和了社会的紧张状态,但市信访部门在接待信访时存在着对移民的排斥现象。对移民的排斥现象主要表现在两个方面:第一,进门时的差异。一般来说,如果要进入信访局上访,必须先在市政府门口进行登记,然后是有选择地进入信访局反映情况。但移民进门的难度大于普通市民,以至于移民进门时采取很多迂回曲折的方式,与门口登记人员玩"猫捉耗子"的游戏,被发现时常引起争吵。第二,处理问题时的差异。在门口登记的上访事件,信访部门应协调相关政府部门进行解决,并尽快给上访人以答复。可实际情况是,在处理上访事件时,存在着对移民的排斥现象。如 2005 年 7 月底一位来海南打工的江苏人,反映原单位厂长利用职权欺压本人,要求信访部门帮助解决问题,但信访局在三个月后仍没有回复。类似于此类的移民个人事件信访部门多漠然处之,致使有的人多次上访。这反映出政治精英对于移民有着排斥的心理,在行为上体现出不作为,这是烈度最低的冲突,但也为暴力冲突埋下了隐患。

对于以上市民与移民之间的冲突,政府的作为较少。尽管政府在解决就业与再就业问题上作了较大努力,例如开发社区资源解决下岗职工的就业问题,组织失地农民进行劳务输出的"阳光工程"等,但对于城市化进程中出现的这种频度高、烈度较低的冲突并没有认识到其危害性,致使社会冲突逐步升级。

3. 移民与政府部门的冲突

作为微观向宏观的转变,移民与政府部门之间也存在着冲突。这种冲突与前者所说的政府工作人员与移民之间的冲突不同,冲突主体之一的政府部门在理论上代表的是城市社会的公共利益,不同于政府工作人员个人。

在政府相关部门执法的过程中,易与移民产生冲突,近年来海口市的三车问题(机动三轮车、人力三轮车、两轮板车)集中体现了政府部门与移民之间的冲突。近两年,海口市城市道路发展迅速,公交完善,但无法解决各家门口到公交站点,到办公室门口的问题,因此三车的市场较大。目前,海口市行驶的"三车"大多集中于海甸岛、文明路、博爱路、解放路等 17 个路段和区域,总数约 3 万辆,从业人员近 3 万人。从业人员主要来自本省的万宁、澄迈等市县,广东的雷州地区,及四川、湖南等等省份与地区,有少部分是残疾人,约占从业人员总数的 90%。但市政府的政策是查禁"三车",自 2005 年 8 月 1 日起城管禁止"三车"至 9 月底,共查扣"三车"5616 辆。在查处的过程中,经常发生程度剧烈的冲突与对抗。如 2004 年 9 月 22 日下午,城管支队执法人员在龙泉家园路段查扣机动三轮车时,一女车主以"城管抢车"为借口大吵大闹,另一女车主扑向执法人员,现场有不满情绪的人,乘机起哄,煽动群众围攻、谩骂执行人员,个别人还手执木棍、石块威胁执法人员。围观群众达 300 多人,造成解围工作持续 4 个多小时。据统计,城管部门开展查禁"三车"工作的三个多月时间里,遭遇抗法或群众围攻事件多达 300 多宗,有 25 名执法人员受伤,其中 12 人因伤住院。

从此冲突事件可以看出,移民短期利益与政府制定政策长期利益之间的矛盾,同时也体现了移民对政府的冲突情绪,这种冲突情绪可能因为政府部门不适当的执法行为而演化为冲突行为,从而影响政府的形象,降低政府的执行力。

（二）冲突客体与表现形式①

1.城市政府运作中的政策冲突

急剧的社会变化需要政府的调节,政府在处理事件时通常以灵活多变的政策形式来规范调节。固然政策具有灵活性,可以适应变化多端的实际环境,但不容忽视的一点是,政策通常是针对某一具体问题而制定的,在解决某一特定问题的同时又会引起另一问题的发生,导致政策间存在冲突。由于政策调整利益关系的范围大,因此,这种冲突涉及的对象广,影响较大。在关于海口市女人街拆除问题上反映了政府相关政策上的失范和部门间的分歧,及由此所引发的冲突。

海南建省初期,海口市女人街所在地原是大同路万代桥与义龙路小桥之间的一条污水排放沟。根据海口市人民政府〔1991〕2081号文件精神,海口市人民政府批准海南海达房地产开发公司(以下简称海达公司)对该污水沟进行覆盖治理并兴建步行商业街工程。1991年11月19日,海口市计划统计局同意海达公司立项在该排水沟上兴建步行商业街;1991年12月10日,海口市规划局核发《建设用地选址通知书》,用地面积3467.14平方米;1992年2月12日,海口市土地管理局批复同意出租3361.975平方米水沟用地给海达公司,其中约定:承包受租年限为三十年,期满后无偿收回;承包期间,如国家建设需要,市政府可随时收回出租权,无条件拆除所有建筑物;不能随意改变用地性质。1992年2月14日,海达公司向海口市规划局申请核发《中华人民共和国建设用地规划许可证》,规划用地性质为市政道路设施,规划用地使用年限为30年,用地工程名称为"污水沟覆盖建步行商业街"。1992年10月28日,海口市规划局向海达公司核发了《海口市临时建设工程规划许可证》。商业步行街工程竣工后,1993年4月3日,该项目被转让给湖南省供销经贸开发总公司,后因债权债务关系,该项目产权分由原告湖南省供销经贸开发总公司、湖南省供销社财务服务公司、长沙县路口供销合作总社、长沙县供销合作社联合社、湖南省浏阳市大瑶供销社、海南高速物业管理有限公司、海南日和贸易有限公司共同经营使用。2004年9月3日,海口市人民政府以各业主经

① 为表述方便,在冲突类型划分上,我们在这里将其划分为:"一、冲突主体与表现形式",主要是指人与人(包括人与城市机关)的冲突;"二、冲突客体与表现形式",主要是指城市社会与城市移民冲突中所暴露出来的有关城市政策之间,以及城乡现实利益冲突等。

营的女人街占用 12 米宽的规划路,并且为临时建筑为由,决定坚决予以拆除,并责令海口市规划局负责,对女人街建筑进行全部拆除。153 家经营户除 7 户外,在政府工作下已搬迁,但女人街 7 家业主单位因不服海口市规划局做出的《行政处罚决定书》的具体行政行为,于 2005 年 2 月 2 日向海南省建设厅申请行政复议,后向法院提出行政诉讼。

在拆除过程中,政府相关部门对此意见并不一致。海口市法制局认为,女人街用地不属临时用地,是经海口市政府批准并由海口市规划局、国土局依法办理一系列用地手续后,使用人租用的土地,出租期限 30 年,若政府需提前收回土地使用权,则应当在收回时对土地使用人给予合理的补偿。

海口市规划局则认为女人街是临时建筑必须拆除,主要有三点理由:第一,女人街为临时建设工程,由市规划局于 1992 年 10 月批建,批准使用期限为 2 年。规划局明确规定"在城市规划和建设需要拆除时,建设单位应无条件自行拆除"。并且,女人街自 1993 年建成后营业使用至今,未办理过临时建筑延期使用手续。第二,女人街存在着严重的消防隐患。第三,女人街占用 12 米宽的规划路。

在城市化进程中,由于城市自身地理范围的扩张,必然会征用近郊农村的土地,以及对原有城区进行调整,这使移民的数量增加,社会冲突更容易发生。而政府规范、制度的空白或脱离实际所引起的冲突影响更大,易导致移民对城市政府、社会的仇视,不利于移民融入城市①。

2. 城市移民引发的城乡冲突

从城市与农村之间的关系来看,两大地域之间也存在着较大的利益冲突。新中国成立后,由于严峻的国际形势,我国采用以农村支持城市的方式发展工业,通过农产品的剪刀差支持城市工业发展。尽管近年来国家已逐步注意到此问题,注重农村经济与社会的发展,通过减免农业税等方式提倡工业反哺农业,但在城市化快速推进的过程中,仍存在着城乡利益的冲突,这集中反映在近郊土地征用中,以压低土地价格损害农民利益,支持城市经济的发展。

据美兰区灵山镇某村负责人介绍,本村土地面积共 6600 亩,但自建省办特区至 2004 年 12 月,本村共被征地 3500 亩,一半多的土地被征用办工业,致

---

① 参见聂琦波:《城市建设拆迁中的利益冲突根源及其调整机理研究》,《现代经济探讨》2004 年第 10 期;朱东恺、施国庆:《城市建设拆迁中的利益冲突及其调整》,《思想战线》2005 年第 1 期。

使本村人均土地面积 2 分地。而土地补偿款却逐年下降,1993 年、1994 年时,每亩地的补偿款是 4.2 万元,1996—2002 年为 3.2 万元/亩,2003 年后每亩地 3 万元。随着可征用土地面积的减少,土地的价格却在下降。当前土地补偿标准也在政府部门的相关文件中得到证实,表 2 为海口市国土资源局 2003 年第 3 号文所颁布的建设征用土地补偿费计算标准。

表 2　建设用地补偿费计算标准

土地原用途	平均年产值（元/亩）	补偿(补助)倍数	三项补偿费（元/亩）	其　中		
				土地补偿费（元/亩）	安置补偿费（元/亩）	青苗补偿费（元/亩）
菜地	4211	6(4)	34474	25266	8422	786
养殖水面	3145	6(4)	26732	18870	6290	1572
水田	2320	6(4)	19720	13920	4640	1160
旱地	1833	6(4)	15721	10988	3666	1057
蔗地	1783	6(4)	15264	10698	3566	1000
林地	1050	6(10)	16800	10500	5250	1050

即便是递减的土地补偿费还不能按时到位,目前,全市共拖欠征地补偿款 3.37 亿元,这是农民为城市化所付的代价。但农民在城市化的进程中却较少享受到好处,体现了城乡之间利益的对立。

虽然在征地的同时会解决部分人的就业问题,如每征 1000 亩地就要解决 60 余人的就业问题,但在企业的严格把关下,没有技术、文化程度低的农民很难在企业里工作下去。灵山镇的服装厂从此村征地 1000 余亩时,解决了 60 人的就业问题,可是至今只剩 5 人留在企业里。其余只领到土地款的近郊农民,只有自食其力,或在海口市做小生意,或跑运输,或在抛荒的征用土地上耕种。实质上,这是另一种形式的农村支持城市。

三、结论与讨论

通过本次调查,初步得出以下结论:

第一,政府部门在调控城市化进程中的社会冲突方面作了一定的努力,并取得了一定的成效。近年来,在下岗职工就业、农民工经济权益保障、社会救助等方面,政府付出了较多努力,获得了人们的认可。

第二,政府部门往往未能充分认识城市化过程中的社会冲突的正功能。传统的社会学理论认为,冲突对社会秩序产生不良影响,是社会发展的"病态"现象,但冲突学派指出,社会冲突是社会发展的动力之一。一定烈度内的冲突对于社会发展具有正功能:它能促使社会利益分配更合理,能促进新规范的建立与制度的完善,具有安全阀的功能。但调查中发现,政府及政府工作人员都将冲突视为"洪水猛兽",常采取强控制的方式与之对抗。

通过本次调查,我们了解了政府在调控城市移民与城市社会冲突方面具有不可推卸的责任及存在的不足。随着国家—社会关系的改变和市民社会的到来,政府在政治方面的职能逐步减少,而在社会管理方面的职能渐渐加强,应建立"顾客导向"政府,充分照顾到公众的利益、需求和感受,强化政府的社会服务功能,减少或缓解城市社会冲突。究竟怎样更有效进行城市移民与城市社会冲突的调控呢? 根据已有经验,主要是:

1. 以居民的需要为行政的主导

城市居民不仅包括城市的户籍居民,而且包括农民工等各种暂住人口,政府应从城市整体的角度出发来调控社会冲突。第一,给予城市移民群体以市民待遇,使城乡居民身份平等化。维护农民工的合法权益与自由,这些权益和自由主要包括公平竞争一切就业岗位,居住自由与迁徙自由,在居住地接受义务教育,取得同等社会保障(失业、养老、医疗、工伤等保险待遇),等等。在政府管理上,要重新定位政府管理的价值取向,改变过去二元管理模式,不能再将农民工视为城市的"过客",而要做好将他们纳入城市居民的准备;不能再用以往的"外来劳动力管理模式",而应向"居民管理模式"转换,使他们真正成为城市的一个有机组成部分而不是城市的边缘人群。第二,使城市农民逐渐向市民转化。因为城市化不仅仅是人口向城市集中的过程,更为重要的是城市文明的扩展与辐射,因此,应开展各种活动与宣传,逐步改变农民工的价值观念与生活方式,使其向城市文明的方向发展。同时也要引导农民工培育对城市的归属感,让他们认识到自己也是城市的主人。

2. 促进城市社会心理转变,使其更具有包容性与接纳性

应该对市民的"一等公民"意识加以教育和引导,培养他们的公民意识和

平等观念,减少对外来务工人员的偏见与歧视。这样,才能创造一种平等融洽的社会氛围,帮助城市居民和外来农民工群体加强互动和彼此尊重,增进彼此间的理解、沟通与包容,从而尽量避免社会冲突的发生。

3.探索社区服务市场化、社会化、产业化的新路

坚持"为民、便民、利民"的服务宗旨,创办社区服务实体,重点开展家政服务、物业管理、养老托幼、医疗卫生等服务项目。同时,注重引入市场经济机制,考虑以公办民助、公办民营、民办公助、股份制、合作制等方式发展社区服务业,对其实行独立核算、独立经营,使其与社区服务中心剥离,逐步实现实体化。对于那些已有市场需求又有市场发展潜力的服务项目,重点给予资金和政策支持,使其逐步实现产业化,这是解决与预防城市社会冲突的有效措施之一。

4.实行社区服务与再就业工程相结合

以安置下岗、失业人员为主要内容,发挥社区服务业就业门槛低,吸纳下岗、失业人员多的辐射带动作用,从而增强社区的社会保障功能。科学发展观以强调在环境的可承载力下发展经济,要求通过法律形式保证合理开发自然环境和自然资源,保护和改善生活环境和生态环境,防治污染、环境破坏和其他生态灾难,以建设一个能持续提供自然资源、丰富洁净而又优美多姿的自然环境,真正实现经济效益、社会效益和环境效益,保障经济、社会的持续发展和繁荣。另外,也是很重要的一点,就是建立相应灵活的反应机制,即各种城市危机处理能力。

城市移民与城市社会冲突调控:政府行为[*]

——来自海口市的调查①

  社会急剧转型期,工业化与城市化的加速使得城市成为社会冲突的集中地,尤其是城市开放性的增强,城市移民冲突尤为激烈。如何将冲突控制在一定范围内,既使其发挥积极作用,又不至于造成负面影响,就是冲突调控的主要任务。如我们所知,我国的改革是以政府为主导的自上而下的改革,同时,城市社会冲突的发生有很多是与政府的相关行为有关的。因此,城市社会冲突的调控必然要以政府为主体,要求政府的行为干预与管制。本文在对2005年至2006年度社会调查资料定性分析的基础上,最后强调,政府调控并不意味着强制与专政,而是适应社会发展规律的必然要求,在调控过程中注重以人为本,这才是冲突调控的重心。

一、前提:政府机构改革与市场化改革

  冲突的根源在于利益,特别是经济利益矛盾,而政府部门的作为或不作为有时成为导火索。因此,适应市场经济的需求,改革政府机构是合理解决冲突的前提条件。

  1.政府机构设置改革

  海口市在2004年完成了市国资委和市、区安全生产监督机构设置,成立

---

 * 2007年,合作者:李芬。

 ① [基金项目]海南省社科联基金项目"城市移民与城市社会冲突调控"(HNSK05—32)。

了商务局,设立了发展改革局、人口和计划生育局。筹建海口市行政服务中心,加快行政效能的步伐。研究制订《海口市企事业单位机构改革实施方案》,准备进行事业单位改革。

2. 政府政策改革

以"五统一分"为重点,推进农村经营体制改革,制定《海口市新型农村合作医疗实施办法(试行)》,启动新型农村合作医疗。启动交巡警新警务模式,户籍管理改革工作稳步进行。

3. 政府作风改革

市公安局、国税局等推出"一站式"服务。贯彻执行《行政许可法》,全面清理地方行政法规,大力简化审批程序。积极推进民主科学决策,完善重大决策规划程序,建立健全领导、专家与群众相结合的民主决策机制,对涉及全市经济、社会发展的重大问题和涉及群众切身利益等重大问题,广泛征求专家、市民的意见,集思广益,进行科学决策。强化行政监督,在认真接受人大、政协、社会监督的同时充分发挥市重点项目办公室和市投资环境监督中心的作用,以及企业的监督作用改善政府服务,增强政府行政工作的透明度。

而美兰区区委、区政府工作重心的转移集中体现了政府改革。在2005年春,美兰区明确提出"从老百姓最关注的16个问题改起":弱势群体看病治病;禁毒戒毒;打击"两抢一盗";就业再就业;农民增收、建房;农村环境、农贸市场卫生死角;学校增添配套教学设备;传染病、性病防治;弱势群体法律援助;农民结婚办证;机关作风转变;老年人文艺活动;青少年开展科技活动;"村官"管理难;城市弱势群体住房;农贸市场管理;旧城区居民住房改造;群众坐车难;旧城区居民生活;安全生产;外来工子女上学。为此提出的解决办法是:(1)在全区开展新型农村合作医疗,力争农民参与率达到85%,在全区卫生院、社区卫生服务站开设"10元就医门诊",打造"百元住院"治疗措施。(2)加大打击力度,责任追究力度,大力开展治理毒品犯罪活动。(3)落实社会治安"一票否决"制度,抓好打击与防范工作,加大治安管理,实施重点整治及问责制度,使"两抢一盗"案件有所下降。(4)充分挖掘本地就业市场资源,多途径安置就业,加强帮扶,提倡"创业促就业"模式。(5)加快农村基础设施建设,抓紧农业产业化结构调整,拓宽农产品销售渠道,发展打工经济。

(6)搞好农村卫生环境整治,建立村、镇两级领导干部农村环境整治工作责任制,发动群众对村内及周边卫生死角进行整治。(7)完成全区中小学教学楼房的新建改建、扩建工程,配备电脑和多媒体等。(8)普及疾病疫防网络直报系统,镇及以上单位直报率降低50%,报告准确率达到100%。(9)开展法律援助工作,健全便民措施,简化审批手续,降低法律援助门槛。(10)为解决农民结婚办证难,争取将婚姻登记工作权力下放给各镇镇政府,农民可就近办理结婚登记。(11)下决心狠刹懒惰、虚假、贪占、享乐、衙门"五风",倡导新风,进一步建章立制,形成"勤劳、真实、为公、吃苦"的亲民新风。(12)为解决老年人开展文体活动,利用和增设场所。(13)拨款支持中小学开展青少年科技活动,利用现有条件与社会资源安排好学生科普活动。(14)制定"村官"管理奖励办法,先试点后展开。(15)通过深入调查摸底,确定援助对象,定出特困户安置顺序,实行特困房轮候制度。(16)开展"整治市场环境卫生,规范卫生管理行为,整治市食品卫生,规范食品准入行为,整治经营者个人卫生,规范个人自律行为"的活动,提倡文明经商,童叟无欺。

承办单位	主办件数（件）	答复率（指书面答复）（%）	办结率（含已收到代表反馈意见）（%）	落　实　率	代表满意率
市环保局	9	100	100	已经解决或基本解决2件22.22% 正在解决或拟逐步解决7件77.78%	满意5件55.6% 基本满意4件44.4%
市商务局	2	100	100	正在解决或拟逐步解决2件100%	满意1件50% 基本满意1件50%
市交通局	17	100	100	已经解决或基本解决3件17.7% 正在解决或拟逐步解决13件76.5%	满意13件76.5% 基本满意4件23.5%
市规划局	22	100	100	已经解决或基本解决1件4.5% 正在解决或拟逐步解决21件95.5%	满意12件54.5% 基本满意10件45.5%
市农业局	29	100	100	已经解决或基本解决2件100%	满意2件100%

续表

承办单位	主办件数（件）	答复率（指书面答复）（%）	办结率（含已收到代表反馈意见）（%）	落 实 率	代表满意率
市国资委	16	100	100	已经解决或基本解决3件75% 待条件成熟后解决1件25%	满意3件75% 基本满意1件25%
市水务局	24	100	100	已经解决或基本解决12件41% 正在解决或拟逐步解决13件45% 待条件成熟后解决4件14%	满意19件65.5% 基本满意10件34.5%
市建设局	16	100	100	已经解决或基本解决3件18.75% 正在解决或拟逐步解决13件81.25%	满意13件81.3% 基本满意3件18.7%
市教育局	24	100	100	已经解决或基本解决9件37.5% 正在解决或拟逐步解决11件45.8% 待条件成熟后解决4件16.7%	满意18件75% 基本满意6件25%
市国土局	7	100	100	已经解决或基本解决2件22.22% 正在解决或拟逐步解决7件77.78%	满意1件50% 基本满意1件50%
市公安局	7	100	100	已经解决或基本解决3件43% 正在解决或拟逐步解决4件57%	满意2件28.6% 基本满意4件57.1%

《市十三届人大三次会议人大代表议案及建议、批评和意见办理情况的公告》①。

二、核心：城市政府对移民冲突的调适

现代政府是社会的核心，因此，城市政府在解决移民冲突问题方面发挥着

---

① 《海口晚报》2005 年 12 月 18 日。

不可估量的作用。调查中发现,城市政府的调控以经济方面的措施为主,配合以其他措施共同应对移民冲突。

(一)合理合法地解决各类社会纠纷与群众需求

倾听民声,及时为群众排忧解难。其具体做法很多,主要有坚持市长接待日、法院院长接待日、公安局长接待日制度。

2005 年 3 月举行的"两会"上,陈辞市长在《政府工作报告》中首次提出要开设市长接待日,并将其作为一项转变机关作风、提高行政效能的重要制度长期保持和延续下去。在随后市政府举行的第三十九次、第四十次常务会议中,陈辞提出着手建立市长接待日制度,利用接待日的机会使政府和企业、政府和普通百姓之间搭建起沟通的桥梁。在 4 月 29 日举行的全市投资建设年动员大会上,《海口市人民政府 2005 年廉政建设工作意见》同时出台,在这次会议上,建立市长接待日制度再次被明确提出。5 月 1 日,国家新《信访条例》出台,为进一步解决民众信访工作铺平了道路,海口市政府也决定将 5 月中的某一天设为首次市长接待日,倾听民意。5 月 10 日,市政府正式发布通告,宣布首次市长接待日时间为 5 月 18 日。首个接待日主题围绕投资环境,因此市发改局、规划局、国土局、建设局、房产局、法制局等部门的主要负责人全都来到现场协助解决问题,接待过程中,陈辞对于企业和群众反映的问题,都认真做了记录。每一个具体问题在现场都多方听取职能部门意见,能现场解决的当即责成相关部门解决,需要进一步调查核实的问题,他要求政府相关职能部门限期解决。第一次市长接待日的 21 个信访案件得到不同程度的解决。设立市长接待日今后将作为一项制度来执行,这有助于密切政府和企业、群众的关系。很多人来反映的问题通过正常渠道多年都无法解决,而通过市长接待日不但直接解决了群众迫切需要而久拖不决的问题,也使政府行政长官直接了解了民意。市长接待日将成为政府转变工作作风,提高工作效率的一个强有力的措施。这些接待日解决的问题是关系到来访者个人的具体而切身的问题,也因为这样它带有一定的普遍性。如在一次黄行光接待日中,就当场解答了这样一些问题:教育局帮助特困生渡难关、如何让更多学生念上优质学校、10 亿元贴息贷款哪去了、孩子交不起学费、没有户口上学难、父亲患病女儿面临失学等等,这些反映的问题都得到了当场肯定的答复,或立即办理,或让相关职能部门调理后办理,赢得了群众好评。

　　为了使接待日不走过场，不流于形式，2007年5月，海口市政府制定了市长接待日的九条制度。其具体内容是：要履行职责，遵守接待日制度和有关要求，按时到市信访局热情接待上访人员，力促信访问题依法、及时、按政策得到解决；要坚持解决实际问题与思想教育工作相结合的原则，对来访人员反映的问题，能答复表态的要当场答复表态；对来访人员的不合理诉求，要耐心做好思想教育工作，防止矛盾激化；因特殊情况不能按时接待，要事先通知市信访局，由市信访局协调解决；市信访局要积极配合领导开展接待日工作，维护好信访秩序；市信访局要及时转办接待领导的批示件，不拖延、不积压，并跟踪督办，切实解决和落实。市信访局要每月综合领导接待情况，以信访反映的形式向市府报告；接待周要将接待日专题内容通过新闻媒体进行公告；市信访局要将来访者登记、分类、分批有序地安排好接访；接待日每月一次，每次一个专题。正副市长根据分管的工作，轮流值班接待。

　　法院院长接待日方面，截至2005年9月16日，全省法院院长与各自相关业务庭长，共接待上访事项592起，其中现场听证253起，现场拍板127起。一般是对上访的问题，经省高院梳理后，对刑事、民事、行政等案件，再按立案、执行、申诉、再审等不同阶段进行分类处理。据《海口晚报》9月16日《针对有关法院拖案不审，首席大法官拍案而起——"农民工的案子拖不起"》的醒目报道，农民工罗新春在一次施工作业时摔成骨折后，不仅雇用他的施工单位态度冷漠，拒绝承担责任，而且法院承办此案的办案人员也故意拖延、责骂，甚至让他自己想办法私了。罗新春在诉讼代理人的帮助下，在省高院接待日这一天，向省高院院长曾浩荣同志反映了这一问题，曾浩荣同志听后拍案而起，立即拨通该法院电话，责成该院院长亲自接待当事人，认真听取意见，督促案件公正处理，并在罗新春的材料上批示："不能这样拖案，对法官的问题要查清处理。"各种接待日现场听取民情、民意、民诉的做法，在海南已形成制度，社会反映很好。从另一方面反映了政府在冲突的处理上的有效性与及时性。

　　（二）强化技能培训，多途径安置就业，提高就业率

　　1.强化技能培训，提高就业率

　　鉴于移民群体文化素质差别较大，而低文化素质的移民就业率低，因此，采取多种培训方式对移民进行培训，有助于提高就业率，减少移民冲突。为解决再就业，中央转移支付资金2003年2837万元，其中1000万元用于贷款，其

余用于再就业培训、社保补贴等开支;2004年1919万元,其中再就业培训经费340万元,安排每个下岗职工培训一次,培训项目主要有水电维修、美容美发、电脑、烹调、社区服务、汽车培训,但像汽车培训这种需要较多费用的,个人也要出一部分培训费。培训单位有政府主办,有和社会联合办的。从培训地点分,可分为以下两类。

本地培训。(1)与海南龙泉集团签订厨师、"吧师"、文昌鸡制作工艺和文昌鸡、罗飞鱼的养殖、餐饮服务员等项目的联合培训协议,约定培训合格后80%安置在龙泉集团下属各个企业实现就业。目前,第一期26名"吧师"已结业,其中除了4人自主择业外,其他22名吧师学员全部安置在龙泉集团下属各个企业实现就业。第一期3个月的30名厨师培训班已经开学一个月,第二期"吧师"培训班将在下周开学;(2)与海口民生就业安置有限公司签订协议,年内通过美兰区针织就业培训中心培训农民工800名,其中600名安置在该中心直接实现就业,今年以来,美兰区针织就业培训中心已培训灵山镇763名农民,稳定安置254名农民就业。目前,该中心为扩大规模,扩建183平方米的培训车间,培训设备正在安装调试中,预计每期可培训54人,这为今后在"两镇一街道"设立加工点做好前期人员培训的准备。美兰区针织就业培训中心是省、市政府首肯和推广的一个就业培训和安置的项目并答应给予一定的资金扶持。

异地培训。(1)与广州白云工商高级技工学校签订110名木型工、50名家电维修工、50名汽车钣金工培训协议,80%以上由该校负责安置在与其挂钩定点培训的企业就业;2005年7月已成功输送26名农民工前往广州白云工商高级技工学校参加首期木型工培训,约定培训后由该校100%安置就业。(2)与广东中山市利锵制毛织厂签订300名缝盘工和车位工培训协议。截至目前,已输送80多名务工人员到该厂培训就业。(3)与深圳市保安服务公司,还有广州新珠江眼镜职业技能培训中心签订有关协议,开展订单培训,争取实现向珠江三角洲地区的定向安置。

2.广泛收集信息,多途径安置就业

一是通过召开辖区企业座谈会,向企业宣传就业与再就业政策,与企业密切联系增进感情,政企联手,让企业提供空岗,使企业用工与人力资源实现对接。2005年以来共举办了3期辖区企业座谈会,效果很好。二是致力于企业和求职者之间的桥梁服务,组织参加现场招聘大会。2005年6月5日的海口市第三届人才劳动力招聘大会上,共动员79家企业腾出1959个岗位参加了现场招聘,并组织本区下岗失业、待业人员及农村富余劳动力1097人到场求职应聘,1722人次递交应聘表,473人达成录用意向,277人被现场录取。三是充分利用中央、省、市和区出台的相关优惠政策,把政策送到下岗失业人员家中,共为15名下岗人员办理了《再就业优惠证》,为6名下岗职工办理了小额贷款手续。四是抓住本区演丰镇文明生态村建设的契机,努力创建美兰式"农家乐",每个点配套带动餐饮户、蔬菜种植户、家禽养殖户、淡海水养殖捕捞户、小百货销售户、摄影服务户、休憩小站户等,就业人数达到25人。通过发挥"农家乐"示范点的样板作用,做到"帮扶一人,带动一片"。五是采取层层签订责任状,帮扶对象落实到人,将就业安置作为考核依据等方式提高移民安置率。如美兰区截至2005年8月底,采用这些方式使全区新增就业岗位3846个,完成年度任务64.1%;安置就业3203人,完成年度任务80.0%(其中本地安置2502人,完成年度任务83.4%;劳务输出784人,完成年度任务78.4%);转移农民工就业1064人(其中劳务输出250人,完成年度任务50.3%);就业培训1556人,完成年度任务38.9%。

3. 考察调研,组织劳务输出

2005年以来,本区派出以副区长为组长、区人劳保部门负责人及13个镇(街道)的镇长和主任为成员的考察小组赴广东地区考察劳务市场。随后进一步改变工作思路:一是宣传教育工作由单一开座谈会转变为形式多样的成功人士现身说法、播放回访务工人员的宣传光碟等,报道个别吃苦耐劳、表现突出的务工典型;二是从体力型输出转向技能型输出;三是从单一的就业安置转变为就业与培训相结合的就业模式;四是从重视输前服务转变为输前输后服务并重;五是从单位的日常工作转变为"一把手"工程。

通过考察,筛选一些实力强、管理规范、工作环境好、待遇较高的企业作为劳务输出的首选单位。经过多次考察并回访务工人员,基本了解镇泰(广州)有限公司、广州欧派家具厂等优质企业为劳务输出的对接单位,最近又联系了两家较好的单位。到目前为止,本区外出务工人员的就业稳定率达到80%以上。

为了解外出务工人员在企业的工作情况、生活环境和思想动态,充分体现政府对他们的关心,消除他们及家人的顾虑,本区组织人员定期到输出人员较集中的企业进行回访,实地了解情况,并督促厂方改善条件、落实待遇,使外出的务工人员安心,家中亲友放心。

4. 开展劳动用工检查,清欠农民工工资

2005 年全市共检查用人单位 280 家,涉及劳动者 107 万人。他们的做法是,通过执法检查,发现用人单位未为劳动者缴养老保险费 787 件,未缴纳失业保险费 772 件,未缴纳医疗保险费 769 件,未缴纳工伤保险费的 769 件,未缴纳生育保险费 769 件,未遵守女职工特殊保护规定 3 件,未签订劳动合同 730 件,违法解除劳动合同 5 件,收取风险抵押 517 件,克扣、无故拖欠工资 9 件,未按最低工资标准支付工资 166 件,未遵守工作时间和休息、休假规定 52 件,拖欠农民工工资 22103 元。对用人单位这些违反劳动法规的行为,海口市劳动局依法进行了查处,发出限期改正 847 件,行政处理 1 件,已结案 190 件。重点检查与普遍检查相结合。在开展执法在检查活动中,主要是在普遍检查的基础上,重点对宾馆餐饮、商场、美容美发等服务行业进行了检查,被检查的用人单位有国有企业、集体企业、私营企业、港澳台商投资企业、外商投资企业、个体经营者及其他企业。对被员工投诉举报的企业则加强检查。执法检查中我们采取听汇报、查资料及向员工询问了解的方式,检查用人单位遵守劳动保障法律、法规和规章的情况,对有违反劳动保障法律法规行为的,则依照法定程序认真进行查处。联合行动,加大执法力度。这次检查活动,各区人事劳动保障局结合实际,与联合发文的几个部门积极沟通,统一行动,发挥各职能部门的作用。同时在检查活动中,较好地做到执法检查与宣传教育并举,把《劳动法》的精神送到企业、工地、柜台,帮助劳动者提高法制意识,规范用人单位的用工行为,切实维护劳动者的合法权益。加强纪检监察,规范行政作为。此外,纪检监察部门参与劳动保障执法检查工作。劳动保障监察机构作为一个执法单位,起着其他部门无法替代的重要作用,推动和维护了全市劳动用工和清欠农民工工资执法大检查活动的顺利深入开展。

5. 加强对流动人口的管理,强化落实措施

如龙华区公安分局,在充分发挥公安机关主力军作用的同时,紧紧依靠当地党委、政府部门和广大人民群众,发挥各种资源优势。及时向区委、区政府及上级公安机关汇报工作,取得区委、区政府及市局的高度重视和大力支持,

拨出专款;加强与社会各界的沟通、联系,获取财力、物力及人力上的增援,解决运作中存在的困难。在人力上,将区流动人口协管员队伍好好组织,使其充分发挥作用,坚持"管理重心下移",加强基层日常管理力量,发挥用工单位、用工家庭、出租私房的群众和社区的作用,将这些出租屋的所有者、管理者调动起来,突出其管理上的连带责任。各镇、办及下属的居(村)委会参与外来人口管理利益分配,调动其属地管理积极性,实行以"块"负责的管理体制。外来人口管理环环相扣,专职力量坐镇、区委区政府宏观统筹,将人力、物力资源合理调配,人尽其职,物尽其用。

在细化管理上,一是进一步健全和完善外来人口和出租屋登记发证制度,依法从严管理,遏制外来人口违法犯罪增多的势头。综合运用"打、防、管、治、建"的配套措施,使经常性的检查、突出性的清查、集中性的清理整顿和日常性的登记发证有机结合起来。针对基础薄弱、管理混乱、人户分离严重等问题,逐步建立以外来人口为主的信息资料系统。对登记变动情况、违法犯罪人员情况和"三无"人员综合情况要及时掌握,做到底数清、情况明。二是对出租屋进行全面普查,摸清底数掌握情况。出租屋的摸查工作要做好做细,就像做人口普查工作一样,在政府的协调下组织社会各部门分片、分段的地毯式大规模普查,不管够条件的出租屋还是不够条件的出租屋,都要进行全面造册登记,通过普查,摸清底数。三是落实责任区民警责任制。责任区民警为出租屋管理的直接治安责任人将出租屋管理列入考核内容。不仅加强对在册出租屋的考评,而且要重点检查民警清理整治辖区内隐性出租屋是否积极有效,出租屋暂住人员有无违法犯罪行为,出租屋有无治安和事故隐患。只有这样,才能切实有效治理隐性出租屋,提高对出租屋的控制能力。四是加大对违规出租屋主的处罚力度,严格依照有关法规进行处罚。对出租屋藏污纳垢或租住人员违法犯罪而出租屋主没有及时发现的,要坚决予以取缔,使出租屋主承担治安责任。五是强化打击措施,及时侦破发生在出租屋的刑事案件特别是抢劫等影响大的案件,通过强化打击,努力减少出租屋内违法犯罪活动的发生。要开拓出租屋管理,全面加强外来人口管理,切实落实以下措施:不断增强流动人口协管员队伍在流动人口管理中的作用,将出租屋管理工作触角延伸到每个角落。各镇街办、各派出所根据辖区外来人口、出租屋实际情况,对出租屋、流动人口落实分类管理及时掌握出租屋人口变动情况,重点控制每周登记一次;重点检查每半月登记一次;一般管理型每月登记一次。登记内容包括:出租屋是否合法出租,居住人员是否办证,有无变动,居住与申报是否相符,人数增减,计划生育是否落实,并做到无漏登、错登。协管员做到对出租屋位置清、底数清、屋主情况清、暂住人口来源清、变动清,来有登记,走有注销,全面协助责任区民警掌握出租屋、外来人口详细情况、信息,发现可疑情况和案件线索及时向责任区民警报告。建立强有力的警务机制,加强出租屋动态治安管理。明确工作责任。外来人口、出租屋管理是公安机关特别是基层派出所的一项基础工作,各派出所所长是外来人口、出租屋管理的第一责任人,分管副所长是直接责任人,管区民警是具体责任人。外来人口及出租屋办证率列入年终考核内容,与各种评先创优挂钩,达不到公安部规定的办证率的派出所年终不能评为先进,所长、指战员及责任区民警不能晋级;出租屋管理不到位,出现重大刑事案件和“黄赌毒”等问题,实行“倒查”制度,追究有关责任人责任。结合各个时期的专项斗争,清、管相结合,打防双管齐下。在政府的协调下,组织流动人口代管员和有关部门协助公安机关对出租屋全面的普查,作地毯式的梳理,摸清底数全面登记为深入扎实地整治出租屋打下坚实的基础;责任区民警应严格走访,加强登记管理,经常组织保安人员、协管人员加强治安巡逻,铺开防范网络控制社会面;派出所、巡警、各综治力量紧密结合,定期或不定期地组织集中清查打击活动,实行专项治理,发现违法犯罪坚决予以打击;加强侦破力度,及时侦破在出租屋发生的刑事案件或以出租屋为据点在外发生的刑事案件,特别是杀人抢劫等几类严重暴力性犯罪案件;加强情报信息工作,及时收集和掌握出租屋治安动态,提高对出租屋的治安控制力。

完善档案管理。出租屋资料应一户一档,每户具备以下七项资料:出租申请书,租赁许可证,治安许可证,屋主和承担人身份证,工作证,计生证复印件,治安责任书,出租人、承担人相片,变动登记卡。鉴于租住人员流动性较大责任区民警须备有专用的出租屋情况登记本,对出租屋主及租住人基础资料详细登记,进行经常性清查,发现有变动,要及时更新档案,确保该档案的准确性和时效性。

6. 妥善解决企业与当地的纠纷,不断改善投资环境

龙华区商务局在引进外来企业、使外来企业安心方面,形成了一定的经验。一是创新工作方法,以科学的发展观全面衡量本地的资源,以科学的地区发展规划、产业规划、优势资源与项目、良好的软硬环境争取投资者。二是提

高政府对企业的服务意识，了解企业需求，采用公开电话、传真号码，设立电子信箱等方式与企业沟通。三是注重全市的整体协调，对于协调不了的矛盾及纠纷，上报市委、市政府，由上级领导出面协调解决。

三、基础：城市社区建设

城市社区建设是近年来的热门话题，但本项目中的社区建设并不是通常意义上的社区建设，而是把视角从城市扩展到了整个城市与农村，因此，社区建设即城市的社区建设与农村社区建设，在海南，农村社区建设主要体现为文明生态村建设，这在全国都具有一定的特色和影响。

1. 大力创建文明生态村，是海南近年来广泛开展的并取得了初步成效的工作

美兰区为例，其具体做法是，坚持"发展生态经济、优化生态环境、培育生态文化"的方针，千方百计调动和保护农民群众的创建积极性，让农民群众不但成为农业和农村现代化的主力军和文明生态村的主力军，而且成为城镇化的积极参与者和成果享有者；千方百计提高农业综合生产能力，在宏观调控中着力加强农业基础地位，努力使农业成为能使农民致富的产业；千方百计促进农民增收，让农民长期得实惠，使农村成为农民安居乐业的新社区。在创建过程中，注重解决影响农村发展的最基本基础元素，大力推进农民生活改水和生产改水工程，投入 401 万元用于全区农村生活改水工程，投入 362 万元用于全区生产改水，其中海航捐款 80 万元。现在全区 765 个自然村 28280 农户 120563 人全部用上了卫生自来水，靠天恩赐的"望天田"也喝上了自来水。我们可以自豪地说，美兰区在全国率先实现了 100% 的农户用上了卫生自来水。农民群众高兴地说，过去媳妇陪嫁来的洗衣机是用来做米缸用，现在终于可以像城里人一样洗衣服了。今年是大旱之年，农民群众同样可以充满希望去"望天田"耕种，带着喜悦去"望天田"收获。

统筹城乡，以工促农，培育海水养殖和海洋捕捞产业、苗木花卉产业，充分利用红树林、东寨港地震海底村庄遗址琼剧文化等区域特色产业。目前已基本完成全区农业指导产业和区域特色产业发展规划。正按照"一个产业一个思路、一套实用技术、一套扶持措施"的办法，大力推进农业的产业化，壮大龙

头企业,延长产业链,提高农产品的附加值。把目前一些农村"脏乱差"突出问题作为文明生态村创建的切入点,启动了"百村示范、千村整治"等统筹城乡发展的工程,将整治农村环境作为以"创建"助"三农"的突破口。文明不文明,首先看环境。大力推行"五个一"(每个自然村要建一个垃圾池,100户以上的村可建两个;每户要有一个垃圾筐;每户要划定一片卫生责任区;每个建制村要有一名保洁员)进农村入农户是美兰区以文明生态村创建为载体,贴近农村发展的实际和群众需求所做的有益探索。在重点做好乡间主道硬化、绿化、亮化、美化的同时,发动全区农民群众自己动手,搞好村中胡同小巷的美化、净化。截至目前,全区已组织三次大规模的农村环境整治战役,清除了历史陈年垃圾,新建垃圾池1000个,新置手推垃圾车500个,为各镇统一配置拖拉机垃圾车4部。有效地促进了城镇基础设施向农村延伸,城镇公共服务向农村覆盖,城镇现代文明气息的社会主义新农村,呈现出清新诱人的新气象。结合实际,大力发展各具特色的农户庭院经济,涌现一批批杧果村、番石榴村、荔枝村等。

实行"走出去""引进来"的战略。现在美兰区已全面启动政府引导、群众参与、社会支持的创建机制,广泛开展城乡共建、军(警)民建、村企共建、党政机关包点共建、市场动作共建等多种形式的共建活动。2007年5月初,省边防总队出资45万元与北排村共建文明生态村,驻村工作队筹资11万元,群众自筹资金180多万元,区机关包点共建出资24万元,企业支持45万元,省文体厅支援健身器材13件。截至目前,已吸纳社会各种资金400多万元。此外,还采用企业化动作方式,把文明生态村与旅游观光、农家乐有机地结合起来。

2.推行居民自治,开展建设和谐海口活动

(1)切实理顺关系,确保居民自治。严格按照居委会组织法的有关规定,明确限定社区职权,理顺基层政府和社区的关系。在目前情况下借鉴其他省市的一些成功做法,如制定社区工作准入制度,除法律、法规规定的工作职能之外,确须社区协助完成的项目,均实行事先审批准入,并严格遵守"权随责走,费随事转"的原则,赋予社区相关职权及下拨相应经费,从而为居委会"减负",让他们有更多的精力办理与居民利益密切相关的公共事务和公益事业,真正实现居民自治。

(2)积极培养社区自治意识,增强社区自治能力。凡是涉及社区重大事务和公益性事业,必须召开社区居民代表大会讨论决定,才能付诸实施,通过开展社区居务公开、定期评议社区居委会专职成员、定期向居民代表大会报告工作等形式来充分调动社区居民参与、管理和监督社区事务的积极性、主动性。通过开展各种宣传教育活动和丰富多彩的文体活动来引导和吸引社区居民牢固树立"社区是我家,建设靠大家"的思想,以提高社区的凝聚力,增强居民对社区的认同和归属感,最终达到逐步实现社区居民自我管理、自我教育、自我服务、自我监督的目标。

(3)完善社区组织与制度建设,提高自治能力。进一步建立、键全社区党组织和社区自治组织,完善各项民主制度,积极推行民主管理,提高社区工作的透明度。

主要内容是创新社区党员教育管理方式,确保党的先进性和纯洁性。针对新形势下出现的社区党建方面的新情况、新问题,各街道工委、社区对党员应进行分类管理,并建立相应的有效载体。对离退休党员,要着重引导他们如何在社区发挥余热;对下岗职工党员,要强化服务,组织培训,提供就业岗位,帮助他们树立战胜困难的信心;对流动党员,要因地制宜,灵活机动,全天候开放社区的党员活动室,让他们可以随时随地地参加党的组织生活,建立流动党员"管理卡"记录每位党员的工作、学习、生活情况及日常表现等,开展好"工作一方,奉献一方""既要创事业,又要保本色"、党员商户持牌服务、争当"共产党员示范户"等主题鲜明的活动,使他们既有责任感又有光荣感。对长期脱离党组织,不过组织生活,不缴党费,经教育不改过的,各级党组织应该严格按照党章的有关规定进行处理,以确保党的纯洁性和先进性。对于党的活动经费中适当解决外,应将党建经费列入各级的财政预算,以确保党组织活动的正常开展。

重要保证是政府投入的增加,逐步完善社区居委会组织与办公条件。自2006年起,区级财政每年预算安排100万元,用于街道及社区居委会办公场所的建设。按社区居委会硬件设施达标要求,办公面积力争达到100平方米,且办公地点宜设在方便居民办事的临街处。各街道应负责所辖社区居委会的电脑等办公设备的购置和更新,以确保社区各项工作的正常开展。为了适应新形势下的社区工作,不断提高社区居委会专职成员的工作水平和能力,改善和优化居委会班子结构,区民政局要尽快制定关于社区居委会专职成员的政策、法律、法规、业务知识、工作方法、电脑技能等培训工作。同时,各街道(镇)要对各社区的专职成员进行定期或不定期培训,以不断提高他们的政治素质及业务水平。鉴于社区居委会主任负责全面工作,责任大,适当拉开主任和副主任之间的职务补贴,更有助于调动他们的工作积极性。因此,每个居委会主任每月增加200元的职务补贴,由各街道(镇)从2007年6月开始实行。今后社区居委会专职成员一律由街道(镇)统一管理,其福利和补贴各街道(镇)自行统筹解决。各街道(镇)在财力许可的范围内,适当提高居委会专职成员的福利待遇。凡今后街道镇出现事业编制空岗或自然减员时,原则上从符合岗位要求条件的社区居委会专职成员中公开考试录用;在街道工委和办事处增设一个事业编的工委委员岗位,专门面向辖区的社区居委会书记、主任竞岗,择优选拔兼任。为他们提供一个良好的发展空间和平台。居委会专职成员从2007年起,每年可带薪工休一周。新时期的居委会专职成员不仅要依法管人,以理服人,而且更要以心交心,以情动人,用导游的嘴巴(能说会道)、迎宾的笑脸(热情洋溢)、运动员的腿(走街串户)、婆婆的心肠、律师的脑袋,想居民所想,急居民所急,尽心尽力为居民排忧解难,以实实在在的行动和成效赢得社区居民的理解和支持。

(4)创新思路,改善生态、生产与生活环境。在改善生态、生产环境方面,区建设局自2006年起从小市政建设专项经费中下拨20%(今年从预备费中列支)给各街道(镇),给各街道(镇)按照税收分成和预算外收入所得的10%进行配套,用来实施社区道路、水沟、路灯维修等"贴心工程"。(限于1000元以下的小项目)。要发动社区居民参与路灯管理和维护,通过认管,培育居民有主人翁意识和爱护公共财产的社会公德。加强环境保护宣传,组织社区居民治理脏、乱、差,净化、绿化、美化社区环境。使"社区是我家,卫生靠大家"的理念深入社区每个成员心中。充分发动社区内的热心人,分片、分街、分楼栋负责监督居民的卫生情况,对卫生好的楼栋和住户持红牌以示嘉奖,差的挂黑牌以督促其改正,并通过广播或宣传栏予以公布,以形成"讲卫生光荣,不讲卫生可耻"的舆论氛围。积极开展植绿护绿活动,各社区居委会发动居民特别是离退休老人、党员、学生对辖区内的绿地、花池进行认种、认养、认护,对养护精心者予以精神和物质的鼓励,整体提高人居环境质量。

在改善生活环境方面,加强综合治理,保障安居乐业。广泛开展安全防范宣传教育。消防部门要加大对老城区消防隐患的排查力度,采取有力措施防患于未然。建立社区治安综合治理网络,严厉打击"黄、赌、毒"等违法犯罪活动,深入开展"无毒社区"创建活动。推进警务进社区,加强对吸毒人员的帮教和流动人口的动态管理。社区居委会要积极发动辖区居民组织如老人义务巡逻队,下岗人员治安联防队等志愿队伍,实行群防群治,消除各种社会不稳定因素,努力创建"安全文明社区",实现"三无",即无毒、无乱、无案件,为社区居民营造一个安全的生活环境。

四、结论与讨论①

从以上介绍可以看出,政府为进行社会冲突调控,进行了从政府机构的市场化改革到政府日常行为的干预,力图将社会冲突控制在社会可以承受的范围之内。当然这种对于冲突的调控并不限于特定部门如公安局等的特定行为,如强制与专政,而是在政府整个层面所开展的以人为本的调控。

(一)政府理念的转变是政府冲突调控行为转变的根本。

以人为本的政府理念正在逐步建立,是政府调控城市社会冲突的重要转变。只有以人为本的政府,才可能从人民(包括城市市民与移民,用城市居民更为合适)的利益出发,对社会中存在经济利益及其他利益冲突进行调控。

(二)要做好城市移民与城市冲突的调控,应该深入认识城市发展的一般规律,尤其是中国国情条件下的工业化转型过程中的城市化规律,以建设小康社会与和谐社会为目标,积极构建新型的中国社会主义的城市文明。

城市化在一些地方引起了以下变化:

(1)综合实力显著增强,为推进城乡—体化奠定了较好的经济基础。

(2)城市化水平快速提高,开始进入城乡加速融合阶段。对照世界城市化发展规律,还将逐渐进入城市化加速推进、城市文明加速普及、城乡加速融合的发展阶段。

---

① 这里应该说明,社会调查的实然与理论分析不是一回事,所谓"政府行为"的角度只是一个描述,而本文并没有指出政府行为在调控冲突时的不足。由于有关部门的拒绝,有些重要的材料,譬如信访情形及处理效果就未能获得,这是本文的重要缺失。

(3)制定了多层次的空间规划体系,加快了行政区划调整,形成了布局合理的城乡空间。在省域城镇体系规划指导下,全面完成了县(市)域城镇体系规划,基本完成了城市总体规划的修编工作,各小城镇也已基本完成总体规划的编制和完善工作,许多乡镇还编制了详细规划。

(4)农村生产生活环境显著改善,接受城市辐射能力增强。在收入水平大幅提高的同时,农民生活也有了明显改善。

(5)加快了制度创新的步伐,逐步破除了城乡分割的体制性障碍。取消了进城控制指标和"农转非"计划指标,加快了户籍制度改革。同时,也进行了城乡统筹就业的试点工作。一批经济发展较快、城市化水平较高、城乡劳动力流量较大的县(市、区)作为国家和省试点,先行开展了城乡统筹就业工作,取得一定的经验和成效。进而,城市化是区域经济中的一个重要组成部分。解决中国的就业、产业结构升级、扩大对外开放、调整供求失衡、完善基础设施、提高企业国际竞争力、实现可持续发展等诸多重大难题的相交之点就在于城市化。农村剩余劳动力的出路在哪里?在于向城镇和非农产业转移。产业结构调整的主战场在哪里?在于城市经济资源的重新优化配置,城市经济系统的再组合。城市是区域经济扩大对外开放的窗口,是腹地资源加入全球化竞争的门户。更多的人进入城市,创造出更多的城市型消费群体,是实现扩大内需战略的必然选择。这就是说,只有正确理解城市化趋势和移民与城市社会冲突的必然性,才会自觉地去弊用利,正确应对。

(三)政府应完善群体利益表达渠道,将冲突解决在初期。

社会转型期利益冲突加剧,因此,政府应建立并完善如信访、市长接待日等各种渠道,满足群体利益表达的需要,并切实将群众所反映的矛盾与冲突作为政府的日常工作加以解决。

行政诉讼的民主政治意义探微 *

我们今天的法制是社会主义初级阶段的法制,与剥削阶级历史类型的法制相比较,它是法律发展的一种高级形态;与社会主义未来阶段相比较,它还处在起始型的发展基础上。这就要求我们主动适应社会主义初级阶段生产力水准的逐步提高,加强民主政治建设,使法制本身也成为民主政治的体现。本文即以行政诉讼为例略加窥探。

一、法律从来都是与政治相关的,但有时却与民主相去甚远

兹后,民主作为一种国家形态产生和发展起来,法律就被它所同化和蕴含,同时也成了它的一种外部表现。这时,政治不仅不能和民主相分离,并且政治以民主为其重要内核,一切依附于它的国家政策和法律制度都被民主的发展程度所左右。法律性质变化着,法律部门增加着,日益显现出多样化的功能,负载起民主政治的使命。以此为里程碑,就完全超越了古代偏重于镇压、恐吓的法律,在中国,则从"刑""罚"的法律藩篱中脱胎、解放出来。那么,这种新型的法律将产生何种影响呢?譬如说行政诉讼。它作为国家行政管理的法律化,其直接的宏观效益,就是给国家机器的运转注入某种生机和活力,使政府与社会之间保持一种和谐状态。

考察国家的行政法及行政诉讼的立法精神,就是企图确定处于动态中的

---

* 《法学评论》1988 年第 6 期,合作者:李剑华。

行政机关及其公务员的权力的合理界限。行政诉讼虽然一般只涉及部分公民与行政机关的纠纷,但它的着眼点却在于社会成员中大多数人的拥戴,调解由于国家和社会相分离所必然带来的矛盾,使国家更接近于社会。行政诉讼的司法实践有助于保障国家的组织活动的正常进行,在公民的权益经过行政机关处分之后与公民发生争议时,以法庭判决或裁定的方式将行政机关的行为予以纠正或维护。这里,公民、行政机关和司法机关三者都是把行政诉讼制度作为中介,寻求自己行为和利益的合法性根据。无论法庭审理结果如何,他们都在法律的公正和效率面前互相认同,从而体现近、现代国家为社会服务的政治意向,推动社会的法制化进程。

二、行政诉讼以及与此相联系的法律监督机制和国家形态的演变同步

奴隶社会和封建社会法律的一大特征,就是"诸法合体",行政机关兼理司法,司法权受行政权的操纵,不可能有作为民主制度产物的规范现代行政主体及其行为的法律,以及保障这些法律实施的系列政治制度。结果法律的偏向和严酷在司法实践中更趋恶劣。加之统治者利用占统治地位的意识形态,譬如"君臣治国论"以及宗教、宗族习惯法等诱导人们"无讼",甘心接受奴隶境遇的既成事实,致使很多人在遭受行政官吏失当处分或凌辱之后不积极投诉,争辩曲直于衙门,而经由乡党评议,或者不了了之。这一情形植根于历史。古华夏自然村社的农耕文明为高度集权专制的政治格局奠定了牢固基础,与此相适应,它又构建了自己的法律文化,"出礼入刑",道德法律化,法律道德化。它主要服从于一个目的,即统治阶级所需要的那种人身依附关系的稳定。这时,人们将对法律的惶恐、乃至藐视心理藏而不露,消极地从"明君、贤臣、顺民"这一用血涂抹的美丽政治图案外力求生存,希冀上面赐给他们雨水和阳光,以至于"很少有人从法的角度去考虑自身基本权利被践踏的事实,若非忍无可忍铤而走险,总是逆来顺受,祈求'真命天子'和'青天老爷'保护"①。

---

① 王亚南:《中国官僚政治研究》(孙越生[再版前言]),中国社会科学出版社 1993 年版,第 3 页。

现代意义的行政诉讼制度始自于欧美主要资本主义国家,它是用法治化代替了过去单纯治吏的行政法。英国行政法著名学者韦德在他的《行政法》一书中强调:"行政法的定义,首先可以概括地说,它是关于控制政府的法律,这是问题的中心。""行政法的主要目的就是控制政府的权力不越出他们的法律规范,以此来保护公民不因权力滥用而受到侵密。"美国著名的行政法学者古德诺在他的《比较行政法》一书中则认为:"行政法是公法的一部分,它规定行政机关的组织和职权,并规定公民在受到行政行为侵害时的行政救济。"无论把行政法当作是实体法还是程序法,其实它主要只具有程序上的意义。随着行政法和行政诉讼法配套,公众可以通过这一途径卫护自己的合法权益,而国家却因此防止和减少了行政立法、执法和守法的相互脱节,有效地避免违法的真空地带出现,最大限度地发挥法的社会性作用。不过,资产阶级国家的行政诉讼,尽管做法不尽相同,但和其他制约机制一样,都是侧重于分工和制衡,为了不让行政机关脱离"三权分立"的轨迹,因而它不过是为等价交换这一巨大的政治平衡器所支配,是资本具有独立的个性的反映。这就从性质上同社会主义的行政诉讼区别开来。

三、在社会主义国家里公有制占主导地位,立法者是人民群众的代表,法律颁行过程中还要受到人民群众的社会监督

它既体现国家的权威性力量,又体现人民群众的主人翁地位,使法律的阶级性、人民性、社会性达到高度统一。这种社会主义实践仍然证明,"决不是国家制约和决定市民社会,而是市民社会制约和决定国家,因而应该从经济关系及其发展中来解释政治及其历史,而不是相反。"①

社会主义国家的行政诉讼,要求公民用宪法赋予的一般权利来约束行政机关及其工作人员的具体权力,是行政法制监督的一个极为重要的环节。我国《宪法》第二十七条规定,国家机关应该努力"为人民服务",第四十一条第一款规定:"中华人民共和国公民对任何国家机关和工作人员,有提出批评和

① 《马克思恩格斯选集》第4卷,人民出版社1972年版,第192页。

建议的权利,对任何国家机关和工作人员的违法失职行为,有向国家机关提出申诉、控告或检举的权利……"社会主义国家的人民群众是国家的管理者和参政者,他们当然也就具备这样的权利和义务,即:一方面必须服从于国家行政机关的权威;另一方面则要对国家行政机关及其工作人员进行法律监督。行政诉讼的进行,是因行政法所规定或认可的法律关系被扭曲从而引起当事人之间的争议,由利害关系人依法请求而提起,原告以抗诉者的身份同被诉者行政机关处于平等地位,将"官贵民贱"的陈腐传统像蛛丝一样轻轻抹去,它完全符合马克思和恩格斯当年对未来社会的瞻望:"一切公务员关于他们自己的一切职务活动,对于任何一个公民都应当在普通法庭前根据一般法律负其责任。"①由于如上原因,笔者认为,行政诉讼案件的审理权无论属于司法机关,还是属于行政部门,并不是问题的关键,这可根据我国的具体国情而定。切实保障人民民主权利的行使,使原告一方的合法权益不至于为非法的原因而受到障碍或损害,这是行政诉讼的显著特点。行政诉讼作为一种行政救济手段,能够及时发现或纠正因行政为失误或违法,倘若因此而产生了侵害事实,即要通过行政诉讼改变或撤销行政机关的某种行政决定,判决行政机关给予行政赔偿以制止和补救已经产生的损害,则是其可见之于精神和物质的一种最好的结果。

正因为行政诉讼属于一种民主参与形式,故而普遍受到社会主义国家的重视,并且在立法和司法实践中有了一些很好的经验。1977年苏联宪法第58条规定:"苏联公民有权对公职人员、国家机关和社会团体的行为提出控告的权利,控告应按照法律规定的程序和期限予以审理。对公职人员违反法律,擅越权限,损害公民权利的行为,可根据法律规定的程序向法院提出控告。苏联公民对于国家机关和社会团体以及公职人员在他们执行公务时用非法行为造成的损失,有要求赔偿的权利。"1980年接着制定《苏维埃和各加盟共和国行政违法行为立法纲要》,根据这个纲要,对行政处罚当事人不服的可以向普通法院起诉,克服了过去这类行政案件由行政机关本身处理,就会存在被告人自己兼为裁判官往往难以公平处理的毛病。1987年6月30日又通过了《苏联关于公职人员损害公民权利的违法行为向法院控告的程序法》。该法开宗明

① 《马克思恩格斯选集》第3卷,人民出版社1972年版,第30页。

义地指出："苏联公民拥有苏联宪法和法律规定和保证的广泛的社会经济、政治及人身权利和自由。尊重个人、维护公民的权利和自由是一切国家机关、社会组织和公职人员的义务。"在南斯拉夫,处理行政纠纷设有行政法院或行政法庭。行政法院或行政法庭的任务,是审理有关公民、自治组织与国家机关之间的行政争议。据几年前的统计,以前,在行政诉讼案件中,国家机关败诉的约占15%至30%;现在,在行政诉讼案件中,国家机关败诉的约占15%至20%。由此可见,行政法院(或行政法庭)不仅纠正了国家机关的许多错误,确保了公民和组织的合法权益,而且也促使国家机关注意遵守法律,从而使国家机关违法的案件在整个行政案件中所占的比例日益下降。以上事例对我们是个启迪和鼓舞。

四、在社会主义初级阶段进行民主政治建设，没有现存的脚本

我们既要继续反对封建主义人治的积弊,又要避免资本主义法治的弊端,应该清醒地估计到这势必经历一段艰难的行程。随着我国工业化和生产的商品化、社会化和现代化的发展,这时法律对自己提出而非像过去那样人们试图对法律提出要求,这就是:以国家的意志和强制力对人们的现实基本权益予以肯定,同时对其实现的途径用民主政治的形式予以指引、解决。循此逻辑去透视行政诉讼的作用,尚须具体说明如下:

首先,实行行政诉讼是实施宪法,完成依法行政而非"以法行政"的历史转变的需要。依据行政法,为了有效地对国家实行卓有成效的管理,行政机关及其工作人员享有一定的权力,同时规定其权力行使的范围,具体责任和必须承担的相应义务。行政诉讼法,又通过对行政机关及其工作人员的监督,追究行政机关及其工作人员对公民合法权益的失当处分,积极防止权力滥用的现象和官僚主义摆正行政机关同司法机关的关系,摆正行政机关及工作人员同人民群众的关系,克服党政不分(此为采取群众上访所难避免)之弊端,消除部分群众的不满情绪,我们过去一直片面强调思想作风整顿,把民主仅仅当作了长官行使权力的手段,没有从解决国家权力制约和归宿的高度上考虑问题,忽略了行政管理的制度化、法律化建设。在新中国成立后相当长的一段时间

内,行政法和行政诉讼法等法律制度的建立一直未能列入议事日程,动辄用行政手段处理一切,以至于超越了行政命令强制面的合理维度。在指导思想上是形而上学、绝对化;在手段上是人民战争式的、群众运动式的,简单地以党的领袖人物的讲话、号召,以及会议动员、报刊宣传、党团员表态等方式启动社会和处理社会经济政治等等纠纷和矛盾,往往超越政府行为的合理维度。此种做法虽然一时具有功效,终因弊端甚多致使矛盾迭出。就其形式而言,它是政治管理上的无序,就其社会实践效果而言,由于它在实际上颠倒了人民群众同政府机关的关系以及主人同公仆的关系,驾空了宪法和有关法律,使人民民主形同一纸具文。

其次,实行行政诉讼是完善诉讼制度系统工程,使人民群众更广泛地参加守法监督的需要。权且把作为实体法的民法、刑法和行政法等当作亚系统,把民事诉讼法、刑事诉讼法、行政诉讼法当作子系统。在子系统中,民事诉讼法是规定因财产、婚姻、劳动等所产生纠纷之后如何进行诉讼的法律,它是在有计划的社会主义商品经济迅速发展的条件下,通过人民法院的审理确认各种民事权利义务关系,制裁民事违法行为,保障公民或法人的正当权益。刑事诉讼法从司法程序方面保证刑法的贯彻执行,其主要任务是准确、及时地查明犯罪事实,正确运用刑法及刑罚,用一般预防和特殊预防两种方式维护社会的正常秩序,避免无辜的人蹈入法网或受到错误的追究。如上所述,行政诉讼法是通过诉讼形式来审理行政机关及其工作人员的行为是否违法的一种特殊诉讼制度,它"是一种用以保障执行管理活动领域处于协调状态的手段。要达到协调状态,则要求行政法主体依据和执行法律,行使被授予的权利,履行所承担的义务。执行管理活动的权力实质,表现为在立法规定的程序范围内去实现权利和义务。而在这些程序的实施过程中,就产生了行政诉讼关系。"①这三种诉讼法关系密切,共同构成诉讼制度的完备形态,不同程度地起着民主政治的杠杆作用。

再次,实行行政诉讼是树立人民群众的权利义务意识,提高他们作为主人翁的素质的需要。在我国,有限的民主观念乃至于包括无政府主义思潮是伴

---

① [保加利亚]茨·茨韦塔诺夫、徐晓晴:《保加利亚的行政诉讼》,《法学译丛》1987 年第 4 期,第 28 页。

随着列强的隆隆炮声才播布流传开来的,这不啻是对以我为中心的"天朝帝国"的莫大讽刺。长期以来,很多人不知民主为何物,亦不知道除了刑事违法之外尚有民事违法、行政违法。在"法=专政工具"的公式里,官僚主义和家长制、人身依附关系和奴性般的狂热和盲从达到极致,在这种情况下奢谈四化建设,岂不是南辕北辙? 我们今天必须在坚持社会主义物质文明建设的同时,坚持社会主义精神文明——包括法律文化的建设,力争在经济基础和上层建筑两个方面尽快地向不幸的昨天告别。

五、无意抬高行政诉讼的民主政治意义,亦绝非轻视或否定行政机关的地位和作用

行政机关及其工作人员倘若饱食终日、无所作为岂不更多地给社会造成损害? 本文是以承认国家赋予行政机关应有的权限和权威为立论前提的。这里仅仅旨在通过对行政诉讼的民主政治意义的剖析,提高人们执行、运用行政诉讼手段的自觉性,其一实现依法行政,其二实现对管理者的依法管理,使人民群众变消极的守法者为法律的主人。

我们之所以强调这一问题,是因为历史已经到了这样的关头,阶级对立已不复存在,阶级斗争已不是我国的主要矛盾,继续进行对敌斗争的同时大量的人民内部矛盾摆在我们面前,而促进生产力的更迅速的发展又成为当务之急。这时,经济基础是商品经济繁荣,人们自然要求平等、竞争和受国家保护的个人自由、幸福与发展;政治基础是民主制,人们自然要求政治公开化、民主化。正如识者所言:"民主制是一种向下的政治结构,国家的权力对下负责,'民'对'官'有某种直接的制约权,而且民主的范围越大,民主的权利越真实,人民对政府的制约力也就越强,民主制因此也就越完备。在这里,民主的范围和民主权利的真实性是两条评判的标准,没有一定范围和真实的'民主',都不是真民主。"①行政法要求和允许行政机关及其工作人员在法律规定的范围内行使权力,发布命令,而公民个人、企事业单位和社会团体必须服从,否则可以采取强制措施。只是这并不表示他享有超越于公民个人、企事业单位和社会团

---

① 钱乘旦、陈意新:《走向现代化国家之路》,四川人民出版社 1987 年版,第 159 页。

体的特权地位,即所谓职责之所在。所以,行政诉讼的司法实践,绝大部分非等于对行政机关及其工作人员的行为予以简单的否定性评价,而是为了防止和减少他们因为直接行使国家权力而可能发生的失误或违法,因此有时恰恰是通过这一司法程序,对其行为加以肯定并明确维持其效力。

论"依法治国"背景下的公民权利本位*

——学习中共十八届四中全会决议

一、引论:"依法治国"蕴含着公民权利本位思想

"依法治国"是我们党执政理念的表述之一,体现了与人民利益、理想的统一。马克思主义认为,生产力尺度和人的发展尺度应该是统一的,它是评价社会进步与否的两种基本尺度。"人们奋斗所争取的一切,都同他们的利益有关。"①马克思、恩格斯在《共产党宣言》中明确指出:"代替那存在着阶级和阶级对立的资产阶级旧社会的,将是这样一个联合体,在那里,每个人的自由发展是一切人的自由发展的条件。"实行"依法治国",首先表达的是一种体制上对社会主义性质和党的领导的坚守,从其内容和价值上,蕴含与体现着公民权利本位的思想。

中国的改革开放否定了空想社会主义,从经济基础和上层建筑两个方面,即通过体制改革解放生产力和促进社会主义民主,构筑人民幸福的基石。马克思、恩格斯认为,物质生产在人类历史发展中具有决定性作用,人类历史的第一个前提就是必须生存,为此人们首先需要衣、食、住和其他东西,因此第一个历史活动就是满足这些需要,也就是物质生活本身的生产。物质生产是一切历史的基本条件。"没有蒸汽机和珍妮走锭精纺机就不能消灭奴隶制;没有改良的农业就不能消灭农奴制;当人们还不能使自己的吃喝住穿在质和量

---

* 《韶关学院学报》2015 年第 11 期。

① 《马克思恩格斯选集》第 1 卷,人民出版社 1956 年版,第 82 页。

方面得到充分保证的时候,人们就根本不能获得解放。"①联合国《发展权利宣言》第 1 条第 1 项即指出:"发展权利是一项不可剥夺的人权,由于这种权利,每个人和所有各国人民均有权参与、促进并享受经济、社会、文化和政治的发展,在这种发展中,所有人权和基本自由都能获得充分实现。"

中国今天的发展成就既是改革开放的成果。"依法治国"继承并完善国家内政外交战略决策的重大调整,坚持人民主体地位,坚持法律面前人人平等,坚持善治的制度实践,同时体现中国发展与世界和平发展的宏大思想建构。所以,坚持和推进依法治国、使司法公正落到实处,全面实现公平正义,与建设中国特色社会主义,解放生产力,发展生产力,消除两极分化,最终达到共同富裕是一体两面,即同时回答"发展为了什么"。

中国依法治国所体现出来的制度化、规范化、程序化,必将有效促进创新型国家的构建,纠正功利主义偏执,引导社会转型,加快实现国家治理体系和治理能力现代化。中国幅员辽阔,经济总量已经居世界第二位,但同时存在着城乡、民族和区域差别,而环境治理、社会信用和权力阳光化等经济社会发展品质建设任务艰巨。确立权利本位,具有树立中华民族伟大复兴新航标的重要价值和深远影响。

二、西方权利概念:法治思想的重要元素

(一) 政治思想家从政治层面对权利的解释

权利理论经过近代启蒙思想家洛克、孟德斯鸠、卢梭等人之手一直延续到现代。洛克认为,权利是一种价值,而自由、平等、所有权是人不可剥夺的天赋权利或自然权利。孟德斯鸠则将权利概念转换成法国人普遍能够接受的概念——"自由"。卢梭认为,权利不仅是每个人生存的主要手段,而且也是人的一切能力中最崇高的能力,是人区别于其他动物的主要特征。特别是美国学者格林对权利概念增加了新的内容,他将权利与权力联系起来,认为国家职能就是积极干预并拆除种种妨碍物,以实现人的权利,体现国家保障和实现人权的作用。

---

① 《马克思恩格斯选集》第 1 卷,人民出版社 1995 年版,第 74 页。

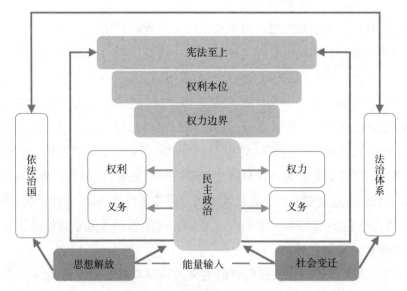

图 1　中国转型期法治发展自变量

马克思主义权利观认为,民主国家的国家权力来源于公民权利,国家权力为公民权利服务,公民权利内涵中包括监督和制约国家权力,公民权利实现是国家权力实现的价值目标。

根据梅因的考察:"概括的权利用语不是古典的,但法学有这个观念,应该完全归功于罗马法。"①19 世纪中叶,大陆法系一些国家复兴了罗马法传统,将权利限于法律意义;美国的一些法学家开始强调权利是法的派生物。德国法学家则认为,权利就是受到法律保护的利益。但不是所有的利益都是权利,只有法律承认并受法律保护的利益才是权利。按照这种解释,侵犯了他人的权利就侵犯了他人的利益,侵犯了他人的利益给予赔偿等救济是必然而应该的逻辑。所以,在耶林看来,为权利而斗争不仅仅是主张自己利益的任何一位市民的权利,而且是旨在为权利而斗争的市民们的一项义务。② 卢梭解释说:"放弃自己的自由,就是放弃自己做人的资格,就是放弃人类的权利,甚至是放弃自己的义务。"③

---

① ［英］梅因:《古代法》,沈景一译,商务印书馆 1996 年版,第 491 页。
② ［德］耶林:《为权利而斗争》,郑永流译,法律出版社 2007 年版,第 1—2 页。
③ ［法］卢梭:《社会契约论》,何兆武译,商务印书馆 2003 年版,第 12 页。

（二）自由主义的权利观念

作为自由主义创始人之一的洛克寻找关于政府产生、关于政治权力起源和关于用来安排和明确谁享有这种权力的方法及说明，是有意义的。卢梭提出要努力探讨"某种合法的而又确切的政权规则"。① 自由主义权利理论反复论证政治权力必须维护个人自由，包括平等、权利、个人与社会及政府的关系，以及这些观念之间的逻辑关系等，其核心就是权利。西方自由主义权利观念虽然脱胎于古代和中世纪权利意思或权利思想，但是二者又有区别，这个区别在于自由主义权利观念是近代自由主义者的权利观念，是渗透了自由主义精神的权利观念，它特别强调个人在政治权力面前是自由的，而且它存在着伦理权利、政治权利、法律权利三个层次的复杂结构，有着进步和丰富的思想内涵，主要表现在以下几方面：

（1）权利主体普遍化。近代自由主义者根据自然法理论认为，权利不是少数人或者某种身份的人才能享有的东西，它属于一切人。霍布斯主张，在自然状态中，人人都有自我保护的权利。洛克认为，由于人们生来就享有自然而然的一切，在自然法的支配下，人人都享有自己的自然权利，而且所有的人都不能侵犯这种自然权利。康德认为，由于权利是基于人性而产生的，因此每个人都享有这种唯一的、原生的、与生俱有的权利。

（2）权利客体普遍化。无论是罗马法上的权利还是中世纪封建法律中的权利，它们的客体都是物，近代自由主义者则把权利客体扩大化了，使之不仅包括物，而且包括超越于物之上的价值观。霍布斯把人自我保护看作权利客体。洛克认为，权利的对象是统一而不可分割的，因为"人们既然都是平等和神圣的，任何人就不得侵害他人的生命、健康、自由和财产"。在洛克等人的思想影响下，美国宪法序言宣称，每个公民都具有生命、自由和追求幸福的权利。

（3）在权利与权力关系上提出了两个命题。其一，权利派生权力。近代自由主义思想家们普遍认为，人们的权利先于政治社会的权力。洛克认为，这种政治权力是由权利产生的。其二，权利制约权力。权利具有权威性，卢梭解释说，在公民与政府订立契约过程中，公民放弃自己的权利是有条件的，也就是说统治者本人要遵守社会契约，履行自己的义务。洛克认为，人们虽然通过

---

① ［法］卢梭:《社会契约论》，何兆武译，商务印书馆 2003 年版，第 3 页。

社会契约而建立了政治权力,但是,人们自己的权利仍然具有绝对性,权力必须承认权利在先的事实。任何权力即使最高权力也不得侵犯。

西方为什么会产生这样进步的自由主义权利观念?其思想资源主要是:

第一,文艺复兴运动。文艺复兴运动的伟大贡献在于:其一,它抛弃了欧洲中世纪占统治地位的以上帝为中心的观念,强调人的高贵,增强人们对命运的抗争,培养人们的自我意识;倡导出一种以人为中心的全新世界观,使神学世界瓦解了。其二,它批判了与上帝至尊观念相联系的经院哲学,促使与人生有关的生机勃勃的观念的发展。其三,它表现出一种个人主义倾向,平视国家权力、权威,强调人的正当需求和独立性。

第二,宗教改革运动。宗教改革首领加尔文主张全力以赴捍卫自己的权利,以免受到迫害。马丁·路德·金主张上帝面前人人平等,人们有权根据自己的良心解释《圣经》,人们可以与上帝建立关系。他们的活动和主张也为人们政治自由提供了理论前提。

第三,罗马法的复兴。在中世纪,随着西欧教皇与国王之间斗争的展开,世俗权力一方在论证自己权力合法性时,需要在罗马法中寻找对自己有利的根据,促使人们又开始重视法律、恢复对法律的信任。罗马法的公法与私法、物权与债权、使用权、收益权以及自由民之间在法律面前的平等精神,对自由主义权利观念的兴起发挥了重大作用。

第四,自然法理论的影响。根据自然法的理论,自然权利与习惯权利不同,习惯权利表现为特权的权利,是受一时一地的社会制度影响的权利。而自然权利则是对特权的否定,是最古老的权利,是人在自然状态中产生的权利,是人作为人的权利。因而,属于人的这种自然权利并不依赖于国家产生。相反,国家并不能创造权利,而只能承认并保护这种权利。比如,人的生存权就不依赖于国家而产生,只能承认并保护人的生存权。人权依据人的自然属性和社会本质而产生,国家法律不是人权的来源。

三、我国权利理论:经济社会转型期的补课

(一)中国古代没有权利概念

在中国,千百年来对"权利"的概念非常陌生。中国古代法与刑通义,法

即刑,刑即法。在中国,权利始终是一个陌生的名词或者将"权"与"利"分开,表达的意思却又相反。比如,《晋·北魏刑法志》中所称的"权制""权判""权道"之类的词句中所说的"权",是指"官方权威+权力",不含现代"权利"之意。"利"在中国典籍中多含贬斥,儒家经典中"利"与"义",与"礼"相对立。孔子说:"君子喻于义,小人喻于利。""义"成为上等人的高尚品德,"利"成为下等人爱财的代名词,"利"只是在贬斥"个人利益"的意义上使用。宋代理学家主张更极端,认为"义"与"利",是"公"与"私"的不同,照他们所说,"喻于义"就是为公,"喻于利"即是为私,使"权利"在封建社会最受人崇尚的儒家最高道德体系——"礼"中不占任何位置。

(二) 中国古代没有"权利"概念的主要原因

我国古代社会是一个以"礼"为根本道德规范标尺的家族社会,权利在"个人与社会""个人与家的关系"的关系层次中已经失去存在的前提。分别表现为"父为子纲""夫为妻纲"和"君为臣纲"等。这种关系经过儒家、理学家理论演绎、扩张之后,个人与群体的关系变成"孝"与"忠"的关系,个人孝服于家、忠诚于国,这就决定了个人只能绝对服从,竭尽全力尽义务,不存在个人的权利与自由。

严格的身份等级制度导致权利处于畸形形态。儒家设计和推崇的社会原本是一个以等级为特征的身份社会,消解了个体独立的存在。儒家经典《左传·昭公七年》对这个等级社会模式作了以下设置:"天有十日,人有十等",《左传·昭公七年》记载:这种等级是按照品级、身份、地位、门第来划分,并规定品级、家庭、尊卑、贵贱、长幼、男女、亲疏等,这种等级制度导致人与人的关系是特权与守分的关系,并且使权利与义务分离,就是权利专属特权阶级。

私权受到种种严格限制。现代意义上的民法以财产权利为核心,是私人权利的集中体现,而体现中国古代社会宗法等级制度的法律体系中没民法概念,没有完整的私权体系。民法被"礼"与"刑"的形式包裹着,私权在君王、家族制的压迫之下成为一种特殊的"公"与"私"、"礼"与"法"关系。

自然经济的传统作用。在自然经济条件下,个体只能直接从属于社会共同体的国与家。由其导致人身占有关系、人身依附关系,从而产生对君主尽义务,对主人尽义务,对所依附的社会集团尽义务,对国家尽义务,对社会尽义务,对丈夫尽义务。自然经济的特性决定了中国古代社会只能是一个义务本位的社会,占有、依附、奴役有序,权利消失了,自由也不可能存在了。①

与上述原因相联系,造成政治和文化(意识)的两方面的结果:政治方面,个人不具备"公民"独立的社会身份。每个人的地位首先取决于其伦理身份,即父子、兄弟、男女、夫妻的血缘身份。而家国一体,血缘身份与作为君臣官民良贱的社会身份又是相通的,这种身份关系排除了人的权利与自由。

在文化方面,儒家、理学家的天,是义理之天;儒家、理学家的人,是义理之人。每个人的特性都由所处的社会关系来定义,而个人从属群体,先要为群体服务。人与人、人与社会、人与自然都被认为具有本体意义上的同一性,因而也就不可存在个人权利。②

改革开放前,我国依旧没有普遍树立权利意识。这也有经济基础和上层建筑两个方面的原因:社会主义中国是从半封建半殖民地社会脱胎而来,同时又受到苏联很大影响,对社会采取高度集中的管理,全面实行大一统的产品经济体制,直接支配生产、分配和消费,同时推进个人崇拜,导致封建社会的义务本位泛滥,整个社会左右上下争斗伤害,权利泯灭无存。③

----

① 还有的学者认为其原因是:(1)任何承认人权的观点都必须预设人是社会性动物,具有独立于文化和社会的权利,这种预设正与儒家思想相违背。(2)由于俱来人权理论认为权利与生的,因而人们必然被视为生物物种成员而不是作为"社会存在物"。(3)人权是作为人而享有的权利,决定某个人是否应当有基本人权,与他的性别、种族、文化背景是不相干的。这与儒家主张的个人在父子、夫妻、老幼、君臣、朋友五伦中的行为规范不相容的。在儒家伦理中,个人的身份完全是由社会关系网所构成的,没有依个人本身而存在和独立于社会角色以外的权利。

② 西方也有学者认为,中国古代不存在权利概念,渊源于两个古老的学派,一是法家学派,二是儒家学派。

③ 国外一些学者对中国权利理论若干研究可以参考,如:1. 路易斯·亨金的看法:他认为权利在中国和美国有以下区别:(1)中国和美国在权利方面的差异,是它们各自宪法所代表和反映的政治和经济理论上的差异表现。(2)在权利认识以及权利的范围和内容上存在差异。参见路易斯·亨金:《法治·民主·对外事务》,邓正来译,三联书店1996年版。2. 安德鲁·内森的看法内森认为,美国宪法传统依赖于"天赋人权"的哲学思想,权利先于并高于国家法律。美国之所以关注《权利法案》,目的在于保护权利免受侵犯,而不是界定权利、创设权利。权利是建立在作为人拥有权利资格这一基础上,它们不是国家创设、国家给予的。在中国却不相信霍布斯、洛克、卢梭等人的西方天赋人权理论,儒家认为道德秩序并不限制统治者的权力,遵守道德秩序对统治者而言意味着将领袖人物的超凡魅力发挥到极致,导致个人崇拜。因为不相信人民大众的权利能够限制任何种类的权威,不相信人权能够约束国家权力。内森分析说,梁启超曾经发现霍布斯和卢梭"天赋人权"思想包裹下的社会契约论并且介绍给中国读者,但是,梁启超却没有意识到个人利益独立于社会利益之外这一基本前提,因而仍然认为个人享有的权利来源于国家而不是相反,或者说,就是不能理解国家来源于个人权利,而把个人权利错误地认为来源于国家。参见安德鲁·内森:《中国权利思想的起源》,黄列译,载夏勇编:《公法》,法律出版社1999年版。

权利是历史的产物,现代民族和国家必须尊重和保障人的权利。早年的马克思,即在《莱茵报》时期,认为"自由是全部精神存在的类的本质",而在《黑格尔法哲学批判》时期,他由青年黑格尔派开始转向费尔巴哈,指出人自身的理性是人的类本质。此后,在《德法年鉴》时期,马克思反思费尔巴哈哲学,最后提出"唯一实际可能的解放,是以宣布人是人的最高本质这个理论为立足点的解放。"① 恩格斯指出:"一切人,或至少是一个国家的一切公民,或一个社会的一切成员,都应当有平等的政治地位和社会地位。"② 黑格尔指出,"法的命令是'成为一个人,并尊敬他人为人'。"③

问题的关键,正如马克思在《论犹太人问题》中所提出的:"任何解放都是使人的世界和人的关系回归人的自身"。④ 人的解放不仅仅是宗教的问题,它首先要解决的是消灭政治压迫,实现政治解放的问题。"无产阶级的第一批政党组织,以及它们的理论代表都是完全站在法学的'权利基础'之上的。"⑤ 也就是说,马克思主义主张的政治解放,主要是指市民社会与国家、政治与宗教、资本剥夺与劳动等一系列的分离,以民主、自由、平等为基础而追求的最终实现每个人的自由全面发展。

（三）党的十八届四中全会决议精神呈现的权利理论实践观

首先,表明体制改革基本路径:根据新中国成立以来的历史经验教训,着眼于执政兴国和长治久安,人民幸福的需要,突出强调了坚持走中国特色社会主义法治道路,建设中国特色社会主义法治体系;完善以宪法为核心的中国特色社会主义法律体系,加强宪法实施;深入推进依法行政,加快建设法治政府等七个方面。它包括的思想和制度主张有:废除"以权代法"和"以言代法"的人治传统。

其次,指示体制改革主要内容和措施:构建完善的法律体系,维护宪法至上;全面改革在法治的基础上进行,并与肃清封建主义影响相结合;坚持法律和制度面前人人平等原则,包括坚持党员在法律和党纪面前人人平等原则;公

---

① 《马克思恩格斯选集》第1卷,人民出版社1995年版,第16页。
② 《马克思恩格斯选集》第3卷,人民出版社1995年版,第444页。
③ [德]黑格尔:《法哲学原理》,范扬、张企泰译,商务印书馆1961年版,第46页。
④ 《马克思恩格斯选集》第3卷,人民出版社1995年版,第444页。
⑤ 《马克思恩格斯选集》第3卷,人民出版社1995年版,第444页。

正司法,不搞群众性运动,积极引导、化解各类社会冲突;提高全社会的法律意识与法治观念,弘扬法治精神,发展法治文化,打好法治社会的思想基础;实行社会多层次多领域依法治理,支持社会各行业自我约束和社会组织维权活动,完善各种纠纷、冲突的化解机制;主动进行角色调整,尊重法律权威,理顺党法关系与党政关系,以及政府和企业的关系;通过全面改革的深化推进社会主义政治文明建设,提高应对两岸关系的法治水平,加强中国公民的海外权益维护;等等。

四、新时期之权利本位：法治国家的政治生态

（一）确立新型的权利义务关系

在权利和义务关系上,权利是目的,义务是手段,法律设定义务的目的在于保护权利的实现,权利为第一因素,义务为第二因素;而在权利和权力关系上,公民权利是国家政治权力唯一的源泉,国家权力只是为了保障主体权利的实现,协调权利之间的冲突,制止权利之间的互相侵犯,维护权利平衡才是合法、正当的;权利主体在行使其权利过程中,只受法律所规定的限制,限制的目的是尽可能使所有主体权利都能够共享的自由、公平、安全、和谐。

在法的全部规范体系中,立法的宗旨是确认权利,执法的目的是保护权利,守法的实质是尊重权利。权利义务贯穿于作为根本大法的宪法,贯穿于基本法以及法规和规章。同时,权利义务贯穿于法律运行全过程,以立法为起点,在执法、守法、司法、法律监督等各个环节都贯穿着权利义务。法律关系就是以权利和义务为内容的社会关系;法律责任是因为违反法定义务而引起的,由国家部门机关认定并强制履行的后果。

（二）权利本位体现出"以人为本"的人文价值

权利本位是系统性的关系概念。权利的主导地位存在于权利义务关系之中;权利本位表明权利和义务是互为参照的。同样,只有以权利作为义务的参照,才能把握义务的内容和界限;义务不是孤立的存在,义务通过权利而表现出自己的价值。权利和义务的构成,在对等的法律关系中,主体既有权利又承担相应的义务。在非对等的法律关系中,一方主体享有权利或享有较多的权利,另一方主体承担义务或者承担较多的义务。有些法律关系是以权利义务

的联系而延伸(衍生、派生)出来。

权利本位是一个有价值定向和平等机会关系的概念,其价值主张是:马克思主义法学批判义务本位,主张权利本位,要求对公民在法律权利和义务的分配科学规范,不允许一部分人只享受权利不承担义务,或者多享受权利少承担义务;另一部分人只承担义务不享受权利,或者多承担义务少享受权利;以权利为本位,应当以对权利的确认和保护为宗旨,设立和分配义务,反对法外之权、法外之利益。在竞争选择面前,条件公开、机会均等、责任明确。

(三) 权利本位的根本作用是取代权力本位

从义务本位到权利本位是法律发展的历史规律,符合中国执政党的执政目的和奋斗方向。实现权利本位,就是立党为公、执政为民,法治化治理。必须敬畏权力的来源,知晓权力边界;以民主法治方式替代人情世故的关系方式,以公民权利监督公务员权力,社会权利监督国家权力,彻底破除人身依附和各种潜规则。

权利本位学说有助于继续完善社会主义法律体系。这个体系包括基本权法、自由权法、社会权法、参与权法、救济权法五个层次。从权利角度去看,"以人为本"的根本国策正在冲击着历史传统中的权利二元性,比如,现在农民可以进城定居,享受社会保险,学生可以异地高考,等等。人权入宪、废除收容遣送制度,禁止截访、治理野蛮拆迁等,这些都是中国政治文明的典型例证。

权利本位学说促进法学理论的研究向纵深发展。权利是法的价值得以实现的方式,是法律规范的核心和实质。因此,强调以权利为义务的依据,实现权利和义务契约的普遍化、一致性,建立以保障权利和制约权力为重心的国家制度框架与政治学、法学理论体系,重塑社会主义形象。

权利本位学说校正立法取向和执法目的。确立权利本位和社会本位,将公民法律权益转化为可以看得见、摸得着的现实权益。坚决实施人权、物权、参政权、平等权、诉讼权等基本权利;实行权利推定,包括无罪推定、罪刑法定,做好法律援助和法律救济等;以尊重私权为核心的自由选择观念取代以公权管制一切的传统观念。

权利本位学说是构建和谐社会的思想支持力量。权利本位的基本要求,就是取消基于性别、身份、出身、地位、职业、财产等各种附加条件的限制,为全体公民提供平等的生存权和发展权。落实权利公平,即落实自由权利平等、自由机会平等和自由责任平等。现阶段,必须继续重视和加强司法体制机制、公共财政制度、收入分配制度和社会保障制度等方面的改革和完善。

(四) 推行权利本位,接受、引领正当行为

1. 权利的来源和在何种意义上作为"本位"的问题。霍布斯、洛克、卢梭等人的观点之间存在着内在细微却十分重要的区别,无论他们,还是后来的许多学者,均不同程度地将权利哲学建立在一定虚构的基础上,有着唯心主义的色彩。从马克思主义出发去理解权利本位,关键在于,不仅将权利理解为"人作为人"的权利,并且是人作为人即享有的权利,其本位性并非与权力相比而体现出来的,或者在康德哲学意义上以自由为根基的。就是说,历史地看,权利不是"天赋"的,也不存在人们让渡一部分权利来组建政府、形成权力的过程。事实上,存在的只是人生而享有权利(人权),但受到权力和其他强大势力的压制乃至侵害。因此,需要不断去争取,而现代国家及其权力,是争取权利的一种结果,它一方面应当维护权利和协助人们进一步争取权利,另一方面仍然需要不断地接受监督。

2. 权利和利益的关联问题。将权利与利益关联起来,是近代学说的常见观点,马克思主义权利观亦是如此。确实,没有抽象的权利,脱离利益无以谈权利,但是现在看来,也不应将所有权利都直接地、具体地归结为某种或某些利益诉求,特别是传统的自由权,例如言论、信仰的自由。权利(自由)的真谛,在某种意义上,不是做好事、求上进的权利(自由),而是在他人和社会尚可容忍的范围内,可以做不那么好的事、不那么求上进的权利(自由),即使这么做不符合他人和社会的利益,也不符合行为者自身的利益。同时,将权利和利益相连,也会强化"争权夺利"的贬义意味。近来已经学者指出,将 Right 翻译为"权利"不妥:Right 一词双构,意指因为 Right(正当)所以是 Right(权利)——而这种正当性,就是在他人和社会在法律意义上尚可容忍的范围内活动。

3. 义务本位和权力本位自然都是需要破除的,同时必须对其清晰地分别批判,要认识到,权利优于义务,有相应权利才有相应义务。同时,有相应权利,不一定就要有相应义务(比如信仰自由没有直接对应的义务,而国家却要对此加以保障)。进而,权利与义务的承受者未必统一(比如尽了纳税义务,未必自身就会享受同等的权利),而对于权力本位,既要确立权利限制权力的理念,并深入批判中国传统中的权力本位思维,又要看到,在现代条件下,为了

适应复杂形势、福利要求等,国家权力实际上在膨胀、并且不得不膨胀,所以中国当前在政府变"小"的同时,还要使其变"精",就是说,不是一味地"小",而是该放则放,该抓还是要抓,而且要抓好。

五、权利本位的现实操作模式

（一）权利本位的法治政府主要模式

权利本位和法治政府两面一体,这里主要简单介绍一下美国和中国法治政府运行模式,促使我们更有信心学习、汲取和超越。

1. 美国模式:法治先行

美国政府在世界上最具典型性。它在正式确立之前,曾经提出过三种构想。具体有以下三种法治政府版本:

（1）潘恩版:"法律就是国王"——凸显法律权威

潘恩是美国开国前后重要的启蒙思想家,他在其著作《常识》中说:"可是北美的国王在哪里呢? ……知道北美的法律就是国王。"[1]因为在专制政府中,国王便是法律。同样地,在自由国家中法律便应该成为国王。"一个自由国家的政府不在于人,而在于法律。……法律执行了,整个……政府的任务也就完成了。"[2]

（2）杰斐逊版:法治共和国——凸显权力依据

杰斐逊是美国著名的《独立宣言》的起草者,他的政府版本是法治共和国。在他那里,法治共和国包含:政府正当权力来源于人民,人民是政府公权力唯一牢靠的宝座。人民的意志是任何政府的唯一合法基础,法律具有强制性,是国民的意志;创立或取消法律机构是国民的意志;法律之所以是法律是因为它是全民的意志。这种以人权作为正当政治目标、公权力唯一来源于人民的政府,就是法治共和国。

（3）《联邦党人文集》版[3]:法治政府——凸显权力制约

联邦党人是指汉密尔顿、杰伊、麦迪逊等人,以"普布利乌斯"的名义在纽

---

① ［美］托马斯·潘恩:《常识》,何实译,华夏出版社2004年版,第56页。
② ［美］托马斯·潘恩:《常识》,何实译,华夏出版社2004年版,第56页。
③ ［美］汉密尔顿、杰伊、麦迪逊:《联邦党人文集》,商务印书馆2004年版。

约报刊上发表的一系列的论文。这些论文汇集成《联邦党人文集》,对美国现存宪法及其设计的法治政府进行了系统的理论说明和诠释。也就是解释之所以要设计这样一个法治政府,是因为他们考虑:"天晓得华盛顿之后的总统当中会出什么货色。"

这里设计而后实际产生的美国法治政府,具有以下基本特征:首先,法治政府体制是联邦制,在联邦政府与州政府之间实行适当分权制衡,为人民的权利提供双重保障,对政府的权力施加双重制约。它的做法是权力首先分给两种不同的政府,然后把两种政府分得的那部分权力再分给若干分立的部门,两种政府相互控制,政府内部又自己控制自己。其次,法治政府的体制在于立法,行政和司法之间以及立法内部的横向分权制衡。再次,宪法至上。政府权力的分立制衡实际只能是在一个宪法指导下,围绕法律的运作而形成的,分立制衡的权力体制与宪法的实施及全部法律的运作实现了整合。政府之所以能够自觉依法行政,根本原因在于法治的体制化完成,社会与公共权力本身存在制度性限制与约束。

2. 中国模式:建设服务性政府——凸显以人为本

"以人为本"也有人称以民为本、关心民生。因为中国特色社会主义的国家政治运行,是由中国共产党作为执政党总揽全局,人民代表大会进行政权组织与法治规范,人民政府行政主导。所以,它具有以下历史特点和现实内容:

(1)吸收、改造、融合中外政治文化,以执政为民的宗旨确立政府性质。①

(2)知晓权力来源,接受权力机关即人大和社会各界监督。不承认任何凌驾于宪法和法律之上的特权,"不能做自己案件的法官",奉行"一切官吏对自己的一切职务活动都应当在普通法庭面前遵照普通法向每一个公民负责"的法治原则。② 在现阶段,要进一步调整政府、企业与市场关系;不断提高就业和社会保障水准,维护公共安全,实现全体国民待遇分享,关怀弱势群体,促进社会和谐互助。

(3)政府自觉,回归"公共本位",落实权利义务。将领导和管理权责寓于无限的行政执行与服务之中,对执政党肩负起政治责任,对国家权力机关肩负

---

① 参考沈德理主编:《特区服务型政府公共政策创新研究》,人民出版社 2009 年版,第 5—11 页。

② 《马克思恩格斯选集》第 1 卷,人民出版社 1995 年版,第 324 页。

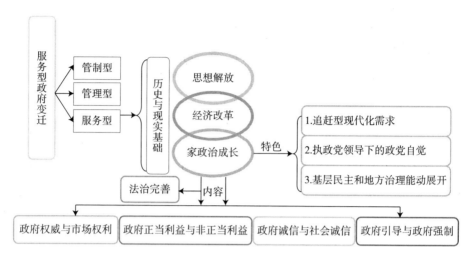

图 2 中国转型期服务型政府构建

起执行责任,对公民和社会肩负起公仆责任。不仅在新时期而且必须永远珍惜民力,废止劳民伤财的形象工程。官员的财产要公示,对公务开支、国企高管薪酬进行合理调整,公民的财产要维护;对于公民来说,法无禁止即自由,而对于公务人员,则是法无明文即约束。

论权利之救济[*]

——贯彻十八大精神,促进公民权利保护

一、权利救济的一般理论

(一) 权利救济的主要意义与含义

"有权利必有救济。"这句古老的法律格言,意在说明权利与救济之间存在着不可分割的关系。个人享有种种权利,侵犯这些权利是不道德的行为,甚至是违法的行为;权利受到法律保护,是现代文明社会一个独特的标志。[①]

---

* 《新东方》2012 年第 6 期。

[①] 中国现在人均 GDP 是 6000 美元,五年后大约是现在的两倍。中国将不再是普通的发展中国家,那时中国的国际影响和在国际上的作用会更大。但是,国民幸福指数决不仅仅在于 GDP 增长。何况"人均"这个概念本身也值得研究。陆德先生说得好:"对于'人均'这个指标,我记得某位诺贝尔经济学奖获得者曾举过这样一个案例:在美国一个咖啡店里,坐着十几个流浪汉(穷光蛋),此时世界首富比尔·盖茨也进来喝咖啡,刚好有纳税官过来统计,他的统计结果是'咖啡馆内的人均财富达亿万美元'。注意,此时这十几个流浪汉已不是穷光蛋,也不是百万富翁,而一跃成为亿万富翁了。"参见陆德:《"人均收入倍增"目标缺陷 掩盖贫富差距状况》,凤凰财经,2012 年 11 月 30 日。从人治向法治过渡的转型期,滥用公权力,侵犯公民权利的现象不可能普遍消除。同时,生产者、销售者与消费者之间的纠纷,公民之间纠纷,公民与政府等部门之间纠纷,还有公职人员与管理机关内部的纠纷,包括官员之间的权争,等等,其解决也往往未通过规范化的渠道,也难以通过规范化的渠道,譬如掌握重权的官员为掩蔽罪孽和报复整治对手(或举报人),可以动用一切公权力,包括动用警力;其典型如王立军事件,王立军作为国家公务员,在工作期间依法可以行使公权力,同时作为公民,享有法律赋予公民的政治、经济、文化等诸多方面的权利。因为受"一把手"信赖,可以职务立升,可以借"打黑"进行"黑打",权力无限,无人敢撄其锋,结果却因与"一把手"的发生矛盾,不仅正常工作难以进行,甚至于连自己的生命安全也难以预测!所以,所谓"人治"就是"治人","天命"决定"人命",好的制度休眠或变异,潜规则盛行,大小君权之下,包括君王侯爷在内,无人可以把握荣辱得失,无人可以得到真正的安全。在我国现阶段,社会公众层面的纠纷,不少是通过"小闹小解决,大闹大解决,不闹不解决"的模式应付,而它与各级政府的"截访"、责任追究一并存在,恶性循环,几成顽症。

　　救济，含有补偿、补救之意，也是一种权利。《牛津法律辞典》中将救济定义为："救济是纠正、矫正或改正已发生或业已造成伤害、危害、损失或损害的不当行为。……权利和救济这样的普遍词组构成了对语……更准确的分析可以这样来表述：法律制度赋予特定关系中的当事人以两种权利和义务：第一与第二权利和义务，前者如取得所购买的货物和取得货物的价款，后者如强制对方交货，或强制对方就未交货一事给付赔偿；或在另一方面，强制对方支付货物的价款或强制对方就拒收货物而给予赔偿。虽然只有在第一权利未被自愿或未被令人满意地满足的情况下，第二权利或救济权利才能发生作用，但要求对方履行义务的权利，或要求对方就未履行义务的权利，或要求对方就未履行义务或不适当履行义务给予救济的权利，却都是真正的法定权利。"[1]

　　救济是一种权利，它是因权利受到不正当行为的伤害、危害、损失或损害以后产生的法定权利，即因为权利受到侵犯后而产生。所以，受侵犯的权利为第一权利，权利受侵犯以后产生的救济为第二权利。救济权利的性质是因侵害方违反法定义务产生、要求未履行义务或不适当履行义务给予补救，是减轻性质的法定权利。

　　救济权利具有纠正、矫正或改正已发生或是已造成伤害、危害、损失或损害的不正当行为，是当事人违反义务行为造成的一种后果。

　　权利受到不正当行为伤害、危害、损失或损害给予救济权利，包括强制侵害人交货、给付赔偿、支付货款等救济方法。

　　所谓救济权，是指一种援助性权利，这种权利基于权利被侵犯或有危险存在而产生，以相对人承担作为或不作为义务来消除因侵害或危险产生的后果为内容，以恢复与实现实体权利。救济可以由救济权人直接相对人主张，也可以依据诉讼程序，通过法院裁判来主张。诉讼主张必然通过当事人起诉才能形成，而当事人起诉又必须涉及他的请求权问题。所谓救济性请求权，是指救济权人的权利被侵害或者有危险时，请求不法加害人为一定给付或者行为的权利。这种侵害或者危险是由相对人不法行为造成的，因此相对人负有为一定给付或者行为的义务，使侵害或者危险被排除或者被补救，使得救济权人的权利被恢复或者得到补偿。

------

[1]　［英］戴维·M.沃克：《牛津法律大辞典》，光明日报出版社1989年版，第764页。

不管救济制度在大陆法系与英美法系之间有何等的不同,但是,诉讼或者司法制度,对于权利的保护价值与功能都是相同的,就是通过消除侵害或者纠纷,制裁侵权行为,以实现保障权利上的责任。司法机构、法官的责任就是保障权利。为了那些受到国家权力侵害的个人权利提供救济,确保个人权利与国家权力取得平等的地位,使个人能够与国家机关平等交涉,以实现公民权利。

(二) 权利救济的主要方式

在人类历史上,权利救济主要经历了以下一些方式。

1. 私力救济,又称自力救济。它是指权利人不借助国家,以自己的力量来保护自己或保护他人权利的行为。私力救济盛行于古代,是人类社会最为原始和最为简化的救济方式。早在人类进入文明社会以后,伴随各种侵害或者纠纷的产生,就出现了私力救济行为。私力救济的特点表现在它与"复仇"原则相联系,带有传统的同态复仇和血亲复仇色彩。在古代的人们看来,它是最公正的。一些古代法典中有大量的同态复仇和血亲复仇的遗迹,比如古巴比伦王国的《汉谟拉比法典》的不少条款就规定自由民特定情形下有权以同态复仇和血亲复仇为主要救济手段,对伤害他人的眼睛、折断他人的骨头、击落他人牙齿的,可分别实施伤其眼、断其骨、击落牙的救济方法。

我国社会上出现的"人质型讨债",或者人质型惩罚负债的所谓"私力救济"的做法,是为现代法律所不允许的。

2. 公助救济。它主要包括调解和仲裁两种方式。所谓调解是在第三者主持下解决权利争议或纠纷。所谓仲裁是为权利争议双方在争议发生前或者发生以后达成协议,自愿将权利争议交给第三者做出裁决,双方自行履行义务,执行裁决,解决争议,以实现救济。调解和仲裁的共性在于,二者都有第三者参与,由第三者居间劝导权利争议双方消除争议或者纠纷,提出权利解决的办法,或者对其做出裁决,由双方履行裁决规定的内容,以解决权利争议或者纠纷。

公助救济的性质介于私力救济与公力救济之间。① 居间者虽然由国家法律

---

① 在进入新闻媒介的网络化时代的今天,网络举报、网络求救属于什么性质的救济呢? 或许可以视作一种新型的公助救济,即个人呼吁(呼救),然后争取获得社会援手,政府帮助。但这需要细致深入研究。

赋予或确认其救济的能力,但是,它是通过劝导并在双方协商同意的前提下才能做出有约束力的裁决。这种裁决通常不具有国家强制力的性质,不得强制当事人执行其裁决。公助救济虽然得到国家和社会道德上的默认,但是权利侵害或纠纷的解决,主要依赖于居间者因为职位优势或在因为文化优势或者因为品德优势或者因为辈分优势以及由此产生受到当事人"信赖"与"尊重"来解决。

3.公力救济,是指由救济权人自己直接对相对人取得救济;公助救济则是指在居间人主持下取得救济;公力救济便是指依据诉讼程序,通过法院裁判取得救济,通常称为诉讼救济或司法救济。诉讼救济既表现了社会的进步,也表现了权利实现的有序性,是权利救济的理想方式和可靠的途径。

公力救济具有国家强制力的性质,救济限于法定范围之内,超越法定范围必须要以国家强制力予以纠正。国家权力的运作,是为了保障合法权利的实现,协调权力之间的冲突,制止权利之间的相互侵犯,维护权利平衡,使权利的实现能保持合法性和正当性。

二、权利救济的主要途径:诉讼

(一) 诉讼的一般理论

1.诉讼的含义

在权利救济方式中,公力救济是现代社会普遍采用的方式。权利救济就是由救济权人提起诉讼发起的。因此,诉讼就成为权利救济所关注的重点问题。诉讼是一个古老的概念,在罗马曾经出现过诉讼形式很发达的辉煌时代,创立了"没有原告就没有法官"的原则。中国先秦和秦汉时期有过"狱讼"。据《周礼》记载:"狱以罪名相告者,讼以财货相告者",用通俗的语言表示:"狱"为刑事诉讼,"讼"为民事诉讼。中国古代称"诉"为状子,"讼"为争辩是非曲直。诉与讼组合就是向官府递交状子,在官府官员主持下争辩是非曲直。状子如何递交官府? 我国古代宫廷外设置一鼓,从晋代开始称为"登闻鼓"。宫廷以下各级官府外,也设置一鼓,称为"堂鼓"。此一设置意在为方便百姓申冤,有冤可求"天道",有冤者就去击鼓。通过"击鼓鸣冤",将状子递交给官府,在官府官员主持下辨明是非曲直。

"诉讼"一词源于在外国有多种词语表达方式,英文 process、procedure、proceedings、suit、lawsuit,德文 prozess 等,最初的含义是发展和向前推进,用在法律上,既有指一个案件的发展过程的意思,也有法院主持下按照法定程序审理案件的过程的意思。现代西方人从古罗马法关于"诉讼"的树立公道,排除纠纷和惩罚犯罪含意为依据延伸,认为"诉讼"就是涉及两方当事人的争讼,每一方各自提出一个符合于法律规范的权利请求。诉讼在英文里是指一个案件的废除过程,从诉讼提起开始,到法庭审理、制作判决书及其执行的逐步进行的整个过程。

诉讼救济具有以下优点:

(1)诉讼救济是其他救济方式强有力的后盾,为其他救济方式发挥有效性作用提供了条件,其他救济方式离不开诉讼救济的援助。

(2)诉讼救济涉入的诉权,具有不同于一般权利的特点。第一,诉讼救济,是法院或者法官依据法律规定和法律原则做出的,排除了依据道德规范或者习惯解决权利争议的软弱性。第二,诉讼救济是法院或者法官依据诉讼程序做出的,具有公正性。第三,诉讼救济与国家司法权相联系,它是由法院依据法律和当事人双方"正确"与"错误"标准作出的判决,又由国家权力或者暴力可以强制争议的当事人执行,具有彻底性和权威性。司法救济的重要意义在于,作为一种制度规则和程序适用的文明,它对原被告都具有正义的可期待性、平等的参与性和权利的对等性,正义认定的社会性、权威性。

(3)诉讼救济由法院、法官依法以权利的肯定,突出了权利的价值,弘扬了权利精神,又维护了法律的尊严和权威,为权利的实现创造了良好的法制环境。就法院、法官本身看,只有当公众可以向法院、法官寻求权利救济时候,司法权才能获得权威和公众的认同。同时,也只有公众有获得法院、法官的权利救济,才能成为司法权的权威和尊严的源泉。

2. 诉讼救济方法

由于各国的经济、政治、文化以及历史习俗的不同,导致各国法律关于侵犯权利救济方法不尽相同,即使同一种救济方法,在不同的国家往往有不同的含义及适用条件。世界上常见的救济方法有以下几种:

(1)损害赔偿救济方法

损害赔偿,世界上各国法律都有规定,是侵犯权利获得救济的极为广泛使用的方法。既有违反合同构成的损害赔偿。也有侵权行为构成的损害赔偿。在英美国家,赔偿包括三种:①直接损害赔偿;②附带损害赔偿;③间接损害赔偿。既有补偿性损害赔偿,又有惩罚性损害赔偿。

(2)禁令救济方法

禁令是英美法家采用的一种特殊救济方法。禁令救济方法,是指由司法机关下达一种命令,禁止侵权行为的继续。美国的民事禁令救济方法分为三种:在名义上分为三种。①

(3)责令停止违法行为

责令停止违法行为,是我国常用的救济方法,虽然类似于德国法中的"请求停止行为",日本法中的"请求停止或预防该侵害行为",但是中国法中的责令停止违法行为有其特色。中国既在行政法上适用责令停止违法行为,又在民法上适用责令停止违法行为。这种救济方法的严重不足,表现在:对于侵权物品,对于作案工具、构成物等如何处理不明确。日本民法中的"请求停止"的规定是:①不正当行为的组成物的销毁;②不正当行为生成物的销毁;③不正当行为使用设备的销毁;④采用其他为禁止不正当行为所必要的措施。这种救济方法非常明确,权利救济很彻底。我国对此类侵权行为救济,只得根据《民法通则》规定,采用排除妨碍救济方法,有牵强附会之缺陷,救济很不彻底,制止侵权行为无力。

---

① 1. 临时禁令(Temporary Restraining)

临时禁令是原告在诉前因其商业秘密存在被泄露的明显威胁,为防止造成无法弥补的损失,申请法院下达的禁令。法院无须开庭和通知被告,但原告须提供担保。原告在起诉时提出临时禁令请求,法院若予发布,其有效期一般不超过10天。

2. 初步禁令(Prelimimry Injunction)

初步禁令是原告在临时禁令期限届满前提出申请后,由法院下达的以在审理期间维持双方当事人的现状,防止商业秘密的泄露或使用韵临时禁令。如双方对侵权事实有争议,法院先行开庭听证;如法院初步认定原告可能胜诉,可不经听证。在临时禁令的有效期内,原告必须提出初步禁令的请求,由法院决定是否给予:法院如果决定发布初步禁令,临时禁令的事项就转为初步禁令事项。如果法院拒绝下达初步禁令,则临时禁令自动解除。初步禁令的有效期限,可以持续到法院判决作出之时,视审理进展而定。临时禁令和初步禁令都是非正式禁令,是法院采取的临时强制措施,以法院的命令进行。其作用也相同,均可暂时停止被告对有关信息的行为,以在诉讼证据发掘阶段,维护原告的合法利益,直至实质性审查的开始。

3. 终局禁令(Permanent Injunction)

终局禁令是法院在判决后正式发布的禁令,是法院判决的组成部分,可以单独使用或与经济赔偿相结合,构成被告侵权责任的承担形式,禁止被告使用或泄露商业秘密。美国法官在作出终局禁令前一般会考虑各种衡平因素,包括各方当事人的有关困境、行为及各种利益的性质。对权利人来说,在商业秘密还没有泄露给公众之前,这种终局禁令是最有效的救济办法。

（4）罚款救济方法

对侵权行为规定行政罚款，是我国独特的救济方法，它与责令停止违法行为同时并用。罚款作为一种财产罚，有两种不同的法律规定：一种是违反行政义务的罚款，比如德、美等国家法律规定的罚款就属于这一种；另一种是我国一些法律、法规规定，行政机关可以依据情节处以罚款。我国法律规定行政罚款严重缺陷是：①容易产生滥罚，导致腐败；②行政执法是在过于简单程序中实施的，失误往往比较完善程序中的司法要多；③对一些侵权救济，通过行政程序和通过司法程序的轨制，导致途径烦琐，既增加了受害人请求救济的复杂性，又增加了适用法律的成本。

（5）刑罚救济方法

这是对侵犯权利实行的一种刑事救济方法。我国刑法规定有主刑 5 种，附加刑 3 种具体救济方法。

（二）权利救济的重要保障

1. 司法公正

司法公正，分为实体的公正和程序的公正。实体的公正，是指裁判在认定事实和适用法律方面都是正确的，包括对于诉讼当事人的合法权益提供充分的保障，并对违法犯罪者给予应有的惩罚和制裁。在司法实践中，司法公正包括两方面：一是在司法审判活动中，司法审判人员在裁判过程中，严格依法裁判；二是在准确认定事实的基础上，进行正确的裁判。司法公正是补救有效保障人的权利的关键，也是司法所追求的根本目标。法院所追求的价值是司法公正，而追求公正是追求真理，追求至善。正如西方法谚所说的那样，"正义如果有声音的话，裁决才是正义的声音"。所以，整个法院的活动最终都是为了产生司法的公正性。

2. 司法公正的必备条件

1966 年由联合国主持制定的《公民及政治权利公约》第 14 条第 1 款规定："所有的人在法庭和裁判面前一律平等。……"确定在一件诉讼案件中的权利和义务时，人人有资格由一个依法设立的合格的，独立的和无偏倚的法庭进行……"合格的、独立的和无偏倚的法庭是司法救济的首要问题，也是司法公正的必备条件。"

（1）合格的法庭

按照《公民及政治权利国家公约》的规定，合格的法庭，不仅是指依法设立并有法定权限的法院,还包括法院必须由具备相当专业资格的法官所组成。法官必须合格。西方的司法独立,是指法官的独立,而不是我国所指的法院的独立,我国今后也将从法院独立审判逐步过渡到法官独立审判。具备相当专业资格的法官,是保障司法公正的先决条件。正是由于法院和法官的重要地位,所以美国当代法理学家德沃金说:"法院是法律帝国的首都,而法官是帝国的王侯。"一个合格的法官应当是执法如山、刚正不阿的典范,又是一个既富有法律知识和具有显著法学素养的法律家。美国法学家费兰克认为,一个理想的法官应当是"一个堂堂正正的仲裁者,他能够就案件的特定情况、运用聪明的裁量,努力使当事人获得公平的判决"。

德国学者耶林把法官定义为正义之神。他说:"法不只是单纯的思想,而是有生命的力量。因此,正义之神一手提着天秤,用它衡量法;另一手握着剑,用它维护法。剑如果不举天秤,就是赤裸裸的暴力;天秤如果不举剑,就意味着软弱无力。两者是相辅相成的,只有在正义之神操剑的力量和掌秤的技巧并驾齐驱的时候,一种完满的法治状态在才能占统治地位。"①

(2)独立的法庭

司法公正的根本保障在于司法独立。我国法律规定的司法独立,是指人民法院依照法律规定独立行使审判权,不受行政机关、社会团体和个人的干涉,由于在我国司法独立包括了人民法院依法独立行使审判权和人民检察院依法独立行使检察权,因而司法独立包括了审判独立和检察独立。1983年6月,经联合国经济社会会议授权,由26个国家和地区的代表参加的在加拿大蒙特利尔召开世界司法独立大会第一次会议上通过的《关于司法独立最低标准的规则》的规定,司法独立的最低标准包括四个方面。②

___

① 转引自陈光中:《司法、司法机关的中国式解读》,中国律师网,2009年12月25日。
② 这四个方面是:①法官的实质独立,是指法官执行职务时,除受到法律及其良知的拘束以外,不受任何干涉。②身份独立,是指法官的职位及任期应有适当的保障,以确保法官不受任何干涉。为此,对法官的任命必须由法院成员和法律专家参与,法官的职位由法院决定,对法官职务的提升由法官参与进行,对法官职务的调动由专门司法机关决定。法官的任职原则为终身制,法官的薪俸得到充分保障,对法官的惩戒和免职,由专职审判人员参与。同时,司法独立作为一制度设计,必须与一个国家的社会经济情况及政治结构相吻合。③整体的独立,是指法官作为一个整体,必须与行政机关保持集体的独立。④内部的独立,是指法官在履行审判职能、制作司法裁判方面,必须独立其同事及上级法院的法官。

（3）无偏倚的法庭

所谓无偏倚的法庭，是指要求法院处于一种超脱和中立的地位，因为只有这样，才能保证公正的审理和判决。司法权是一种被动权力，而且一般要针对个案而行使。也就是说，法院通常不主动干涉某种行为，也不能主动发动某种诉讼，而必须由当事人和检察机关发动诉讼，法院才"能受理案件并解决权利纠纷"。因此，法院行使司法权通常采取不告不理的态度。对于权利争议通常采取事后解决的办法，而不适用采取防患于未然的措施。

三、诉讼法对保障实现的权利的重要性

（一）坚持程序法相对独立，程序正义优于实体正义

其理由是：在动态执法环境中，实体法只有依附于程序法，才能得以"生存"，这是由程序法所具有的"保障功能"决定的。如果具有"保障功能"的程序法自己都得不到保障，那么如何"保障"实体法的正确适用？既然程序法是实体法的有力保障，那么当程序法与实体法在实施过程中发生矛盾，程序法就应当优先于实体法，以保护权利的实现。

从古至今，如何实现司法公正，是人们千百年来苦苦追求的目标。现代意义上的社会进步，司法民主与法制的完善性，主要体现在程序上；程序法是否优先，它是体现一个国家和社会民主法治程度的标志，是体现公民权利受到保障的标志。

重实体轻程序，导致程序虚设，带来一系列严重损害公民权利的后果。比如，法院违反程序"久拖不决"，会议"审而不判"等，必然使法庭审判失去产生裁判结果的能力，被当事人的诉讼权利就失去了任何意义，律师辩护权利就等于虚设。所有涉及的权利得不到保障。

诉讼是国家向百姓约束法官不在法外施法和滥用权力，进行依法办理的承诺。如果不受程序约束的法官违反程序裁判，不仅侵犯了公民权利，又伤国害国。在司法活动中，诉讼程序优先，就是国家依法治国的形象优先。

司法活动不同于一般活动，其特点是通过规范化的程序实现实体权利。国家在追究行为人法律责任时，必须注重体现出国家法治形象在老百姓中的公信力，从而形成全社会信法、守法、依法办事的社会风尚，使社会得到长治久

安。如果适法机关违反法定程序,任意侵犯公民权利,就会损害国家本身讲法守法和依法办理的形象,从而丧失民心,产生深远的恶劣后果。

程序法与实体法同等重要。经验告诉我们,依法治国、依法行政,就在于是否严格执法,在于程序法能否真正实施。

(二) 权利救济之有效莫过于宪法救济

任何法律权利(权力)只能通过宪法救济机制才能进入真正的运行过程。宪法救济,又称宪法诉讼,或称司法审查,它是指司法机关通过对立法机关和行政机关制定的法律,法规及其他行使国家权力的活动进行审查,宣告违反宪法的法律、法规无效以及对其他违法活动通过司法裁判予以纠正,从而切实维护宪法实施,保护公民和法人的合法权利。由于司法审查制度的采用深刻而广泛地影响着社会生活各个领域,因此它事实上已不是一项单纯司法制度,而是属于整个国家的政治制度的范畴。

经过改革开放以来30余年的努力,我国的民事法律、行政法律和刑事法律体系建设已经比较完善了,但法治化体系建设还其路遥遥。闻名全国的孙志纲事件发生后,收容遣送制度很快以总理签署国务令的方式废除,①或许可以视为我国宪法救济的一个初步的有益的尝试?

---

① 2003年3月17日晚,暑假外出打工的大学生孙志刚,外出上网时,因为没有暂住证,被治安人员带走。在其后的3天中,他经历了此前不曾去过的3个地方:广州黄村街派出所、广州市收容遣送中转站和广州收容人员救治站。3月20日,孙志刚死于广州收容人员救治站。他刚到广州才20多天,应聘于广州一家服装公司。没来得及办理暂住证,当晚他出门时,也没随身携带身份证。后来的尸检结果表明,孙志刚是被殴打致死的。事发后,先后有多名法学学者以公民的身份向全国人大常委会提交了"关于审查《城市流浪乞讨人员收容遣送办法》的建议书",要求对收容遣送办法进行违宪审查。提请全国人大常委会就孙志刚案及收容遣送制度实施状况,启动特别调查程序。"违宪审查"这一法律语汇,因此为公众广泛知晓。2003年6月20日,国务院总理温家宝签署国务院令,废止收容遣送制度,代而施行《城市生活无着的流浪乞讨人员救助管理办法》。

执法统一与管理有效[*]

—— 对"娱乐场所"从业人员收税问题的调查与思考^①

一、引　言

取消娱乐场所收费,调整娱乐业营业税税率,是在市场经济条件下规范政府行为、加强娱乐场所管理、理顺分配关系、实施国家费改税改革的必要措施之一,而调整和加强其营业税征管,对增加地方税收收入具有重要意义。同时,在"涉黄"活动借"娱乐场所"之名蔓延的现阶段,又备受争议。即税务部门上门收税;卫生部门每年去培训卫生知识,"发卫生套";公安定期不定期检

---

　　* 本案例分析经过教育部学位与研究生教育发展中心和全国公共管理专业研究生指导委员会专家的双重评审,入选 MPA 课程案例题库［2014］,该文为节选,《郧阳师范专科学报》2015年第 3 期。

　　① 据 2014 年 2 月 20 日海南省公安厅网站报道:2 月 10 日下午,海口市公安局组织召开专门会议再次对打击整治涉色违法犯罪活动进行动员部署。2 月 11 日上午,海口市公安局立即制定下发加大打击涉黄违法犯罪活动的通知,部署各单位进一步加强对全市各类桑拿洗浴场所、歌舞娱乐场所、足浴按摩场所的治安管理,落实长效管理机制,督促相关场所依法规范经营;加大打击力度,坚决清除隐藏在各类场所的涉黄违法犯罪活动。2 月 12 日,海口市公安局接到省厅关于开展扫黄"净风"行动的工作任务后,当晚,全局共出去 228 名警力,分 4 个片区 10 个行动小组,在海口市龙华、美兰、秀英、琼山辖区统一开展扫黄清查行动,共清查各类场所 79 家,抓获一对(2 人)涉嫌卖淫嫖娼嫌疑人员。

　　2 月 18 日下午,海口金贸派出所所长李国宁介绍,国贸金贸地区共有 27 家按摩保健经营场所,前几天,派出所已经召集这些场所负责人开会,要求他们守法经营,并告诫他们"一旦被抓,构成标准的,要追究刑事责任"。同时,金贸派出所从 2 月 9 日至今已集中清查了 2 次,并将所有按摩保健经营场所责任分片包干到所领导,要求管段民警每天检查,每天书面上报检查情况。李国宁强调,金贸派出所历来重视打击黄赌毒工作,这次扫黄工作不是一阵风,会长期抓下去,今后也会不定期进行清查、检查。

查、打击,由此出现疑问:"啥叫合法不合法?"部门执法矛盾,妨碍社会主义法治统一,损害法治权威,影响政府效能。

"公说公有理,婆说婆有理"是执法矛盾(冲突)中普遍存在的现象,也是有关部门执行与民众意见多元化之间的困惑,反映出当前社会综合治理的一个难题和具有重要意义的问题。

海南省地方税务局以琼地税函〔2013〕22号颁发《关于加强娱乐业营业税征管的通知》后,各市、县、区地方税务局,各直属稽查局立即按照新的规定精神执行。①

海南省地方税务局以琼地税函〔2013〕22号发出《关于加强娱乐业营业税征管的通知》,通知要求各市、县、区地方税务局,各直属稽查局:

为贯彻实施海南省财政厅、海南省地方税务局《关于调整海南省娱乐业营业税税率的通知》(琼财税〔2012〕2775号),进一步加强海南省娱乐业营业税的征管,现提出以下要求:

广泛开展宣传。各市、县、区局要通过各种渠道深入开展宣传、解释,使纳税人及时了解海南省娱乐业营业税新的适用税率规定,将政策不折不扣落实到位。

加强日常征管。无论是实行查账征收方式的,还是实行定期定额征收方式的,都要加强税源监控力度,及时了解掌握纳税人的经营变化、纳税申报和税款征收情况,实行跟踪管理。要对纳税人应税营业额的真实性、完整性进行评估,保障税款及时、足额入库。

强化核定征收。各市、县、区局要认真普查娱乐业双定户营业额核定情况,对原来营业额核定偏低的,应重新进行合理核定,并实施不定期日常巡查,减少和防范税收流失,逐渐规范娱乐业税收征管。

做好效应分析。各市、县、区局要根据娱乐业营业税税率调整,结合2013年税源收入情况分析,统计所辖地区娱乐业户数和降低税率后对收入的影响,并于2013年1月底前向省局(营业税处)报送《娱乐业营业税税率调整营业税收入情况统计表》。

---

① 据悉,全国各地地税部门先后颁布了类似规定,符合财政部与国家税务总局有关调整部分娱乐业营业税税率的通知精神。

　　该《通知》的制定,其根据是:《中华人民共和国税收征收管理法》《中华人民共和国营业税暂行条例》《中华人民共和国发票管理办法》及其他有关税收政策规定,以及海南省财政厅、海南省地方税务局《关于调整海南省娱乐业营业税税率的通知》,因而合法有效。

　　它所涉及对象是"娱乐场所"和"娱乐场所从业人员"。

　　娱乐场所:根据2006年1月29日中华人民共和国国务院令通过的《娱乐场所管理条例》(第458号,第一百二十二次常务会议通过,自2006年3月1日起施行),第一章第一条规定,"本条例所称娱乐场所,是指以营利为目的,并向公众开放、消费者自娱自乐的歌舞、游艺等场所"。

　　由此可知,娱乐场所,是指"以营利为目的,并向公众开放、消费者自娱自乐的歌舞、游艺等场所"。

　　人们通常所说的娱乐场所,还包括风景名胜区、旅游景点等,以及KTV、台球、保龄球馆、迪厅、酒吧、洗浴中心等。

　　娱乐场所从业人员:"娱乐场所从业人员",是指在上述场所经营、就业人员,包括按摩、修脚、搓背等人员。

　　娱乐场所及其从业人员的合法与非法界限:根据《娱乐场所管理条例》第十四条规定,娱乐场所及其从业人员不得实施下列行为,不得为进入娱乐场所的人员实施下列行为提供条件:(1)贩卖、提供毒品,或者组织、强迫、教唆、引诱、欺骗、容留他人吸食、注射毒品;(2)组织、强迫、引诱、容留、介绍他人卖淫、嫖娼;(3)制作、贩卖、传播淫秽物品;(4)提供或者从事以营利为目的的陪侍;(5)赌博;(6)从事邪教、迷信活动;(7)其他违法犯罪行为。

　　执法统一与管理有效是国家法治现代化的标志之一,正视和解决对娱乐场所从业人员收税问题,是题中应有之义;而要做到这一点必须尽可能地全面了解和把握情况,面对现实,对传统处理规则与具体办法的完善有创新性的思考。①

――――――――――

　　①　为了使分析更贴切实际,可参考另外一个案例:海口大力整治娱乐场所,可涉黄活动为何屡禁不绝?据中国文化报驻海南记者张钺报道:8月23日,记者从海南省海口市文体局召开的歌舞娱乐场所业主大会了解到,今年1月至8月,海口市文化执法部门共查处全市111家歌舞娱乐场所,其中因违规警告11家,责令整改23家,停业整顿7家。资料来源:《海口大力整治娱乐场所》,《中国文化报》2013年8月28日。

二、基本情况

（一）"娱乐场所"与"涉黄娱乐场所"在当地的存在状态

本人在海南工作已经 24 年，其中 5 年在省法制局，9 年先后在海南省证券办和海南证监局，10 年在海大，据当地报载消息和个人调查可知，"娱乐场所"与"涉黄娱乐场所"同时存在，公安部门，包括地方派出所"扫黄打非"行动不断，对"娱乐场所"和"涉黄娱乐场所"的清查处罚从未止息，但涉黄活动却越来越多样化了。①

在本案例的撰写过程中，根据作者所请，获悉 2014 年 3 月海口市三区公安分局提供的"娱乐场所涉黄案件"统计：2011 年行动 230 次，查处 28 家、治安案件 173 起，2012 年行动 228 次，查处 22 家、治安案件 143 起；2013 年行动 224 次，查处 25 家、治安案件 152 起。

（二）政府部门执法理由和执法态度

营业税征收范围广，收入规模大，是地方财政收入中最大的来源项目。娱乐业的征收范围包括：经营歌厅、舞厅、卡拉 OK 厅、音乐茶座、台球、高尔夫球、保龄球场、游艺场等娱乐场所，以及娱乐场所为顾客进行娱乐活动提供服务的业务。此次税率征管调整体现了对娱乐行业的扶持，适应居民基本文化活动的需求，也有利于促进娱乐产业的健康发展。

《娱乐场所管理条例》严格审批娱乐场所，强化业主责任，规范经营行为外，同时还明确规定了文化、公安、工商、税务等部门的监管责任，以保障娱乐行业的健康发展。公安部门对娱乐场所的消防、治安状况的监督管理，税务部门负责其税务登记、缴纳以发票的使用情况的监督管理，卫生部门负责监督检查其卫生设施、公共用品和设施的消毒，从业人员的健康检查、突发公共卫生事件的应急预案等。这些部门各司其职，在各自职责范围内执行权力。即：娱乐场所的设立登记，分别由文化、公安、卫生、工商等部门负责审查；平时分别对其进行收税、健康知识培训等，经营承包者如果违反《条例》，则由上述部门

---

① 此文写作之前，我曾经分别同海南国税局局长冯大安同志，还有当年我的同事海南省法制局立法一处处长滕传枢同志征询涉黄娱乐场所打击效果与对其征税是否存在矛盾问题的看法，也对部分在基层工作的 MPA 学员进行类似情况了解。

依法处理。

涉黄活动是法律严令禁止的违法活动,是政府主要打击的对象。它的危害在于导致社会风气败坏,引起各种各样的社会犯罪,损害身心健康,影响城市的形象。特别对未成年人成长影响更大,如不加以打击,其后果是滋生一系列社会道德问题。公安部一直要求各地公安机关继续深化专项整治行动,严肃查处、严厉打击涉黄违法犯罪活动;对不作为、乱作为甚至徇私枉法等侵害群众利益的违纪违法行为,要发现一起,坚决严肃查处一起。卖淫嫖娼违反社会伦理道德,破坏社会风气,也容易诱发其他违法犯罪活动,必须建立长效机制严厉打击,遏制其抬头蔓延。

(三) 社会疑问与政府管理的困境

1.市民诸多的疑惑,其实也是社会共同的困惑。娱乐场所的从业人员,历来是重点监控的对象。站在卫生部门的角度看,举办防艾培训班,是其履行职责的表现。预防和控制艾滋病,卫生部门必须"有所为"。然而,单凭监控无法避免艾滋病的蔓延,在"小姐"这个特殊群体客观存在的今天,主动召集这些人员进行有针对性的培训,让她们明白使用安全套的重要目的是为了保护自身的安全,对于防艾工作显然至关重要。从这点上说,某些地方的卫生部门举办"小姐学习班",并不算错。同样,公安部门"扫黄打非",也是其法定的义务。问题是,假如卫生部门举办"小姐学习班"合法,则证明公安机关多年来的"扫黄打非",这项工作的合法性,反倒受到质疑了。对于卖淫嫖娼,卫生部门"唱红脸",公安机关"唱黑脸",二者合一,效果纵使不等于零,起码也要降到最低。如此一来,"扫黄打非"注定是一项没有结局的战争。

按照刑法和社会治安条例的要求,在打击卖淫嫖娼这个问题上,公安机关不能"认输",更不可"逃跑"。再说,我们的宪法也不允许卖淫嫖娼现象存在啊。所以,警方表示"扫黄防艾,两手都要硬!",没错。"小姐"的工作单位是娱乐场所,娱乐场所只要不是无证经营的非法单位,工商管理部门就没理由不给这些单位发营业执照。有了营业收入,税务部门则要求娱乐场所的经营者照章纳税。前两年,税务部门要求"小姐"纳个人所得税,曾一度引起社会争议,因为纳税意味着性工作者所从事的职业合法。税务部门收税,也没什么不妥。在"小姐"问题上,每个职能部门的具体做法,无可厚非,他们不这样做,反而不对了。但是,一旦将这些做法并列在一起,难免自相矛盾了:"小姐"如果合法,工商部门可以发证,税务部门可以征税,卫生部门可以防艾,但公安部门不能再打击,否则,岂不是不允许性工作者开展工作吗?如果公安机关"扫黄打非"正确,卫生部门的"小姐学习班",从人道主义的角度看,可行,但工商部门、税务部门的做法就属于非法了。再说,这一个"小姐"学习了,下一个该谁去学习,依然是个问题,也永远无法解决。

2.需要预防性病、艾滋病的不仅仅是"小姐们",我们每一个人都应该是预防性病、艾滋病的对象,需要疾控中心公开的、不厌其烦地强调和宣传,这个过程中,高危人群自然会注意自身的安全问题。小姐们愿意参加培训班,从某种程度上说,也是广泛宣传的结果。同时,性工作者们无疑是高危人群,是需要特别加以关注和呵护的,从个人隐私的角度讲,这一部分工作还是秘密进行比较好,公开之后对"小姐们"今后从良的生活也不利,对社会更有一种不良的诱导。

3.补缴税款的税种及征收依据存在诸多争论

某酒店董事长对泉州市地税局稽查局出具的处罚决定书很有看法。他说,比如"小姐税",安溪县地税局不管酒店有无"小姐",都按床位数、KTV包间数、桑拿按摩室数,以一定比例来核定"小姐"数量,按照每月每名"小姐"缴税340元的额度向酒店征收。明园大酒店被地税局核定出18名"小姐",应缴纳"小姐税"87380元。对此,王泉成认为按照法律不允许"小姐"服务,所以拒绝缴纳该税。

4.对性工作者收取保护费谁来管一管

消息:"我在这边开店有好多年了,几乎每年到年底的时候,就会有一些小混混来店里,他们拎着一两挂鞭炮,往桌子上一扔,随口一句恭喜发财,就当是以卖鞭炮的名义来收取一定的费用。"这是天津某地的情况,这样的情况存在已经有好多年了,每年这边的发廊都要给当地的黑社会团体交一定的"保护费",以类似的送鞭炮、送水果的形式要挟性工作者交钱,少则100元,多则就要500元。2008年,大部分的性工作者的生意是不尽如人意的,奥运会、金融危机使大家的生意变得冷清,极少的客源使快过年的性工作者们无法支付房租,年底大家都想着可以给家里多汇一些钱,添几件新衣服,而这个时候黑社会团体来收取保护费更是使大家的工作、生活雪上加霜。

陈姐是我们认识的一位性工作者,她在当地已经开店四五年,几乎年年到年底的时候,会更加提心吊胆,晚上天一黑,她就开始害怕,因为这个时候收保护费的人快要来店里,而陈姐平时的生意并不是很好,若再交上这个钱,使生活更加苦难,只好在趁天黑的时候尽早关门,以免他们又来。陈姐告诉我们,这边已经有好几家店被砸了,因为不想给钱,他们也不让大家做生意,一段时间以来大家都有些人心惶惶。一些店人比较多的,因为还想多挣一些钱,就会给他们钱,也有的会冒风险,有人在外面先看着,看有人来了,大家互相通知一下。大家都在议论这样的事情谁来管?有人说,有事情找警察啊,他们是国家的保护神啊,维护人民的权益。是啊,也有人报警,但是警察来了却什么也没有处理,对这些收取保护费的人没有影响。年年报警,年年还是如此,收取保护费的人没有离开,而保护费偶尔还会增加。一些单独开店的性工作者说,有时候她们遇到这样的情况,根本不敢说什么,只能他们说拿钱,就乖乖地将钱给他们,一是怕他们砸店,另一方面还担心哪天会被他们举报。因为工作的违法性,大家只能是忍着,不敢出声。每年,都有很多性工作者遇害,遭受不同程度的抢劫、偷盗、打砸、强奸、拐卖等暴力,而大家都一个反应是一旦碰到这样的事情,自认倒霉,通过法律途径解决成为一种奢望,因为有可能又以卖淫嫖娼的罪行来罚款、拘留、劳教。性工作者,作为公民,她们是母亲,是妻子,是女儿,也承担着养家糊口的责任,为什么我们不可以给她们多一点点的支持和鼓励,当她们的权益受到侵害的时候,有人去关注,虽然是违法,是否可以不要只关注一个方面,作为受害者,更需要的是社会的理解①。

5. 阅读卫生部、国家计委、科技部、财政部(1998年10月26日)的《中国预防与控制艾滋病中长期规划(1998—2010年)》的报告,由此可知"据国内有关专家以组分法和德尔菲法测算,我国艾滋病病毒实际感染人数已超过30万。以此为基础,用世界卫生组织艾滋病病毒感染人数加倍时间法推算,到2000年,我国艾滋病病毒实际感染人数有可能超过120万。性病作为艾滋病传播的重要因素之一,自20世纪70年代末以来,报告病例数逐年增加,

① 本案例分析一文,所取各方对涉黄娱乐场所收税的有关社会意见部分材料,即:"对娱乐场所从业人员收税的争议"和"政府管理的现实困境"部分材料来自对(《哈尔滨日报》2006年10月15日)《"小姐学习班"凸现职能部门缺乏协调》(摘自http://www.kdnet.net,10月11日)的整理,其他均是本作者对相关消息的调查及思考。特此说明并致谢!研究生张秀伟同学参加了对本案例分析《正文》中附录的材料收集,特此说明并致谢!

1989—1992 年间平均增长率在 11.27%—13.79%,而 1993—1995 年间增长率在 20.58%—24.75%。1997 年报告病例数 46 万,发病率为 37/10 万,比 1996 年增长了 15.81%,在各类传染病发病率排序中仅次于痢疾、肝炎,居第三位。由于多数性病病人到私人和非法诊所就诊,性病病例漏报严重,根据部分地区调查估算,实际患性病人数是报告病例数的 5—10 倍。这是一个威胁国家未来的巨大隐忧。中央政府有关部门的总目标是,"到 2002 年,阻断艾滋病病毒经采供血途径的传播,遏制艾滋病病毒在吸毒人群中迅速蔓延的势头;力争把性病的年发病增长幅度控制在 15% 以内。到 2010 年,实现性病的年发病率稳中有降;把我国艾滋病病毒感染人数控制在 150 万以内"。显然,这是一项十分光荣而艰巨的任务。

三、案例结束语

(一) 实践和理论上的综合性问题

由于性产业、性工作者罪化,"小姐"群体属于最弱势群体,经常受骗,如经常受到暴打、经常收到假币。

"小姐"活动隐蔽化,更容易受到流氓恶势力的强暴,甚至杀害。

"小姐"不敢求救,致使公安部门破案率极低,不利于打击流氓犯罪和黑社会犯罪。

"小姐"经常受到强暴和欺骗,往往不得不求助于黑恶势力保护。

有黑恶势力的参与和保护,公民举报涉黄场所的违法活动,往往会遭受巨大威胁。

公安部门属于全民安全的保护者,却又成为性工作者的打击者,造成职责和身份冲突。而在有关"小姐"工作场所安装报警装置,又会在心理上承受巨大压力,害怕被上级和新闻媒介说成是保护"黄、赌、毒"。

公安部门的职责和身份冲突,必定导致形式主义的应付行动,还会大量出现选择性执法,即:可以查你,也可以不查你,可以查他,也可以不查他,可以明天查你,也可以今年冬天再查你。

涉黄老板为了涉黄活动的发展和安全,就会勾结黑白两道。

因为规定性工作者违法,但又取缔、杜绝不了,为抢功和罚款之便,有公安局专门在辖区钓鱼执法,派出所之间相互争夺、火拼,严重影响政府形象和威信。

现在腐败现象严重,尤其部分掌握一定权力的公职人员、国有企业高管人员等,生活腐化,泡妞、养二奶、超生,睁一眼闭一只眼,屡禁不止,却对村民、市民、打工者扫黄,严重损害社会主义法治的公平原则。

各种社会人等不能要求他们一律洁身自好,而且现在流动人口,包括民工数量巨大,难以要求他们一律洁身自好。

普遍的扫黄主要是重在打击和扫除一般的娱乐场所和发廊之类的场所,其结果不仅未能根绝涉黄活动,而且使星级酒店、豪华游乐场所、会所的权贵人物涉黄行为,包括色情消费、色情贿赂更加安全,有恃无恐。所以,有些经营豪华场所的老板公开对公安人员讲:你们扫黄最欢迎的是我们,我们最希望你们扫黄。①

缴纳税款,是宪法所规定的公民义务之一,合法劳动收入到一定额度缴纳一定税负,法理上不承认非法收入,非法收入应该罚没,非法活动必须取缔。各级政府的不同机关对娱乐场所、包括对涉黄场所的做法,体现了意识形态上的僵化,公权力之间的冲突,管理上的混乱,实际效果是掩耳盗铃,阵发性(甚至是季节性)的,形式主义。

实际上,涉黄方式是花样翻新,防不胜防的。比如:"打飞机"算不算色情流氓行为?"砂舞"之类擦边球式的艳舞属于什么性质的行为?该依照什么法律和法规对其进行管理?比如,过去的钢管舞被认为是黄色的,后来又允许了。这一类的事例很多。

---

① 有关学者对此看法不一:李东宏律师(2014):色情业和色情交易本质上是一种奴役,是与市场经济原则和法治精神相违背的,更与社会主义法治理念和社会主义市场经济格格不入。色情业和色情交易还与契约自由不搭界,因为出卖自己的身体,本身就是不自由的,正如出卖自己的健康和生命毫无自由可言一样,出卖和购买是违法,有的甚至是犯罪。还可以说,通过契约的奴役和不通过契约的奴役,差别只在于形式,即契约的有无,本质上是一致的,都是奴役。至于个别人扯到性自由,无论性自由是否正当,一旦成为侵犯或奴役他人的工具,就变成不正当的了。从本质上说,不管被包装到何种文明程度,色情业和色情交易中的契约和自由,不再是契约和自由,而是一种暴力和奴役的工具。社会学家李银河研究员(2011),在做客《名人面对面》节目时,谈到对当今社会经常扫黄打非的看法。她认为:扫黄抓小姐不能让卖淫在社会上绝迹,真正打压的应该是迫害她们的黑社会而不是她们本身。

（二）观点讨论：改进政府对特殊行业管理的设想

在现阶段，继续坚持以前的统一管理、分工负责的做法，积极作为，既维护弱势群体，又要力争打击违法，维护公序良俗，推进精神文明建设。

社会主义法治的现代化的发展与淡化僵化的意识形态，解放思想相辅相成。一切从现实出发，根据科学发展观，建立更加适合社会现实进步、有效的制度，促进和谐社会的建设，既是社会发展的趋势，也是我们的任务。

认识问题的症结：对社会主义社会性质的认识和社会主义初级阶段的认识，由此带来娱乐行业混乱和管理规制、管理手段上的相互冲突。是否可以：

对娱乐行业进行性质、种类的分类和分类管理，在分类清楚、规定特许的前提下对消费者征收特别消费税。

对性工作者除罪化或非罪化，对特殊行业实行统一、规范的法律管理，出台性工作者指导法。通过建立定期卫生检查制度，减少性疾病的传播；通过划定红灯区，杜绝各种性交易场合出现在不适宜的地段；通过收税，使性工作的非罪化及税收合法化，同时对涉黄娱乐场所一次性地彻底取缔。

进一步完善中华人民共和国刑法，严惩拐卖妇女、儿童，强迫妇女卖淫的犯罪行为；减少逼良为娼的事件的发生。

进一步完善公务员法律、法规，细化公务员的行为标准，从严惩处党、政、军、教等人员的涉黄行为；设立公职人员的行为评价档案，实行严格的淘汰惩戒机制；建立行业管理和行业操行标准。

据此，似可规范化地解决不仅仅是海口、海南，而且是全国性的各地娱乐场所涉黄真假难辨，扫黄打非执法不一，相互矛盾，成本居高不下，以及涉黄活动死灰复燃、永无休止的难题？

四、要点分析

（一）本案例内涵的法理学问题

税法规定征税的客观对象，征税对象是税收制度的首要因素。税收的征税对象一般是符合国家政策得产业、行业或者个人得合法收入。对违法行业应该是没收非法所得并处相应处罚，向其征税，其行为依据和学理解释是什么？

行政执法,必须执法有据,执法阳光化,注意处理好法与情,情与理诸关系。与此同时,更重要的是,何种机制方可处理好执行各部门管理细化、具体化,并且不至于以部门利益、部门权力的区隔而引起执法冲突?

法治是一种权力与权威,执法有效与权威及效率密不可分,要认真考察短期作用与长远结果的关系。基于红灯理论,如何更好地消除以权代法、以关系代法、以土政策代法,地方保护主义、部门保护主义等现象?

对社会失范的治理是一种价值重建与规范选择的过程,应该追求法规废、改、立的与时俱进。社会失范中的失范(anomie)概念原来本意是"缺少规范",如何做到在建立健全法制的同时,避免"法繁扰民"?

市场暴利是市场违反规范的动力。正如马克思所指出:"为了100%的利润,资本就敢践踏一切人间法律,有300%以上的利润,资本就敢犯任何罪行,甚至去冒绞首的危险。"社会主义执法统一的动力和保障是什么?

(二) 本案例内含的法哲学问题

正确理解服务型政府的管理、管制行为。

正确认识服务型政府的正当利益与非正当利益。

正确认识行政执法统一与行政法治的关系。

五、最后的思考题和结论

(一) 思考题

税法规定征税的客观对象,征税对象是税收制度的首要因素。税收的征税对象一般是符合国家政策的产业、行业或者个人的合法收入。对违法行业应该是没收非法所得并处相应处罚,向其征税,其行为依据和学理解释是什么?

行政执法,必须执法有据,执法阳光化,注意处理好法与情,情与理诸关系。与此同时,更重要的是,何种机制方可处理好执行各部门管理细化、具体化,并且不至于以部门利益、部门权力的区隔而引起执法冲突?

法治是一种权力与权威,执法有效与权威及效率密不可分,要认真考察短期作用与长远结果的关系。基于红灯理论,如何更好地消除以权代法、以关系代法、以土政策代法,地方保护主义、部门保护主义等现象?

对社会失范的治理是一种价值重建与规范选择的过程,应该追求法规废、改、立的与时俱进。社会失范中的失范(anomie)概念原来本意是"缺少规范",如何做到在建立健全法制的同时,避免"法繁扰民"?

(二)简单的结论

立法和执法都需要清楚了解完全确定情境、风险情境和不确定情境。行政执法是建设法治国家、法治政府、法治社会的重要环节,而执法统一与管理有效是行政执法的当然目标。现阶段存在的多头执法和运动式执法等现象,需要在两个层面上解决,即在法律的立、废、改与执法阳光化的过程中逐步解决,这一过程属于法治的良善化、精细化过程。本案例通过对"娱乐场所"从业人员的收税涉及的"涉黄娱乐场所"从业人员收税问题的考察,旨在建设性地探讨如何提高执法效力与效益;提高我们的问题意识以及辩证分析的积极性。

附录:

国外处理办法示例

(一)社会主义体制的越南:色情产业非法,但缺乏有效管理。

色情产业在越南一直属于非法产业,是政府不遗余力的打击对象,尤其是首府胡志明市(据悉,胡志明市和河内大概集中了该国50%的色情产业)。尽管如此,越南的色情产业仍然日益发展壮大,首都胡志明市实际上已经成为世界著名"红灯区"之一。色情产业的发达,随着而来的问题就是艾滋病的蔓延。

"红灯区"在越南处于半合法地位,警员查处时,经营者一般都会事先获得消息,就在此阶段停业歇息,平时没有什么具体的管制措施。

(二)城市国家新加坡:不合法,不取缔,管起来。

新加坡法律严苛,号称法治世界第一,但并不禁止卖淫嫖娼。"红灯区"在一个叫芽笼路三十巷内范围,有半合法和非法的业务。在十八巷,是合法的红灯区,它们是挂牌的,合法经营。在新加坡卖淫虽然不合法,但政府出于降低犯罪率等方面的实际考虑,却给有固定场所营业的妓女发执照(License)。

妓女不仅要体检,也要纳税,新加坡扫黄、禁赌也很严厉,治安部门经常采取突击行动扫荡从暗娼,取缔地下赌场。居民家中若被查出黄色淫秽刊物和音像制品,最重可被判罚没房屋等财产。

新加坡还规定,与未满 18 岁女子进行性交易违法。嫖雏妓罪名一旦成立,可被判 7 年监禁,并进行罚款。在新加坡妓女是合法的,嫖娼也是合法的,虽然是下等的职业,但是这些妓女每年要接受新加坡政府的体检,也有营业执照,如果没有通过定期的体检,要被吊销执照。

(三)大陆法系的德国:规则细密,综合管理。

德国对娱乐场所进行严格的分类。据悉,德国每 10 万人就拥有 300 多家娱乐场所。这些娱乐场所主要分为三类:一是服务性娱乐场所,如酒吧、咖啡厅、酒馆等;二是休闲性娱乐场所,如歌舞厅、度假村、网吧等;三是特殊娱乐场所,如色情场所、赌场等。德国法律允许从事色情业和赌博业,但这些场所通常被设在专门的"红灯区"和僻静的角落,不在普通百姓生活密集之处。德国政府禁止公务员去色情场所和赌场,违者将被开除。

同时,德国实行娱乐场所自律协会和内部制度。1996 年,德国通过了《公众娱乐场所管理法》。在政府部门的帮助下,各娱乐场所还组成了娱乐场所自律协会,进行自我管理。很多娱乐场所对顾客的着装有要求,凡穿着暴露、破牛仔服等的客人不准进入。德国娱乐场所的工作人员必须详细登记自己的各种情况,办理健康合格证等。消防安全是所有娱乐场所的薄弱环节,德国在娱乐场所建立了 GST 火灾自动报警监控管理网络系统,对火灾自动报警设备进行远程实时数据采集和处理。

再是设立风纪警察。风纪警察是德国警察部门为了维护公共秩序专门设置的,一般占城市警察总人数的 5%,实行分片管理。风纪警察的工作内容是检查进入歌舞厅等娱乐场所的人有没有身份证,严禁 18 岁以下的未成年人进入夜间娱乐场所,像酒吧、迪厅和网吧等;午夜 1 时后严禁销售包括啤酒在内的酒精饮料,对醉酒者进行处理;取缔娱乐场所各种违规表演等。风纪警察还担负"宣传员"的责任,如在歌舞厅里发传单,告诫年轻人不要吸食毒品、烈性酒和药物。有时专门针对毒品开展清查活动。对于灯红酒绿、鱼龙混杂的娱乐场所,从管理细节下手,规范娱乐场所的管理,增强风纪警察执法的透明度,体现公平、公正的原则,对娱乐场所实行 10 分制管理,如查出有客人没有达到合法年龄就要扣 1 分,一年中累计扣分超过 5 分的娱乐场所,将通过检察机关依法处理。

（四）商业规则丰富的荷兰：登记合法化，有序管理。

政府"因势利导"的政策，使得荷兰的色情业以及与毒品相关的情况备受世人的瞩目。荷兰政府对色情业进行正规、有序的管理，双方均可从中获利，另外，这种政策也使性犯罪的数量处于较低水平。从2000年开始承认妓院合法，几乎每个大城市都有红灯区，阿姆斯特丹成为世界"性都"。

性工作者只能在指定地区工作。法律对营业场所的面积、卫生条件规定详尽。严禁逼良为娼、容留未成年人卖淫。

（五）虽无特色，却各有治理之法的数个国家：

法国。法国是欧洲对色情业约束最严厉的国家之一，政府禁止设立妓院和红灯区，但性交易活动广泛存在。管理：对电视节目上的色情内容严格限制播出时间。法律规定最高可对嫖客处以1年监禁和1.5万欧元罚款。

英国。法律并不禁止色情业，在伦敦的SOHO区不仅有正规的俱乐部，也有专门提供性服务的民宅。管理：禁止性工作者站街揽客，任何涉及妓院的活动包括女佣等都被认为是犯罪，可能面临长达7年监禁。

美国。除内华达州部分地区外，性交易都属于违法行为。即使在内华达州，妓院只能在人口仅数万的小镇开设。管理：为了打击色情业，洛杉矶通过法律禁止了钟点房。华盛顿警方还将皮条客的照片公布在网站上，警方还给皮条客开办学习班。性工作者只能在指定地区工作。法律对营业场所的面积、卫生条件规定详尽。严禁逼良为娼、容留未成年人卖淫。

瑞士。色情业半公开化，从业的妓女必须公开登记，受警方、医疗部门和保险公司的监控。业者缴纳增值税，约占其总收入的6.5%。瑞士的法律反对性剥削，对老鸨和拉皮条者进行严厉打击。

人民举报制度实施综论*

一、人民举报制度的产生和实施现状

1988 年 6 月以来,在廉政建设过程中,全国各地根据有关法律、法规和有关部门的指示精神相继成立举报中心,专门受理各界群众对党政机关、企事业单位工作人员贪污、索贿受贿以及其他弄权渎职、损公肥私的违纪、违法、犯罪问题的检举、控告,迄今为止,已初见功效。

近年来,我国通货膨胀和干部队伍贪污腐败比较严重。特别是后者屡禁不止,它和大吃大喝、铺张浪费、请客送礼、争购进 L-I 小轿车等现象一时盛行于世。这种贪腐之风突出地表现在三个方面。其一是贪占钱、物,贿赂公行。仅 1988 年全国监察机关处理国家干部 12699 人,其中县处级以上干部 423 人,建议给予党纪处分 1187 人,移送司法机关处理 1571 人。上海 1988 年贪污、受贿涉及党员占整个部门犯罪案的 96.5%,比 1987 年上升 44.6%。北京 1988 年贪污案比 1987 年上升 7.4%,受贿案上升 13.5%,其中大案要案分别上升 30%。北京市人民检察院 1988 年立案侦查的 667 人中,在 1987 年和 1988 年开始作案或连续作案的就有 489 人,占总数的 73%。其二是参与经商,"官倒"猖獗。近年来各种"官办"公司林立,不少党政干部以公司挂牌"顾问""董事""经理"等名义参与经商,还有的自己不出面,让自己子女、亲属出面经商,利用权力白手发家。还有的直接利用职务上的便利买卖批文、营业执照、户口等,甚至于一个电话,转手大把钞票到了腰包。一些党员干部,特别是

---

* 《法学评论》1991 年第 4 期,合作者:吕鹤云。

主管项目、资金、物质的党员干部,凭借手中权力,处处"揩油""卡脖子",见什么就捞什么。"官倒"危害很多,其中一个最直接的后果就是促使生产资料价格上涨,加速通货膨胀,妨碍社会的正常生产。1988 年 9 月 3 日《解放日报》报道,上海一家工厂每年生产所需电解铜为 2 万吨,由于电解铜价格由 1987年的一吨 6000 元上涨到 17000 元,企业要减少利润 2 亿多元,大大高于 1987年的 1.6 亿元的上缴利税额。显然,这种情况下企业怎么能生存、发展呢? 其三是建私房,经营"安乐窝"。据《瞭望》杂志 1988 年第 17 期报道,"调查结果表明,近两年来,湖南省已有 2 万多国家干部营建了私房。大庸市县乡两级干部有 770 多户建了私房,其中县级以上的干部有 105 户,占县级干部总数的66.1%,建房面积之大、标准之高、花费之多令人瞠目,某县公安局副局长在县城建一楼房,占地 3 亩多,建筑面积 1200 平方米,造价达 20 万元以上"。"去年,上级有关单位拨给大庸市扩建工厂,建校舍的 9400 吨钢铁材有 720 吨被建了私房。在一年的时间内,有 554 名干部低价购入 33865 平方米木材建私房。干部建房占地 1116 亩,最多的一人达 1.2 亩"。"现在干部建房已不是为了单纯的居住,而是为了趁自己在位时捞一把。某县公安局副局长住着公房又建了 200 平方米私房,出租给县小水电公司,每年收租金 5000 元;衡阳市某副区长在南阳衡山脚下繁华的集镇上占地 180 平方米建了一栋 800 平方米的楼房,租给区煤炭公司,年租金 6000 元"。应该明确,以上所指贪腐之风是在改革开放以来,中央再三重申党性,继续大力提倡为人民服务之后,尤其是在中央作出《关于社会主义精神文明建设的决定》和全国人大常委会作出《关于严惩严重破坏经济的罪犯的决定》等决定、政策、法规之后愈演愈烈的,所以可以说情况和性质是相当严重的,也因之引起了社会的广泛关注,造成了一定程度的社会心理紊乱。根据广大人民群众的意愿,党和政府及时地提出了廉政建设问题,并给予了相当的重视,现时的人民举报制度就是在这种大背景下产生的。

现在全国城乡成立了大量的举报中心,就受理举报的机关而言,有行政举报、监察举报、公安举报,被举报的对象主要是党政机关和企事业单位的工作人员。举报者的来源范围广泛,有机关职工,企事业单位从业人员,村镇乡民等等,基本上构成了一个社会基层监督圈。

当前的实践证明,实行人民举报行之有效,容易为大众所接受,因之效果较好。各地举报中心成立以来,收受举报情形不一,从总体上说,举报已成为各行政监督、司法、执法等机关查处公务员违法犯罪的主要渠道。据《法制日报》1989 年 9 月 2 日报道,"监察部副部长在监察机关举报信访工作座谈会上介绍说,截至 1991 年 6 月底,全国监察机关已设举报机构和举报电话 1832 个。全国监察机关已配备专职信访、举报干部 4000 多名。据不完全统计,从 1990 年 7 月至 1991 年 6 月底,全国各级监察机关共收到人民来信、来访、电话达 286000 件次,其中来信 253000 多件,来访 19400 多次,电话 13000 多次。共收到各类举报线索 228600 多件,属于监察机关业务范围的有 194600 多件,占总数的 85%。省级监察机关 70%的立案线索,县级监察机关 80%的立案线索都是由举报机构提供的"。据举报而调查处理的案件是大量的。仅上海市一地为例:该市检察机关举报工作自 1990 年 6 月底开展以来,共受理群众举报 1.2 万件,其中贪污、受贿 4500 多件,截至 1991 年 4 月底,已查获贪污、受贿案件 810 件,其中万元以上大案 164 件,处级干部以上犯罪案件 8 件,另外,还查处一批情节较轻的贪污、政纪处分的有 1033 件,通过查处追缴赃款和赃物总值 600 余万元,为国家集体挽回经济损失 500 余万元①。由此可见,举报工作开展才一年多,配合其他手段,已经有效地遏制了被称之为"权力经济"犯罪的新的险恶势头,对改革开放和治理整顿的继续进行发挥了积极的作用。

二、人民举报制度实施中的困难和紧迫问题

人民举报制度是廉政建设中的一项有效措施和手段,但其实施过程中存在诸多困难,还有一些紧迫的问题亟待解决。

由于历史的原因,我国人民的现代法律意识十分薄弱。就守法而言,数百千年以来,乃至新中国成立以来,一贯强调的人民自觉守法,对于官吏来说,主要是要求恪尽职守,教育人民奉公守法,严禁"犯上作乱",也即是说"防民第一"。其实,这与现代的法制观念大相径庭,现代法制观念要求"在法律面前人人平等"。马克思主义创始人甚至对此进一步阐发说:"一切公务员关于他们自己的一切职务活动,对于任何一个公民都应当在普通法庭前根据一般法

---

① 参见《举报工作方兴未艾——访上海市检察长石祝三》,《法制日报》1989 年 7 月 22 日。

律负其责任。"①在社会主义中国,共产党是执政党,片面强调广大人民群众守法,不率先解决执政党、政府权力机关、执法、司法机关及其工作人员的守法问题,要想建设一个现代化的法治国家是不可想象的。新宪法中所作的"党必须在宪法和法律范围内活动"的规定,是我们党领导制定的宪法的科学发展,但由于过于抽象,且无具体的监督机构行使其监督、纠举的权力,各种其他机构的权力又条块分割,在实践中往往流于形式。人民群众对党政机关及其工作人员,尤其是"穿草鞋的"对"穿皮鞋的"通常是敢怒不敢言、敢言不敢行(检举、揭发、讼诉)。这种现象并未因实行人民举报而产生大的改变。

现阶段,我国在立法上对举报制度方面的立法还相当薄弱,公民举报主要是依据宪法中有关规定和1990—1991年的有限的几个关于举报的条例,缺乏更具体、可供普遍操作的明示性规范,各地主要还处在自创经验、自我摸索总结的阶段,司法解释也未跟上来。再之,法学界对举报制度的立法及实施情形的学理研讨也处在初始性的水准上,时见片段性文章,尚未系统化。将以上情况归结为举报制度立法和研究的贫困,或不至于有苛求之嫌。

几十年来轻视法制建设,法纪松弛,阶级斗争涵盖一切,各种大的行动由运动完成,致使司法机关功能蜕化,人员凋零。党的十一届三中全会以来,提倡加强社会主义法制建设,司法战线着意配置,人员增多,经过调入和在职培训,执法、司法队伍已发生很大变化,广大公安、检察、法院及工商部门工作人员在新的形势下作出了巨大贡献,在促进改革、活跃商品经济、保护人民民主等方面功不可没。另一方面,由于司法、执法队伍建设的中断期太长,加之体制上的弊端,诸如党与司法的关系,政府与司法的关系,人大与司法的关系始终未能得到很好的解决,致使曲法、毁法,以刑代法,法律为权力效劳的现象普遍存在,在很大程度上失去了群众的信赖。近年来面临改革开放,商品经济、生产走向市场化,腐败之风严重地侵蚀到公、检、法等执法、司法机关内部,此外,相当多的地方各种犯罪率居高不下,发案时司法人员往往不在现场,事后侦讯缓慢,判决不公,所以不少人不相信司法机关会跳出"官官相护"的古老政治定律,以法明断公道是非。这也是目前举报未被各界人士普遍积极采用的一个缘故。再就公、检、法机关来说,它们也自有难处。一是人员不够(主

---

① 《马克思恩格斯选集》第3卷,人民出版社1972年版,第30页。

要是专业人员不够),二是办案经费受到限制,这在受理人民举报案件以后反映尤为突出。据《人民代表报》1989年3月4日报道,办案经费短缺,已经成为各地乃至全国一个普遍存在的问题。最高人民检察院每年只有600多万元事业费,除去干训、通信、会议、购置等必要开支外,能提供办案经费的只有50万元。该院一年至少要办刑事、经济、法纪各种各类大案6000件左右,直接办案少则几千元,多则上万元,仅外调的差旅费就花不起。各地检察机关也存在同样问题,大部分举报只好往下转,而下面由于人力、物力的缘故,有些案子不得不暂放一边。据统计,目前全国受理的举报案件布一半无力查处。这种情况也势必影响到人们对举报的信誉。

举报制度的实施针对性很强,它有它的特点,而不少群众对之知而不详。对于举报者来说,无论是激于义愤,还是出于社会责任感,他不得不事先考虑很多。通常,举报人大多总是对自己单位所熟悉的人和事才有举报的积极性和便利。一个办公室、厅、局、海关、工厂之内的知情人,包括职员对上司、会计、出纳和其他人员对负责本单位的权要,同事之间等,或眼见,或非自愿地参与经手,或道听途说,事属可疑的迹象。这是举报人的有利条件,同时他还要考虑,倘若查处不了如何,即使查处之后对自己的处境有无不利影响。弄不好,各种打击、厄运就会接踵而来,譬如名誉、工作、职称、住房、子弟入学、平时福利待遇(农村的劳务安排、办理征税)等,不一而足。在这些方面未得真正有效的保障的条件下,举报工作能否进一步健康地进行不容乐观。

如果上面所述主要是囿于理论分析层面,不足为凭,那么根据举报的实际情况就足以反映出举报之艰难。举报制度的实施在当前的紧迫问题之一是:普遍反映,报复、打击举报人现象频繁发生,各方对之无能为力。《报刊文摘》1989年8月22日以"打击报复:一个惊人的数字"为题,较详细地介绍了这方面的情况。该文说,"据统计,举报制度建立以来,全国受打击报复的举报人8322人,其中两人惨遭杀害。这是一个惊人的数字"。"对举报人进行打击报复,既有明目张胆的行凶施暴,也有各种幌子掩盖下的隐蔽勾当。""据南京市举报中心负责人讲:明显的打击报复还比较好纠正,至于那些对举报人采取扣奖金、调工种等'穿小鞋'的事件,检察院无能为力,而且这种现象更多。"那么群众一般对举报制度的顾虑、惶惑也就不难理解了。《道德与文明》杂志1989年第4期在《锦州百名市民话廉政》一文中透露,"在'您认为搞好举报中心、举报电话,主要应克服哪些思想阻力'的问卷中,填写'怕官官相护,石沉大海'的占79%,'害怕打击报复不敢署名'的占41%,'怕举报工作人员泄密'的占40%;填写'怕案件多,处理不过来'的占8%"。

我们从以上可以看到人民举报制度创立的革命性意义以及它在实施过程中的蹒跚步态。很显然,我们必须较快地解决这些问题,改造和形成与商品经济、民主政治相适应的社会大环境,避免最终使举报制度仅仅成为生锈的人民意见箱。

三、人民举报制度进一步实施的保证

党的十三大报告正确地指出:我们当然不能因为少数党员经不起考验而改革开放的总方针总政策,也不能停下建设和改革去专门打扫灰尘,必须把反腐败寓于建设和改革之中。一边抓改革开放,一边抓廉政建设,这是我们必定要坚持的方针。人民举报制度的实施作为这种努力的一部分,也必然要继续搞下去。那么,究竟怎样才能使举报制度进一步贯彻实施并取得更大的成效呢? 我们认为,首先要解决"有法可依"的问题,其次是要解决"徒法不足以自行"的问题。因之,至少有下列几个大的方面的工作要做。

1.完善人民举报制度,做到"有法可依"

我国社会主义法制的原则是:"有法可依,有法必依,执法必严,违法必究。"对于人民举报制度来说,现在第一位的是要解决"有法可依"。我们的法律、法规往往相互重复,甚至矛盾,需要进行大量的法律编纂工作,而举报制度方面的立法现在明显不足。根据系统理论,一个法律制度必须有一个自身系统工程和外在系统工程。就举报制度自身系统工程而言,还比较单一,目前已见诸报端的关于举报制度的法律、法规细则只有几个,致使执法时有时手足无措。现在要抓紧制定新的法律、法规,实现规范协同,以求提高举报制度的权威性,避免随意性。譬如:关于举报方式,如何保护奖励举报人,对举报人的年龄是否可以适当限制,举报内容是否仅限于经济范围的违法乱纪问题而不涉及政治方面,举报的人和事有无时效之限,举报者是否可包括政治、文化实体如工会、妇联及其他群众性团体、查处期限,如何监督查处情况,对有关举报问题的法律解释权,等等。

2. 健全人民举报体制,增加经费,调配人员

我们所说的举报制度,一是法律、法规(见之子文字),指导人们一体遵行;二是设立相应的机构,使其真正负起责任。它涉及机关、科室、领导、工作责任制等编制计划。根据举报制度实施的难度(工作量)来看,还需要在目前经费困难的情况之下对其加以调剂,适当追加,同时调配人力。不然,各举报中心对工作恐怕只能处于维持、应付状态,而无法从事更积极,更有成绩的工作。

搞好体制,可以落实责任,分清权限,协调关系,提高效率。现在有多种举报中心,它们相互之间的关系是怎样的,一个部门之内的上下级举报关系又是怎样的等,总之就是领导体制、监督职能和责任制度必须加以明确。再者,我们认为:各举报中心隶属的单位不同,工作性质基本一样,都应享有相应的权限,以便依照法定的权限、程序和方式受理各种举报案件。这些基本权限有:第一,调查权。即对有关机关、单位、团体及其所属工作人员,就特定事项有调查的权力,可以向有关部门调阅必要的档案材料,可以了解、询问有关人员和主管部门,并不得拒绝。第二,建议权。即对有关机关、单位、团体及其所属工作人员的问题可以提出建议或意见,送交各主管机关或上级领导,并有权要求回复。第三,抗辩权。即对自己无法处理、建议无效,且明显有违法纪的不当处分,比如阻碍调查、故意包庇、泄露秘密、打击报复等情况之一的,或由于对案件性质认识歧异而作不当处分的,有向本部门上级主管部门和对方上级主管部门的抗议、申请复议权,并可得到适当答复。

3. 普遍进行人民举报制度宣传,提高广大人民群众对举报的责任感和积极性

人民举报是社会监督的一种形式,它是一种非国家性的监督,是我国宪法关于"中华人民共和国的一切权力属于人民"规定的体现,也就是说,进行社会监督是人民群众的一种权利和义务。进行举报制度宣传,将今天的社会监督同廉政建设结合起来是很有必要,很有意义的。

我们以前集中进行过《婚姻法》《中华人民共和国宪法》《环境保护法》《关于严惩严重刑事犯罪分子的决定》的宣传,以及"维护妇女儿童合法权益""交通安全月",等全国性的普遍宣传活动,曾起到了普及法律知识、弘扬法治和对各种违犯法纪的一般预防作用。根据以往的经验,对举报制度的宣传一

要各级党和政府重视、支持,还要充分利用现代化手段,如报刊、广播、电视、新闻发布会等。在我国,电视一打开,全国60%以上的人都能看到、听到,普及率很高,影响很大。还有一些机关的宣传橱窗也可利用。再之,结合有关案例在有些报刊不时刊登一些这方面的"法律小顾问""读者来信"之类的栏目的方式,也应继续采用。

以上所说,是指人民举报制度的专项宣传。进行这种宣传要注意手段与目的一致,切忌形式主义。有些单位搞法制宣传时,动用车辆鸣放高音喇叭串街走道,闯进正在上班作业、授课的机关、学校,这种花架子是要不得的,应予纠正。进行法制宣传要有切实、生动内容,譬如:宪法规定的有关公民的权利、义务;有关举报制度的法律、法规;有关法律解释;特别要注意引用当地群众已经耳有所闻的案例,借以消除群众疑虑,鼓舞人心。

4. 坚决保护举报人

保护举报人是举报制度中的一个当然原则。吉林省检察院制定9项措施保护举报人,比较全面、具体,切实可行。这个保密规定值得为今后国家完善举报制度的立法时所研究吸收。这9项措施是:不准把举报材料转给被举报单位或被举报人;不准向被举报人及其亲属与举报工作无关的人员泄露举报内容和情况;不准向被举报人和单位通风报信;不准使用有"检察院"字样的信笺给举报人回信;不准在公共场所议论举报人和举报的内容;不准在公开场所接待举报人,群众到院举报时,要指派专门人员,无关人员要回避;对不愿公开姓名的举报人,上级向下转信时,可移送抄件或复印件,不注明举报人姓名;在查处案件过程中,不准暴露举报人的情况,因工作需要找举报人时,应选择适当场所由两名办案人员共同进行;奖励举报人时可秘密进行,举报人领奖收据应由专人保管,不得随意移送,不得随意查阅。①

以上规定主要出发点是为举报人保密,但举报人迟早被人知晓的情况总是不少的,所以这里再探讨一下公开保护的问题。只有做到两者齐备,才能真正防止不虞,全面保护举报人的切身利益,避免产生消极社会影响。

可以再将保护举报人的措施再作大的分类:第一,立法保护,这需要进一步作出更完善的规定。第二,行政保护,即各政府机关、企事业单位、社会团体

① 《法制日报》1990年5月3日。

等对举报人要给予理解、支持,坚决防止和排除对其进行不利的,如降级使用、调离原工作岗位的现象。它包括:职业保护,举报人不得因举报使现行职业受到妨害;经济保护,即对举报人不得因举报使自己的经济权益受到非法剥夺,如取消营业执照,停发奖金,扣发劳务补贴等;名誉保护,即对举报人不得因举报受到讽刺、诽谤、侮辱人格或取消先进工作者称号等;人身保护,即举报人因举报一旦受到人身威胁或伤害,应该特殊保护。第三,舆论保护,关于这方面,舆论宣传机构负有相应的责任。再之,公、检、法等机关在掌握被举报人违反法纪的主要证据,及时处理,也能在相当程度上起到对举报人的舆论支持、保护作用,自不待言。第四,奖励举报人,有的地方采取给举报人发奖金之外再晋升工资的办法,对此似不宜作整齐划一的规定,根据举报人的贡献酌情作出奖励应该是一个基本前提。

5. 提高执法、司法人员素质,依法办事、积极查处举报案件

能否进一步搞好人民举报,执法、司法机构和所属工作人员的作用十分重要。他们必须在政治品质上一身正气,铁面无私,责任心强,能够坚决顶住说情风和各种关系网的干扰,特别是要做到能够抵制腐蚀,保持廉洁;在业务能力上机敏果断、深入实际,吃苦耐劳;在知识水准上熟识法律和政策,具有专项技能。

行政监察、公、检、法机关目前要大力跟同各举报中心查处举报案件,及时处理和协同其他单位、部门处理打击报复举报人的案件、事件。进一步增强执法、司法工作的透明度。要根据法律该判的判,该给予其他处分的给予其他处分,决不手软,搞什么"党票抵罪""以官折刑"。一旦发现,一定要坚决追究责任,以儆效尤。

论人民举报制度的依据[*]

一种政策之所以受到人民拥护,一种法律制度之所以产生良好的效率,盖源于它与时代的、社会的政治、经济等需要的吻合程度。基于此,笔者想谈谈对人民举报制度依据的一些理解。

一、人民举报制度的历史和现实的经验依据

对于目前来说,人民举报是为了惩治贪污、受贿、索贿以及其他以权谋私的违法乱纪行为,促进政治清廉。对于手段来说,人民举报意味着法纪监督与社会监督的相结合,即:政法机关的多渠道、多途径的监察和人民的广泛地依法纠举。同过去诸种做法相比,它更适宜于解决我们今天所面临的问题。

廉政建设为我们党和政府历来所重视,无论是在战争年代的供给制度条件下,还是在建设年代的按劳分配制度条件下,反贪促廉的态度是一以贯之的,对此采取的预防措施和解决办法不少,概括地说有如下几种。

(一)认真选拔干部,重视政治品质

早在1943年颁布的《陕甘宁边区各级政府干部任免暂行条例》中就明文规定了任免干部的标准:"1.拥护并忠于边区施政纲领;2.德才资望与其所负职务相称;3.关心群众利益;4.积极负责,廉洁奉公。"这种标准强调政治品格,同时注重专业才干,体现了德才兼备的原则。新中国成立后,我们制定的一系列法律和政策所规定的录用条件更系统地体现了这一基本原则。譬如:

　*　《海南大学学报》1992年第3期。合作者:吕鹤云。

1979年8月6日,中共中央组织部、公安部、民政部、国家劳动总局联合发布的《关于户籍、刑事、治安民警改为干部的通知》中指出:上述民警,凡具备下列条件的,经过批准,均可转为干部:1. 无产阶级立场坚定,政治思想好;2. 能按照党和国家的政策、法令办事;3. 工作积极肯干,熟悉业务,胜任本职工作,有独立工作能力,能较好地完成工作任务;4. 办事公道,密切联系群众;5. 具有相当初中上文化程度。上述规定就是为了真正做到"任人唯贤",保证干部队伍的纯洁性。

(二) 坚持思想教育和作风整顿

思想教育和作风整顿始于延安整风。全国解放后,城乡社会主义建设全面展开,我们党作为执政党,队伍迅速扩大,在新的历史条件下,思想上、作风上和组织上不纯的现象开始出现。新中国成立之初,我们进行了大规模的整风,旨在提高党员的思想水平和政策水平,克服工作中所犯的错误,克服以功臣自居的骄傲自满情绪,克服官僚主义和革命主义,改善党和人民的关系。之后又在1965年开展了城乡社会主义教育运动,即清政治、清经济、清思想。在此期间颁布了许多文件,如:20世纪50年代的《党员的八项标准》,60年代的《二十三条》,80年代的《关于党内政治生活的若干准则》等。

(三) 采用内部自我约束和监督

实行内部权力运行的约束和监督,一方面,是内部层次型的,譬如干部评议制度,人事检查制度,再如:1. 党政机构内上级党政机构对下级党政机构的监督;2. 党政机构内部党政领导对一般人员的监督;3. 党政机构内规章制度的监督;4. 党政机构内部公共监督,即群众监督。另一方面,是内部整体型,譬如成立中央监察部,中央纪律检查委员会,随时调查了解有关各级党政干部的违法乱纪问题。此外,不时进行财政、经济、纪律等方面的大检查,对政府机关、工矿企业、学校、部队、社会团体的财政、税收、基建投资。奖金发放的进行审计、核查,及时发现问题和有关人员的责任。

(四) 实行运动清理

实行群众性的运动清理,也是我们清理阶级队伍,反贪污腐化,促进为政清廉的一项传统做法。1951年年底,为解决党员、干部被资产阶级腐蚀的严重问题,党中央决定开展"三反"运动,明确指出反贪污、反浪费"是全党一件大事",要进行一次全党性的大清理,彻底揭露一切大中小贪污事件,着重打击大贪污犯,对中小贪污则采取改造不使其重犯的方针。随之发布《关于实行精兵简政、增产节约、反对贪污、反对浪费和反对官僚主义的决定》,开始了"三反"运动。12 月 8 日,党中央又发出《关于反对贪污必须大张旗鼓地去进行的指示》,要求大张旗鼓地开展反贪污、反浪费、反官僚主义的斗争,放手发动群众,彻底揭露一切大中小贪污事件,轻者批评教育,重则撤职、惩办、判处徒刑,直至枪毙一批最严重的贪污犯。随着运动的深入,又进行了工商业界的"五反",即反对行贿,反对偷税漏税,反对盗骗国家财产,反对偷工减料和反对盗窃经济情报的斗争。"三反""五反"运动胜利结束不久,继而在 1952 年进行整党运动,1957 年进行整风运动和反右,1964 年和 1965 年进行城乡社会主义教育运动等。

(五) 报刊批评

报刊批评是社会监督的一种形式,重视报刊的批评、建议乃至揭露违法乱纪行为,对党政工作可以起到积极的督促作用。信访也是人民群众监督党政干部的公务活动是否依法进行,沟通同人民群众联系的一种途径。1951 年,中央人民政府政务院曾颁布《关于处理人民来信和接见人民工作的决定》。1957 年,国务院又作出了《关于加强人民来信和接待人民来访工作的指示》,前不久,中央领导人又一次强调人民群众的来信来访。不少群众也求助于信访,来解决自己的一些问题。

由于我们以工农联盟为基础的人民民主专政的阶级性质所决定,又由于我们采取了上述一系列措施和办法,所以,我们干部队伍中大多数人是清廉和比较清廉的,是能够自觉和比较自觉地为人民服务的。只有这样的党政干部队伍,才能够团结和组织了广大人民群众在现代化建设和改革中创造出不平凡的业绩。

还应该看到,上述思想教育、整风、清理阶级队伍及大规模运动等,之所以取得一定效果,主要原因有三:一是党威信高,党乘人民战争之余威,易于号召群众;二是全国解放之初,广大人民群众热情高涨,满怀对"三座大山"的仇恨;三是长期以来一直产品经济和高度集中的体制,这种产品经济和高度集中的领导体制比较适合于雷厉风行的行动。所以,中央的号召能够较快地付诸行动,也就易于收到一定成效。但它有时也带来很大的副作用,甚至出现"文化大革命"这样的大失误。很显然,这些措施和办法对于廉政风气产生了一时功效,不过不能弥补长期忽视民主政治建设和发展商品经济所带来的巨大的损失,何况高度集中体制下的自下而上的运动,因为不可克服的"钟摆效应",常常事后纠偏,人力物力损失、政策威信的损失都难以挽回,长此以往就变成陈陈相因的"人治"老套子。此外,我们往往偏重于用"圣人""贤人"才能做到的标准来要求大多数人,未免脱离实际,加之单一的任命制也给心术不正者以捞取更大好处的可乘之机。

实践告诉我们,进行廉政建设,离不开发展和完善党政机关内部监督和社会监督的机制。只有这样,才不会降低某一措施和办法的实用性和权威性,避免由之而来的"软约束",使之发生更好的综合效益。我们今天面对的是这样的现实:中国封建统治的历史,留下的专制主义和宗法观念已根深蒂固。现代"人民公仆"中,官本位意识还占据一席之地。权大于法,当官的"金口玉言",如同"圣旨"。老百姓告状难,告当官的更难。现在人仍在演"包公戏"①。可以说,人民举报制度是实行廉政建设的新途径,它一产生立即受到普遍欢迎,在实践中效果很好。究其直接原因:第一,人民举报不分年龄、性别、职业、党派、地区、国籍,凡知情者都可以各种形式进行举报,体现了群众监督的普遍性;第二,举报对象和范围主要限于党政干部贪污、受贿和以权勒索行为,抓住了人民群众反映最强烈的问题;第三,各种举报中拥有办案必要的一定条件,得以有力地和及时地查处案件。

二、人民举报制度的理论依据

马克思说过,社会生活在本质上是实践的,凡是把理论导致神秘主义方面的东西,都是在人的实践中,以及对这种实践的理解中得到合理的解决。人民举报制度的创立和实施,并非某一个人的心血来潮所致,并非应付某种矛盾的权宜之计,从根本上说,它是人民民主专政的国家在生产力不断发展、社会管理日益复杂化的情况下,通过渐进式的民主政治和建立社会主义商品经济新秩序,解决为政清廉的尝试。

---

① 《举报在中国》,《法律咨询》1989 年第 8 期。

（一）人民举报制度是维护社会主义商品经济和实行改革开放的一种保障手段

社会的任何进步都离不开物质基础,贫穷不是真正的社会主义,自然不是我们的奋斗目标。1945年4月,毛泽东就指出:"中国一切政党的政策及其实践在中国人民中所表现的作用的好坏、大小,归根到底,看它对中国人民的生产力的发展是否有帮助及其帮助之大小,看它是束缚生产力的还是解放生产力的。"在党的七届二中全会上,毛泽东又指出,要把党的工作重点由农村转移到城市,学会管理城市,在城市工作中,要以经济建设为中心。1956年1月的最高国务会议上,又明确提出:"社会主义革命的目的是为了解放生产力。"随后在党的八大决议中又提出,党和全国人民的主要任务是集中力量发展生产力,尽快把我国从落后的农业国变为先进的工业国。1957年2月,继续坚持这一思想,提出"我们的根本任务已经由解放生产力变为在新的生产关系下面保护和发展生产力"。党的十三大报告告诫我们,必须集中力量进行现代化建设,社会主义的根本任务是发展生产力。在社会主义初级阶段,为了摆脱贫穷和落后,尤其要把发展生产力作为全部工作的中心。是否有利于发展生产力,应当成为我们考虑一切问题的出发点和检查一切工作的根本标准。要在现阶段的基础上发展生产力,就必须在以公有制为主体的前提下发展多种经济成分,允许多种经济成分和经营形式存在,允许和鼓励集体经济、个体经济以及中外合资经济、合作经营企业、外商独资企业的适当发展,同时在公有制之中还可建立诸如包括不同公有制混合组成的企业群体,或联合企业、企业集团和租赁制、股份制、各种承包经营责任制等。这种经济体制改革,势必引发社会各阶层的经济利益的旧关系的调整和变动,随之出现以按劳分配为主体,以其他分配为补充的分配方式。与对外开放相关联,我们必须积极利用国际市场,大规模进行国际间的技术交流和合作。这时,不少党政工作人员利用手中的权力或仰仗他人权力参与经商,买卖批文,行贿受贿,贪污挪用,走私贩卖,等等。此类党政干部违法犯罪情况与历史上有所不同,不易查处,即以行贿受贿为例,如受贿人先为行贿人谋取私利,各相当长的时间在收受贿赂,动机和行为分开,使之再追究犯罪时由于缺乏犯罪要件而难以定案。此外,贿赂的方式五花八门,而有时受贿人所得的既不是货币,也不是物品,而是一些难以用货币计算的非物质性利益。譬如:安置就业,迁移户口,招工提干,等等。对以上互为依存、配合默契的违法犯罪行为仅靠专政机关自行发现,就会挂一漏万。人民举报则可弥补专政机关视力不足的缺陷,起到围剿贪腐之风,保障社会主义商品经济和改革开放的积极作用。

(二) 人民举报制度是体现人民民主的一种便民监督

在我们国家,出任党政干部一般必须经过法定程序的选举或上级机关的任命,在其行使职权的过程中离不开人民的信赖和支持,这是力量的源泉。有了人民的信赖和支持,党政机关及其工作人员才会实现所企求的效率和权威。列宁曾经指出:"无产阶级胜利后,就会这样做,使经济学家、工程师、农艺师等等在工人组织的监督下来拟订'计划'、检查计划,寻求通过集中化节省劳动的办法,探求最简单的、最便宜的、最方便的和最全面的监督方式和方法。"①我们理解,所谓最简单的、最便宜的、最方便的方式和方法,离不开群众自觉而广泛、手段灵活多样的监督、检查,所谓最全面的监督方式和方法,离不开内部监督和外部监督的完善,离不开监督机构、团体、规章的完善,而这一切又离不开发展人民民主。

商品经济的发展和各种改革的不断涌现,日益培养着人民群众的民主意识,这时,人们对社会公正、公民权利愈加关注,这是法制观念形成过程中的必然现象,它也是现代国家政治文明的一方面。我们应该积极创造条件和利用各种途径实现更广泛的公民政治参与,逐步消除改革的障碍。长期以来的高度集中的政治体制拉开了政府同人民利益上和感情上的距离,使脱离群众、官官相护、裙带风、家长制浸淫以至颠倒了主人与公仆的关系。解决这些问题的前提是发展的、完善的人民民主,是民主的制度化、法制化。这里指的人民民主,主要不是指民主作风,不是指那种"为民做主"的工作态度,而是一种制约机制。因之,这种民主首先是民主管理国家生活方式,是人民群众参加管理国家生活的程序化规范和科学化权威。显然,在民主建设方面我们还处在起始型阶段上,为什么像党政机关不廉洁、假公济私、"中饱私囊"、贪污腐化不断蔓延?民主制度不健全、执法不严是重要的原因。要消除纠举违法乱纪行为只能上对下,不能下对上的封建主义传统,是人民感觉到是为人民自己的利益而诉诸法律,这样既可以促进廉洁之风,又可以同时得以解决专门机关反贪的

① 《列宁选集》第3卷,人民出版社1960年版,第323页。

视力不足的问题。

（三）人民举报符合现阶段的社会条件

首先，从政治上看，党的十一届三中全会以来，我们党恢复了实事求是的马克思列宁主义思想路线；党的十三大报告中提出"一个中心，两个基本点"，这既是对历史经验的总结，也是根据现实具体国情而提出的富国强民之举，它已经被广大人民群众所普遍接受。一切干扰、破坏改革开放的行为都是与我们党和政府的宗旨不相容的。反之，凡是维护改革开放，维护人民利益的行为都是党和政府所要求和支持的，这就有了划分功过是非的基本界限。就法制建设而言，在确定新时期的党和人民的关系，公仆与主人的关系，制约权力等问题上，我们正式建立和健全相应的机构，修改、颁布了不少法律、法规、司法机关的职能已基本恢复正常。总之，有了上述这一政治前提，人民举报制度就不会偏离廉政建设的正确轨道，成为"阶级斗争扩大化"的工具。

其次，从经济上看，现代化建设的持久发展与商品经济相伴而行，再分配制度上力争通过改革逐步实现历史尺度和道德尺度的统一。这样既可调动人们劳动的积极性、创造性，又可防止剥削阶级的再生。新旧体制交替时期，生产的市场化、社会化的同时所出现的权力经济现象虽然严重，但只要人民当家做主的政治、经济地位得到保证，这种弊端将会得到遏制和克服。权力经济即"官倒"之类的行为，受害者是国家、集体和人民群众，只要我们加强刑事、经济立法和执法，加强民事、行政立法和执法，抓紧人民举报制度的实施，就能够最大限度堵塞某些党政干部规避法律的渠道。

再次，从群众的心理看，社会生产力发展和财富增长，在很大程度上印证着作为主人翁的劳动者的劳动态度和贡献程度，应该关注群众的福利，治理贪腐。在过去一直实行产品经济的条件下，形成了一个庞大的管理机构和意志冗繁低效的干部队伍，人们对此本来就不满意，加之不少干部近年来愈加恶劣的弄权谋私、敲诈勒索、行贿受贿等问题增加了人们的愤懑情绪，弄不好就会出现在空前庞大的党政管理人员队伍控制之下而无以制止的无政府主义蔓延的局面。在新旧体制交替时期，法制不健全，政策作用很大，人为的因素较多，人们正常的组织程序反映问题，往往不了了之甚至更坏。因此，人民举报制度就成为一切社会组织和公民抵制、检举和揭发党政干部不法行为的有效法律手段之一。

三、人民举报制度的法律依据

人民举报制度最根本的法律依据,是作为根本大法的宪法关于一切国家机关和国家工作人员同人民关系的规定。根据这种规定,倾听人民群众的意见和建议,接受人民的监督,努力为人民服务是一切国家机关和国家工作人员的出发点。这里的"一切",即同封建社会的"刑不上大夫"的特权现象划清了界限,标志出人民民主政权的性质。《宪法》第四十一条还规定:"中华人民共和国公民对任何国家机关和国家工作人员,又提出批评和建议;对于任何国家机关和国家工作人员的违法失职行为,又向有关国家机关提出申诉、控告或检举的权利,但是不得捏造或者歪曲事实进行诬告陷害。"根据宪法规定,对于公民的申诉、控告或者检举,有关国家机关必须查清事实,负责处理,任何人不得压制和打击报复。由于国家机关和国家工作人员侵犯公民权利而受到损失的人,又依照法律规定取得赔偿的权利。

与此相一致,《中华人民共和国刑法》第一百三十一条、第一百三十八条、第一百四十六条作了更具体的规定。《中华人民共和国刑事诉讼法》第五十九条、第六十条、第六十一条,《中华人民共和国人民检察院组织法》第六条对此也有明确的具体规定。人民群众可以根据上述规定经常地、广泛地、充分地对一切国家机关和国家工作人员实行监督,人民举报是其监督方式之一。举报这一权力的行使,是与人民既是人民举报制度的创立者,又是人民举报制度下的执行者的法律的地位相吻合的。1988年11月25日通过的《人民检察院举报工作的若干规定》这样表述:人民举报"是检察机关直接以高广大人民群众同国家工作人员利用职务犯罪作斗争的有力手段",所以,"人民检察院举报工作的主要任务是:受理公民和机关、团体、企事业单位,以及台湾同胞、海外侨胞、外籍人士对国家机关及其工作人员的违法发罪行为的检举、控告,依法查处,惩治犯罪,为廉洁公务活动,促进社会主义民主与法律建设,保障改革开放顺利进行,发展社会主义生产力和建设社会主义商品经济新秩序服务"。

人民举报是一种社会监督,它要依靠群众,方便群众,因之举报形势的规定也应体现人民是法律创制者的精神。《人民检察院举报工作的若干规定》中关于人民举报的形式的规定比较灵活,可为其他部门成立举报中心(室)所借鉴。该法规的第五条规定"人民检察院受理电话举报,当面举报和信函举报,及人民群众认为方便的其他形式的举报"。由此,还可以设想,各级人民检察院和有关部门应当为群众提供便利条件,根据实际情况,可以设立举报专门电话并公布电话号码,建立专门的举报接待场所,提供举报专用的邮政编码,并将这些措施明确规定在有反贪倡廉和人民举报的制度之中。

职务经济犯罪的界定[*]

按照马克思主义刑法学理论,犯罪是由现存社会物质生活条件决定的;它是一个随着社会物质生活条件变化而变化的动态的概念。在奴隶社会、封建社会,由于是以自给自足的自然经济为主,生产力很不发达,生产、交换活动很狭窄,致使人们的生活方式简单,思想意识保守,物质期望有限。因此,在那时产生的犯罪多半是以暴力为特征的传统犯罪,这种犯罪一直延续了几千年。自 19 世纪以后,资本主义经济得到了迅速发展,生产力得到了很大提高。随着世界经济的发展,人们的生产、交换活动范围广阔、视野大开,物质欲望也随之越来越高。伴随着这种社会经济关系的变化,在人们物质欲望越来越高的情况下,产生了一种新的犯罪形态,即人们通常所说的经济犯罪形态。近一二十年以来,随着世界经济的进一步发展,政府腐败日益严重,以权钱交易为特征的犯罪活动日益增多,由此导致生息于经济犯罪或者职务犯罪之中的职务经济犯罪的分离,成为一种独立的犯罪。职务经济犯罪既然是一种新的犯罪概念,自然有待从多方面进行探索,使之在理论领域不断得到深化和完善。为此,本文试就以职务经济犯罪界定为重点,对其概念、特征及研究的意义,进行一些粗浅的探索,以期引起学术界深入开展研究。

一、职务经济犯罪的概念

职务经济犯罪,是指职务与经济的结合体,既具有职务性,又具有经济性。

---

* 《华中师范大学学报》1992 年第 5 期,合作者:吕鹤云。

所谓职务性,是指这种犯罪与国家公职活动相联系。所谓经济性,是指这种犯罪与国家公职人员贪财欲求相联系。由此可见,由这两种特性相结合的职务经济犯罪的内涵就是指国家公职人员因贪财而利用职务活动导致的犯罪,即人们通常所说的贪利性职务犯罪,或者说职务性经济犯罪。从这个概念引申出职务经济犯罪的外延,则不仅包括刑法分则中规定的有关犯罪,而且还包括在改革、开放中新冒出的某些犯罪。归纳起来,大体可分为三大类15个具体罪名:

第一类,我国《刑法》和《关于惩治贪污罪贿赂罪补充规定》明确规定的既具有职务性,又具有经济性,即职务经济犯罪,有:贪污罪,贿赂罪,挪用公款罪,挪用救灾、抢险款物罪,巨额财产来源不明罪,隐瞒不报境外存款罪,偷税、抗税罪,共7个具体罪名。

第二类,《刑法》第119条规定的"国家工作人员利用职务上的便利"构成的走私罪,敲诈罪、投机倒把罪,共3个具体罪名。

第三类,在改革开放中新冒出的职务经济犯罪有:侵占罪、挥霍浪费罪、妨害税收罪、滥用职权谋私罪、法人经济罪,共5个具体罪名。

作为新的犯罪形态职务经济犯罪的产生具有其自身的必然性,并非人为地凑合,它的产生既有其坚实的理论渊源,又具有现实的客观依据。从理论渊源看,主要有两个方面:其一,经济犯罪含义本身具有职务经济犯罪的成分。早在1939年,美国犯罪学教授苏遮兰将经济犯罪称为"白领犯罪"。他认为,"白领犯罪",是受社会所尊重及具有崇高社会地位与经济地位的人在其职业活动中谋取不法利益而破坏刑法的行为。它并非一种犯罪种类的标志,而是行为人在社会阶层的归属性上的表现,它可以发生在不同的行业之中,其中发生在政府官员中的"白领犯罪",即为收受贿赂、贪污等渎职犯罪或是利用职权的图利犯罪等。由于实施这些犯罪的行为人大多拥有较高的社会政治与经济地位,平时衣着入时,出手大方,因此又有人称白领犯罪为"绅士犯罪"①。这说明白领犯罪理论,重点是指上层阶级人物的经济犯罪。职务经济犯罪正合此意,它是"绅士犯罪"中的一种。其二,因政治腐败构成犯罪含有职务经济犯罪之义。政治腐败是指:"运用公共权力来实现私人目标,这里涉及权

---

① 刘白笔、刘用生:《经济刑法学》,群众出版社1989年版,第53页。

力、公职、职责。公众利益和私人利益。"①美国著名的政治学家卡尔·弗里德里希叙述得更明白,他认为:无论何时掌握公职的人为得到金钱或其他报酬的,而采取有利于提供报酬的人和损害公众及公众利益的行为时,腐败就可以说存在了。② 以研究发展中国家的政治腐败而著名的政治学家约瑟夫·奈伊认为,政治腐败就是:"因为出于私人的(家族的和亲属的)、金钱的或地位的利益而偏离正常公务职务职责的行为,或者是出于某种私人原因而违反规章制度的行为。这种行为包括贿赂(用报酬妨碍当事人的判断),偏袒亲属(不是按规定条件而是凭亲戚关系而给予特惠),盗用公物(出于私人目的非法占用公共财物)。"③众多的政治腐败定义,其核心是两个部分,即职务性和经济性。这两个部分正是职务经济犯罪概念的核心内容。可见,因政治腐败构成犯罪,就是职务经济犯罪。

从现实客观性看,主要有三个方面:其一,使用职务经济犯罪概念是检察举报制度的客观要求。1988 年 3 月,在我国建立的检察举报制度是指人民检察院接受并处理公民或法人,以及外国人或外国法人对国家公职人员的贪污、贿赂等犯罪行为的检举、报告,并将处理结果反馈给举报人的一种法律制度。这个概念表明,举报的对象是拥有职权的国家机关和企事业单位及其工作人员。举报的内容是国家公职人员因政治腐败构成犯罪行为。检察举报制度既不是单纯针对经济犯罪的,又不是单纯针对职务犯罪的。而是针对经济犯罪的。因此,使用职务经济犯罪概念符合检察举报制度的宗旨。其二,使用职务经济犯罪概念是与反贪污贿赂专门机构相配套的客观要求。根据反贪倡廉的客观需要,我国自 1989 年 8 月广东省人民检察院成立第一个专门反贪污贿赂机构——反贪污贿赂工作局以后,最高人民检察院将原经济检察厅改名为反贪污贿赂检察厅。到 1991 年年底,全国已有 23 个省级人民检察院,155 个地级人民检察院和近 500 个区县人民检察院成立了反贪工作局。反贪局与原来的经济检察机构不同,它不仅将举报、侦查、预审、拘留建成了"一条龙",大大加强了反贪斗争的权威性,而且将经济检察机构管辖的贪污罪,贿赂罪,偷税

---

① 王沪宁:《反腐败——中国的实验》,三环出版社 1990 年版,第 6 页。
② [美]J.J.弗里德里希:《政治病理学》,纽约哈泼罗图书出版公司 1972 年版,第 127 页。
③ [美]J.S.奈伊:《腐败与政治发展》,《美国政治科学评论》1967 年 6 月号。

抗税罪,挪用救灾抢险款物罪,假冒商标罪,挪用公款罪,重大责任事故罪,玩忽职守罪等罪案缩小到以贪污、贿赂等几类主要罪案为重点,集中力量加以惩罚、抑制和预防。而贪污罪,贿赂罪,除行贿罪补,其他部分都是最典型的既其有职务性,又具有经济性的犯罪。因而采用职务经济犯罪概念正适合于反贪局的适用范围,是与其相适应的配套措施。其三,使用职务经济犯罪概念是制定《反贪污贿赂法》的逻辑必然性。1990 年 4 月 8 日,最高检察院党组举行会议,专门听取了肖扬副检察长关于人大代表建议制定《反贪污贿赂法》的情况介绍,并经研究,决定成立由肖扬领衔的领导小组,将原 4 名成员增至 12 人,同时吸收有关中央和国家机关、科研、高等院校的学者、专家做顾问,加速反贪法的研究起草工作。据悉,最高人民检察院正在起草《反贪污贿赂法》①,并将尽快报送全国人大常委会审议。《反贪污贿赂法》将在现行的有关惩治贪污贿赂等犯罪法律的基础上加以集中、补充和完善成为一部完整的法律。作为一部完整法律,绝非限于一两个罪名,它必然会有各种犯罪的分类,如同《刑法》包括八大类犯罪、《经济刑法》包括各类经济犯罪一样,《反贪污贿赂法》应包括各类职务经济犯罪。因此,《反贪污贿赂法》的制定、实施,必然会有一种新的犯罪概念与其相适应,而采用职务经济犯罪概念最能体现该法的本意。

二、职务经济犯罪的特征

在改革开放中,由于社会经济关系的变化,产生职务经济犯罪既然是一种顺理成章的客观现实,那么,它必然有其自身的特征,与其他犯罪相区别。职务经济犯罪作为一类犯罪形态,它不同于以侵犯人的生命健康为目的的侵犯人身权利罪,也不同于以反革命为目的的反革命罪,这些比较容易鉴别。难以划分的主要表现在它与职务犯罪与经济犯罪之间的界限。职务犯罪主要是破坏国家机关正常活动秩序的;经济犯罪主要是侵犯公私财产所有权或破坏经济管理秩序的。职务经济犯罪是基于贪财为目的,利用职权,既破坏国家机关的正常活动秩序,损害国家机关及国家公职人员的声誉,又侵犯公私财产所有权或破坏经济管理秩序的故意犯罪。其所实施的手段和行为是非暴力性的,

---

① 刘国航:《反贪立法:希望与期待》,《法制日报》1991 年 5 月 2 日。

属于智能性、权力型的犯罪。与职务犯罪相比较,它不包括非经济利益的职务犯罪,与经济犯罪相比较,它不包括非国家公职人员的经济犯罪。职务经济犯罪具有以下四个显著特征。

（一）行为主体是国家公职人员

这一特征决定该罪有以下三种情形:(1)直接或间接与一定的权力相结合,甚至有较大的权力靠山。由于犯罪与权力相结合,魔力无边,不仅危害更为严重,而且查处往往阻力重重。(2)犯罪手段具有多变性和智能性,与其他犯罪相比,实施犯罪者,多具有一定的社会阅历和业务知识,文化程度也比其他犯罪要高,并有不少职务经济犯罪分子懂得"专案"或"侦查"知识,积累了一套对付检察、侦查、审讯和隐赃匿罪、搞反侦查的经验。采取一般侦查手段,很难破获。(3)保护层厚,掩盖、包庇者不在少数,造成对职务经济犯罪分子难以问罪,即使被判了刑,还有人为其说情、喊冤。

（二）行为目的是为了追求经济利益

这一特征表现在:(1)战场相当广阔。职务经济犯罪是伴随职务和经济活动而发生的,尤其是在商品经济条件下,各地方、各部门、各环节,凡有权、钱、财、物的地方,犯罪分子都可以下手。它的分布极其广泛,散布在城乡各地、各部门,直至外省、外市、外县。有的线头还超越国界,远非一县、一市、一省的力量所能对付。(2)在时空上具有不确定性。弘务经济犯罪分子作案以后,它的暴露往往需要一个时间过程,其空间又往往分布不一致,造成侦破与防范的困难,使许多职务经济犯罪案件,旷日持久,不能侦破。(3)"苦主"具有多样性。职务经济犯罪大多是间接苦主,侵犯的对象以国家和集体的利益居多。因此,可以说人人是苦主,又不是苦主,造成查处职务经济犯罪的合作者相对要少,包庇、掩盖者相对要多。(4)渗透性强,辐射面广,腐蚀作用大。职务经济犯罪的目的是为了钱,在搞钱的过程中,以种种形式渗透到国家公职活动的各个方面。这种渗透并不以本单位、本部门、本行业区域为限,而是随着职务、经济活动和有关渠道,辐射到各种领域,腐蚀着进行职务活动的许多人,导致某些俗称为"老先进、老模范"型的国家公职人员,也被逐步卷进去,走上犯罪的道路。

（三）行为方式是利用职权,破坏国家机关的正常活动秩序及国家公职人员的声誉和公私财产所有权关系

从侵犯国家机关的正常活动秩序及国家公职人员具有身份意义的声誉

看,它可以导致国家机关管理混乱,削弱国家政治职能,影响人民对政治制度的社会信赖。同时损害国家工作人员的"公仆"形象,瓦解干群关系,激化干群矛盾和对立。从侵犯财产所有权关系看,它可以摧残全民所有制和劳动群众集体所有制经济,延缓改革与经济建设的进程。

（四）案件管辖权属于检察机关

我国《宪法》赋予检察机关的性质为法律监督机关。根据这一性质,检察机关的侦查权,是法律监督职能所派生的监督手段。国家公职人员的职务活动是属于执行法律的活动,因此对职务经济犯罪的侦查属于检察机关的法律监督权限分内之事。检察机关通过行使侦查权所保护的客体,就是国家机关的正常活动秩序和国家公职人员具有身份意义的声誉,以及因职务活动侵犯的财产所有权关系。职务经济犯罪所侵犯的客体正是检察监督所保护的客体。所以职务经济犯罪应该由检察机关管辖侦查。

通过以上对职务经济犯罪概念、内容、特征的分析,可以看出,我国现行刑事法律对许多职务经济犯罪行为包括不了,亟须补充和完善这方面的立法。而在立法指导思想上应当明确:职务经济犯罪,其社会危害性不仅远远超过普通公民的犯罪,而且也超过纯粹职务犯罪或纯粹经济犯罪。因为职务经济犯罪主体均以共产党员或国家公职人员身份,打着为人民服务的旗号,出于贪利谋私的目的,违背职务规定,利用国家赋予的职权充当犯罪手段和犯罪工具,在刑法理论上属于具备"从重刑法个人要素"条件。因此,对职务经济犯罪立法时,除坚持从重惩处刑法理论原则外,还应注意与职务经济犯罪者的切身利益挂钩,具体有以下几方面:(1)与经济利益挂钩。凡是犯职务经济罪者不仅要追究其人身方面的刑事责任,追回赃款、赃物,而且还应规定判处罚金或没收财产刑罚,使其在经济上受到倾家荡产的打击。(2)与公职任用挂钩。凡是犯职务经济罪者除追究其刑事责任外,还应规定永久不得任用公职。(3)与个人职业挂钩。凡是犯职务经济罪者除追究其刑事责任外,还应规定永久不能在国家要害或重要部门工作。(4)与党、团员挂钩。凡是犯职务经济罪者,除追究其刑事责任外,还应规定永久不得当党、团员。(5)与离、退休待遇挂钩。凡是犯职务经济罪者除追究其刑事责任外,还应规定永久不能享受国家职工离、退休规定的待遇。

三、研究职务经济犯罪的意义

研究职务经济犯罪的意义,从总体讲,是为了发挥刑法在廉政建设中的特殊功能,利用刑罚武器,惩罚、防治和教育职务经济犯罪分子,增强职务活动的廉洁性,防治和清除政治腐败现象,减少职务经济犯罪率,提高国家机关的威信和公职人员的声誉,增强其与人民群众的血肉关系,调动全社会成员"四化"建设的积极性。具体可以分述如下。

（一）适应规律,符合客观

犯罪如同一切事物一样,它也是可分的。越分越细,越分犯罪类型越多,是其发展的客观规律。例如传统诈骗罪,如今实际已分离出合同诈骗罪,贷款诈骗罪,保险诈骗罪,破产诈骗罪,广告诈骗罪,信用卡诈骗罪等众多类型。又如 10 年前的毒品罪,现在实际已分裂出种植毒品原植物罪,非法持有毒品罪,吸食毒品罪,贩卖、运输毒品罪,引诱、教唆未成年人吸毒罪等数种类型。同样,职务经济犯罪从职务犯罪与经济犯罪中分离出来,也是一条必然规律。这种分离不以人的主观意志而定,实际上职务经济犯罪早已客观存在,只是我们的观念、理论落后于实际而已。为了适应规律,符合客观,提出职务经济犯罪,有利于促进主客观相统一,使处置这种犯罪更具有科学性。

（二）突如重点,集中惩治

矛盾有主次之分,突出重点。抓住主要矛盾,其他矛盾就有可能顺利解决。职务犯罪或者经济犯罪的缺陷,在于它们将许多不是属廉政方面的犯罪纳入其中,模糊了主要矛盾,削弱了刑法廉政功能。早在十月社会主义革命初期;列宁就指出,"必须立即神速地提出一项关于惩治贿赂行为（受贿、行贿、串通贿赂,以及诸如此类的行为）法案,贪污看起码要判十年徒刑,并强迫劳动十年。"①一年以后,列宁又指出:"苏维埃政权已经枪毙了不少例如贪污的公务人员,同这类坏蛋的斗争必须进行到底。"②20 世纪 20 年代初,列宁又针对当时以种种借口开脱、庇护党员犯罪行为的情况,尖锐地指出:这是一种

---

① 《列宁全集》第 35 卷,人民出版社 1959 年版,第 328 页。
② 《列宁全集》第 36 卷,人民出版社 1959 年版,第 525 页。

"可耻和荒唐到极点"的行为。① 中华人民共和国成立后,当一些国家公职人员经不起考验而腐化犯罪时,毛泽东指出:"必须严重地注意干部被资产阶级腐蚀发生严重贪污行为这一事实,注意发现、揭露和惩处,并当作一场大斗争来处理。"②他还指出,对于这类行为,"轻者批评教育,重者撤职查办,判处徒刑(劳动改造),甚至枪毙一批最严重的贪污犯罪才能解决问题。"③很明显,列宁、毛泽东主张要严厉惩治的上述犯罪不是纯粹的职务犯罪,也不是纯粹的经济犯罪,应该说是职务经济犯罪。这类犯罪的社会危害性最为严重。

根据目前我国出现的贪污、受贿等职务经济犯罪的严重情况,要有效地发挥刑法的廉政功能,必须明确打击的重点,而重点并非一般的职务犯罪,或者一般的经济犯罪,而是职务经济犯罪。将这种重点犯罪无论是当作职务犯罪来看待,还是当作经济犯罪来对待,都有模糊人们视线之害,不利于集中力量进行惩治。从职务犯罪看,根据我国现行刑事法律规定,有的学者认为,我国现有的职务犯罪包括玩忽职守罪、重大责任事故罪、泄密罪、枉法追诉裁判罪、体罚虐待人犯罪、私放罪、刑讯逼供罪、鉴定人记录人翻译人陷害、隐匿罪证罪、贪污罪、贿赂罪、挪用公款罪、挪用救灾、抢险款物罪、巨额财产来源不明罪、隐瞒不报境外存款罪、国家工作人员诬告陷害罪、国家工作人员报复陷害罪、国家工作人员破坏选举罪、国家工作人员非法剥夺宗教信仰自由罪、国家工作人员非法管制搜查罪、邮电工作人员侵犯通信自由罪、国家工作人员侮辱、诽谤罪,共 22 种④。根据我国的立法趋势,职务犯罪的范围还会不断扩大。从经济犯罪看,范围更为广泛。有一种意见认为,经济犯罪包括走私罪、投机倒把罪、伪造计划供应旁证罪、倒卖计划供应票证罪、偷税罪、抗税罪、伪造国家货币罪、贩运伪造国家货币罪、伪造有价证券罪、破坏集体生产罪、挪用国家特定款物罪、假冒商标罪、盗伐林木罪、滥伐林木罪、非法捕捞水产品罪、非法狩猎罪、诈骗罪、贪污罪、盗窃公私财物罪、制造、贩运毒品罪、制造贩卖假药罪、盗运珍贵文物出口罪、贿赂罪、挪用公款罪,共 25 种。其实远非这些,还可列出许多

---

① 《列宁文稿》第 4 卷,人民出版社 1988 年版,第 483 页。

② 《毛泽东选集》第 5 卷,人民出版社 1977 年版,第 53 页。

③ 参见宫晓冰、袁其国:《完善我国检察机关侦查管辖范围的思考》,《法制日报》1991 年 5 月 9 日。

④ 顾肖荣:《论经济犯罪的概念和范围》,《法学研究》1990 年第 2 期。

犯罪属于经济犯罪范围。将职务经济犯罪湮没在似乎包罗万象的职务犯罪或者经济犯罪之中，并放在与一些显然不属重点的职务犯罪或者经济犯罪的同等地位，必然掩盖了主要矛盾，造成名义上强调刑法廉政功能，实际模糊了刑法主攻目标。如果将职务经济犯罪从职务犯罪或者经济犯罪中分离出来，那么就抓住了主要矛盾，使刑法惩罚腐败犯罪，主攻目标集中、鲜明。笔者认为，目前强调对职务犯罪或者经济犯罪"从严惩治"，应是针对职务经济犯罪而言的。因此提出职务经济犯罪的新概念，是"从严惩治"的关键问题。

（三）开拓领域，深入研究

党的十一届三中全会以来，我国的刑法研究比较活跃，有了长足发展，取得了显著的成果。但是要繁荣和发展马克思主义刑法学，适应刑事立法和刑事司法的实际需要，我们仍不能受传统刑法理论和陈旧经验的束缚，沿袭某些不适应我国社会主义经济济关系和社会发展规律的观点，需要不断开拓新领域，深入研究。学术研究，最忌讳墨守成规与思想僵化。研究刑法学应当针对我国现阶段阶级斗争的状况，生产力发展水平和经济关系对刑法学提出的各种要求，在有分析地继承传统刑法理论的基础上，开阔新视野，发展新观念，提出新见解，探索出符合客观规律的新理论。我们提出职务经济犯罪的新概念，符合这一要求。它至少可引起法学界对以下理论问题展开争鸣：(1)如何通过对刑法廉政功能的历史沿革及古今中外刑法廉政功能的比较研究，确立职务经济犯罪概念、特征和内容及其法律依据。(2)通过对我国现实社会中因腐败构成犯罪种种情况的研究，确立职务经济犯罪构成条件、分类、罪状、罪名及量刑原则。(3)通过对职务经济犯罪理论构建的研究，为我国立法机关打开新思路，制定出相应的新法律。(4)通过对国内外惩罚腐败犯罪的经验与教训的研究，为我国司法机关明确刑法廉政功能主攻目标，采取相应惩治职务经济犯罪的措施提供相应的理论依据。(5)通过对职务经济犯罪理论与实践结合上的研究，阐明确立职务经济犯罪理论对繁荣和发展马克思主义刑法学的价值。(6)通过对苏联、东欧社会主义国家和平演变的教训的研究，阐明职务经济犯罪理论，对消除国家公职人员腐败行为，防止和平演变起到一定的作用。

论债的责任的惩罚性*

从人们对债的解释看,债只是债权债务关系的总称。实际上,它既已作为法律上的概念而存在,则应理解为它不仅包括债权和债务,还应该包括不履行债务所产生的民事责任。债的概念自罗马法以来,在一般情况下是作为法律概念来使用的,但由于概念的衍生,在某些情况下它亦作为非法律意义上的概念为人们所使用。这两种债的本质区别就在于前者具有法律上的约束力。从债务方面言之,即债务人如果不履行债务则应承担相应的法律责任,而后者则不具有上述属性。《法学阶梯》为债下的定义是:"债者,依国法而应负担履行义务之法锁也。"①"法锁"意即法律上的约束力。有关资料佐证,在罗马法中,债务与责任合而为债务。这就说明,不履行债务的责任自然蕴含在其概念之中。及至德国民法典产生时,始将债务(Schuld)与责任(Haftung)截然区分,虽然没有在债的概念中写上"责任"一词,然而债务与责任的互相对立、互相依存的关系已在法律中得到明确的表现。总而言之,债务与责任的这种关系是债的概念的法律性质所决定的。

债务与责任的上述关系,决定了它们作为"事物内部矛盾着的两方面,因为一定的条件而各向着和自己相反的方面转化了去,向着它的对立方面所处的地位转化了去"②。从法律规范上看,债务与责任是以并列的形式同时存在于民法中的,不可能"转化";从债务人已经"全部履行自己的义务"(民法通则第八十八条)或者从不履行债务的既成事实看,二者之间已没有转化的可能。

---

* 《法学评论》1987 年第 5 期。合作者:李剑华。
① 陈朝璧:《罗马法》上册,(台北)商务印书馆 1944 年版,第 123 页。
② 《毛泽东选集》第 1 卷,人民出版社 1991 年版,第 328 页。

那么怎样理解这里的"转化"呢?《民法通则》第八十八条规定:"合同的当事人应当按照合同的约定,全部履行自己的义务。"在该条的下面各款对各种义务作了具体规定。同时,在民事责任一章用整节篇幅规定了违反合同的民事责任。如果依照法律规定,全部履行自己的义务,责任则无从谈起;如果公民人违反合同或者不履行其他义务时,当事人所承担的已不是义务而是责任了。由此可见,这里的转化应理解为:债务人的行为(履行债务或不履行债务的行为)作用于民事法律规范所引起肯定式或否定性后果的全过程。① 债务人全部履行债务后引起债的消灭就是肯定式的后果;债务人不履行债务引起责任发生则是否定性后果。

以上方向不同、结果迥异的两种转化形态,只是从一般的意义上所作的常规考察。它对立法者的启示在于促进其向肯定式后果的方向转化,抑制其向否定性后果的方向转化。那么,怎样才能使此一目的的实现达到最满意的结果呢?我们必须通过法律给予与之相适应的抑制力,使这种相互转化的渐进过程得以中断,以实现立法者的追求。任何一个债的责任的形成,须有主观上的过错与客观上的违法事实同时存在。从对债务的责任的"质变"之"关节点"考察,两个要件不可或缺。然从责任形成的全过程考察,主观与客观却有一个相分离的过程,因为人们的行为总是从一定的主观意识为前提,如故意不履行债务的责任发生,首先是债务人一定的动机、目的的形成,而违反债务的行为则是它作用的结果。从立法的角度来讲,促进债务人正确全面地履行债务的动机、目的的形成,首先是通过责任的形式来强化债务人履行义务的主观意识。就其主观意识而言,在社会心理学上它被称作社会态度。有关责任的法律规定,则是使持违法态度的人改变态度的一种方法。在这里,立法就像一个劝导者,他必须以有效的策略通过法律这一媒介把信息(即债的责任)传递给目再对象(即债务人)。社会心理学认为,正确利用恐惧唤醒对于态度的改变是一种行之有效的方法。② 以责任而论,即表现为债的责任的惩罚性。当然,这种恐惧也并非是无限制的,如封建统治者采用严刑峻法对劳动人民进行残酷的镇压,其效果则适得其反。但是,如与目标对象相适应,正确地利用这

---

① 罗玉中、姜阳编:《法律:社会关系的调整器》,时事出版社1985年版,第58—59页。
② 孙非等:《社会心理学》,甘肃人民出版社1986年版,第314页。

种方法,不仅是必要的,而且会取得好的效果。司法实践证明,仅以违约金为例,如果违约金要求过高,往往使责任流于形式,产生"回返效应";①如果规定适当的违约金,对于敦促债务人正确全面地履行债务确能起到重大作用。据此,似可结论,债的责任的惩罚性是必要的,而且要对这种惩罚性责任进行定量分析,使责任这一法律信息落置于能最有效地形成债务人积极履行债务之正确态度的"接受维度"。②

我们强调债的责任性,是否与等价有偿等民法原则相悖?其实恰恰相反。第一,惩罚性的责任是实现等价原则的法律保障。如果以"等价性"责任作为不履行债务的法律后果,显而易见,债务人即使不履行债务不仅不会受到任何损害,甚至还可能获到额外的收益。例如,甲乙签订了预付款合同,而甲接受预付款后却未能届期履行合同,并在此期间利用预付款进行民事流转而得利益。可见这样做的结果,势必会强化债务人不履行债务的心理,扩大违法的尺度和范围。如果在责任上施以惩罚,债务人则要考虑他自己不履行债务的结果,这种结果至少应体现在财产上并不能占得便宜,督促他诚实地履行债务,使民事法律关系得以正常实现,从而真正体现出等价有偿的原则。第二,当债的关系被扭曲时,从根本上说,惩罚性责任恰恰是等价有偿原则的具体体现。如合同的迟延履行导致债权人更大的财产损失,而债务人却往往因此而大发横财,再如上例,债务人能以预付款进行民事流转而获得利润;而且,他不履行的那部分债务之所以不履行也往往因为有更大的利益可图。从债权人一方来看,债务人的责任产生后,他并不能立刻获得全部债权。因为责任由产生到实际承担往往需要经过一个较长的过程,而这样必然大大影响了债权人的财产流转速度。一般来说,要经过请求履行债务的催告、诉讼、申请强制执行和实际执行等一系列繁杂的程序,在此期间,即使债务人未获得什么利益,而债权人债权的实现历经艰难漫长的过程,抑或债权人根本不可能获得债权,只能得到原物的返还或损害的赔偿。而其他实际损失往往不易精确计算,但它却是客观存在的。可以看出,因不履行债务造成了双方当事人之间利益上的极大悬殊,而惩罚性的违反债务的财产责任正是对这种不均衡的法律平衡。正是

---

① 孙非等:《社会心理学》,甘肃人民出版社 1986 年版,第 327—328 页。
② 孙非等:《社会心理学》,甘肃人民出版社 1986 年版,第 329—330 页。

从这个意义，有学者指出，即使是惩罚性的违约金，也只不过具有补偿的性质。基于上述情况，我们认为，因合同、无因管理、不当得利、侵权行为等所生之各种债，均可考虑加以惩罚性的责任。合同之债在法律上已有违约金的规定，故无须多论。无因管理、不当得利所生之债在罗马法中称为"准契约"。《法国民法典》亦持此观点，如第 1371 条规定："准契约，为个人纯属自愿的行为而对第三人发生的义务。有时为当事人双方相互的义务。"并在第 1372 条至第 1381 条（即准契约一章的全部条文）对无因管理和不当得利所生之债作了具体的规定。既然它们具有经法律认可的契约性质，故以契约之惩罚性责任作为其责任之一部，至少在理论上是成立的。我国民法通则规定了平等自愿的原则，据此，我们认为，最低限度也应在法律上对债的当事人自愿约定的惩罚性责任予以认可。但值得注意，我们这里所指出的自愿与资产阶级的契约自治原则有着本质的不同。我们所谓的自愿是有限制的、相对的，旨在促进公民、法人自觉守法，加强社会主义法制，而不是像资产阶级的那种把契约自治看作无限制的和绝对的东西，"实际上，这个原则是资本主义制度'弱肉强食'原则的必要条件，而其必然结果是资本主义社会从自由资本主义发展到垄断资本主义"。① 侵权行为所生之债也称损害赔偿，在立法上历来认为侵权损害的民事责任为实际损失的补偿。从理论上说，这种损失包括消极损失在内，但它在司法实践中往往既难以计算又不易执行，倘若以损害额（指直接的容易计算的损失）为基础，计算适当的惩罚性金额，上述问题似可解决。即使间接损失可作出较准确的计算，然还有上述的从责任产生到实际履行的漫长过程，如果仅仅满足于"实际损失"，实际上并未能完全填补受害人的实际损失。

从民事责任的现代立法趋势上看，主要表现为责任种类的增多和责任的加重。这与社会文明的发展水准密切相关。随着这种文明的不断发展，人们的权利价值观念不断更新。在现代国家中，一般都确定了人格权受损害之后应当承担有关人身责任外，并可判令赔偿损害。我国《民法通则》第一百二十条规定，公民的姓名权、肖像权、荣誉权受到侵害，受害方有权要求停止侵害，恢复名誉，消除影响，赔礼道歉，还可要求赔偿损失。由此可以看出，随着社会

---

① ［法］《拿破仑法典》，商务印书馆 1979 年版，译者序。

不断走向新的文明,人们的权利地位不断提高,反映在上述民事责任上则表现为惩罚"度"的把握。那么,债的责任当然并不能例外。

在剥削阶级社会,特别是奴隶、封建社会,民事法律所规定的责任极其严酷,它是由两个方面的原因决定的:其一,为了保护剥削者的财产权,其二,以刑代民,自然伴之以相当严厉的人身制裁。这些剥削阶级的"法律(这里是指罗马法——笔者注)只保护奴隶主,唯有他们才是有充分权利的公民。"①而作为债务人的平民的承担的债务或责任,实际上是债务人的血和肉。资产阶级法律所表现出的惩罚性,从形式上看,与社会主义国家的法律的惩罚性似无不同,其实二者有着本质的区别。1789年法国《人权宣言》规定:"任何政治结合的目的都在于保护人的自然的和不可动摇的权利",而由资本家占有生产资料并剥削雇用劳动的资本主义生产关系所决定,违反法律而受惩罚的人,一般地说,当然是处于被压迫地位的广大劳动人民。在少数情况下受制裁者是有产者,这也是因为他的行为已危害整个资产阶级统治的利益。因此,在他们那里,"法律的运用比法律本身还要不人道得多"②。而在社会主义社会,人民是国家的主人,公民和法人享有合法的财产权益,如果这种权利受到侵害,责任者也应受到相应的制裁,债的责任之惩罚性则是题中应有之义。还有必要指出,基于社会主义法律的人民性、平等性,我们所指的对债务人的惩罚是适度的、合理的、公平的。

---

① 《列宁选集》第4卷,人民出版社1960年版,第49页。
② 《马克思恩格斯全集》第1卷,人民出版社1956年版,第703页。

简论继承权中的道德权[*]

一、关于道德权的概念^①

沈宗灵先生在《人权是什么意义上的权利》(《中国法学》1991 年第 5 期)的文章中指出:"实际生活中的确存在了这样一种现象。例如,某甲在经济上相当窘迫,他的一个朋友乙感到自己在道德上有义务帮助甲,但反过来,我们在一般情况下不能说甲有权利向乙主张后者必须帮助他。这与《婚姻法》中的一个规定:'夫妻有互相扶养的义务。一方不履行扶养义务时,需要扶养的一方,有要求对方付给扶养费的权利。'——显然是有区别的,因为《婚姻法》

---

    * 《海南师范学院学报》2006 年第 1 期。

    ① 美国最高法院厄尔法官在"埃尔默杀死祖父以继承祖父遗产案"中创立了一条著名的法律原则,即"任何人都不得从其错误中得益"。参见德沃金:《法律帝国》,李长青译,中国大百科全书出版社 1996 年版,第 14—19 页。显然,这一主张是对罗马法和日耳曼法中的"染血之手不得取得遗产"的规定在权利思想上的发展。这一案件的简略情况是这样的:1882 年,艾尔默谋杀了其祖父。在此之前,艾尔默知道祖父已经立下遗嘱将自己定为遗嘱继承人,并且知道自己将获得很大一笔遗产。可是,因为担心新近重新结婚的祖父可能改变遗嘱,艾尔默便将其毒死。不久东窗事发,艾尔默被判有期徒刑。于是死者的两个女儿提起诉讼,要求遗嘱继承人将遗产交给他们而非艾尔默。他们认为艾尔默因遗产而谋杀了被继承人,法律当然不能允许其继承遗产。当时,美国纽约州遗嘱法(主要包含于制定法中)规定了遗嘱的形式要件、遗嘱人的主体资格、遗嘱人精神条件、遗嘱证明人的资格、遗嘱修改或撤销的有效条件等方面的问题,比如,法律已经明确规定有三名见证人的遗嘱为合法遗嘱,但并未明确规定遗嘱继承人谋杀遗嘱人后能否继承遗产。艾尔默的律师宣称,遗嘱没有违反遗嘱法的各项规定,此案的遗嘱有三名见证人,根据法律这便是合法遗嘱,当然具有法律效力,并且艾尔默是遗嘱指定的财产继承人,因此,艾尔默是合法的遗嘱继承人,法律不能剥夺其继承权。如果法院支持死者女儿的要求,这便是改变遗嘱且将法院自己的道德信念顶替了法律。最后,法官根据不当得利的原则判决艾尔默不能获得遗产。

中的规定不仅体现夫妻关系的道德上的要求,而且是法律上的权利义务关系。而以上讲的甲乙之间关系并不体现法律关系。在这种情况下,的确可以说明法律与道德的区别。但笔者认为,我们不能根据这种情况,就得出一普遍的结论:法律规定权利和义务,道德仅能讲义务而不讲权利;道德权利是绝对地不存在的。权利只能在人与人之间关系中存在,一个'与世隔绝'的人,是谈不到什么权利义务的。一个人在道德上有这样做或不这样做的义务,对被尽义务的人来说,不就享有某种权利吗?"

道德权是一个含义十分丰富的名词,它在宪法、民法、婚姻法、刑法、环境法乃至国际法等领域往往涉及,又总是作为制裁对象对以"反人道""妨害善良风俗""反和平"等字眼对非正义的、非法、非道德的行为进行否定性的评价,在保护特定对象时,以"符合道德、合乎情理"等相对应的字眼,对正义的、合法的、符合人道主义的、符合社会公益的行为予以肯定。

道德既然是公认的社会行为规范,它符合社会的整体利益,为现存的社会秩序服务,体现现代社会文明。在现实生活中,正义的行为、道德行为会理所当然地受到赞许和支持,如果受到损害可以依法求偿,借助公力实施法律救济,或者免受处罚,如民法中的无因管理,刑法的正当防卫,等等。也就是说,它不仅在人们的观念上,而且在法律实施中得到认可,它已构成一种权利。应该指出,权利必须有明确的指向性,这是法律权利的显著特征。一种行为只有具体载明到法律条文中,才有实际的法律道德,符合法律的。但这是指道义情理,本文所指的道德权,主要是指道德行为中所包含的道德权。继承权中的道德权,主要是指自我遵循社会道德规范的行为,并因这种行为在法律的保护下理所当然享有继承。与此同时,相反则是一种违反社会道德行为,两者殊途同归,其约束性和严格性最后都由法律加以明确(维护或剥夺、部分剥夺其继承权)。从这个上意义上说,继承人遗产的权利实现过程中,就有由个人做出道德选择的权利。这一概念有这样几层意思,第一,继承权中的道德权不能游离于继承权,继承权是对道德权的承认和强制性制定;第二,继承权中的道德权主要是个人行为决定权、选择权;第三,道德权接受继承权最后以法律形式解决继承关系中的争端;第四,这种道德权是一种横向联系,对行为个体来说,是依法的权利,不允许他人侵害,对国家来说,只有对方履行既定的义务,或未作为(如行为能力人未防害被继承人或其他继承人、无行为能力人)时,方才实际地发生继承的法律效力。

二、道德权的主要内容

继承权中的道德权享有者,首先必须具有与被继承人之间的既定的婚姻或血缘、半血缘关系或拟制血缘关系,与被继承人在生活、情感联系上特别密切。只有首先具有这一条件,方才具有相应的继承地位,这是一种先天前置条件,可以不作为和意思表示,在被继承人死亡之后取得实际财产。但是,就法律状态而言,这种继承权又是一种期待权,在继承未开始时,继承人对被继承人的财产无任何支配权,而被继承人可以依法自由处分其财产,或者出现新的继承人而改变继承顺序。继承权中的道德权在这一阶段上的作用是,"我与被继承人之间是因婚姻、家庭、血缘关系、半血缘关系、拟制血亲关系而组成的共同生活关系,在生产劳动、抚育赡养、教育、消费、休息娱乐等功能上,享有不可让与的权利,我要求,但我知道必须——"又由于这种继承权处于未确定状态,可以称之为形式上继承道德权,取得自己的遗产份额,关键在于期待过程中,能否履行应尽的道德义务或不作为的义务。就是说,这种道德权主要是指后天的作为条件,由自己作为。在继承期待过程中,剥夺其继承权是对继承人的非法或不道德行为的一种惩罚。早在罗马法和日耳曼法中就有"染血之手不得取得遗产"的规定。这里的"染血之手"是指为争夺遗产而实施的杀人行为,否则,不能被剥夺继承权。

从现行各国立法情况看,剥夺继承权的事由主要包括以下几个方面。

(1)根据我国继承法有关规定:"继承人有下列行为之一的,丧失继承权:(一)故意杀害被继承人的;(二)为争夺遗产而杀害其他继承人的;(三)遗弃被继承人、或者虐待被继承人情节严重的;(四)伪造、篡改或者销毁遗嘱,情节严重的。"此外,根据类推原则,受遗赠人如有上述行为,人民法院也应对其剥夺受遗赠权,自不待言。

《最高人民法院关于贯彻执行〈中华人民共和国继承法〉若干问题的意见》进一步明确规定:"虐待被继承人情节严重的,不论是否追究刑事责任,均可确认其丧失继承权。继承人故意杀害被继承人的,不论是既遂还是未遂,均应确认其丧失继承权。继承人有继承法第七条第(一)项或第(二)项所列之行为,而被继承人以遗嘱将遗产指定由该继承人继承的,可确认遗嘱无效,并按继承法第七条的规定处理。"①

(2)继承人故意杀害被继承人。故意杀害不包括因过失或意外而导致被继承人死亡。杀害行为无论是既遂还是未遂,只要经继承人事实人实施了这种行为都应当剥夺其继承权。如果继承人故意伤害被继承人致死,则不丧失继承权,但应受刑事制裁。至于谋害既遂与未遂,只要经法院判定为罪而判刑,继承权当然丧失。法国、捷克斯洛伐克、日本等国持此种观点。

(3)继承人中的一人或数人出于谋夺遗产的动机而杀害居于同一顺序的其他继承人,包括杀害被继承人在遗嘱中所指定的继承人,或以为后一继承顺序中的继承人会妨碍自己继承全部遗产而杀害了后一顺序的继承人,在所有这些情况下,除了追究行为人的刑事责任外,还应剥夺其继承权。这里的杀人行为,即使只是杀人预谋行为,而没有成为既遂事实,也同样构成剥夺继承权的条件。法国、捷克斯洛伐克等国持这种观点。

(4)对于被继承人有重大侮辱、虐待情节者丧失继承权。瑞士、日本、德国等国持这种观点。

(5)继承人诬告被继承人,其所诬告之罪可以判死刑的,当然丧失继承权。法国、日本等国持这种观点。

(6)恶意拒绝对被继承人的抚养义务者,丧失继承权。德国、匈牙利等国持这种观点。

(7)以欺诈、胁迫手段,强迫被继承人订立、变更、返销遗嘱,骗取或者故意隐匿遗嘱的,丧失继承权。日本、瑞士、匈牙利、捷克斯洛伐克等国持这种观点。

(8)继承人得知被继承人被谋杀而不告发者,继承权当然丧失。法国、日本等国持这种观点。

在遗嘱继承中,违背被继承人的真实意思表示所立的遗嘱,被继承人受胁迫、欺骗,因而不公正,不道德的遗嘱,伪造、篡改的遗嘱,为夺取遗产或其他任何不良动机伪造、篡改遗嘱无效,这是现在各国法律的通例。第一,在继承上男女平等;属于缺乏劳动能力或缺乏生活来源应被照顾的继承人,分配遗产时

---

① 《婚姻法继承法配套规定》,中国法制出版社 2004 年版,第 111 页。

男女平等;在丧失继承权的法律适用上男女平等;对公婆尽了主要赡养义务的丧偶儿媳与对岳父母尽了主要赡养义务的丧偶女婿,作为第一顺序继承人男女平等。第二,老、幼、病、残者优先继承权。在法律上,老幼病残者应予优先考虑,在遗产分配上适当多分,少承担或不承担被继承人的债务,胎儿的继承份额不得取消。第三,继承恢复请求权。继承人未能顺利继承遗产,为非继承人所夺取或为表见继承人所夺取,继承人有恢复继承遗产的请求权,诉请人民法院予以法律援助。第四,法定范围继承以外的取得遗产继承权。在继承人范围之外的人,如果对被继承人生前扶养、照顾较多,可以分到适当遗产。就是说,如果继承人以外的人对被继承人生前所尽的扶养、照顾义务大于被继承人的子女或其他法定继承人,可以取得遗产中的相当份额,甚至大部分份额。假如被继承人子女或其他法定继承人有能力扶养、照顾而拒绝扶养、照顾被继承人,被继承人的生活完全或基本上是由他的邻里、较远的亲属、同事等扶养、照顾的,其遗产由其全部承受也是可以的。

三、道德权概念的作用及意义

继承权中的道德权概念的提出,其目的在于大力宣扬"任何人都不得从其错误行为中而得益"的重要主张,真正保障小康社会的婚姻家庭的幸福、稳定,有效推动继承法的实施,通过奖励道德行为,禁止或惩治违反道德的行为,进一步保护公民的继承权,真正体现国家关于婚姻家庭法、继承法的立法精神,促进社会主义和谐社会的形成和发展。马克思说过:"没有无义务的权利,也没有无权利的义务。"①权利和义务是相互依存的,在这点上,道德与法同理,不履行道德义务,道德权利也无从谈起。对于有一定行为能力的人来说,只有在履行其法律义务的时候,在自觉作为或自觉不作为的同时,才能够享有道德权利;同时也是在按照道德规范自觉作为或自觉不作为的同时,才能够享受道德权利——我这样做是一种权利,他人不得侵犯,并因此可以受益。作为个人,在这里既是自由的,又是不自由的。正如恩格斯所指出的:"如果不谈所谓自由意志、人的责任、必然和自由的关系等问题,就不能很好地议论

---

① 《马克思恩格斯选集》第2卷,人民出版社1995年版,第610页。

道德和法的问题。"①

具体地说,继承权中的道德权概念的提出,其作用和意义表现在这样几个方面。

(1)道德权是约束和指引在形式上享有继承权的公民,正确对待自己的继承法律权利,培养继承人的荣誉感和责任感。坚持继承权男女平等,贯彻互相扶助和权利义务相一致的精神,依法保护公民的私有财产的继承权。

(2)道德权体现在继承法律规定之中,又可推动继承权法律关系的立法完善。比如,根据道德权概念,就可帮助解释有必要修改继承法,把孙子女、外孙子女列为第二顺序继承人。

(3)道德权概念可以以继承争讼过程中为调解或者判决提供新的依据。比如,对未履行道德责任的有行为能力人当然剥夺或分剥夺继承的利益,也给人以道德教育。

(4)道德权的概念可以鼓励、引导公民、社会团体对继承案件揭发、告诉,强化社会制约力量。

(5)道德权概念适应现代化过程中家庭的变迁,如改组、小型化、自由组合等情况,因道德权只重视实际的行为而非简单的家庭生活形式。

(6)道德权概念有助于破除封建思想,有助于进一步培养、树立男女平等观念、优生优育观点和公民在法律面前人人平等的观念。

(7)道德权概念也适应我国目前紧迫的人口形势,我国现有老年人口已跨过亿万大关,这是一支庞大的队伍,他们的休养生息主要依赖于各个体婚姻家庭单元及其社会的友爱、和谐互助。

---

① 《马克思恩格斯选集》第 3 卷,人民出版社 1995 年版,第 454 页。

技术与社会:黎族现代化之变迁[*]

——以 A 市郊一个村庄为视角的思考

一、黄道婆故居简况

该村其实是一个村组,是一个镇的村组单位,为了观察,先看此镇概貌。此镇位于海南省三亚市的西部约 45 公里处,地处宁远河下游地区。地理坐标为东经 108°56′至东经 109°48′,北纬 18°9′至北纬 18°37′,属于热带季风气候和热带海洋气候。东与天涯镇相邻,北与育才镇相接,西与乐东县交界,南临南海。崖城镇是三亚市的农业大镇,历史文化名镇和旅游强镇。总面积约 383.25 平方公里。管辖 31 个村(居)民委员会,其中 9 个黎族村委会,7 个居委会。共有 88 个自然村,247 个村民小组。总户数 14816 户,总人口 7.8 万人,其中黎族 2.1 万人,镇区人口 3 万人。

此镇属于海南历史文化名村,有千余年的历史。宋时卢多逊曾作诗"珠崖风景水南村,山下人家林下门"咏叹村庄美景。翰林院编修胡铨居住水南村 10 年,将回衡阳时,写下横匾为"盛德堂"。水南村村口有一座捐建于 1999 年的高大牌坊,牌坊上书写着水南村村志:水南村位于三亚市崖城镇,地处海南第四大河流——宁远河下游之南,故名。是一村(上坊)、二村(中坊)、高山、独村、三村(白蜡根)、四村(大蛋)、头塘、麒麟坡等八个自然村的合称,现分为水南、大蛋两个村民委员会,村域面积约 20 平方公里,人口 7000 余。水南村是海南历史文化名村,有千余年的历史。从隋代至宋代,分别是临振郡、

---

  * 海南《新东方》2015 年第 5 期。

振州、珠崖军、吉阳军等封建地方政权的所在地。唐宋两代贬到崖州的名相大臣,多居于水南村,如宋代宰相卢多逊、丁谓、赵鼎和翰林院编修胡铨等。唐代高僧鉴真,宋末元初女纺织家黄道婆,元代参政王仕熙等入崖名人,在此留下光辉的业绩和丰富的史迹。赵鼎、胡铨贬崖时居住的盛德堂,是海南著名的历史遗迹之一。水南村居民多是历代中原大陆的官宦、商贾之后,中进、中举并出仕者甚多。水南村自然条件得天独厚,是古崖州八景之一,海南著名的鱼米之乡。

该镇之下的水南村是隶属于崖城镇的行政村之一,与一古城隔河相望。北傍宁远河,南依南山岭,西有大港,东南临崖州湾。古水南村由(上坊)一村、(中坊)二村、(白蜡根)三村、(大蛋村)四村、头塘、麒麟坡村、高山、独村8个自然村组成。人口7000多人。古代的水南村现已分为两个行政村,设有两个村委会。白蜡根、大蛋村、头塘和麒麟坡村四个自然村组成大蛋村,一村、二村、高山和独村四个自然村组成现在的水南村。

现在的行政村面积有10平方公里。耕地面积2900多亩,林地面积400多亩。耕地分水田和旱地两种。除去村集体的耕地,农户承包地有2750亩,人均耕地4—6分。水田主要种植水稻和瓜菜,旱地多种植瓜菜,而林地则主要用来种植槟榔、荔枝和杧果。水南村共有23个生产小组,水南一村10个,水南二村9个,高山村和独村各2个。村庄总户数为921户,总人口为4863人,男的稍多些,约3000左右。高山村是四个自然村中唯一的一个黎族自然村,总户数近70户,总人口约400多人,他们是1957年从乐东和保亭那边逃难过来的,后来就在这里安家形成了现在的黎族自然村。另外,村里还有70—80户的外来人口,总共500—600人。外来人口主要是帮助农作、打扫卫生、做泥水工、开三轮车等。外来人口与本地人冲突很少,相处较好。

村有4个自然村,其中高山村是一个黎族村。在这4个自然村里,高山村与水南一村的差距是最大的。首先,经济收入上,数年前,水南一村的人均收入为7000多元,而高山村的人均收入则大约为3000多元。其次,房屋建筑上,水南一村有1/3的家庭住上了楼房,1/3的家庭住的是平房(混凝土结构),只有很少数家庭住的是砖瓦结构的破旧的房子。而高山村除了13户盖了楼房,12户盖了平房外,大部分都是破旧的砖瓦房,还有少数的茅草房。再次,高山村房屋内普遍没有专门的厨房,都是在院子里随便搭建一个小棚子。有的连棚子也没有,就干脆在地上用几块砖头摆一个"灶",上面放一个"地锅"。即使有专门的厨房的家庭,也是锅碗瓢盆在地上摆成一片,与水南一村整洁有序的厨房环境形成了鲜明的对比。最后,水南一村几乎家家通有线电视,家家通自来水,而高山村则家家有一个"卫星锅"(国家明令禁止的)和一口水井。

经济水平的低下不仅导致了生活方式的落后,还影响了村子精神文明的发展。据笔者了解,高山村村民的受教育水平、政治参与度、科技水平以及经济意识普遍低于水南村村民。只有受教育水平高,政治参与积极性强,才能够及时了解国家和农村的发展趋势及一些惠农政策,学习一些适用的科学技术,从而找出适合自己发展的路子。相反,受教育水平低,就会产生政治冷漠感,缺乏长远眼光,从而落后于人,并最终导致贫困。越是贫困,就越是上不起学,这样就形成了一个恶性循环的怪圈。

高山村是我们调查了解的重点。

本项目的研究缘起一次阅读和一个承诺。我于1999年就读华中师范大学科学社会主义研究所①,师从各位先生不久,在听课的同时认真收集借阅各位先生的著述,深感学海无涯,此行不虚。这时有学兄向我推荐徐勇老师的一本著作,说特别值得一读,于是很快找到,这就是《非均衡的中国政治:城市与乡村》(中国广播电视出版社1992年版)。该书用"非均衡的中国政治"分析归纳中国城市与乡村政治社会状况及其历史变迁,认为"国家整体层次的一元性、一致性与国家统辖下的政治社会的非等同性、非一致性的结合,'大一统'与非均衡的结合,才是中国政治社会的完整状况和典型特点"。"而中国政治的非均衡性特点又突出地表现为城市和乡村这两个具有鲜明特色的地域社会之间的差别。"②正是这种非均衡性的政治,成为中国历史停滞与倒退的特殊而普通的原因之一。我是湖北鄂西北大山区的农家子弟,当年那种大饥荒与怪异政治,深入脑髓,因此对贫困问题特别关注,疑问甚多。深入学习的最好办法是联系实际继续思考,于是就有了《中国非均衡格局中的区域发

---

① 该所后来由所发展成为政治学研究院,研究院含原科学社会主义研究所与农村问题研究中心等。

② 徐勇:《非均衡的中国政治:城市与乡村》,中国广播电视出版社1992年版,第4页。

展——转型期海南地方自主性研究》的毕业论文。毕业之时,我还向先生表示,将以"非均衡性的中国政治"的视角,再写一部中国民族现代化发展的著作。

这一承诺是与我们对中国现代化发展的关注和思考结合在一起的,关于现代化和中国现代化的著述浩如烟海,中国现代化的城乡发展、区域发展、民族发展的现状给了生动的蓝本,同时也带来了诸多困惑,这就是:下一个项目的抓手是什么?因为在我进行毕业论文的调研时,为了加快经济社会发展是国家最为迫切的需求,也就是如何"脱贫"和"解放生产力、发展生产力"是当务之急,而中央又没有钱,于是就有了经济特区之类的体制改革,①恰好契合发挥中央与地方的两个积极性的一贯思想,而特区是否会出现类似于诸侯经济、甚至于南斯拉夫式的境况也有争议。所以使论文的"非均衡格局中的地方自主性是区域经济社会发展的内源性动力,并以地方政府为代表的制度创新为重要标志"的命题得以成立和完成研究,②我在海南工作和生活,考察海南黎族较为妥当,但是虽然经过一段时间的调查,仍然深感资料的缺乏,尤其是自己思想的浅薄,以及如何建构与表达,今日之民族现代化,也已经不再是学习贯彻"马克思列宁民族问题思想",进一步"落实民族政策""创新民族优惠政策""完善民族自治法律体系"的阶段了,③平面描述其经济社会变迁,容易写成既不像学术著作又不像教材的东西。于是,我经过思考,认为可以以黄道婆纺织技术为主,黎族经济发展固然重要,但在改革开放的大潮中多数民众生活日益改善,其经济持续发展的路径是怎样的?经济发展之后的社会发展向何处去?这些问题的重要性日渐突出。于是,本书即以黄道婆故里为样本,继续呈现"非均衡的中国政

---

① 1979年4月,北京,中央工作会议。会议主要讨论调整国民经济等问题,提出了对国民经济实行"调整、改革、整顿、提高"的八字方针。会议期间,广东省委负责人习仲勋同志向邓小平汇报工作时,提出了一个建议:广东临近港澳,可以发挥这一优势,在对外开放上做点文章。邓小平当即表示赞同并谈了他办特区的设想:"可以划一块地方,叫特区。过去陕甘宁就是特区嘛。中央没有钱,你们自己去搞,杀出一条血路来!"

② 沈德理:《中国非均衡格局中的区域发展——转型期海南地方自主性研究》,人民出版社2010年版,第1页。

③ 并且,根据有关规定,黎汉民族矛盾既没有以往激烈,也难以并不宜在书面文字中叙述。

治"影响,调查与思考技术、文化、商业对于构建和谐的多民族国家的作用。①

二、研究的目的

(一) 发现与归纳

第一,了解地理环境与地缘政治的关系。作为多民族国家,少数民族经济社会发展落后是与整个民族国家的经济社会发展落后联系在一起的。我国历史上除了新疆、甘肃、四川、云南的"丝绸之路",还有一条江南丝绸之路,其源头位于新昌县。沿今新昌江、曹娥江北上,接浙东运河西行,跨钱塘江、走江南运河继续北上,结合陆上驿道,跨江浙两省,从绍兴、杭嘉湖、苏锡常等地到南京,形成一条集蚕桑养殖区、丝绸工艺精品制造区、商贸聚集区为一体的丝绸产业带。在陆上丝绸之路之前,已有了海上丝绸之路。海上丝绸之路是古代中国与外国交通贸易和文化交往的海上通道,它主要有东海起航线和南海起航线,形成于秦汉时期,发展于三国隋朝时期,繁荣于唐宋时期,转变于明清时期,是已知的最为古老的海上航线。海上丝绸之路的主港,历代有所变迁,但

---

① 驱使自己完成这本书,却又困惑难以动笔还有几个原因。一是童年时的饥寒,村庄萧瑟,以至于工作多年之后常常做一些与村庄生活相关的梦,如:梦见久旱的庄稼;梦见路边一个地方,心想"这里要是修个粪池就好了";等等。再是在海南工作生活的岁月里发现很多令人思虑的东西,比如在海口市海甸岛和平大桥下,原来有一个村中村,我去过两次,发现在一片空地上住着一个捡垃圾的"盲流"聚结点,打听了一下,是内地一个省份的一个生产队的大部分家庭在这里收捡垃圾,住的全是窝棚,脏得不成样子,可领头的队长却住在一个平房里,门外一个竹竿晾晒着衣服,比较整洁,门前还有一个小场子。是不是至少说明,弱势者如果形成了群体,也会分成等级,这种等级也是一种不平等,或者属于必要的、有一定合理性的不平等?还有,海口市在十多年之前只有一个建在海甸岛的名叫"泰得"的五星级酒店,当时国内外大员、要员、各界大腕凡来海口的都会安排在此食宿。有一次台风,一夜之间就将其旁边一路之隔的捡拾垃圾的人与窝棚吹得形影全无,我清早走过此处,伫立甚久,我在想:第一,我们自己应该做些什么呢,可以麻木无视吗? 第二,我们的改革开放、建设经济特区意义究竟何在呢? 第三,这高楼华屋中的领导,你们可知道昨夜身边发生的事情吗? 最后一件事,2011 年春我被安排到中央党校学习,按照惯例结束前分头考察学习,我去的是延安。延安党校建设得十分之好,质量与布局都比较高端。有一次休息,和两位学友相约就近到村里找窑洞、看望村民。出党校大门,过公路,径直往上走几百米就可以了。我们过了公路,刚要走到临近的老乡家,就发现几条小臭水沟屎尿横流,臭不可闻。我首先想到的是:1. 这里真的是很缺水啊! 2. 这里是"中国革命圣地",各路支持资金一定不少,这样的卫生条件为什么不能改变呢? 3. 我们发展中最缺的究竟是什么?

只有泉州是被联合国教科文组织公认的海上丝绸之路的起点,其他城市港口并无获此殊荣。汉代"海上丝绸之路"始发港——徐闻古港,从公元3世纪30年代起,广州取代徐闻、合浦成为海丝主港,宋末至元代时,泉州超越广州,并与埃及的亚历山大港并称为"世界第一大港"。海南在清朝中晚期再一次陷入沉寂。这一历史将有助于我们认识和制定国家发展战略时对基本国情的把握,以及进一步认识如何利用现在的陆海统筹、经略海洋的战略机遇期。

第二,了解文化的南方与政治的北方的关系。中国的历史,主要是表现为北方政治控制的历史。中央政权的建立依托经济中心并进而建设并形成更大的经济中心,更有实力控制地方,应对和战胜分裂割据的政权。与此相联系,中央政权的存在,或者法制改革更先进的强大国家的存在(如春秋时的秦国),更能调动强大的人力、物力资源。在古代,同样是多民族共生共存,男耕女织,狩猎牧养,由于岭南远离政治、经济、文化的中心,边际更加冷落。但是到了近代,以广东为代表的南方却不仅成为政治革新的策源地之一,也是民主与科学思潮的重要基地之一。到了当代中国,更成了改革开放的前沿阵地,经济改革的综合试验区,传统文化与现代文化、东方文化与西方文化的交会点。如何认识它的传统基因价值,如何发扬它的社会开放性与兼容性。

第三,了解民族问题与农村、农业、农民问题即"三农问题"的关联关系。过去的时代,少数民族多在边缘地带,影响国家稳定、政治控制的是中心区域。所以,由于地理环境、诸种政治,以及民生(民变)压力,民族问题在中国不是突出的大问题。并且,中国民族的宗教主体指向是融合、接纳而不是相互排斥和敌对,宗教纠纷引起的厮杀多表现在武侠小说中。① 今天少数民族上层精

---

① 十多年前,因公我去过贵州,贵州西部平坝县的天龙屯堡曾经是朱元璋建立明朝后的边境屯兵点,这里有一个"三教寺",寺庙大门上的对联:"信佛信道信儒即信善,思名思利思德不思邪"。"三教寺"不大,一进门是佛教供的弥勒菩萨和韦陀菩萨,再往里是平安灯,再走几步是大雄宝殿。佛教称"佛"为"大雄",只是这里除居中供奉着释迦牟尼佛外,两边还分别供奉着玉皇大帝和孔子。院子正中的玻璃佛龛里供奉着自己的祖先——彩木塑像的铜盔铁甲明朝将军。而在号称贵州第一镇的青岩,也是朱元璋时代的驻军所在,并成为明、清两代的军事重镇。由于其密集的古建筑群,保存完好的古民居和厚重的历史文化气氛,被列为国家级文物保护单位。古镇集一楼、一院、二祠、三洞、五阁、八庙、八架古石雕牌坊、九寺以及古城墙、古石桥为一体,展现明清年间具有贵州地方特色的建筑艺术和文化。青岩不少人家的墙上贴着"神"字,小镇上除了佛教寺庙、道观,还有一座基督新教教堂和一座天主教堂,是本世纪初西方传教士所建。两处明代古镇民居引起我的好奇和思索。

英利用宗教闹分裂,那是宗教极端势力的手段,中国少数民族宗教主要是世俗的,宗教极端势力在中国没有历史基础。在此认知的基点上,我们思考民族和谐,就是要推进文化认同、族群认同,用制度与教育推进国家认同。制度指向权益分享,适度培育、保护族群认同和文化认同,才能产生更大的凝聚力。这是一个治理性、建设性的话语体系,需要变量分析。

第四,了解民间技术与社会的关系,和民族共生的关系。科学技术开源于民间技术,技术史同时是社会史,世界史。以黄道婆的纺织技术而言,上下承继,属于原材料、纺纱技术、织造技术、染整技术、面料特点不断代际更新过程中的棉纺织技术改良的一个环节。在我国,机具纺织始于5000年前新石器时期的纺轮和腰机,西周时期具有传统性能的简单机械缫车、纺车、织机相继出现,汉代广泛使用提花机、斜织机,唐以后中国纺织机械日趋完善,大大促进了纺织业的发展。原始手工纺织时期,然后是手工机器纺织形成时期和手工机器纺织发展时期。从黄道婆个人活动轨迹与纺织技术革新的角度,也可以看出产生于共同经济生活的民间技术,会反作用于民族和谐。

第五,了解民间技术和生产力的关系、和民生的关系。科学技术是一种智慧器物,是一种生产力和社会变革力量。正如马克思所指出的那样:"随着一旦已经发生的、表现为工艺革命的生产力革命,还实现着生产关系的革命。"[①]恩格斯在他的《英国状况》中指出:"一经形成的工业推动所带来的结果是无穷无尽的。"[②]他描述在欧洲较晚确立资本主义生产关系的奥地利,认为:"只要手工劳动一直都占统治地位,奥地利就能平安无事。"[③]一个基本事实是,历史上被普遍认可、怀念的文化、科技代表人物,其志向、业绩必与民本、民智、民心有关,而成功国家,即有效政治成长[④]的现代国家,其经济、政治、文化、科技的制度变革、调整必与民族、民生、民享有关。[⑤] 国家权力下沉,以及国家财政

[①] 马克思:《机器。自然力和科学的应用》,人民出版社1978年版,第111页。

[②] 《马克思恩格斯选集》第1卷,人民出版社1995年版,第32页。

[③] 《马克思恩格斯全集》第4卷,人民出版社1958年版,第519页。

[④] 参见林尚立:《有效政治与大国成长》,中国选举与治理网,2008年11月6日。

[⑤] 这方面,远的不说,苏联解体的原因之一就是国家投入倒置,军备竞赛,穷兵黩武,可为殷鉴。同时,我国的经济建设虽然偏重民生福利,传统的方式是低成本、低技术、低价格、低利润、低端市场,代价是高能耗、高物耗、高排放、高污染。据统计,我们的劳动生产率是美国的1/12,日本的1/11,创新对经济的贡献是40%,而发达国家是70%。这一问题并未得到根本改变,也是一种巨大的自然与社会的隐患。

安排与民间社会的技术、智慧力量,包括民间科技人员的力量,农村社会内生的科技潜力的相互作用是怎样;①以及怎样避免和破除改革的"碎片化""应急化""部门化"现象。

(二)观点分享

第一,"能够对现代社会产生长远影响的本源型传统,构成现代社会发展的基础性制度。在东方国家的本源型传统中,不同于俄国和印度的村社制,中国是家户制,并在此基础上形成独特的中国农村发展道路。其中包括:以家户经营为基础的农业经营组织,家户内部农工商结合基础上的农工商互补经济,家户互助合作基础上的农村合作形式,家国共治基础上的农村治理体系。在中国农村发展进程中,尽管家户制一度被抛弃,但仍构成当下及未来农村发展的制度底色。在当下及未来的中国农村发展中,需要高度重视和深入挖掘这一基础性制度和本源型传统,在传统与现代之间建立起必要的关联,才能形成具有中国特色的发展道路。"②

第二,家户内部农工商结合基础上的农工商互补经济,是社会扩张和国家存续的血脉,根须于自给自足经济和半自给自足经济,③既强大而又脆弱。部分作为农业副业的家庭工业,部分发展成为工场手工业,以此渐进。男耕女织的时代家庭手工业产品少部分进入流通,④而产品的使用、消费和流通,一靠

---

① 中国民间技艺是中华民俗文化的重要组成部分。现有的中国传统民间技艺,包括剪纸、年画、彩绣、皮影戏、口技、鼻烟壶、变脸、布袋戏、捏面人(又称面塑)、绣花鞋、吹糖人、核雕、空竹等。民间技术与民间传统工艺相联系,传统工艺一般分为两大类:一是生产实用品的工艺,如制作宣纸的技术、农具制作技术等;另一种是生产艺术品的工艺,如剪纸技艺、美术陶瓷工艺等。

② 徐勇:《中国家户制传统与农村发展道路——以俄国、印度的村社传统为参照》,《中国社会科学》2013年第8期。

③ 分别见(汉)桓宽:《盐铁论·水旱》和(汉)刘安《淮南子·主术训》,一谓:"古者千室之邑,百乘之家,陶冶工商,四民之求足以相更。故农民不离畎亩,而足乎田器。"又谓:"教民养育六畜,以时种树,务修田畴,滋殖桑麻,肥烧高下,各因其宜。丘陵坂险不生五谷者,以树竹木。春伐枯槁,夏取果瓜,秋畜疏食,冬伐薪蒸,以为民资。是故生无乏用,死无转尸。"

④ 直到人民公社时期这一现象仍然存在,也就是马克思在他1859年写的《政治经济学批判·导言》中所说的"私人交换以私人生产为前提"。记得我还很小的时候,我家所在的生产队有一陈姓富农就自己纺织棉布,家里穿着、铺盖完全自备并极少量用于卖出和赠送。另外一种情形,就是不是技术产品,而是技术性劳动。至少在我们家乡,在人民公社之前和人民公社之后更广泛行走在乡村的是木匠、篾匠、漆匠、弹棉花匠,还有就是补伞、补锅、修菜刀、剪刀、铣石磨等,他们出卖的是手工工艺和力气,请做活时当面称"师傅",背后名曰"卖手艺的"。

市场无形之手,二靠制度有形之手;进而,产品的前身是知识、技术、工艺,它是历史传承、群体切磋之间的高度个人化的创造,包含着抵御饥饿、寒冷,改良生活的社会需求,是一种基于各种约束之下的理性选择,①新的家户制不仅解决了脱贫,而且因应生活便捷与市场交换、合作需求的城镇化,既是传统古老的农耕村落的终点,又是现代化的起点。

第三,农耕文明是向内发展的文明,工业文明是向外发展的文明。中国作为超大型国家,其政治、地理、经济、文化发展的非均衡,尤其是改革开放过程中的政策非均衡,给不同区域的少数民族的现代化冲击程度不同,如何使其充分行使发展权利与分享发展利益,同时保持好民族文化是社会主义国家新的历史时期的重要使命。民间技术人员、民间科学家是民间社会精英群体的重要组成部分,属于国家文明发展谱系的重要组成部分;民间文化创新的普遍性是乡村现代化的必然反映。在知识爆炸时代的背景下,就技术与社会关系而言,人类也到了思考"预防科学技术在发展方向及其使用中产生的副作用及危险性的设想——政治科学化理论"②的时候。

三、国内外研究现状及研究意义

(一) 国内外研究现状

本项目以动态的村落活动考察,连接历史页码中的技术与社会关系,解说黎族现代化。

对于民族问题的研究,国外的代表性著作主要有:[日]松本真澄《中国民族政策之研究》、[美]杜赞奇著《从民族国家拯救历史:民族主义话语与中国现代史研究》、[美]里亚·格林菲尔德著《资本主义精神:民族主义与经济增长》、[美]格罗斯《公民与国家:民族、部族和族属身份》、[日]森岛通夫《日本为什么"成功":西方的技术和日本的民族精神》、[英]吉登斯《民族、国家与暴力》、[德]哈贝马斯《后民族结构》、[德]韦伯《民族国家与经济政策》、[美]康奎斯特《最后的帝国——民族问题与苏联的前途》、[英]史密斯《全球

---

① 这同样可以用于解释改革开放之后的农民外出打工现象的出现。
② [德]哈贝马斯:《作为"意识形态"的技术与科学》,李黎、郭官义译,学术出版社1999年版,中译本序,第2页。

化时代的民族与民族主义》等。

国内民族问题研究,出版发表了许多著作和论文,代表性著作有:金炳镐所著的一些重要著作:《民族理论通论》《民族关系理论通论》《中国共产党民族政策发展史》《中国民族理论研究二十年》,徐杰舜等所著的一系列有影响的专著:《中国民族政策史鉴》《中国民族史新编》《中国民族政策通论》《中国民族政策史鉴》等,此外,民族问题研究比较重要的著作还有:郝时远《中国民族理论与民族问题》,马戎《民族与社会发展》,赵嘉文、马戎《民族与社会变迁》,周平《民族政治学导论》《费孝通社会学文集·民族与社会》,吕思勉《中国民族史》,傅斯年《民族与古代中国史》,俞剑华《中华民族史》,王学萍《中国黎族》,满都尔图、卢勋、罗贤佑《白沙县黎族卷·中国少数民族现状与发展调查研究丛书》等。

论文方面:中国学术期刊网上关于民族问题的论文有 361 万多篇,其中集中讨论民族发展的论文有 6 万多篇,与少数民族发展相关的论文有 9000 多篇。与民族现代化相关的论文有 5000 余篇,与少数民族现代化相关的论文有 565 篇,关于黎族发展的论文 15 篇,关于黎族现代化的论文则仅有 3 篇。

上述研究涉及的主要要点有:(1)关于民族形成和发展的规律研究。(2)关于民族结构与民族属性问题的研究。(3)关于民族关系理论问题的研究。(4)对于民族政策的研究。(5)关于当代西方两种民族理论的研究和关于当代西方民族理论渊源的研究。(6)关于当代西方民族理论渊源的研究和关于非西方世界的现代民族主义理论研究。(7)关于非西方世界的现代民族主义理论研究。

上述成果多属于系统宏观的研究,而微观的以田野实证调查为基础的民族区域发展研究较为薄弱;已有研究主要是经验分析和政策制度分析,而对民族经济发展与民族文化的内在关联研究不够。在研究方法和研究路径上,以具体历史人物活动导入的现实民族发展的政治学分析,本项研究是一个尝试。

(二) 本项目研究的意义

1. 本项目研究的理论意义

第一,中国现代化与世界大国现代化的基本路径一样,即工业化与城市化,又由于自己更显著的特殊性,即:一是城乡发展不平衡,区域发展不平衡、民族发展不平衡;二是与此相联系,现有城市化模式下,农村的科技、人才、文化等资源不断被转移,如何运用内源型条件和外源型条件,保持民族乡村的发展活力,是中国现代化进程中的重要课题之一。同时,日益膨胀的城市衍生越来越多的问题,中国的国情也不允许过多的农村人口涌入城市。因此,研究民间科技活动轨迹及民族乡村现代化风格,是一种解读社会主义农村发展趋向的有益尝试。

第二,中国社会主义的现代化的目标是综合性型全面性的现代化,最终目的是实现全体民众对改革利益和发展利益的分享。在过去的民族开发中,过去把着眼点主要放在固边上,而相对忽视了富民、民众素质与生活质量的提高;改革开放后的一段时间内又偏重经济增长,包括民族地区只重视大项目引进和房地产开发等,对底层现实问题的解决重视不够。底层现实问题与地方志上的历史人物、传统技艺、乡村小路、牲畜、电线杆上的广告标语、庙宇、商铺集市都有关系,它是"边缘",也是前沿,它包括"怪异",更是常态。我们关注它,有助于减少理性思考之于制度建设之间的断裂现象。

第三,中国社会主义的现代化的实现过程中面临着当代人类共同的三大关系和三大问题,即正确处理人与自然的关系、人与人的关系以及人与自身的关系,解决好应该如何生活、如何共同生活以及如何幸福生活的问题。我国各民族的"大杂居、小聚居"的历史状态是进一步处理好这三大问题十分有利的国情背景。我国各民族分散在各省区市,混合居住,从各省区市看,少数民族聚居在一乡、一县,又是"小聚居"的形式,小聚居的少数民族区域内又有汉族和其他少数民族,汉族区内也有少数民族聚居。而在今天技术与人口大幅增量与流动的情况下,观照小村落与小城镇的变迁,具有独特而有价值的视角。

2. 本项目研究的实践意义

第一,村庄问题是"三农"问题,少数民族问题是全民族问题:探寻下一步怎么走? 改革开放政策使中国以不足10%的耕地养活了占世界22%的人口,创造了伟大的人间奇迹,但"三农"问题中的农民普遍致富在中国仍然没有解决,并且更重要的是农村的各种矛盾和问题发生了新的变化。建设小康社会和和谐社会,离不开民族团结、民族地区的共同和谐发展。

第二,海南四面临海,是祖国第二大宝岛,是我国生物多样性和文化多样性资源最丰富的地区之一。在建立"海南经济特区"和"国际旅游岛"国家战略的前提下,如何让本区域实现经济社会"跨越",不仅使各民族充分发挥发展权利和分享发展利益,同时又能保证本民族的平稳发展,留存好自然生态和人文生态,具有与维护海南的清新空气、蓝天白云同等重要的意义。

第三,在现阶段城镇化快速推进的过程中,少数民族文化的生存空间狭隘,包括汉民族的传统文化都已经出现并将继续出现代际传承危机现象。如何维护中华民族文化尤其是少数民族传统文化的个性和资源不致丢失,并且适应旅游城镇化的需求,做到少数民族传统文化现代的良性转型,任务十分迫切。

第四,在中国多民族的共同体中,黎族是其中的一个重要的古老族群,历史上主要聚居、繁衍在海南,其人口现在占海南的第二位,是海南区域现代化的人力、智力的重要来源之一。在海南,单位工作,道路行走,举目便是汉黎兄弟,基于陆海统筹战略的实施和南海开发的推进,包括本课题研究在内,可以进一步增添中原文化和海岛文化、海洋文化的丰富性。

本项目研究的样本是海南古老的三亚崖城黄道婆故里,此处是大陆当年最偏远、最临近大海的村落之一。崖州府衙却设立在此处,整修后的崖州府衙廊间铭刻着历代北来名士,包括黄道婆的史迹简介,让我们先从这里走近历史和现实。

国际旅游岛建设背景下的传统文化保护[*]

——以黄道婆的文化价值为视角

马克思指出:"在印度和中国,小农业和家庭工业的统一形成了生产方式的广阔基础……因农业和手工制造业的直接结合而造成的巨大的节约和时间的节省,在这里对大工业产品进行了最顽强的抵抗。"[①]马克思在《不列颠在印度的统治》一文中,还有一段话关于印度社会的概括:"……这些田园风味的农村公社不管看起来怎样祥和无害,却始终是东方专制制度的牢固基础……"[②]其中共同的含义是什么呢? 马克思是这样认为的,应该尽可能地从经济方面"为任何当时的独特的国家形式,找出最深的秘密,找出隐蔽的基础"[③],认识此一规律性的发展,即:"各个相互影响的活动范围在这个发展进程中越是扩大,各民族的原始封闭状态由于日益完善的生产方式、交往以及因交往而自然形成的不同民族之间的分工消灭得越是彻底,历史也就越是成为世界历史。"[④]很显然,马克思主义关于科学、技术与社会相互关系的思想,是我们评价黄道婆纺织技术及其他文化现象的文化价值的钥匙之一。

---

  *　本文为 2010 年海南省社科联基金项目《技术与社会:黎族现代化变迁——以崖城黄道婆居住地为视角》[HNSK10—10—56]阶段性成果,《海南师范大学学报》2010 年第 4 期。

①　《资本论》第 3 卷,人民出版社 1975 年版,第 373 页。
②　《马克思恩格斯选集》第 1 卷,人民出版社 1995 年版,第 765 页。
③　《马克思恩格斯全集》第 25 卷,人民出版社 1974 年版,第 891—892 页。
④　《马克思恩格斯选集》第 1 卷,人民出版社 1995 年版,第 88 页。

一、解读历史：世界与中国——纺织是农耕文化的组成部分

世界纺织技术的发展已经有几千年历史。公元前500年我国就有了手摇纺车和脚踏织机。1972年湖南长沙马王堆西汉古墓出土的200多件丝麻纺织品,表明2000多年前我国纺织工艺技术就已经达到很高水平。16世纪,欧洲手工纺织机器有了很大改进。18世纪下半叶产业革命首先在西欧纺织业界掀起,出现了水力驱动的纺纱机。18世纪末,蒸汽机开始用于纺织生产,工业化从此取代了家庭手工纺织。纺织工业成为推动欧洲经济发展的先导型产业。

根据考证,在人类历史上,纺织生产是差不多和农业同时开始的。纺织生产的出现,可以说是人类脱离"茹毛饮血"的原始时代,进入文明社会的标志之一。人类的文明史,从一开始便和纺织生产以及在此基础上产生的纺织技术和纺织科学紧密地联系在一起。纺织生产出现以后,在很长的历史时期内,一直作为农业的副业而存在。纺织科学也是与农学同时产生和发展的,只是主要靠言传身教,文字资料并不很多。因此,纺织科学和农学一样,由于诞生得早,在整个人类文化中处于特殊的地位。

在中国,此一历史阶段,可以从词汇的形成过程看出其梗概。在汉语中存在着大量来源于纺织的词汇。有的起源非常古远,有的几经辗转引申,粗看已不易发现这种渊源关系,但涉及面却十分广泛。例如,在殷商甲骨文中,"纟"旁的字有100多个;东汉的《说文解字》中收有"纟"旁的字267个,"巾"旁的字75个,"衣"旁的字120多个,都直接或间接与纺织有关。在现代汉语中,不管是各学科术语,还是日用的形容词、副词、抽象名词以至成语,都有许多从纺织术语借用过来的字或词。如"综合分析""组织机构""成绩""纰漏""青出于蓝""笼络人心""余音绕梁",等等。这里,"分析""成绩"导源于纺麻;"综合""机构""组织""纰漏"导源于织造;"络"和"绕"导源于编结和缫丝;"青"和"蓝"导源于植物染料染色。同时,人类进入阶级社会之后,纺织生产一直是统治阶级立国的基础之一。中国很早就有"天子躬耕、皇后亲蚕"——提倡农耕和纺织的传统。纺织品还一直是国家主要的实物贡赋之一。

二、认识科学：需求与进步——纺织机具的提高标志时代变迁

技术是人类改造和利用自然能量的标志,它是一种社会过程,一种社会文明跃升的过程。中国机具纺织起源于 5000 年前新石器时期的纺轮和腰机。西周时期具有传统性能的简单机械缫车、纺车、织机相继出现,汉代广泛使用提花机、斜织机,唐以后中国纺织机械日趋完善,大大促进了纺织业的发展。

各种类型的纺织机,其先后有:(1)纺坠。纺坠是中国历史上最早用于纺纱的工具,它的出现至少可追溯到新时石器时代。根据考古资料,在全中国 30 多个省市已发掘的早期居民遗址中,几乎都有纺坠的主要部件纺轮出土。出土的早期纺轮,一般由石片或陶片经简单打磨而成,形状不一,多呈鼓形、圆形、扁圆形、四边形等状,有的轮面上还绘有纹饰。(2)纺车。古代通用的纺车按结构可分为手摇纺车和脚踏纺车两种。手摇纺车的图像数据在出土的汉代文物中多次发现,说明手摇纺车早在汉代已非常普及。脚踏纺车是在手摇纺车的基础上发展而来的,目前最早的图像数据是江苏省泗洪县出土的东汉画像石。手摇纺车驱动纺车的力来自于手,操作时,需一手摇动纺车,一手从事纺纱工作。而脚踏纺车驱动纺车的力来自于脚,操作时,纺妇能够用双手进行纺纱操作,大大提高了工作效率。纺车自出现以来,一直都是最普及的纺纱机具,即使在近代,一些偏僻的地区仍然把它作为主要的纺纱工具。(3)水力大纺车。古代纺车的锭子数目一般是 2—3 枚,最多为 5 枚。宋元之际,随着社会经济的发展,在各种传世纺车机具的基础上,逐渐产生了一种有几十个锭子的大纺车。大纺车与原有的纺车不同,其特点是:锭子数目多达几十枚,及利用水力驱动。这些特点使大纺车具备了近代纺纱机械的雏形,适应大规模的专业化生产。以纺麻为例,通用纺车每天最多纺纱 3 斤,而大纺车一昼夜可纺 100 多斤。纺绩时,需使用足够的麻才能满足其生产能力。水力大纺车是中国古代将自然力运用于纺织机械的一项重要发明,如单就以水力作原动力的纺纱机具而论,中国比西方早了 4 个多世纪。(4)踏板织机。研究者根据史书所载,战国时期诸侯间馈赠的布帛数量比春秋时高达百倍的现象,及近年来各地出土的刻有踏板织机的汉画像石等实物史料,推测踏板织机的出现可

追溯到战国时代。到秦汉时期,黄河流域和长江流域的广大地区已普遍使用。织机采用脚踏板提综开口是织机发展史上一项重大发明,它将织工的双手从提综动作解脱出来,以专门从事投梭和打纬,大大提高了生产率。

技术产出于社会,原动力在于需求,需求和供给交互作用。技术变化和需求的变化是共同内生于经济社会发展过程中,两者相互促进、相互影响。科学技术史还告诉我们,"科学技术事业在其兴起之初,本来就是'民间'的事业(天文、历法则作为一个特例由官方所控制)。从古希腊的毕达哥拉斯、亚里士多德、阿基米德到中国的墨子、祖冲之、沈括等,科学技术都是凭着个人兴趣、爱好,以个人力量进行的非职业活动。"①黄道婆是元代人,生于松江乌泥泾镇(今上海华泾镇)。作为一个普普通通的劳动妇女,其早年的遭遇和对纺织技术的改革,在劳动人民中长期流传。元代陶宗仪《南村辍耕录》卷二十四,黄道婆目云:"国初时,有一妪名黄道婆者,自崖州来。乃教以做捍、弹、纺、织之具,至于错纱、配色、综线、挈花,各有其法。以故织成被、褥、带、帨,其上折枝、团凤、棋局、字样,粲然若写。人既受教,竞相作为,转货他郡,家既就殷。未几,妪卒,莫不感恩洒泣而共葬之。又为立祠,岁时享之。"同时代的王逢《梧溪集》卷三《黄道婆祠》云:"黄道婆,松之乌泾人。少沦落崖州,元贞间,始遇海舶以归。躬纺木棉花,织崖州被自给。教他姓妇,不少倦。未几,被更乌泾名天下,仰食者千余家。"经过她改进推广的"捍(搅车,即轧棉机)、弹(弹棉弓)、纺(纺车)、织(织机)之具",在当时具有极大的优越性。马克思在《资本论》里说过,当未发明珍妮纺纱机时,德国有人发明了一种有两个纱锭的纺车,但能够同时纺两根纱的纺织工人却几乎和双头人一样不易找到。经历数十年研发,从机具改进到印染配色,始终锲而不舍,可见黄道婆成就之不易。民间有这样一首歌谣:"黄婆婆!黄婆婆!教我纱,教我布,两只筒子两匹布。"中国著名的蓝印花布,就是出自黄道婆之手。正是因为有了她,海南先进的纺织技术才被带到了江南,才推动了江南地区棉纺织技术的进步和发展,掀起了一场"棉花革命",使棉纺织品走入寻常百姓家,才会有蓝印花布印染技术的普及、提高和发展。其影响之深广,由此可见。

---

① 沈骊天:《民间科学家现象评析》,《科学学研究》2003年第4期,第348页。

三、兼济天下：汉族与黎族——纺织文化中的多民族共同创造

依据已有实物及研究，在相当长的历史阶段中，黎族的织锦享誉国内外，而社会各界却鲜知海南还有闻名于世的是黎族曾经发明的楮树皮的无纺织布，香港著名学者邓聪先生认为："在人类衣服历史上，发源于中国的纺织丝布和楮树皮的无纺织布，同样是具有世界性影响的重大发明。丝织品由丝绸之路自中国西向，在陆路上远达西欧，最后进入英伦三岛。树皮布技术自南中国南向传入中南半岛，席卷东南亚岛屿后，从海路上跨过太平洋岛屿进入中美洲。树皮布在中美洲更广泛被用作纸，具有记载文字的功能，其对中美洲历史的影响，致为深巨"①。

用树皮布制作衣服，是黎族人民对人类社会的伟大贡献。树皮布是一种无纺织布。"树皮布是一种无纺织布，是以植物的树皮为原料，经过拍打技术加工制成的布料。"②古代黎族人民发现，楮树树皮是制造衣服的好原料。《现代汉语词典》解释："楮树，落叶乔木，叶子卵形，叶子和茎上有硬毛，花淡绿色，雌雄异株。树皮是制造桑皮纸和宣纸的原料。"古代黎族人民曾用楮树树皮捶成布制作衣服。清代琼州定安县知县张庆长（1752—1755 年在任）在《黎岐纪闻》载："生黎隆冬时取树皮捶软，用以蔽体，夜间即以代被。其树名加布皮，黎产也。"《太平寰宇记》《文献通考》均有黎人"绩木皮为布"的记载。现今海南的白沙、昌江、陵水、保亭等县博物馆收藏有树皮布。

如果说无纺树皮布制作是无名氏的伟大创造，纺织则是农耕文明时代智慧精英的又一重大器物标志，而黄道婆对我国古代纺织技术的改进推广的巨大贡献，又因其名姓留存，英国著名科学家李约瑟博士在《中国科学技术史》一书中，高度评价了黄道婆，联合国教科文组织也称她为世界级的科学家。农业文明是耕织文明，黄道婆是一个象征（长江学者徐勇先生语）。我们在这里要强调的是，在中国这样一个古老的多民族乡村生活状态中，各民族共同劳

---

① 詹长智、张朔人：《海南历史文化研究集刊》第 1 辑，海南出版社、三环出版社 2009 年版，第 149 页。

② 孟建伟：《科学与人文的价值关联》，《北京行政学院学报》2003 年第 4 期，第 144 页。

动、共同创造,黄道婆的经历、其利用个人创新,普度众生的精神,也是一种民族和谐的象征。进而,黄道婆在海南岛提升了纺织技术,但纺织业的兴盛却在江浙、上海一带,而且对其研究纪念的工作做得比海南要好,这也是我们今天应该很好思考的。① 纺织技术在繁荣农耕经济、使之向工业经济过渡方面发挥过相当的作用,同一技术而作用面的不同,实由社会大环境所致。在西欧,纺织业是较早出现资本主义萌芽的行业之一,而织呢业又是较早和农业分离、脱离家庭生产的。西方的工业革命,也是从纺织业开始,先是有了 16—18 锭的珍妮纺机,后来加上蒸汽动力。中国的男耕女织这一紧密结合的传统,却经久不息,直到 20 世纪 30 年代,农民还主要穿用自己织的布。然而,它毕竟还是被机制纱打破缺口的。虽然主要是打破了纺,但到 20 世纪 30 年代,农家织布所用的纱,已有 70%以上是在市场上买来洋纱(包括上海产的机纱)了。这已不是自然经济,而是半自然经济了。这告诉我们:起决定作用还是生产力。②

四、永续文明:传承与保护——取予循环的历史新路

海南四面临海,是祖国第二大宝岛,是我国生物多样性和文化多样性资源最丰富的地区之一。在现代化的发展进程中,如何实现人与环境的良性互动,落实科学发展观,走新型工业化的道路,不仅关系到科学发展观的实践问题,也涉及我国民族问题解决的进程。现代化发展中面临的生态、文化问题已经成为全球议题,同时也是我国当前面临的重大课题。进而,在建立"海南经济特区"和"国际旅游岛"国家战略的前提下,如何让本区域各民族不仅充分发挥发展权利和分享发展利益,同时又能保证本民族的平稳发展,留存其特色文化,具有与维护海南的清新空气、蓝天白云同等重要的深远

---

① 这里说明两点:(一)江浙、上海一带留存的黄道婆遗迹及后来的研究胜过海南,有史料及其他纪念物为证。几年来,我于黄道婆当年在海南期间的主要活动地三亚崖城镇调查数十次,除了找到一个民间说唱本,再就是荒草丛中的一个已经残毁破灭的半人高的传说是黄道婆的小庙宇。在海南,通过近些年重印的一些历史人物介绍与海口五公祠中的壁画,人们方可依稀想象其人物。(二)上海师范大学苏智良先生的文章明确提出:黄道婆文化具有多重价值。其一,衣被江南的生活价值。其二,开创我国手工纺织新时代的科学技术价值。其三,对于上海文明发展的里程碑意义。其四,促进民族交流的文化价值。其五,开创女性劳动空间和提升生活质量的社会价值。参见《黄道婆文化的本土价值与世界意义》,东方新闻网,2008 年 5 月 22 日。

② 参见吴承明:《论男耕女织》,中国论文下载中心,2006 年 4 月 29 日。

意义。

由此,我们回到讨论黄道婆纺织技术的文化价值及黄道婆现象的目的,这就是:科学不仅具有重要的认识价值和技术价值,而且也具有重要的文化价值和精神价值;反之,人文不仅具有重要的文化价值和精神价值,而且也具有重要的认识价值和技术价值。科学的价值和人文的价值有着深刻的关联。在海南,已有 9 项非物质文化遗产被列为国家级保护对象,其中树皮布制作技艺,黎族打柴舞,黎族钻木取火等技艺已近失传。黎族传统纺染织绣技艺、昌江黎族泥条盘筑法制陶技艺、黎族树皮布制作技艺等非物质文化遗产,从不同侧面展现了海南人民赖以存在和发展的特有的生存方式、生活智慧、思维方式、想象力和文化意识,承载着无数劳动人民和时代精英的地区,民族与族群文化生命的密码,印证了各民族之间以及同中原文化的紧密联系。其文化价值无可计量。

海南在国际旅游岛建设过程中,要真正贯彻落实科学发展观,以城乡共同体的认识,充分调动整个社会的技术、智慧力量,包括民间科技人员的力量,不排斥并鼓励"草根创新";挖掘多民族地区农村社会内生的科技潜力,提高农村的科技文化水平,持续进行民族地区的社会主义新农村建设,为民族地区创造一条适宜当地发展的现代化新路。

在城镇化快速推进的过程中,少数民族文化的生存空间狭隘,包括汉民族的传统文化都已经出现并将继续出现代际传承危机的现象。首先,各级政府必须承担保护传统文化的责任,把原始性、自然性、质朴性作为传统文化的特色加强宣传,把传统文化与旅游产业相结合,实现经济发展与旅游、公众欣赏的多赢。① 其次,各级政府和社会各界要依法切实促进对传统文化的保护、保存、研究,坚决打击各种破坏各种传统文化、包括名胜古迹、名村名居等违法行为,以及坚决惩戒公职人员的渎职行为。再次,完善有关机制,②鼓励有志趣

---

① 在海南,除其自然特色旅游,少数民族风情旅游,现代航天、工业园区等旅游,还要继续构建好历史名人名胜旅游与"红色旅游"。人文历史与人文精神是旅游的灵魂,这已经是人们的共识。

② 参见沈骊天:《民间科学家现象评析》,《科学学研究》2003 年第 4 期。该文呼吁创新机制与民间社会支持系统,推动科技兴国,避免包括如包头市第九中学物理教师陆家羲解决世界性数学难题却因科技体制原因,既无法获取相关部门支持,又被国内所有权威数学刊物拒绝,致使中国痛失对此创新获取冠军的机会等事例再次发生,浪费社会资源。

者、年轻后生们学习传统歌舞、手工技艺等,以利有效传承。同时,要形成一种惯例,在严格评审的基础上,对在生产、生活中涌现的创新性成果进行鼓励和奖励。

改革背景下社会不良现象的观察与引导

——对一次期中考查试卷的实证分析

一、教学需要与样本来源

（一）执行学校教学规定的体现。我曾经负责讲授本校政治与公共行政管理学院学生的法理学课程,根据本校有关教学规定,对学生学期学习成绩的评定应当包括平时成绩,这一成绩主要是期中考查及平时考勤等。平时成绩占期末总成绩的30%。有关常识告诉我们,这种规定对教师具有约束力,授课教师应当遵守。

（二）授课教师考查和掌握学习情况的需要。从教和学这一角度来说,教师是主动的,学生是被动的。教师讲,学生听,古往今来,一直是学校教育的最基本、最重要的形式。同时,从学生和学习这一角度来说,学生是当然主体,学生的主动性如何、兴趣选择如何,对知识的接受和反映能力如何,都需要相应的形式测验。并根据这一测验,更好地发现教学中存在的薄弱环节,促进教学相长。此外,我还有以下考虑。

1. 在门类繁多的法学课程中,相比较法理学是较为枯燥的,但它又是一门重要的基础性课程。根据非法律专业学生学习的需要和教案更新的需要①,我作了几点调整,一是增加绪论:大学生学习法理学的意义,以企图增加教学

---

① 2004年下学期所使用的《法理学》教材为沈宗灵、张文显主编,二位是法理学大家,教材曾经荣获国家教育部第三届优秀教材一等奖,质量当然也是上乘。但这本1994年第一版,2004年第二版,厚厚的41万字,23章的教材,对于规定只有68学时的非法学专业的学生来说,显然不大适合。经过本学期教学,感觉似应适时更换稍简易一点的教材。

的针对性,提高学生学习本门功课的兴趣;二是设计一节马克思主义法理学,结合当前学习、宣传"三个代表"重要思想,以及三个文明协调发展的战略方针①,以企图将与时俱进的思想更好地体现在课堂教学中。期中考查可以间接检验教材改进和课堂教学的成效。

2.教育的本质功能是培养人,与此相适应的是对人的素质教育,包括思想道德素质、文化科学素质、劳动技能素质、身体心理素质为宗旨的教育②,现在的教育就是培养21世纪中国特色的社会主义新型劳动者。由此,不同的教育层次,必须在同一大的目标下,形成不同的具体目标和规格。高等教育要突出人的进取性和创新精神,追求合理的知识结构和能力结构,形成竞争意识、效益意识、法律意识和国际意识,树立较高的人文精神和道德风貌。

3.改革开放以来,教育思想、教材内容、教育制度发生了重大变化。在新的形势下从事教学,自己的专业理论准备和课堂教学技能准备如何,显然是一个问号。学生能否正常而有效地学习,教学上需要作哪些改进,自己也想借助期中考查这种形式得以初步了解。

(三)由于上述总体原因,所出并已进行的期中考查题是:《谈谈身边的一个法律问题》。班级学生84人,答卷84份。为了以下目次逻辑分析的需要,图示该班概貌如后:

	籍　　贯	家庭出身
女生26人 男生58人	宁夏、山西、海南、江西、河北 安徽、湖北、河南、甘肃、浙江、云南、四川、陕西、黑龙江、山东 吉林、湖南、内蒙古、天津、广西、	工人:19 农民:62 干部:3
学生干部 41人	校学生会、校团委会、院学生会 院团委、班干部	

① 绪论:一、教育部法学教材的论述;二、湖北省教育委员会组编《法律基础》的论述;三、本教材的论述;四、我们的分析和认识:(一)法律的一般作用;(二)法律与我们的生活;(三)通过学习进入法律学的殿堂。第三节　马克思主义法理学:一、马克思恩格斯法学思想简介;二、列宁法学思想简介;三、毛泽东法学思想简介;四、邓小平民主法律理论,"三个代表"重要思想与政治文明建设。

② 对素质教育的"四大支柱"更准确译为:学会求知(learning to know);学会做事(learning to do);学会共处(learning to live together);学会做人(learning to be)。周南照指出:"to be"的原意,在这里不应是"生存""存在",而应是"to be human""to be a complete man",即成为(真正意义上的)人,"成为完整的人"。教育的"四大支柱",彼此是密切相关,不可分割。四大支柱,其核心是"学会做人"。引自四川省社会科学院查有梁研究员:《创新教育研究六讲》,新浪网,第4页。

（四）涉及的主要内容,计有:(1)邻里关系;(2)时事政治;(3)官场形态;(4)民工遭遇;(5)中外法律观念、法治状态比较;(6)医护人员冷漠失职;(7)建筑施工噪声污染;(8)环境保护;(9)食品安全;(10)犯罪低龄化;(11)交通违规罚款问题;(12)学生宿舍盗窃问题;(13)学校管理员对学生宿舍检查的涉法问题;(14)工人农民社会待遇问题;(15)市场诚信;(16)小区管理——从赵本山拒交管理费说起;(17)从自行车被盗的现象,观察学校管理;(18)人力三轮车问题;(19)农民利益——农民土地被侵占;(20)晚辈的赡养责任;(21)从人行天桥想到"以人为本";(22)消费者权益;(23)"正当防卫";(24)村主任(委会)选举;(25)二手自行车市场问题;(26)精神伤害赔偿问题;(27)列车超载责任问题;(28)电动车可不可以上路问题;(29)官员收贿;(30)交通违章罚款;(31)杰出青年投毒问题;(32)身边琐碎事情涉法问题;(33)孙志刚事件;(34)以德治国和以法治国;(35)广告诈骗及其治理;(36)劳动者的生产安全;(37)教育乱收费;(38)乞丐问题;(39)职介所诈骗;(40)残疾人保护;(41)校园安全;等等。

试卷的主要内容分布、优点及不足

优 点	不 足
1.善于发现和观察问题	1.说理不够,只是讲出了事实
2.能够用所学的法律知识分析问题	2.分析存在片面性
3.表现出正义感和是非观念	3.缺乏法律专业用语
4.爱好广泛,视野较宽:如谈行政政许可法;谈法律解释;谈赵本山;谈足球;谈煤矿开采;谈陶瓷工艺;等等	4.标题太大,又没有副标题,看不出要说什么
5.对弱势群体有同情心	5.标题抽象,甚至没有标题
6.结合命题,从身边的事情说起	6.行文缺乏逻辑性
7.言之成理,行文流畅	7.字迹太潦草
8.字迹清楚,行文端正	8.态度马虎,文字很短

注:部分不错的试卷也存在右边所指一个或几个方面的不足。全班同学除个别外,带普遍性的问题是不知道如何理论分析和写作。

二、困惑·希望·维权①：试卷普遍倾向举例

1. 开放开发中忽视、侵害农民利益

"似乎自古以来,农民就是被利用的工具和被奴役的对象,起义农民是主力军,建立一个朝代后农民又会遭受压迫,到了现在,农民依然是一个弱势群体。1998 年 3 月 16 日,某镇政府要扩建政府大楼,强行将何某一亩多良田占有,只给了其 600 多元作为补偿,当何某提出抗议时,某领导振振有词地讲:'同志要以大局为重,个人利益要服从集体利益,以国家为重。'其嘴脸丑不忍见,简直无理,荒谬透顶。"

2. 钱权交易,滥用权力

"2000 年年初,富顺县黄桶乡乡长和板桥区区党委书记私卖危险性爆炸物品,后来经群众举报,警方便立即采取了措施,但正准备行动时,板桥区党委书记,把"礼物"托人带给了彭邦友,并打电话给他以待援助。彭邦友立即就把县公安局局长朱新华和政委叫到了办公室,并当着犯罪嫌疑人的面给予一顿臭骂,并责令朱新华当其面汇报此案的处理方案。据警方介绍,在 1999 年下半年,富顺一私有老板打手砍人手臂,后经法医鉴定是重伤,因此打手被捕,因该企业老板与彭邦友关系特殊,彭就派了县委副书记出面解决,并由该老板主持召开了由县人大、政法委和公、检、法的主要负责人协调会,地点是该老板的私人办公室,议题是'不能定罪,只能进行取保候审',当时会上有人表示不同意,但县领导称,一切照某老总旨意,这是县委的决定。"

3. 同情弱势群体,批判资本权力

"在深圳的某家纺织工厂里,一天,二楼的缝盘工人们在吃力地工作着,他们头顶上的旧风扇'吱呀吱呀'地费劲地转着。突然间,一个风扇从天而降,快速地打在一位女工的缝盘机上,扇页由于惯性还在飞舞着,掀飞了桌上的玻璃杯等一系列杂物。扇面打在那个女工的脸上,划出好大一条血印,玻璃碎片砸得满地都是,许多女工都伤着了。可是奇怪的是,事后都没有什么反应,也没有老板出面道歉、赔款,也没见那女士要求赔偿,好像这只是一个梦境

---

① 这里只是根据分析的需要而抽取的若干份有完整描述段落的试卷,并不表示其成绩排列。

一样,过眼云烟。也竟然没有人把它放在心上,看着那女士每天拖着疲惫的身躯来往于工厂与家之间,她脸上的那道伤痕仿佛越来越深,越来越明显。过了很久以后才知道,原来那位女士由于年龄的原因,已不能找到比较好的工作,又没有什么文化,最重要的是沉重的家庭负担让她只有忍气吞声,颤抖着接过老板象征性的 50 元赔偿,然后在这个暗无天日的世界里爬行着。"

4. 通过学习法理学,认识违法本质

"我来自内蒙古自治区赤峰市元宝山区建昌营镇南荒村,由于内蒙古的四大露天煤矿之一,元宝山露天煤矿,在我们村附近,加之村中有属于自己的几个煤矿,于是村里比较富裕,当然村民富裕更少不了村委会的甜头,村主任这一职务便成了很棘手的东西,每到换届选举的时候,想当村主任的多得出乎意料,这就要看谁最有钱、最有势了,这些走家串户说服人家选自己,有的雇上几个公车拉着村民去市里吃饭,有的还对村民许愿(如果当选怎么样……),更有迷糊的村民竟将自己的选票按张给卖了。这种事情导致最后的选举结果是不公平的、不公正的,这种情景让人看了既痛心又气愤。"

5. 批评教育高收费、乱收费

"随着中国的进步,教育收费越来越高。国家发改委公布的数据表示,教育收费问题已连续三年成为全国价格投诉的头号热点:乱收费的项目五花八门,捐款、补课、复习费,集资费、资料费,无所不有,其中以择校费最为严重。《21 世纪经济报道》披露了一个由教育专家测算的惊人的数字:10 年来,教育乱收费总额已超过 2000 亿元,甚至有人将教育加汽车、房子并列成为当前 10 万元消费的三大代表。受教育应是每个公民的权利,每个人都有,而乱收费却将教育推向了一种由财富的多少来衡量的奢侈品,这严重地影响了国民素质的提高及社会的公平。都说九年义务教育,但小学、初中学费已是很高,但可恨的是,教学设备并没见提高,且不用说由国家拨款了,这些钱到哪里去了。"

6. 反映法、理、情的矛盾

"警车撞坏出租车该赔吗?'十一'期间,三亚市 3 名公安人员在驾驶警车追缉一辆可疑的桑塔纳轿车时,桑塔纳轿车频频往两边打方向盘,忽左忽右,不让警车拦截。当追至甲某门前时,警车为躲闪被追车辆和照顾行人,不慎撞上甲某停在自家门前的出租车。甲某提出要国家赔偿损失,而公安机关却以执行公务为由拒绝赔偿。"

三、简单的分析与若干做法

（一）首先，当代大学生是青少年中所受教育程度较高，思想最为活跃的重要群体，这也可以从这次一般性的期中试卷所反映的问题和看法中得到些许印证。他们对现实社会的某些现象，从昨天浅显的情绪不满，上升到今天以有限的法律规范方面的知识为标尺，用法理学的眼光进行分析。其次，按照中国文化的传统和政治强制的传统，处于被支配地位的阶层和人群群落，多习惯于循规蹈矩，在社会政治、经济、文化生活中，乃至以家庭为单元的简单生活中，遇到矛盾，或者是遭到侵害，多是忍气吞声，甚至于视作是自己理所当然的命运，一般会采取大事化小、小事化了的方式解决。这种权利意识的淡薄，反过来会巩固和扩散官僚力量，减弱人们参与社会生活的生存、竞争能力。因此，寄希望于通过完善法治，真正实现民主、正义，消除社会的不平等，增进人的公共安全等，应当说这种观念的进步，具有历史性的意义。

（二）由于学生的地区来源、出身，说明作业中反映的官场腐败、钱权交易、弱势群体困境、"三农"问题、市场诚信危机、行业乱收费、公共道德和公共安全下降，等等，是现在的一种地不分南北、人不分城乡的带普遍性的问题。这些学生们不仅是在用自己的耳目体验、观察和思考，而且在相当程度上折射出在改革过程中，支付成本最多的他们的父辈即广大工人、农民的看法。也就是说，他们所反映的弊端，涵盖了发达地区、相对发达地区和落后地区，涵盖了政府、乡镇组织、司法机关、各类企事业单位及社会中介组织，又涵盖了这些基层社会、基层组织的政治、经济、文化的运行方式。在现阶段，经济发展虽然取得了辉煌成就，但整个社会仍然处在巨大的阵痛中。无论乐观论者，还是悲观论者，都可从社会现实中找到太多的事实依据。从马克思主义辩证法的角度，可以看到，从经济、文化、政治的发展程度上，从社会结构和意识形态上，我国正处于重要的社会转型期。

（三）考查试卷中显露出，面对许多社会违法乱纪、欺诈、侵害行为，同学们多持一种排斥的态度，是非、善恶的界限是明确的。其次，这种暴露和批判的前提，仍然是肯定和维护现存的社会主义制度，只是社会主义制度应当继续加以改革和完善，并非从根本上加以否定，而基层社会是由千家万户的普通劳动者组成的,其矛盾冲突,利益损失应当是党和国家关注的重点。由此进一步透露出来的信息是,青少年,尤其是大学生群体仍然是我们社会改革开放,建设"三个文明"的维护性,支持性的力量。同时,由于理论准备不足和眼光局限,这一群体在自身和他人正当权益被侵害时,更多的是显得愤怒和无助。关注当代大学生的情感世界的多样性和脆弱性,是教育工作者进行教育活动的重要环节。

(四)教师的针对性做法。首先,完善自身的教学内容,丰富相应有教学方式。法理学课时有限,只能在注意教材各环节联系的同时,又在重点内容中突出若干重点,密切结合社会实际,有目的性的进行授课,譬如说"三个代表"与政治文明建设;依法治国和公民权利救济;法律与社会现象的关系;法律创制结构和法律责任;等等。在后者方面的改进,是针对自身法律实务不足的学生对司法问题的求知热情,请当地律师进行专题讲座,填补学生知识技能空缺,增强学生学习效果。其次,针对本次考查试卷进行讲评,肯定优点,指出不足,特别提醒注意克服眼高手低、不求甚解,以及马虎塞责、麻木轻浮的思想作风和学风,并结合课堂教学,在理论学习、分析问题和写作训练上进行初步引导。

四、若干启示与结论

启示一:改革背景下社会不良现象的观察与引导,是教育"三个面向"①过程中的新课题。社会上的矛盾关系和人们(包括大学生群体)的思想困惑是两种客观存在。任何代替或掩盖,不仅不是为政之道,也不是为师之道,并且实际上最终将毫无助益。继而,情感、思想又是可以作为信息相互传递,相互影响的。教师的职责之一,永远应当是在传播、教授学生的有关专业知识时,利用讲台引导学生形成正确的世界观和方法论。应该注意到,"讲求实际的人自认为他们不受任何学理的影响,可是他们经常是某个已故的经济学者的俘虏。在空中听取意见的当权的狂人,他们的狂乱想法是从若干年前学术界拙劣的作家的作品中提取出来的。我确信,和思想的逐渐侵蚀相比,既得利益

---

① 《邓小平文选》第3卷,人民出版社1993年版,第35页。

的力量是被过分夸大了。诚然,这不是就当前而言,而是指一段时间以后;因为,在经济学和政治学的领域中,在 25 岁或 30 岁以后还受新理论影响的人是不多的,因此,公职人员、政客甚至煽动者所应用的思想不大可能是最新的。但是,不论早晚,不论好坏,危险的东西不是既得利益,而是思想。"[1]有的新制度教育学专家认为,"凯恩斯对思想作用的这种认识其实也适用于教育"[2]。

启示二:对社会不良现象的识别和批判本身不是目的,目的在于运用科学知识与技能作为一种尺度检验自己的鉴别是非、善恶的能力,以及自己未来作为社会劳动者、建设者和国家主人翁的独立生存、竞争、服务的能力,发现个人在准备这种理论水平、知识技能的基础上的薄弱环节。人的知识结构状况是决定一个人素质状况的关键,这种素质又需要相应知识水平和实践能力的结合。应当牢牢把握教学这个中心环节,进行对各种反社会的法律行为的分析批判的同时,以大量制度建设成就、社会文明进步的事例说明改革的必要性、重要性,增强学生对于未来的信心。做好教学互动,激发学生学习法理学的热情。1987 年 10 月 20 日,原国家教委在《关于高等学校思想教育课程建设的意见》中指出,法律基础课的教学目的是"使学生懂得马克思主义法学的基本观点,掌握宪法和有关专门法的基本精神与规定,增强法制观念和社会责任感,正确行使公民的权利和义务,以适应社会主义法制建设的要求"。由此,我们可以看出,作为大学生学习法理学这门课程,不仅要增进辨别社会各种现象的能力,也应同时懂得和把握自己可以做什么,不能做什么,学会维护社会公众及其自身的权利和自由,又能够依法自我保护和依法自律,为未来参与国家政治、经济和社会的生活,积极发挥主人翁的作用打下良好的基础。作为教师的引导的主要内容及意义正在于此。

结论:学生的成长除了个人主体性因素外,就外在条件而言,不仅依赖学校的教育功能,还必然依赖社会的非教育功能。学生对社会问题的思考,乃至于世界观、人生观的形成是一个在更为宽广的环境中渐进过程。教师的思想灌输和人格影响对予学生有一定作用,但这种作用又是有限的。进而,在社会

---

① [美]保罗·A.萨缪尔森、威廉·D.诺德豪斯:《经济学》,高鸿业译,中国发展出版社1922 年版,第 20—21 页。

② 康永久:《教育制度的生成与变革——新制度教育学论纲》,教育科学出版社 2003 年版,第 411 页。

主义市场经济的冲击之下，多元思想的传播，社会生活方式的演变，改革中不公正、不公平现象的增加，有可能使教师的言传身教力量降低。所以，首先，最重要的还是依赖于现有社会主义制度的进一步改革和完善，政治文明建设进一步推进，坚持依法治国，坚决惩治腐败，在经济不断增长的同时，不断调节各阶层的利益，节制和缩小贫富差距，让广大的劳动者更多地切实地享有实惠。也就是说，要让人民群众，包括青年学生一代，不仅看到改革中的某些乱象，更要看到改革的必要性和重要性，看到祖国的进步和希望，树立和巩固报国之志。其次，教育界，当然包括各级各类学校，要从自身做起，明确权利义务，增强责任感，量体裁衣，减少以至于杜绝乱收费，切实关心高校学生的升学和就业等问题，把"以人为本"的精神贯彻到实处，让广大学生真正感受到学校和老师的人文关怀，形成学生对学校和教师的亲和力。并由此保持教师这一人类最高尚的职业的荣誉和尊严。

主权安全及发展安全

国际环境法中的自卫权[*]

在现代整个国际环境的各种规范中，关于国家自卫权的适用和认可，是对传统国际法的重大突破，因而更具有历史性的意义。恩格斯曾经指出："原则不是研究的出发点，而是它的最终结果；这些原则不是被应用于自然界和人类历史，而是从它们中抽象出来的：不是自然界去适应原则，而是原则只有在适合于自然界和历史的情况下才是正确的。这是对事物的唯一唯物主义的观点。"①依据恩格斯的这一思想，拙文试图从理论和实践的结合上，就围绕国家自卫权的两个相关问题予以评析。

一、传统国际法自卫权原则的局限性及其原因

根据传统国际法，任何国家在遭受武力攻击时可以实行自卫。自卫是衡量其使用武力合法或非法的一个重要标准。《联合国宪章》（第五十一条）规定："联合国会员国受武力攻击时，在安全理事会采取必要办法，以维持国际和平及安全以前，本宪章不得以为禁止行使单独或集体自卫之天然权利。"但是随着现代工业的高速发展，环境污染已经构成对各国的巨大的威胁，如果一旦自卫权的行使只能限于允许对联合国宪章中所述的"武力攻击"作出反应，就会出现一国由于他国行为受到紧急的污染损害而束手无策，致使造成本来可缓解或减轻却因此未能避免。因此面临这一现实，传统国际法关于自卫权

---

* 《武汉大学学报》[环境法]1987年第1期。
① 《马克思恩格斯选集》第3卷，人民出版社1972年版，第74页。

原则的规定就显得狭窄,忽视了国家环境权的保护。为什么传统国际法中存在着这一种局限性呢?

我们知道,国际法作为一种特殊的国家之间的法律规范,同一切法律规范一样,它的产生和发展总是受人类社会的实践活动制约,体现这种实践水准要求的。另外,它还要受法律规范本身特点的制约,发挥出它的现实实用性。一般说来,国际法的具体法律原则的确立及对这些原则的解释,必然要反映当时国际社会的现实情况。国家自卫权原则形成之初,它所面临的最紧迫的问题是制止侵略,维护和平和反对战争,也就是说,这一原则同谋求解决当时主要任务的需要和人们的普遍愿望相适应。人类社会的实践活动作为过程,总是向前发展的,国际社会关系也总是向前发展的,这就规定着传统国际法也必须发展,使它总是呈阶段性向前演变的趋向。证明前一传统原则的局限性,即是标志着人类社会的实践活动已提高到一个新的水准。无疑地,它又要促使人们对传统的原则、手段进行修正,或者提出新的原则、手段,而这是同社会发展的客观规律相一致的。人类对于自己同自然环境相互关系的处理,从横向上看,反映为实践与认识的统一,从纵向上看,反映为历史法制与现实法制的统一。从这种纵、横两个角度上看,则反映为人类对环境的认识能力的有限性与无限性的统一。人类对环境的认识活动也是一个过程,它是这样进行的:从局部认识到对整个生物圈的认识,从对人类的单项活动对环境影响的认识到对人类的全部活动对全部自然界影响的整体认识,从对眼前的直接利益的认识到对人类未来生存、健康和发展的认识。同样,人类治理和利用环境所采取的办法,也是逐步提高和完善的。先是从古代一些国家制定零星的环境法规,再到后来的部门环境法,继之创立国际环境法并开始建立世界环保法制体系。这是一个螺旋式前进的历史过程,人类认识的每次深化部要对传统法制的局限性带来某种突破。第二次世界大战之后,由于技术革命带来的经济发展,各主要工业国污染的蔓延已严重地威胁人类的健康和发展,这时又陆续发生多起灾难性的污染损害事件,国际社会也就普遍产生了危机感和责任感,从而出现了"全球一体""资源共享"等观点,间时也深刻地认识到国家环境权也必须予以保护。这样,从实际上克服传统国际法自卫权原则的局限性就成为势所必然的了。

二、国际环境法自卫权的适用和要求

唯物辩证法认为,凡属必然性的东西,体现客观规律发展的东西,它的产生和发展是不以人的意志为转移的,但它往往通过偶然性事件和人的能动把握才会得到表现。我们所应该理解的是,事物发展的必然性,"前进的发展,不管一切表面的偶然性,也不管一切暂时的倒退,终究会给自己开辟出道路"①。这一思想很适合说明"托利·峡谷号"事件的发生以及它对国际环境法所引起的连锁反应:悬挂利比亚旗的"托利·峡谷号"满载十二万吨原油航行在英吉利海峡,油轮不幸触礁,原油流入海洋,几百里海城一片漆黑,油膜所到之处海洋生物大量死亡。英法出动大批船只,投入了大量的人力、物力进行抢救,力图缩小这次油污后果,但收效甚微,眼看即将造成更加巨大的油污灾难,英国政府几经犹豫,最后被迫动用飞机对"托利·峡谷号"进行了轰炸。事故之后,并未引起国际社会的普遍反对,进而在 1969 年签订的在《公海遇有油污灾难损害事故进行干预的国际公约》中,事实上从国际法的立法角度对英国这次使用武力予以间接认可。这就产生了这样一个问题,即国际环境法中适用自卫权的法律根据究竟是什么? 根据以上分析,是否可以这样理解:既然《联合国宪章》确认自卫是国家的"天然权利"。那么基于国家环境权在一定情况下也可以行使自卫。因为,在今天环境污染已经构成对各国的威胁,特别是当严重的环境灾难面临的危急时刻,被迫采取自卫手段同样是符合国际法关于自卫权原则规定的基本精神的。也就是说,这种环境污染虽非武装攻击,但它侵害的对象是国家环境权,而国家环境权理所当然的属于国家基本权利一部分,因此,在特定情况下也应当允许其适用自卫。根据这种推理,国际环境法中自卫权的适用,不仅是权利,同时也是义务。正因为如此,这里的"自卫权"就不仅是一个名词的续用问题,而是以逻辑推导的形式为传统国际法自卫权的定义增添了新的内容,弥补了它的不足,使之建立在更加科学的基础之上。

适用国际环境法中的自卫权,有一个问题必须引起重视,那就是不能违背

---

① 《马克思恩格斯选集》第 4 卷,人民出版社 1972 年版,第 240 页。

自卫权原则的"度"的规定性,否则也会给国际社会带来不良影响,这也是不允许的。所谓"度",就是和事物的质相统一的限量,也就是事物的质所能容纳的总量度,就是质和量的统一,是事物某种质所容许的事物量的活动范围即限量。把握事物"度"的规定性,在对事物处理时注意分寸,这是实践活动的客观要求。应该明白,这种越境污染同武装攻击(故意入侵)有着重大区别,主要表现在它往往不是故意的、是无过失的,因之所采取的行动要合乎情理,其行动必须限制在为缓解或消除迫在眉睫的污染损害所必需的要求之内。具体地说,我认为,国际环境法中自卫权的"度"可以这样表述如下:为维护国家环境权而采取的局限于公海、本国管辖区域以内的以防止或减轻重大的环境污染损害为目的,所采取的是在这一损害实际面临的危急时刻所能采取的唯一措施。符合这种"度"的规定即限量,方才能够适用国家自卫权,以实现保护本国环境免受更大的损害,同时也可防止借口防治污染而入侵他国或毁坏别国领土上的设施的现象发生,也才在真正的意义上体现为它的"天然权利"。理论上对自卫权的任意解释,会与自卫权的立法宗旨相背离,就是不合理,实践上对自卫权的任意适用,势必要对国际社会造成新的不必要的损害,就是不合法。不合理、不合法就是违反了"度"的规定性,破坏了原则的科学性和严肃性。因而,国际环境法对于自卫权的行使,一方面用一系列新的条约予以承认;另一方面要求完全遵守传统国际法对自卫权适用的严格规定,否则必须承担由此所引起的责任。这方面,《公海遇有油污损害事故进行干预的国际公约》对自卫做的适用有很好的参考价值,它明确载明:"各缔约国可在公海采取必要措施,以防止、减轻或消除由于海上事故或与之有关的行动所产生的海上油污或油污威胁时对其海岸或有关利益带来的紧迫危险,此事故或行动应是合理的同时被认为会产生重大的有害后果者"(第一条);"上述措施不得超出达到第一条所述目的的合理需要,且一旦达到目的,就立即停止;上述措施无必要对有关船旗国、第三国及任何自然人或法人的权利及利益进行干扰"(第五条);"任何缔约国如果采取了违背本公约规定的措施,从而引起对其他国家的损害,则有义务对超过为达到第一条所述目的而采取的合理必要措施造成的损害程度给予赔偿"(第六条)。

我国陆地广大辽阔,大陆海岸线南北长达 18000 多公里,构成了世界上最宽阔的陆架之一。我国现在亟须颁布大陆架法令和重新修订有关海洋环境保护法规。同时,由于对外开放的日益发展,我国与其他国家和地区的经济贸易交往将更加频繁,规模将更加扩大,船舶排污和油船失事的意外事件在所难免(如系马里"南洋号"油轮和荷兰"士打高雅号"货轮碰撞,在我国广东省海平县沿海海域沉没所引起为严重污染事件。参见周子亚、杨志雄编著《海洋法知识》第 122 页)。我们要加强国际友好合作,提高我国对于疆域内外的科学监测能力,做好环境评价工作。另外,我们作为一个主权国家,也不否认在国家环境权遭受重大损害的危急时刻依法行使自卫权。总之,我们应该遵循国际环境法的原则精神和它的各项规约,努力为保护人类的生命和衣食之源,为整个人类文明的进步和繁荣作出自己应有的贡献。

中国海洋安全保护[*]

——关于构建三大支撑体系的建议

一、引论：中国海洋安全的性质和意义

（一）中国的海洋安全事关国家主权尊严、领土完整和资源保障，关系中华民族伟大复兴和社会主义现代化发展成败，党的十八大报告提出"维护海洋权益，建设海洋强国"，将海洋安全提升至国家发展战略和安全战略层级。坚决贯彻这一战略，是党和国家赋予我们的紧迫而又重大的历史使命，继续提升我国的"综合实力"和"应变能力"，直接对应海洋安全威胁，促进各项基础性建设完善，有效保障海洋事业的全面发展。

（二）国家（State）是一个政治地理学的名词，通常是指具有国际公认而又有相对明确政治边界的某一国土区域，中国在现阶段发展中提出了"陆海统筹"战略，陆海统筹事涉陆权和海权，它不仅仅是一个经济发展的问题。马克思曾经指出："土地（指地上地下资源）是一切生产和一切存在的源泉。"[①]马克思还引用威廉的观点说："劳动是财富之父，土地（指一切自然资源）是财富之母。"[②]国土资源是一个国家及其居民赖以生存的物质基础，是由自然资源和社会经济资源组成的物质实体。

（三）在政治学和法学上，"国土"属于空间概念。中国的国土有陆地国土

　　＊　本文系安应民教授《我国南海主权战略的海洋行政管理对策研究》（国家社科基金项目10BGJ004）的阶段性成果。《祖国》2013 年第 6 期。

　　①　《马克思恩格斯全集》第 12 卷，人民出版社 1962 年版，第 757 页。

　　②　《资本论》第 1 卷，人民出版社 2004 年版，第 57 页。

和海洋国土。中国所管辖的包括南中国海九段线以内的所有海域面积约为300万平方公里。中国领海包括渤海全域和黄海、东海、南海的大部分及其可以管辖的专属经济区。在此范围(面积)内的以下资源,都属于中国的国土资源:土地资源、矿产资源、水资源、海洋资源、生物资源、大气环境。中国的国土资源行政管理包括:国土资源的调查中的地籍调查、土地登记、土地调查、土地统计、矿产资源勘查、国土资源的评价;国土资源规划与国策中的国土规划、土地利用规划管理、矿产资源规划管理、水资源规划管理、海洋资源规划管理、地质环境保护规划与其管理;国土资源管理基本国策中的国土资源具体政策;国土资源的开发、利用和保护中的土地资源、矿产资源、生物资源、水资源、气候资源等方面的合理开发与利用。

(四)在地缘政治方面,中国是个陆海一体的国家。现在,海洋安全威胁已成为影响和制约中国国家安全以及和平发展的重要挑战,"海洋安全问题已从过去的一般的'事件'上升为中国不能回避的国家风险。"①所以,海洋安全是中国发展安全的重要组成部分。在中国,改革开放30多年以来,前20多年是发展路径、发展速度属于第一位的问题,近年来以至今后相当一段的历史时期内,发展质量和发展安全将上升成为第一位的问题。应对和破解上述发展安全难题,直接影响到21世纪中国三大历史任务的完成:第一,到21世纪中叶国民生产总值再翻一番,达到中等发达国家水平;第二,维护祖国统一,解决台湾问题;第三,巩固共产党的执政地位,构建和谐社会。要完成这三项历史性任务,离不开对祖宗所留的蓝色国土资源的坚决守护。2001年,联合国正式文件中首次提出了"21世纪是海洋世纪",人类社会正在以全新的姿态向海洋进军。与20世纪注重陆地自我循环的工业化方式不同,21世纪内,海洋领域将成为国际社会更重要、更激烈、更频繁的竞争领域,包括高新技术引导下的经济竞争。发达国家的目光将从外太空转向海洋,海洋经济正在并将继续成为全球经济新的增长点。海洋是人类存在与发展的资源宝库和最后空间,美、俄、韩、印(度)等大国都已制定或正在制定21世纪海洋战略和政策。需要警醒的是,中国的能源消耗已于2010年超过美国,成为全世界最大的能源消费国。根据国际能源机构预测,2020年中国石油对外依存度将达到68%。很显然,未来的海洋经济将越来

---

① 张文木:《21世纪上半叶中国海洋安全战略构想》,《领导者》2010年第23期。

越成为我国国民经济发展的重要支撑点之一。

（五）中国特色社会主义的国家政治运行，是由中国共产党作为执政党总揽全局，人民代表大会进行政权组织与法治规范，人民政府行政主导。据此，中国海洋安全政治学的基本框架主要应该包括：1. 执政党关于社会主义现代化发展的战略指导：(1)国家和平发展战略、国家经济发展战略；国家安全战略；(2)海洋强国战略、海洋安全战略；(3)国家综合能力建设战略。2. 国家有关基本制度：(1)经济社会发展目标与规划、公共政策；(2)国内法律、法规、规章框架完善，参与国际海洋法体系建设等。3. 政府对国家发展安全的责任与国家主权的行使。4. 民众、各界人士和社会团体的智慧开发与运用。在具体运作上，至少可分为：1. 人大和政府层面：(1)目标：实践社会主义现代化发展和发展安全的国家意志；(2)规范指引：陆海统筹，制度改革，机构整合（职能调整），涉海行政建制等等；(3)行政执行：海洋事务综合管理，包括执法检查、危机管控等等。2. 政府、司法与军队层面：海洋主权宣示；有序开发、司法裁判、国际和地区合作等。3. 政协和社会团体、华人华侨层面：(1)有关提案；(2)有关活动与建言。4. 民众和企事业单位层面：(1)公民有关权利和义务；(2)法人有关权利和义务。

（六）现阶段中国国家利益的主要反映，就是发展需求、主权需求和责任需求。在海洋方面，其海岛问题、海上划界问题、海洋资源问题，成为中国海洋安全的三大问题。维护中国海洋安全的紧迫任务，在于构建完善的中国海洋安全支撑体系。

二、完善中国海洋安全的战略与政策支撑体系

（一）制定国家海洋战略

1. 中国的海洋战略是国家发展战略的重要组成部分，制定国家海洋战略应该包含对孙中山、毛泽东、邓小平为代表的中国近现代思想家、政治家关于国家海权、国家现代化和世界视野的再汲取，包含对现代国际社会和各国的经济、政治、海洋在国家发展中的重要作用的深刻理解，中国当代海洋事业发展与国家海洋政策、当代海权观念、海洋思想与国家海洋政策的历史比较，有利于指导国家海洋权益主张和权益保护，海洋竞争力和体制竞争力的提升，以及海洋主权纠纷、海洋资源开发的政策法治框架的原则；应该体现和平发展、经

济开发与合作、资源永续利用等体现国家主权,如国家目标、主要对策、手段等,以及对联合国组织等公认的制度规则的基本态度。中国特色的社会主义现代化、全面实现小康社会和中华民族复兴、执政党领导下的法治改革将是中国的海洋战略的根基。

2. 中国的海洋战略,事关中国发展未来的百年大计,将明确维护中国核心利益的原则和发展安全原则,界定国家的核心利益,坚定地维护国家核心利益,同时重申"充分尊重各国维护本国利益的正当权利""妥善处理热点问题""把中国人民的利益同世界各国人民的共同利益结合起来"的意志和决心;应该体现对近现代东西方经略海洋的方式、经验的学习借鉴和批判扬弃,体现现代化条件下的大国政府管控和法治化的开发治理,所以可以在原则上给予有关涉海政策、法律的制定,如涉及中央与地方关系、市场、政府与企业关系、内海与外海[pelagic sea;open-sea],即较大面积的水域并与大洋相连的海,泛指远离陆地的海域管理方面的原则性框架指引。

3. 中国的海洋发展战略,是国家生存战略与发展战略的延伸,是经济、政治、法制、科技、文化,包括军事的总体性战略和强国战略,它应当体现与国家对内战略(国内建设战略)、对外战略(国际战略)、地区发展战略以及各领域发展战略的一致性;同时,作为一种国家积极作为的"应变能力"表现,明确指出主权安全和共同安全事项,表明对各种传统威胁、现实威胁和"潜在威胁"的务实态度,为《中华人民共和国海洋基本法》的正式制定,为东海和南海等海域的开发和维权起到"纲举目张"的作用。

(二) 海洋政策体系的特色继承

1. 中国的海洋政策同国家的疆土环境条件,即特殊的疆土主权范围和地缘政治的国情基本一致。中国是个陆海兼备的大国,陆海周边相邻的国家众多,沉重的历史和现实,决定了其海洋政策的发展过程和社会主义现代化发展与现代化发展安全联系在一起,沿边边防和沿海边防安全必然错综复杂,进而,海防完善及海权观念转变联系在一起。

中国的海洋政策同对外部世界关系的思维转变,以及对战略机遇期的认识和重视有关。一是中国开始明确提出"与邻为善、以邻为伴"的周边外交方针,奉行"睦邻、安邻、富邻"的政策,坚持与周边大小国家平等和睦相处;坚持通过对话合作增进互信,通过和平谈判解决分歧;加强与邻国互利合作,积极参与周边的海洋事务,共同走和平发展的道路。二是维护战略机遇期,积极主动处理各种尖锐复杂的周边问题和国际问题,特别是与中国根本利益和长远利益的重大问题。

2. 中国海洋政策是同中国经济社会发展重心转移和建设社会主义现代化强国、实现小康社会的经济社会发展规划联系在一起,力图有计划地、逐步由陆向海,陆海统筹兼顾,实现内外经贸、科技文化、人员往来合作循环、海洋经济发达、海洋综合实力强大、危机管控有力、在国际海洋事务中发挥重大作用的海洋强国。

3. 中国的海洋政策同整个国家的经济发展方式转变一致,为促进海洋经济发展方式转变提供政策指导和支持。以发展海洋经济为重点,促进海洋产业转型升级,从科技人才培养、研究项目支持到渔民培训、投融资等多方面着手,淘汰落后产能,不断创新体制机制,推进和落实海洋总体规划、各类海洋专项规划和地方海洋规划。

4. 中国的海洋政策同我国特有的政策和法律关系变化相联系,即一般先有国家战略设想、路线、方针确立,再制定相应的政策和法律,而且政策又有总政策、基本政策和具体政策之分、政策原则和政策策略之分;而国家领导人的正式声明或主张,有时既是国家基本政策原则,又是政策策略,比如邓小平提出的"十二字方针"——"主权属我,搁置争议,共同开发"。

5. 中国海洋政策的执行,反映了新的政策策略,就是因时因势而变,因外(敌)变我变,加强主权存在、行政存在、经济存在。同时,从"韬光养晦"的消极防御战略转变为"有所作为"的积极防御战略,重视构建军事、科技、经济等硬实力,重视构建国家自主知识产权和民族科技力量支持,创建和融通文化、教育等立体、多元的力量。

6. 中国的海洋政策体制改革与国家发展中的角色变化相联系。前者比如海区经济、海岸带管理、无人岛屿租赁、渔业开发、环境保护、陆海统筹规划、中央和地方分权责划分、区域资源共享,后者如国际合作、打击海上传统犯罪和非传统犯罪等,参与制定有关国际规则、增大对地区、国际纠纷、全球利益分配的话语权,承担更多更大的国际义务等。

7. 中国海洋政策在实践中体现了原则性和灵活性的统一。比如:对于海洋主权的坚持、严格遵守公认的国际关系准则、敢于公开宣布核心利益;比如坚持谈判解决有关纠纷,积极参与双边协议和多边协商;比如加强行政执法,在12海里领海有效巡逻,实现民间和政府维权和企业开发、军事斗争准备的纵向互动。

（三）海洋政策体系的成就保持

1.在一定程度上具备了全球视野,从中国的基本海情出发统筹规划国家的海洋战略和政策,树立以海富国、以海强国的思想,确立了海洋强国的远景战略目标,提出了国家现代化发展蓝图中的海洋可持续发展战略,制定了合理开发利用海洋资源和保护海洋环境、发展海洋科学技术和教育的一系列规范,全面开展了海洋综合管理和海洋事务的国际合作实务,维护和拓展了国家利益。

2.已经构建比较成熟的国家海洋政策框架:海洋主权政策、海洋管理政策、海洋经济发展政策、海洋区域经济政策、海岸带管理政策、海洋资源保护与发展政策、海洋环境污染与防治政策、海洋生态保护政策、海洋科技政策、海洋灾害预防及应对政策、海洋开发国际合作政策、海洋管理体制与科学研究政策、海洋事业人才培养政策等。

3.维护国家海洋领土主权,制定国家海洋战略,维护海洋权益,发展海洋经济等政策思想和政策制定符合科学发展观的要求,做到了理论联系实际。对海洋生态环境的保护已经基本实现制度化和执法检查常态化,海洋保护区建设、海洋生态修复进展良好,突发性海洋环境灾害的预防和应急处置能力大为提升,尤其在加强海洋监测预报,提高海洋公益服务质量,海洋的综合管控与行政执法能力稳步增强。

4.面对周边对岛礁主权、海域划界以及资源开发等争议问题,加强了民政、经济、军事等方面的基础性建设,增强了海洋渔业生产、运输、石油天然气开发、海洋服务如水文气象监测、码头民用工程、科研投入及保卫和管理海域的力量。同时,积极参与国际和地区事务,兼顾维权和维稳,积极推动同周边国家的海上问题磋商,与周边国家在外交、防务、科技、渔业等领域积极开展合作和对话,维护地区和平与安全、避免矛盾激化等问题上开创新的局面。

5.开始进入国际公共海域,增强了对国际公共海域、南北极地及其周边海域、国际航海通道、国际海底等等涉及国家战略利益的认识,深入开展极地关键地区和领域的科学考察与研究,不断增强中国在极地的实质性存在,进一步提升中国在国际极地事务上的地位和影响力,参与相关国际制度的建设和国际海洋事务合作,发展自然科学基础研究和人文社会科学研究,为中国在维护海洋权益方面提供综合性的理论、政策、法律、技术后盾,增强国家的话语权。

6. 大陆与港澳台从农业、旅游合作从陆地扩大到海洋,在南海渔业、旅游、油气勘探开发领域的交流。今后,应该在台湾海峡渔业养护与共管、两岸海洋防灾减灾和海水养殖病害预防、气候变化与海洋生物多样性研究、台湾海峡海洋环境保护等共同关切的领域进行交流研讨,推动学术交流与合作关系,成立联合机构调解两岸渔事纠纷,尤其在大陆与台湾联手维护国家海洋主权方面,能够通过主权声明、支持民间维权等方面,形成较多默契。

7. 海洋经济、海洋开发、海洋环境、海洋科技、海权意识等海洋事业、海洋文化等已经形成广泛的社会基础和市场基础,包括经济、政治、军事、资源、环境、科技、安全、文化等已经形成以海兴文和以海兴商的大趋势,使海洋权益维护、海洋资源科学开发、海洋生态环境保护、海域使用与功能区划、海洋经济繁荣、海洋科技发展、海洋执法、海洋危机预防、海洋科研、海洋战略与规划的进一步发展提供了强大动力。

(四)发展完善国家海洋政策体系,强化海洋管理的主要任务

1. 对海洋元政策、海洋基本政策、海洋具体政策进行进一步配套。本文所说"海洋元政策",是指《中华人民共和国宪法》中关于领土、领海主权规定等原则和精神指导下的政府有关领海声明,包括表明国家战略的《中国海洋21世纪议程》等;"海洋基本政策",是指有关海洋资源开发政策、海洋资源保护政策、海洋环境保护政策、海洋行政管理政策、海域使用与功能区划、海洋经济繁荣、海洋科技发展、海洋执法、海洋危机预防,以及《全国海洋经济发展规划纲要》《全国海洋功能区划》等;"海洋具体政策",是指实施性、可操作性、可对应检测、监督的规定、规则、办法等。

2. 由全国人大法工委牵头,国务院法制局、海洋局协助负责,对国家海洋政策与管理、中国海洋权益、中国海洋经济与科技、中国海洋资源与环境保护等方面,分类编纂海洋国家发战略、海洋国家政策,如东海问题、南海问题、极地问题、国际海底问题和其他海洋问题等,包括海洋权益维护、海洋资源科学开发、海洋生态环境保护、海域使用与功能区划、海洋经济繁荣、海洋科技发展、海洋执法、海洋危机预防政策,以及参与签署的联合国组织、协约国协议。

3. 对新兴的海洋产业给予系统性政策性扶持。海洋新产业,在现阶段主要是指:海洋船舶工业,重点发展超大型油轮、液化天然气船、液化石油气船、大型滚装船等高技术、高附加值船舶产品及船用配套设备,同时稳步提高修船

能力;海洋油气业,建设好国家石油战略储备基地,鼓励发展商业石油储备和成品油储备;滨海旅游业,对适宜开发的海岛,选择合理开发利用方式。同时,推进无居民海岛的合理利用,单位和个人可以按照规划开发利用无居民海岛,鼓励外资和社会资金参与无居民海岛的开发利用活动;海洋渔业,对水产养殖、水产捕捞、市场营销;海洋生物产业、航运金融、航运保险等现代服务业。

4. 对海洋事业进行金融信贷支持的政策性创新,促进信贷投放和金融资源集聚,优化金融服务体系;鼓励银行、信托、财务、担保、创投等机构加强合作,引导各类社会资金支持海洋产业融资,多渠道扩大海洋经济发展的社会融资总量;优化金融管理,促进海洋经济投资贸易便利化。进一步改善沿海地区外汇管理服务,为海洋经济领域的企业外汇收支活动提供便利。支持企业以人民币开展跨境贸易和境外直接投融资,扩大人民币在对外贸易和投融资活动中的作用;畅通银企融通渠道,完善海洋经济发展中重点企业和重点项目信息库,加强银行与企业、项目的信息共享,通过联合举办银企洽谈会、融资推进会等多种形式,积极主动促进银行与企业和项目融资对接。

5. 积极推进实施流域综合管理项目,实施海洋与海岸带综合管理项目,做好流域和与流域相连海域的综合治理,衔接海洋管理与流域管理、海域管理与土地管理和地方行政管理,做到资源开发与环境管理同时启动。实行机构改革,改变历来监控机构重叠和部门的分割,改变在流域和近海地区多个监管部门在监测海域环境质量监测标准不一、数据不能共享的现象。

6. 制定和发布政策性文件,促进渔业、渔民、渔产繁荣,促进渔业增效、渔民增收,组建渔民协会;支持创新海洋科技机制,增加海洋科技投入。积极扶持有关高校和研究机构、企业健全研发体系,促进海洋渔业科技推广,支持和鼓励海洋科技成果转化。

7. 引导和鼓励国外资金、人才、技术等要素投向海洋资源开发、滨海旅游、高新海洋产业等领域建设;完善出口加工区、保税物流园区、保税港区等特殊监管区功能,打造承接国际传统海洋产业和高新海洋产业转移的密集区;大力开拓利用海外市场,促进海洋产品出口,扩大航运、养殖、修造船等劳务技术输出;建立常态化合作交流机制,不断提升海洋经济对外开放和区域合作水平。

8. 改善沿海港口城市的港口、交通、腹地、物流、贸易和服务条件,加快建设经济与科技发达、社会与文化先进、港口吞吐能力强、城市基础设施完善、物流通畅便捷和城市国际交往广泛的现代国际港口城市。完善沿海城市的旅游功能,全方位构建海滨旅游开发网络,打造海滨旅游中心城市和海滨国际旅游目的地。按照生态宜居城市的要求,大力促进经济、社会、文化、环境协调发展,人居环境良好,能够满足居民物质和精神生活需求的沿海生态宜居城市。

9. 国务院对台办、海协会等部门已经和应该继续主动同台湾海基会等部门联系协商,争取两岸企业界、知识界、政界代表等一起研讨对共同开发南海资源,包括油气及渔业等问题,共保国家领土领海权益。在签订有关协议和合同后,正式合作开采南海油气。支持三沙市,依照我国相关法律法规,鼓励国外企业竞标,合作开发我国有关区域的海洋资源。

三、完善海洋安全的法律法规支撑体系

(一)海洋主权的法律法规支撑体系的传统与发展

1. 改革开放之前对海疆海域管理,重在军民联防,其主要任务是反敌特和护渔护航。改革开放后,围绕全面建设小康社会全局,认真审视海洋作用,把海洋权益保护与社会主义现代化和实现中华民族复兴联系在一起,开始越来越重视并具体实施陆海统筹,制定和实施海洋发展战略,海洋立法指向海洋开发、控制、综合管理,发展海洋油气、运输、渔业等产业,合理开发利用海洋资源,加强渔港建设,保护海岛、海岸带和海洋生态环境;保障海上通道安全、国际和地区合作等各个方面。

2. 面临海洋疆域主权争议压力、有关争议方与国际社会开发钻探技术提升加快、不当开发加快的压力和自身经济发展的需求压力,海洋法制建设形成了以"提高国民经济的贡献率,保障国家安全,增强国际竞争力,实现建设海洋强国的奋斗目标"为动力,符合社会主义市场经济规律的国内中央与地方、区域与区域间、各部门之间可操作和监督的,包括可据此寻求与各国互利共赢和共同发展机会的制度框架。

3. 海洋法治建设同中国政府由管制型政府向服务型政府的转型联系在一起。海洋行政管理机关在管理过程中要做到依法行政必须遵循一些基本原则和一些特殊原则。一般原则主要有:海洋行政法治原则、海洋行政公开原则、海洋行政公正原则、海洋行政效率原则;特殊原则主要有:合法性原则、合理性

原则和应急性原则。

（二）海洋主权管理的法律法规支撑体系的主要成就和任务

旨在占据新的海洋竞争优势。我国作为签约国,应当增强紧迫感和危机感,从维护国家利益的高度,强化国家海洋综合管理,在未来的海洋竞争中,掌握主动权,立于不败之地。

首先,我国已经初步完成海洋法制体系。主要反映在,首先,制定颁布了综合性海洋法律及附属法规和规章,确立了领海权力(权利)、海洋功能区划、海域权属管理、海域有偿使用基本制度;保护海洋环境和生态,以实现海域空间资源可持续利用。这些法律法规为我国的全疆域海洋活动管理、海域使用管理、海洋环境保护的执法提供了依据。此外,我国作为联合国《海洋法》签约国和各种多边协议和双边协议及有关联合申明的国家,已成各种海洋权利的重要发言人和利益相关方,任何无视中国、想甩开中国来解决事关中国切身利益的事情已经再也不可能了。

其次,海洋行政管理方面的法律法规行政规章的支撑体系尚待进一步完备,需要进一步做的工作主要是:

1.适时修改作为根本大法的宪法,或对宪法做出补充条款或宪法性解释,第一,宜用专门条款载明海洋国土权力和海洋国土保护;第二,完善关于行政区划方面的规定,①以便为南海等海洋主权区域的行政区划作好法律准备。

2.完善国家基本法律,建议尽快制定《中华人民共和国海洋法》《中华人民共和国海洋区域法》《中华人民共和国海洋资源保护法》《中华人民共和国海上安全法》《中华人民共和国水生动、植物保护法》等涉海法律,以国家法律

---

① 《中华人民共和国宪法》第 30 条有关行政区域划分的条款中没有地区及地级市的规定,地级市的产生使中国实际上成为省、地级市、县、乡四级体制,所以,地级市以及"市管县"体制的宪法依据不明确。而且,根据民政部 1993 年 5 月提出后,国务院批准的。其中,关于设立地级市的标准是:市区从事非农产业的人口 25 万以上,其中市政府驻地具有非农业户口的从事非农产业的人口 20 万以上。工农业总产值 30 亿元以上(1990 年不变价),其中工业产值占 80% 以上;国内生产总值在 25 亿元以上;第三产业发达,产值超过第一产业,在国内生产总值中的比例达 35% 以上;地方本级预算内财政收入 2 亿元以上,已成为若干市县范围内中心城市的县级市,方可升格为地级市。三沙市的设立只见之于民政部在有关规定中关于设立县级市中的条款:"具有政治、军事、外交等特殊需要的地方。"所以,进一步在宪法或国家其他基本法律中载明地级市的规定,不仅更好地体现制度规范,而且还会带来后续成就,即:进一步规划增设其地级市管辖下的南海大量无人岛屿为区(县)级行政区,拓展中国在南海实际管控的实际幅面。

的形式载明我国海洋的面积、管辖区域、相关权益、国际与地区合作、执法原则、执法方式等内容,为有关国际讼争提供主权国家的法理依据。

3. 由全国人大法工委牵头,国务院法制局、海洋局协助,统一编纂现有的关于海洋资源、海洋资源行政管理方面的法律。① 我国目前尚没有以直接保护海洋资源为名义的法律,但是很多资源方面的法律都涉及海洋资源,如《中华人民共和国渔业法》《中华人民共和国矿产资源法》《中华人民共和国野生动物保护法》《中华人民共和国土地管理法》等。统一编纂海洋资源行政法规,如《中华人民共和国渔业法实施细则》《中华人民共和国陆生野生动物保护实施条例》《中华人民共和国水生野生动物保护实施条例》《中华人民共和国野生植物保护条例》等等。

4. 由全国人大法工委牵头,国务院法制局、海洋局协助,督促、检查全国各省、直辖市、自治区关于地方海洋资源法规、行政规章制定情况,以及国务院所属各部、委和其他依法有行政规章制定权的国家行政部门制定的有关合理开发、利用、保护和改善海洋资源方面的行政规章情况,同时督促、检查其他海洋资源规范性文件,即由县级以上人民代表大会及其常务委员会、人民政府依照宪法、法律的规定制定的有关合理开发、利用、保护和改善海洋资源方面的规范性文件制定情况。对于不完备,尤其临海区域的省、直辖市、自治区关于这一方面的地方性法规、规章和其他规范性文件欠缺的,要督促其进行研究改善。

5. 进一步完善海洋行政立法、海洋行政执法、海洋行政司法和监督海洋行政,进一步明确政府责任,包括涉海地区的地方立法都应该规范化、具体化。② 加快制定海洋综合管理方面的法律法规,调整单项海洋法律、法规之间的关系,加大海洋环境保护和海洋资源管理方面的立法工作,推进区域环境管理立法,强化海域使用的法律体系。规范执法机关的职责、执法机关的权限、执法

---

① 法律编纂,又称法典编纂,它是国家的一项重要的立法活动,是指对属于某一法律部门的全部现行规范性法律文件进行内部的加工整理(比如对其立法宗旨、逻辑关系、法言法语规范等),而使之成为一部系统化的新法典的活动。它是国家的一项重要的立法活动。

② 比如《中华人民共和国海岛保护法》以法律的形式确立了海洋行政主管部门在海岛保护与开发利用工作中的行政主体地位。11 月 27 日,海南省四届人大常委会第 35 次会议通过《海南省沿海边防治安管理条例》,明确界定外国船舶及其人员进入海南管辖海域不得违反沿海边防治安管理的六项行为。《条例》规定,对非法进入海南省管辖海域的外国船舶,公安边防机关可依法采取登临,检查,扣押,驱逐,令其停航、改航、返航等措施予以处置。

机关之间的关系,进一步做好海事、海商、海关、金融服务,同时加强司法服务。

6.调整产业布局,优化海洋产业结构,加快海洋经济发展方式转变,大力发展海洋循环经济、高新技术产业和旅游业、生态渔业、设施渔业、安全渔业,提高海洋经济质量和水平。积极推进社会公共利益的海洋公益立法、提倡公益诉讼。

7.继续严格遵守我国参与签署的国际条约和综合双边协定,如《联合国海洋法公约》《南极条约》《中华人民共和国政府和美利坚合众国政府关于有效合作和执行一九九一年十二月二十日联合国大会46/215决定》《中华人民共和国国家海洋局和南太平洋常设委员会合作协议》,以及我国缔结或参加的海洋环境保护类国际条约,包括海洋环境保护多边条约和双边协定。

8.积极参与国际海洋法的制定和修订工作,包括国际海洋法庭审判规则的修订工作。正如莫世健先生所说,"中国对国际海洋法制建设的积极参加,将能够有效地影响国际海洋法规则的发展和解释,也将能够最大限度地有效保护中国自己的海洋利益……通过参与和解决实际问题逐步积累经验和知识,争取早日成为制定海洋游戏规则的主导国家之一,并早日成为真正的海洋强国。"①

四、完善海洋安全的实际责任支撑体系

（一）制度改革,整合机构

1.国家设立海洋委员会

分析新中国60多年以来中央政府的构成,可以依稀看出陆地国土经济社会治理的重心所在,中国今天面临的海洋困境,实则是海权困境,海权困境是陆权困境的延伸,由陆向海,陆海统筹发展,应当体现在中央政府的机构设置上,这就是设立海洋委员会(或海事委员会)。国家设立海洋委员会——级别:应等同于国家能源委员会和改革发展委员会,主任可由总理或副总理兼任。其职责如下:

第一,全面、系统地规划中国海权战略目标,组织调研、起草国家海洋事业

---

① 莫世健:《中国必须参加和主导海洋法制的发展》,中评网,2010年9月13日。

发展战略和涉海方针政策,向国务院和全国人大提交和审议;

第二,会同外交、军事和涉海部门就涉及国家全局性的重大海事问题进行研究,并向中央政治局、全国人大常委会和国务院领导进行汇报;

第三,组织调研、起草和修订有关涉海法律,会同有关部门拟订并监督实施极地、公海和国际海底等相关区域的国内配套政策和制度,处理国际涉海条约、法律方面的事务;

第四,协调和指导海洋发展中跨部门单位的工作,监督各省、自治区、直辖市等涉海法律政策的执行,处理全国跨行业、跨区域的涉海重大事项,解决各类海上突发事件;

第五,组织调研、协调完成国家周期性的五年经济社会发展规划和区域涉海规划,协调指导海洋资源开发、海洋环境保护、海洋科技等重大项目建设;

第六,组织对外合作与交流,参与全球和地区海洋事务,组织履行有关的国际海洋公约、条约,承担极地、公海和国际海底相关事务;

第七,参与对体制改革后的涉海行政部门、边防等执法部门的双重管理,推进海事管理和执法体系的完善;

第八,会同国家能源委员会、发展改革委员会、国土资源部、外交部、国防部、科技部、教育部等,研究涉海外交、安全防卫、科技开发、文化宣传等问题,并提出原则性意见;

第九,承办中共中央、全国人大、国务院和中央军委所委托的其他事项。

2. 实行涉海执法机构整合

现行海洋管理的成绩是管理体系齐全,其机构的优点是权责相对明确,但是几大部门构成的分散型行业管理体制,存在一定不足。各级海洋渔业部门负责海洋渔业管理;交通等部门负责海上航运和港口管理;国土资源部门负责海洋矿产资源勘探管理;石油部门负责海洋油气田开发管理等等,海洋涉及的管理机构达十几个。

关于海洋执法力量整合,专家们比较集中的看法是成立准军事执法力量,以应对当前严峻的海洋斗争形势。罗援将军在2012年年初全国政协会议上的提案,建议在南海做到"五个存在",以强化南海维权,即"行政存在、法律存在、国防存在、舆论存在和经济存在"。其中,国防存在就是可以考虑建立海岸警备队。① 因为,综合比较我国的海上执法力量,海警具有公安性、涉外性和武装性的特点,既能够有效承担起维护海上治安、保障人民生命财产安全的一般警务活动,体现其公安性的特点,又能够在打击武装走私、偷渡、武装贩毒、抢劫、海盗等恶性海上刑事案件,以及参与国际警务合作共同打击跨国境的犯罪活动中,发挥其涉外性和武装性的优势。

(二)强化实际措施

1. 以岛制海,加强行政存在

在已设立地级市的岛屿管辖区设立移民局,允许法律意义上的移民,实行无居民海岛定期巡视。可以有关岛屿和岛礁为海洋经略的支点,划分为国防军事用岛,加强军用码头、机场、信号监测等岛礁基础设施建设;生态旅游业用岛,适度开发,进行短期观光,发电、用水等;行政军事用岛,适度填海造陆,锚泊民船、军舰;石油天然气开发据点性用岛,用以建设钻探采集,军事重点保障;岛礁季节性居住用岛,主要用于渔民出海捕捞临时性在岛上居住。争取对以上各种用岛,逐步完善其海上气象、导航等设置。

2. 提升钻探能力,拓展地区和国际招标,强化经济存在

在拓展地区和国际招标方面,第一位的工作首选两岸合作。两岸现在对同属一个中国持同一立场,钓鱼岛和南海诸岛自然就是两岸不能分割的国土,台湾对此主权争议所持的立场是"主权在我,搁置争议,和平互惠,共同开发",与大陆的"主权在我,搁置争议,共同开发"基本一致。但是,台湾现阶段会顾及岛内政治,以及自身同美国和日本的关系,不愿意正式公开同大陆在海洋主权纠纷上合作维权,却可以采取相互默契的方式给予支持,以争取双赢。这种默契就是:第一,允许民间出面维权,比如渔民出海作业互助,政府给予补贴;双方渔民出海至争议岛屿、岛礁捕捞或抗议,政府予以保护;第二,双方企业在南海主权争议区或靠近他国争议区合作采油;第三,再是共同向国际社会表达意志,比如表示国家领土寸土不让,还有两岸海上类似如搜救演练等。

---

① 加强海洋管理机构。美国现任总统布什宣称21世纪是太平洋世纪,成立了负责制定国家海洋发展战略的海洋委员会。美国国会开始考虑进行新一轮国家海洋政策研究。韩国组建了海洋渔业部,成立了海岸警备队,印度尼西亚成立了海洋渔业部,越南成立了海岸警备队,菲律宾、印度、澳大利亚和巴西等沿海国家相继提升海洋管理机构层次,这些机构呈现出由分散管理趋向集中管理的特点。

关于招标国际性大公司参与开采。它的意义，一是显示主权在我，二是引进国际性大公司，一旦正式签订合同并付诸实施，对争议方是个难解的压力。越南、菲律宾等国以前正是这样对付中国的，我们完全可以依样学样，并且可以做得更扎实、更好。

关于与有关争议方合作开发。有关各方在南海地区搁置争议、共同开发，愿意在相互尊重和平等互利的基础上与有关各国探讨共同开发该地区的途径和方式，是我国的一贯积极立场。但这种合作开发的前提，必须是在确认我国对南沙群岛主权的情况下，否认中国主权，就不可能"共同开发"。我国钓鱼岛区域，由于日本的"购岛"闹剧，目前"搁置争议，共同开发"已无可能，可由相关部门保护渔民前往作业。

3.海上维权，严格执法

海上维权是指依照国家法律法规，对我国管辖海域实施巡航监视，查处侵犯海洋权益、违法使用海域、破坏渔民渔业安全、破坏海上设施、扰乱海上秩序等违法违规行为。具体是指定期巡航执法。海监船舶和飞机要坚持以常年、常月和每天海上执法，保证执法船、执法飞机在全海域不间断执勤，全海域空天定期巡航，即对我国管辖海域实施长时间、不间断、全方位的海空协同巡航执法。为保障海上执法的有效性和执法安全，建造大吨位、航程远且性能先进的船、艇、飞机。要加强实时监控和调查取证能力，装配安全可靠的指挥和信息传输系统，引进国际先进的航空遥感设备、部分深海测量装备和远距离监视监测执法设备，做好对赤潮、溢油、海冰等海上目标实施监测，对侵害我国海洋权益的外籍船只实施连续跟踪监视，昼夜取证，实现陆上指挥与海上行动之间的视频即时联络，能够保证决策到位，有效应对突发事件，保证海上安全。配备高性能、远距离、海空目标监视系统及地面宽带音视频传输网络，两级数据中心，实现全海域远程海空立体实时监视取证能力。

海上维权，宜采取渔民、渔业活动在前，海监、渔政舰只、海警随后，海军准备的方式。现阶段，海军航空兵的作战半径基本已能覆盖整个国家海洋主权区域。同时，解决空中加油问题已经增大留空时间，或文或武、进退自如这种方式，能够在尽量不升级冲突的情况下迫使对手止步。也就是说，海上执法要以动制动，以变应变。

4. 综合运用外交与军事手段

外交态度和策略。中国的和平发展战略已经昭示天下,中国外交坚持与邻为善、与邻为伴的陆邻、富邻的外交政策,既不会霸权,强取豪夺,也不会贪占,投机盗窃他国的疆土和有关利益。维护包括南海在内的海洋权益,是维护本已属于自己国家疆域和国家主权的权益,必须国家利益第一坚持原则,而非国家形象第一原则,国家利益丧失了,还谈什么国家形象?所以,外交艺术、外交语言等只能是服务于国家利益需要。外交既要服务于当前的任务,更必须着眼国家的整体利益、长远利益,也就是子孙后代的切身利益,明确表达坚定的国家决心。同时,从容自信,遵守国际规则,注意团结朋友,不主动对抗,尽量减少误判,方式方法,自我节制,避免与海权大国发生对抗,尤其应当谨慎地处理与周边大国的关系,尤其是与美国的关系。

积极防御,进行必要的军事斗争准备。中国奉行和平共处的对外政策,但任何人都不可能是绝对正确、绝对准确的算命先生,俗话说得好,"害人之心不可有,防人之心不可无"。发展必要的武器装备,进行必要的武器试验,以及进行例行的军事演习和对外联合军事演习,才能更好表达国家维护主权的决心、凝聚民意,才能切实锤炼军队反霸权、反侵略、反侵袭的能力,防患于未然。

(三)做好若干具体工作

1. 融通财政与社会资金,促进海洋金融事业

海洋大国在这方面的不少做法值得我们学习和借鉴。发展海洋经济、提升综合国力的大方向明确之后,问题就在于体制机制设计和具体实施办法。融通财政与社会资金专项资金在海洋方向的投向重点,在现阶段主要是这样几个方面:海洋生物等战略性新兴产业领域科技成果的转化、产业化和市场培育,以及海洋产业公共服务平台建设;海洋生物等战略性新兴产业的应用技术研发和应用示范;以高等学校为实施主体的面向海洋经济,尤其是海洋生物等战略性新兴产业的共性问题及区域发展的重大需求等开展的协同创新;海域海岸带整治修复。

2. 促进海洋文化研究和发扬

海洋文化是国土文化的组成部分。海洋文化包括海岛文化、航海文化、海洋文学、海洋旅游文化、海洋经济文化、海洋环保文化、海洋军事文化、海洋科普的研究和海洋文化历史遗产保护、海洋法律文化,以及海洋民俗文化、海洋宗教信仰文化、海洋景观文化、海洋商贸文化等等。在组织形式上,海洋院校、海洋论坛、海洋博览会、海洋文化节等,在经济上有海洋文化产业等。

推动海洋资源开发路径研究。海洋主权区域发展的核心就是推动海洋资源开发、大力发展海洋经济,可持续性地实现我国管辖海域内的海洋利益。与此相联系的是强化海洋区域海洋行政管理与控制管理研究,保障海洋资源开发的地缘政治等方面的研究。

3. 做好中国海洋研究人才的培养和人才储备工作

建立一支能够支撑和引领海洋区域开发,实现海洋综合管理、海洋资源合理利用、海洋环境保护及海洋可持续发展相协调的规模宏大、结构合理、质量精良的具有国际竞争力的人才队伍,其作用不言而喻。

五、余论:中国海洋安全实践过程要求

(一)实现海洋安全的战略自觉和制度规范化建设的有机联系。它既是一种政治学、法学等综合学科的理论研究,同时又是一种顶层制度设计,其根本价值在于:有助于继续提升我国的"综合实力"和"应变能力",直接应对海洋安全威胁,促进各项基础性建设完善,有效保障国家海洋事业的全面发展。

(二)据此,中国海洋安全的实践与研究应该服务于国家战略机遇期,对海洋安全实施中的重点关系不断进行适当解读。譬如:维护海洋主权与国家发展安全过程中的中日关系;和平发展与世界大国力量变化过程中的中美关系;"维护海洋权益,建设海洋强国"过程中的大陆与台湾关系;实现国家海洋安全过程中的资源开发与军事斗争准备的关系,以及党和政府"掌握大局"与民众智慧的有效汲取的关系等。

(三)进而,复杂多变的周边形势,更需要形成马克思主义中国化的海洋安全软科学,坚持实事求是、与时俱进的科学风格,成为经世致用之学,其视角至少包括:

(1)中国现阶段,主权安全威胁与富国强民追求的冲突越来越突出,需要确立与时俱进的大国战略,即陆海统筹战略、大洋战略等。

(2)地理环境对国家的主权、政治、经济、文化息息相关,必然会深刻而长

久地影响着国家行为;在全球化的今天,中国如何坚持道路自信、理论自信和制度自信,是一个立场、视域、实践的持续性过程。

(3)海洋安全是国家主权与国家安全的一部分,涉及领土、政治、经济、社会等方面的一种全方位安全,必须全方位地采取措施。

(4)海洋安全支撑体系建设,是一种制度系统化工程,包括与地缘政治及现实国际政治相适应的战略和策略,以及有效的操作规则。

(5)坚持和平发展,努力提升综合国力的同时,海洋维权要防止被睦邻国家和外部势力所劫持。

(6)海洋安全作为国防安全的一部分,属于一种动态安全,在制度规范立、废、改的同时,实际责任落实极其重要。

(7)民生取向增强制度更新能力,民众智慧强化国家自主性,拓宽海洋维权方式。

中国现阶段设立群岛型地级市的
实践意义及后续任务[*]

——舟山市与三沙市^①设立解读

一、设立群岛型地级市：陆海统筹战略在行政区划方面的重要体现

（一）行政区划的国家治理背景

国家的存在，以一定的土地、人口为先决条件，行政区划必须考虑地理条件，行政管控以行政区划和机构设置为载体。与行政区划相对应的各级政府，分别依岗位行权和履行义务。

我国地处亚洲东部、太平洋的西岸，海陆兼备，疆域辽阔。陆上疆界相邻的国家有 14 个，大陆海岸线长达 18000 多千米，自北向南濒临的近海有渤海、黄海、东海和南海。沿海分布有台湾岛、海南岛、舟山群岛、南海诸岛等，拥有面积大于 500 平方米的海岛 7300 多个岛屿。历史上王朝统治要有收益、对臣下要分待遇等级、王朝要能够掌握地方诸侯，君权表达如使臂使指，行政区划由此产生，但由于信息、道路阻塞、荒凉落后等缘故，长期形成中枢遥领边陲，权力下沉受限，这样就有可能产生多方面的后果。

同时，作为农业帝国的清王朝长时间实行闭关锁国政策，政府腐朽加速，从内陆到沿边、沿海贫困循环，民变蜂起，外患频繁。与之相联系，中国

---

* 《新东方》2013 年第 1 期。

① 截至 2012 年 6 月 21 日，中华人民共和国地级区划数共 333 个，其中 285 个地级市（包括 15 个副省级城市），两个属于群岛型的地级市：浙江省舟山市与海南省三沙市。

的现代化发展属于外源型,由外向内累加冲击而引起。从 20 世纪 70 年代末到现在,整个改革开放过程,也是陆海兼顾的思想和实践逐渐成熟的过程。

(二) 行政区划的主要经验和规则

1. 山川形便,依照大山大河来确定行政区划边界的走向。2.“犬牙交入”,打破随山川形便,避免地方割据政权的拥兵自重。近现代,又采用习俗相近,地域类同兼顾历史传统原则,前如清朝照顾历史传统、民族关系、地理环境等特点,划分西藏与川、青、滇、巴塘地区行政划界,将蒙古所管辖的地区划归内地,并收抚蒙古所役使的藏族,划界设官分治稳定西藏地区。后如新中国成立后设计成立各少数民族民族自治区。

改革开放 30 余年,行政区划方面最大的手笔,就是根据邓小平的决策,为实现国家主权和领土完整,以和平方式解决历史遗留下来的香港问题、澳门问题和台湾问题而设立的特别行政区制度。“时也,势也”,能否在 21 世纪的国际风云变幻中继续保持比较有利的竞争地位,不仅是城乡、区域协调发展,沿海、沿边协调发展,而且内陆、中枢协调发展,还要陆海协调发展,事关百年,是中国未来的生命之所系。随着我国现代化的发展和综合治理的需要,现阶段和今后的行政区划还会有进一步的举措。

(三) 新行政区划呈现的国家发展蓝图

中国国务院新闻办于 2011 年 9 月 6 日发表《中国的和平发展》白皮书,界定出中国核心利益的范围。白皮书指出,中国的核心利益包括:国家主权,国家安全,领土完整,国家统一,中国宪法确立的国家政治制度和社会大局稳定,经济社会可持续发展的基本保障。2011 年 6 月国务院印发的《全国主体功能区规划》中,对土地国情的评定是,适宜工业化城镇化开发的面积 180 余万平方公里;扣除必须保护的耕地和已有建设用地,今后可用于工业化城镇化开发及其他方面建设的面积只有 28 万平方公里左右,约占全国陆地国土总面积的 3%。继《海岛保护法》之后,2012 年 4 月,经国务院批准,《全国海岛保护规划》由国家海洋局正式公布实施。可以看出,舟山市与三沙市的先后设立,体现了国家发展战略与实践的一致性。

二、设立群岛型地级市：陆海统筹实践在经济发展与强化海洋行政管理方面的特殊作用

（一）舟山市和三沙市的一般条件比较

舟山市：舟山群岛是中国沿海最大的群岛。陆域面积少，海域面积大，区域总面积 2.22 万平方公里，其中海域面积 2.08 万平方公里，陆域面积 1440 平方公里。全市共有大小岛屿 1390 个，占全国的 1/5。共有住人岛屿 103 个，其中万人以上岛屿 11 个，全市常住人口为 112.13 万。

舟山背靠上海、杭州、宁波三大城市群和长江三角洲等辽阔腹地，面向太平洋，具有较强的地缘优势，踞中国南北沿海航线与长江水道交汇枢纽，是长江流域和长江三角洲对外开放的海上门户和通道，与亚太新兴港口城市呈扇形辐射之势。东临太平洋，是远东国际航线要冲，也是中国大陆地区唯一深入太平洋的海上战略支撑基地，从孙中山到新中国的历届党和国家领导人，对其经贸、军事的重要性十分重视。

三沙市：三沙市政府所在地是永兴岛，面积 2.13 平方公里，是南海诸岛中面积最大的岛屿（附属岛屿 13 平方公里），也是三沙市军事、经济及文化中心。人口不足 500，设市之前平时加上渔民 1000 人左右，但坐拥 200 多万平方公里海域，其渔业资源，石油、天然气储量的经济价值巨大，同时又是一个军民两用、面临各种侵占和挑衅的海防前沿基地。

（二）主要不同点和共同点

1. 两市功能定位不同

舟山市所辖是内海，是继上海浦东新区、天津滨海新区和重庆两江新区后，党中央、国务院决定设立的又一个国家级新区，也是国务院批准的中国首个以海洋经济为主题的国家战略层面新区。提升我国海洋经济发展水平，转变经济发展方式；创新我国海岛综合保护开发方式。所以，其定位是浙江海洋经济发展的先导区、海洋综合开发试验区和长江三角洲地区经济发展的重要增长极。[①]

三沙市直面南海资源日益被他国侵蚀、各种争议激烈难见消解的现实，为

---

① 参见徐勇：《现代国家建构中的非均衡性和自主性分析》，载《乡村治理与中国政治》，中国社会科学出版社 2003 年版，第 342—343 页。

宣示主权,维护领土、领海完整、促进开发能源,创造中国经济新的增长点,而由县处级的办事处升格为地级市。其设立,就是凸显"主权在我",对主权范围内的南海各大群岛、岛礁有关领海强化其行政存在和行政控制,将南海的国防前哨前移。据此,其功能定位是:把维护国家主权和安全放在突出位置,在各项建设中认真贯彻国防需求、军民兼顾、平战结合,实现国防建设与经济建设协调发展的海域边境城市、热带海洋旅游胜地、现代渔业发展基地、南海油气资源开发和服务基地。

2. 设立过程和程序不同

设立浙江舟山群岛新区,是国家推进实施国家区域发展总体战略、海洋发展战略和国民经济和社会发展"十二五"规划《纲要》的重要措施。按照国务院指示,2010 年开始,国家发展改革委会同有关部门和地方积极推进全国海洋经济发展试点工作。2011 年年初,国务院批复《山东半岛蓝色经济区发展规划》和《浙江海洋经济发展示范区规划》。2011 年 6 月 30 日,国务院以国函〔2011〕77 号文件,正式批准设立浙江舟山群岛新区。

设立三沙市,是国家酝酿已久的行政管理安排,是国家在南海问题上长期战略考虑的结果;美国战略东移,高调介入南海问题,菲、越等国"固化主权"动作不断,加速了这一决策的实施。2012 年 6 月 21 日,菲律宾总统宣称要派飞机巡视刚刚平静了一天的黄岩岛,紧接着越南国会通过海洋法,中国的西沙和南沙群岛被宣称属于越南的主权和管辖范围之内。当天,民政部网站刊登《民政部关于国务院批准设立地级三沙市的公告》,宣布:国务院于近日批准,撤销海南省西沙群岛、南沙群岛、中沙群岛办事处,设立地级三沙市,管辖西沙群岛、中沙群岛、南沙群岛的岛礁及其海域。三沙市人民政府驻西沙永兴岛。所以,从一定意义上说,设立三沙市,也是南海主权侵害方倒逼而成。

3. 主要共同点

提升我国全球资源配置能力,保障国家经济战略安全;拓展我国海洋战略空间,维护国家海洋权益;全国海洋经济发展试点和海洋综合保护开发工作积累宝贵经验。创新我国海岛综合保护开发方式;科学开发海洋资源,培育海洋优势产业,进一步提高海洋开发、控制、综合管理能力;深化海洋管理体制改革,促进陆海统筹发展。

三、设立群岛型地级市：陆海统筹需求提供地方政府体制机制创新难得机遇

（一）机构整合，提高效率，服务与管制并重

1. 浙江省舟山市市政府组成部门 25 个

市府办、市发改委、市经信委、市教育局、市科技局、市民宗局、市公安局、市监察局、市民政局、市司法局、市财政局、市人力社保局、市建委、市交通运输委、市水利局、市农林局、市商务局、市海洋与渔业局、市文广新闻出版局、市卫生局、市人口计生委、市审计局、市旅游委、普陀山管委会、市食品药品监管局。

另有：市政府直属部门 8 个——市国土资源局、市统计局、市环保局、市粮食局、市安监局、市行政执法局、市外侨办、市法制办。

市政府直属事业单位 11 个——市咨询委、市港航局、市广电总台、市体育局、市民航局、市水务局、市档案局、市机关事务局、市供销社、市市场局、市公积金管理中心。

市政府派出、议事协调机构 11 个——市新城管委会、市审批办证中心、舟山经济开发区管委会、市口岸海防打私办、市人防办、市招投标办公室、市连岛工程指挥部、市政府驻京联络处、市政府驻沪联络处、市政府驻杭办、市政府驻甬办。

2. 海南省三沙市政府组成部门 11 个

社会发展局、财税局、海洋渔业局、国土环保与建设规划局、旅游局、人力资源和社会保障局、公安局、文化广电出版体育局、教育科技与卫生局、监察与审计局、人民武装部。

另有：垂直管理机构——中国海监海南省总队西南中沙支队、中华人民共和国西沙海事局、海南省公安边防总队西南中沙支队、海南省西南中沙渔政渔港监督管理站、海南省西南中沙群岛气象台、海南省西南中沙群岛邮电局、驻岛其他机构、海南省图书馆西沙分馆、海南省西沙人民医院、中国工商银行西南中沙群岛支行、中国科学院南海海洋研究所西沙海洋科学综合实验站、西沙永兴岛调频广播发射台、西沙海洋博物馆、西沙军史馆等。

（二）陆海有别，"小政府小社会"的主要共同点和不同点

1.共同点：与陆地地级市相比，群岛型地级市由于地理环境、面积、人口所带来的行政管理需求不同，各类机构大量减少，凸显了实用性，比如，都无须设立安全生产局、农药业局、住房保障和房产管理局、地震局、园林局、侨务局、水利、煤炭、住房保障和房产管理局、扶贫办、广播电影电视局、公积金管理中心等大量的常设机构和部门。

2.不同点：由于地理环境、面积、人口和主要任务的不同，后者在机构设置中，分别减少与合并了大量的正式机构与直属部门、直属事业单位、派出、议事协调机构等，其中少了计生委、文休局、食品药品管理局、社保局、公积金管理中心等大量的常设机构和部门。

（三）"阳光行政"与危机管理：三沙市拟建立和加强的部门

1.海洋局

海洋局可以与环保局合并成立，其职责主要是：协同编制南海石油、天然气等开发利用规划，确定的海洋功能区划、海域权属管理和有偿使用等制度，规划海岸工程，通报和维护海上航运和贸易，落实《国际船舶和港口设施安全法规则》。加强海洋环境保护，包括对生物资源、水产资源、水底文物资源、海洋科研成果保护等；防治海洋工程建设项目污染，船舶油气泄漏，做好海洋环境评价等。

2.发展招商局

推进南海经济的国际合作，根据有关制度规定，制定招商引资和合作开发规划；组织大型招商活动和重大招商项目的实施，协助进行招商工作；负责外来投资企业的协调服务工作；代表市委、市政府对外行使招商项目签约权；负责受理外来客商咨询和投诉；为外来客商办理各项证照、手续提供服务。

3.海监渔政局

渔政局属于农业部管辖，海监属于交通部管辖，三沙市可以合并成立。协助海域捕捞生产的护渔工作、保障巡航纵深化、日常化；行使水上安全监督和防止船舶污染、船舶及海上设施检验、航海保障管理和行政执法；对管辖海域（包括海岸带）实施巡航监视，查处侵犯海洋权益、违法使用海域、损害海洋环境与资源、破坏海上设施、扰乱海上秩序和非法捕捞行为，并根据委托或授权进行其他海上执法工作。渔业船舶检验、渔业船舶登记、渔业捕捞辅助船许

可证核发或初审、渔业捕捞许可证核发或初审、管辖区相无人岛屿的水域滩涂养殖证核发、水产种苗生产许可或初审。

4. 规划与城防局

两机构合并,其主要职责是:参与海洋区域规划编制;配合参与重大项目的选址和可行性论证;对建筑、勘测设计的管理和风景名胜区规划;负责未来无人岛屿的违法违规建设行为的查处;并对今后的城镇规划进行审查报批;以及发无人岛屿的《临时工程规划许可证》并监督其按时拆除及清场;负责建设工程验槽、竣工验收,核发《建设工程竣工规划验收合格证》。

5. 移民局

移民局主要是因为国内一些大型水利工程需要有大批居民迁移而设立的,主要负责移民迁移和安置,隶属于国家水利部移民局。考虑到为了进一步在南海突出"主权在我",增加民气,以及实际控制的人口数量规格化,至少今后可以实行名义上的移民。适时以志愿者建设兵团之类的组织,实行军民协同管理和开发。该移民机构也可以在规划与城防局中下设一个移民科或者改在在其他部门中设置。同时配合有关部门管理海外个人入境、打击贩卖人口和非法移民事宜。

此外,国资委、国家安全局、武装部部门也宜设立和加强。①

四、设立群岛型地级市:陆海统筹过程所昭示的大国转型成长

(一) 有效政治:提高政府自觉,有关舟山市与三沙市应该避免的问题

部门之间、上下层级之间相互争抢权力和利益。很长时间以来,从地方行政层级看,最尖锐的矛盾体现在地级市与县(市)之间,经济上争资源、争土地、争项目的竞争关系与行政上的上下级隶属关系屡屡发生冲突,行政成本高、效能低。

再就是因人设事、设岗,副手和助手一大堆,同时却又职能缺位。对机构

---

① 全国绝大多数地级市正式机构与附属单位平均40个左右,群岛型的舟山市与三沙市正式机构及附属单位最少,三沙市更少。

编制必须实行从严控制,不得随意增设新的机构或增加部门(单位)的行政编制,对机构编制实行冻结。由于一些工作涉及面广,带有突击性和阶段性,如临时设立如"领导小组""指挥部""委员会"等,也只能从有关部门抽调,及时撤销,切实贯彻大部制办法。根据2007年5月1日起施行的国务院《地方各级人民政府机构设置和编制管理条例》规定,地方各级人民政府行政机构应当使用行政编制,事业单位应当使用事业编制,不得混用、挤占、挪用或者自行设定其他类别的编制。严禁擅自设立、撤销、合并行政机构或者变更规格、名称,擅自改变行政机构职责,违反规定审批机构、编制等违法行为。新近设立市人民政府必须一体遵照执行。

(二) 有效政治:掌控系统性风险,有关对管辖区的系统性重视和投入问题

1.核心利益区位重点建设、重点保护。南海是中国核心利益之一,三沙市是管控其核心利益的海防前哨,直面应对各种传统威胁和非传统威胁。海上传统威胁是指海上领土、领海、海洋权益纠纷引发的国家间武装冲突、战争等传统威胁;现阶段海上非传统威胁,特指海上恐怖活动、有组织海上犯罪、海盗、走私、贩毒、非法移民、海洋污染、海上自然灾害等以海洋为活动空间的危害濒海国家、地区海上安全和海洋权益的行为。有边必有防,民兵预备役等海防机构和队伍建设要进一步加强,三沙市政府对于军事工程建设、军警行动以及在其空域设立"空中识别区""空中警示区"和"领空防卫区"等行为必须积极配合。

2.完善稳定而灵活的制度体系和维权行动体系①。1988年4月,全国人

---

① 同时,还需要在省委省政府的领导下,以三沙市为重点,在全海南岛促进建立新型的军政军民关系。这里所谓的"新型",对于地方来说,主要是指:1.执行国家计划,通过组织力量联系,并利用市场,统筹解决退伍军人安置、随军家属安置等问题,把转业退伍军人作为人才资源妥善安置,合理培训和使用。2.切实按照《军队抚恤优待条例》,逐步建立健全多层次、多形式的优抚保障制度,对革命烈士家属、因公牺牲军人家属、病故军人家属和革命伤残人员等各类抚恤标准做出定期调整;对在乡复员军人的定期定量补助;对义务兵家属优待金应该逐年增加;解决孤老烈属、孤老伤残军人和孤老复员军人的生活、住房、治病等。3.运用法律手段解决军、民房地产纠纷和军人权益受侵害等问题。总之,要发扬"军爱民、民拥军"的光荣传统,坚决克服和纠正某些部门和干部对这些问题嫌麻烦、累赘的思想,满腔热忱,耐心细致,定期检查,坚决落实,尽可能杜绝产生军人流血、流汗又流泪的现象的背后原因;军人生为国家,不计细利,奉命保卫国土不失,人民安居乐业。要从"拥军就是爱国家,爱民就是爱父母"的高度,认识军民关系的重要性,热诚地、长期地开展"拥民爱民"活动,共同书写"民富国强""岛富兵强"的新篇章。对海洋的系统性重视和投入的其背景,是海洋的系统性收益(包括潜在收益)和系统性风险。

大七届一次会议审议通过了《关于设立海南省的决定》,授权海南省管辖西、南、中沙群岛及其海域。2010年1月4日,国务院发布《国务院关于推进海南国际旅游岛建设发展的若干意见》,海南国际旅游岛建设正式启动,国务院的《意见》对海南国际旅游岛的定位之一,就是南海资源开发和服务基地,加大南海油气、旅游、渔业等资源的开发力度,加强海洋科研、科普和服务保障体系建设,使海南成为我国南海资源开发的物资供应、综合利用和产品运销基地。现阶段国家一系列关于海洋的规划与行动步骤,包括设立群岛型地级市,有效应对了新形势下海事管理、海洋资源利用开发、国际合作和主权维护的紧迫需要。现阶段,还必须坚持在海洋科学技术,海洋环境数据监测,岛屿基础设施,船运、捕捞,地区和国际合作,跨学科研究,公共政策制定和人力资源等方面增加投入。

(三)有效政治:明确国家诉求,有关群岛型地级市后续法律完善问题①

1. 有关省立法和执法机关的新职责

海南省人大和省政府法制办要结合三沙市的实际需要进行地方立法,制定相关的综合性和单项法规;配合国家有关法制机关,对海域和海岛的管理、海上执法管辖、执法合作机制等进行调研;同时,由于三沙市现阶段特殊的人口数量,以及陆海管辖形式,省检察院和公安厅和三沙市的检察、公安部门的联系将更加直接和密切,除了对三沙市的规范执法进行例行检查监督,对其安全秩序的建立进行协助,可能还会较多地办理政府交办的其他法律事务。

2. 有关国家法律的进一步规范

《中华人民共和国宪法》第30条有关行政区域划分的条款中没有地区及地级市的规定,地级市的产生使中国实际上成为省、地级市、县、乡四级体制,所以,地级市以及"市管县"体制的宪法依据不明确。而且,根据民政部1993年5月提出后,国务院批准的。其中,关于设立地级市的标准是:市区从事非

---

① 近一段时间,一些领导和学者讲话,一再提及三沙市成立后要制定一系列法律法规,这个提法是不正确的。根据《中华人民共和国立法法》和《中华人民共和国地方各级人民代表大会和地方各级人民政府组织法》,三沙市作为地级市并无地方立法资格。海南省人大和海南省法制局可分别起草、制定相应的地方性法规、规章,在经过一定审查、批准、颁布程序后在三沙市一体运用。

农产业的人口 25 万以上,其中市政府驻地具有非农业户口的从事非农产业的人口 20 万以上。工农业总产值 30 亿元以上(1990 年不变价),其中工业产值占 80% 以上;国内生产总值在 25 亿元以上;第三产业发达,产值超过第一产业,在国内生产总值中的比例达 35% 以上;地方本级预算内财政收入 2 亿元以上,已成为若干市县范围内中心城市的县级市,方可升格为地级市。三沙市的设立只见之于民政部在有关规定中关于设立县级市中的条款:"具有政治、军事、外交等特殊需要的地方。"所以,进一步在宪法或国家其他基本法律中载明地级市的规定,不仅更好地体现制度规范,而且还会带来后续成就,即:进一步规划增设其地级市管辖下的南海大量无人岛屿为区(县)级行政区,拓展中国在南海实际管控的实际幅面。

中国海洋安全支撑体系构建研究绪论[*]

一、研究起因：衰亡教训与现实需要

（一）帝国衰亡教训和革命导师的论述

2014 年是甲午战争 120 周年,鸦片战争、甲午战争、八国联军侵华,使中国一步紧一步地沦为灾难深重的半殖民地半封建社会。仅以甲午战争而言,中国失败的原因很多。舆论一般认为,主要是政治腐败,闭关自守政策,帝、后牵制,管理上条块分割,政出多门,藩篱重重,面对侵略者的各项图谋和准备缺乏预见,军无战心,等等。一些研究者上溯中国历史,认为这种失败也与长期王朝统治者奉行鸵鸟式的"和平",重一时功利而无战略,以及自掘陷阱的"天朝上国""夷夏之辨","量中华之物力,结与国之欢心"的左右两极偏执的渊源有关。① 而由此产生的消极避战(包括依赖外国调停等),消极防御等问题同样值得检讨。恩格斯站在历史和哲学的高度,曾经通过三封信件连续对这场战争做出了科学的分析和判断。第一封,1894 年 9 月下半月致劳拉·拉法格的信,他指出:"不管这次战争的直接后果如何,有一点是必不可免的:古老中国整个传统的经济体系将完全崩溃。在那里,同家庭工业结合在一起的过时的农业体系,是通过严格排斥一切对抗成分而人为地维持下来的。这种全盘

　　* 　本文为国家社会科学基金项目([14XCJ009])的阶段性成果。
　　① 　在辛丑条约谈判过程中,慈禧发下谕旨:"昨据奕劻等电呈各国和议十二条大纲,业已照允。仍电饬该全权大臣将详细节目悉心酌核,量中华之物力,结与国之欢心。"《辛丑条约》签订后,慈禧又以清光绪皇帝名义发布"罪己诏",对列强表示感激:"今兹议约,不侵我主权,不割我土地,念列邦之见谅,疾愚暴之无知,事后追思,惭愤交集。"

排外的状况,已由同英国人和法国人的战争而部分地打破了;这种状况将由目前这场同亚洲人、即中国人最邻近的敌手的战争来结束。……在陆地和海上打了败仗的中国人将被迫欧化,全部开放它的港口通商,建筑铁路和工厂,从而把那种可以养活这亿万人口的旧体系完全摧毁。"①第二封,1894 年 9 月 23 日致卡尔·考茨基的信,他指出:"中日战争意味着古老中国的终结,意味着它的整个经济基础全盘地但却是逐渐地革命化,意味着大工业和铁路等等的发展使农业和农村工业之间的旧有联系瓦解,因而中国苦力大批流入欧洲。对我们来说,这是加速崩溃并使冲突加剧到危机的地步。这又是历史的一个奇妙的讽刺:资本主义生产只有中国尚待征服了,最后它征服了中国,但它本身在自己祖国的存在却成为不可能了。"②第三封,1894 年 11 月 10 日致弗里德里希·阿道夫·左尔格的信,他指出:"在中国进行的战争给古老的中国以致命的打击。闭关自守已经不可能了,即使是为了军事防御的目的,也必须铺设铁路,使用蒸汽机和电力以及创办大工业。"③当然,远隔万里之外的恩格斯无法预料到,甲午战败之后十余年,东方清帝国崩溃,中国苦力也没有大量流向欧美,中国再次经过国内战争和中日战争之后走向社会主义,并且继续闭关锁国。直到 20 世纪 80 年代实行改革开放,才打开国门。在时序和社会变迁内容上与恩格斯预言稍有不同。惨痛的历史教训和革命导师的深刻分析,是引起本选题研究的重要诱因之一。

(二) 海洋强国之于"世界性强国"关系的观察启示

海洋强国(marine potestatem),有动、名词两种含义,动词的意思是不断提高海洋资源开发、利用能力,主动维护国家海洋权益,以海洋富国强国。名词是指相比其他国家,在开发海洋、利用海洋、保护海洋、管控海洋等方面拥有强大综合实力的国家。纵向上看,多数海洋强国不是人口和面积意义上的世界性强国,而是在历史"成为全世界的历史"之后出现的具有全球性影响的国家,如西班牙、葡萄牙、荷兰、法兰西、英国、日本(包括现在的印度)等。从横向上看,国家自主性应对海洋纠纷并有效捍卫主权,海洋利益和力量投放基本符合,海洋产业和贸易在 GDP 增长中占有重要比重,在国际经济政治中具有

---

① 《马克思恩格斯全集》第 39 卷,人民出版社 1974 年版,第 285—286 页。
② 《马克思恩格斯全集》第 39 卷,人民出版社 1974 年版,第 288 页。
③ 《马克思恩格斯全集》第 39 卷,人民出版社 1974 年版,第 297 页。

话语权这几个方面,是衡量是否属于海洋强国和世界性强国的重要标志。由此,人们一般认为,一个国家之所以能成为海洋强国,进而成其为具有全球性影响的国家,其重要因素是海上贸易立国、重视海洋经济、军事技术革新、海上军事力量和军事斗争准备、海洋战略和法制建设等等,这是正确的。但最关键的是,必须争取和利用历史机遇。中华民族是世界上最早开发利用海洋的民族,中国的造船技术和航海技术在历史上曾走在世界的前列。早在一千年前的宋代,中国已经在技术上达到"舟师识地理,夜则观星,昼则观日,阴晦观指南针",为近海航行提供了天文学知识和航海技术的程度,而大规模建造战船、组建水军、组织庞大舰队和大规模可组织水军,到了明朝初期,郑和七下西洋远航,通好亚非,不仅标志着中国的造船业和航海技术发展到历史的高峰,也表示达到世界航海与通商的最高水平。此后,虽然陆地政治经济一度强盛,终因封建政治封闭保守,陆海领土和权益相继丢失。继而,应当充分利用陆海复合型的地理地缘条件,陆海兼营。就面积、人口、综合实力等主要方面的世界性强国相比较,地缘条件最好的是美国,其陆权海权后天运用最充分,从现阶段看其次是俄罗斯,再次是中国。中国位于欧亚大陆和亚太地区的关键部分⋯⋯是一个陆海兼备的地缘大国,既可以借助陆权制衡海权,又可以借助海权制衡陆权。① 中国在 20 世纪 80 年代实行改革开放政策,重构内政外交关系,开始经济社会发展新时代。不久,冷战结束,在与美、欧洲等西方国家和全球进一步正常交往的同时,西部方向不仅不再有百万大军压境,反而在一定意义上成为相互有所借助的应对霸权主义和非传统威胁势力的"背靠背"的力量,以便集中精力进行内部体制革新,扩大沿海、沿边对外开放层次,增大对台湾回归吸引力,经营大洋,拓展国家和平发展的空间。现在,与 30 多年前比,国际关系格局和国际秩序发生了重大变化,但冷战结束和世界多极化发展的基础格局继续存在,海洋问题更加突出了。中国和世界的经济政治联系,也使亚洲海洋的全球意义更加突出了。

(三) 中国海洋安全的现实紧迫需求

21 世纪初中国国家安全战略的目标就是对全面建设小康社会提供安全保障,海洋安全的现实紧迫需求包括:一、历史海洋权益安全,即国家传统海洋

---

① 李义虎:《从海陆二分到陆海统筹》,《现代国际关系》2007 年第 2 期。

主权及利益开发不断受到周边国家强占和进一步侵扰;二、为《开罗宣言》《波茨坦公告》所确认的侵略国家应予归还中国的岛屿被私向授受而引起的系列侵略窃占。上述行为,公然破坏、违反联合国宪章有关规定,侵犯、伤害了中国领土主权及海洋利益,是对中国海疆权益的威胁和挑战。现在,海洋安全已经成为我国国家安全重点方向之一,[①]同时,转型期的中国,需要从国家责任、政府服务与治理的高度,综合思考、全面应对与此相呼应的各种安全问题,譬如:经济社会安全,各种矛盾引起的群体性事件,各种传统性犯罪,包括严重自然灾害和邪教影响问题;民族分裂势力活动猖獗;"台独"分裂势力威胁仍然存在;周边有关国家在领土主权等方面故意扩大纠纷,进行挑衅等问题。需要了解,主权安全、制度安全和经济、科技、文化等安全相联系;领土安全与资源、商贸、交通等利益相联系;传统安全和非传统安全相联系;海洋安全威胁上升与美国的直接介入和纵容相联系。应对和破解上述发展安全难题,直接影响到21世纪中国三大历史任务的完成:第一,到本世纪中叶国民生产总值再翻一番,达到中等发达国家水平;第二,维护祖国统一,解决台湾问题;第三,巩固共产党的执政地位,构建和谐社会。要完成这三项历史性任务,离不开对祖宗所留的蓝色国土资源的坚决守护。2001 年,联合国正式文件中首次提出了"21世纪是海洋世纪",人类社会正在以全新的姿态向海洋进军。与 20 世纪注重陆地自我循环的工业化方式不同,21 世纪内,海洋领域将成为国际社会更重要、更激烈、更频繁的竞争领域,包括高新技术引导下的经济竞争。发达国家的目光将从外太空转向海洋,海洋经济正在并将继续成为全球经济新的增长点,美、俄、韩、印(度)等大国都已制定或正在制定 21 世纪海洋战略和政策。需要警醒的是,中国的能源消耗已于 2010 年超过美国,成为全世界最大的能源消费国。根据国际能源机构预测,2020 年中国石油对外依存度将达到68%。开发海洋资源和依赖海洋空间的生产活动,以及相关服务性产业已经为我国现代化的可持续发展所越来越不可或缺,未来的海洋经济将越来越成为我国国民经济发展的重要支撑点之一。仅以海上商贸而言,全世界 16 条海上咽喉要道,亚洲占了 5 条。现在,周边国家在三大海洋与我国有争议,某些

---

① 国家海洋局海洋发展战略研究所:《中国海洋发展报告(2013)》,新华网,2013 年 5 月 8 日。

国家还热衷于结伙并与霸权国家互相呼应。所以,海洋安全,关系中华民族复兴和社会主义现代化发展成败。但是,"中国当前对海洋的总体开发和掌控能力与大国地位并不相称,在利用海洋资源为自身现代化发展服务方面也还有不少功课需要补,海洋强国建设势在必行。"①党的十八大报告提出"坚决维护海洋权益,建设海洋强国",将海洋安全提升至国家发展战略和安全战略层级。贯彻落实这一战略,是党和国家赋予我们的紧迫而又重大的历史使命。一部人类的航海史证明,海洋经略离不开个人、社会与国家的互动。海洋安全的现在和未来,与我们每一个公民息息相关,人人有责。

二、研究基础:资源和资料

(一) 中国传统文化中的安全理论

中国的文化典藏深沉广博,《周易》中就提倡"安而不忘危,存而不忘亡,治而不忘乱"。先秦诸子思想中的民为邦本、居安思危、亲仁善邻议论纷繁,此后儒家理论中的王道至上、内修文德、外治武备,不走极端,生于忧患死于安乐、强调先富国而后强兵,反对强国欺负弱国,大国攻击小国;得道多助失道寡助;道家的生命自然、和谐循环,"祸兮福之所倚,福兮祸之所伏。"②"安危相易,祸福相生,缓急相摩,聚散以成。"③墨家的"兼相爱,交相利""非攻"和积极防御,法家的信誉至上、法律治理、功用主义,耕战并重;纵横家的审察时势、"合纵"、"连横"、远交近攻的实践、主张等等,都是宝贵的中国传统安全思想源流。④ 还有,荀子云:"至道大形,隆礼至法则国有节。""法则,治之端也。""故义以分则合。合则一,一则多力,多力则强,强者胜物。"⑤这些,都已经涉及政治哲学和管理科学领域了。

中国的兵学包含国家生存与发展,安境保民、战略战术、经邦治国的丰富思想。稍加归纳,各有侧重,又相互联系。先秦兵书《司马法》明确指出:"天

---

① 《中国当前对海洋掌控力与大国地位不相称》,《人民日报》2014 年 8 月 27 日。
② 《老子·第五十八章》。
③ 《庄子·则阳》。
④ 《庄子·则阳》。
⑤ 《荀子·王制》。

下虽安,忘战必危。"《孙子兵法》中开宗明义就是:"兵者,国之大事,生死之地,存亡之道,不可不察也。"关于修明政治,重在民心:"道者,令民与上同意也,故可与之死,可与之生,而不畏危。"①关于仁德为本,主张慎战:"国虽大,好战必亡。"②"有扈氏之君,恃众好勇,以丧社稷。"③"素信者倡,穷兵者亡。"④关于战争的最高境界:"百战百胜,非善之善者也;不战而屈人之兵,善之善者也。故上兵伐谋,其次伐交,其次伐兵,其下攻城,攻城之法为不得已。"⑤关于明察远视,巧战善战:"知彼知己者,百战不殆;不知彼而知己,一胜一负;不知彼,不知己,每战必败。"⑥"用兵之法,全国为上,破国次之;全军为上,破军次之。"关于借势应敌,先发制人和后发制人:"故善战者,求之于势";⑦"于无争之争,以不战弭战,当未然而寝消之,是云先天。先为最,先天之用为最,能用先者,能运全经矣!"⑧关于止戈为武⑨:"以战去战,虽战可也。"⑩还有关于谋划全局,以求全胜——安全在我的思想观点,等等,更加值得我们钻研领悟。

近现代海防思想之争背后是帝国崩溃的苦难旅程。政治、文化的封闭造成的信息不对称,政权权力狂傲和民间普遍冷漠和碎片化,经济总量的居上和经济社会自强更新能力的断裂,导致了怪异的现象:第一,防范侵犯,保境安民的形势艰危,许多观念和手段则极其落后甚至于幼稚荒唐;第二,治世能臣囿于见识和种种牵制只能作为"裱糊匠"出现;第三,由于上述原因,某些具有功用价值的主张难以有效实施,以至于得时代风气之先的著述难以"在国内找到支撑其流传的社会群体",却在侵略者的国度受到重视和研究。⑪

时至今日,经济社会制度不同,我们要保护的是符合国际法和中国作为主

---

① 《孙子·始计》。
② 《司马法·仁本篇》。
③ 《吴子·图国》。
④ 《孙膑兵法·见威王》。
⑤ 《孙子·谋攻》。
⑥ 《孙子·谋攻》。
⑦ 《孙子·借势》。
⑧ 揭暄:《兵经百篇·先篇》。
⑨ 《北齐书·文苑传·樊逊》:"然后除其苛令,与其约法,振旅而还,止戈为武。"
⑩ 《司马法·仁本》。
⑪ 李存朴:《魏源的"海国图志"与日本的"海图国志"时代》,《安徽史学》2002年第2期。

权国家宪法的权益;同时,由于时代条件不同,我们保护的是全球化时代背景下作为发展中国家,以及虽然发展迅速,但仍然处于社会主义初级阶段的中国"综合安全"(comprehensive)。进而,与这种发展迅速相适应的陆海统筹战略及其实施,包含着保护发展需要与主动应对挑衅的社会动力整合。所以"国家安全观应该超越生存哲学,与发展哲学紧密相连"。①

(二) 海洋安全研究国内外现状

国外对海洋安全问题的研究,主要包含在对海洋问题的研究中,著名的相关理论观点如:(1)[美]阿尔费雷德·塞耶·马汉提出:谁控制了海洋,谁就统治了世界。主张拥有并且运用具有优势的海军和其他海上力量去控制海洋,以实现己方的战略目标;(2)[美]迈克尔·T.克莱尔提资源决定论,认为资源争夺是国际冲突的根本动因,资源分布决定国际冲突格局,资源安全至关重要;(3)[英]普雷斯科特则指出,应该从政治和法律的结合上,研究世界各国对领海、大陆架、公海等领域的国际海洋制度的不同主张及成因;(4)[加]巴里·布赞认为,国际海底制度发生、发展的政治进程,与海底经济价值联系在一起,与国家、国际组织的政治行动,以及对国际法律制度相互影响;(5)[英]朱利安·S.科比特对于海洋战略的选择、制海权作用以及海上战争等问题结合具体战例进行了分析。

国内方面对海洋安全问题的研究,近10年左右形成了诸多成果。一、其学科分类为政治学、法学、国际问题研究和管理学等学科。二、其主要主张分为:海洋国家的海洋战略分析与借鉴;海权理论与海权战略理论与实践;中国海洋安全形势与任务,法律斗争和外交调整等,包括:(1)海洋安全战略与海权作用(李金明、金永明、刘中民、鞠海龙、杨金森等);(2)海权发展和海权对策(张文木、叶自成、倪乐雄等);(3)海洋政治和大国兴衰(刘中民、王生荣、石家铸等);(4)大国崛起与国家安全战略(赵丕、李效东、张召忠等);(5)地缘政治与我国海洋安全(吴士存、季国兴、楼耀亮、夏立平、辛普森、朱利江等);(6)海权与陆权统筹(王生荣、唐世平、叶自成、李义虎等);(7)海权保护中外经验比较(杨生贤、张景全、赵远良等);(8)传统安全与非传统安全(王逸舟、刘中民、陈舟等);(9)传统安全条件下的新战略(张磊、曾令良、赵远良、孔志

---

① 张文木:《中国国家安全哲学》,《战略与管理》2001 年第 1 期。

国等);(10)海洋强国建设与海洋危机管控(高之国、胡波、谭柏平、宋云霞等);(11)海洋权益保护的法律对策(金永明、张磊、盛江生等);(12)国际法律斗争和法律合作(金灿荣、冯学智、赵青海、张桂红等);(13)海洋国际争端和国家战略比较(冯梁、李兴、张玉坤、左立平、赵青海等);(14)中外关系与边疆史(高洪、韩锋、李国强、于向东等);(15)中国近代海防思想与中国新时期海洋管理(刘中民、王琪、王刚、周学锋、左红娟等);(16)海洋维权中的法律与外交工作(祁怀高、王逸舟、沈鹏等);(17)海洋管辖与海洋执法改革(高智华、郁志荣、王秀伟等)。除此之外,以"海洋"并含"安全"为检索主题进行的检索,发现研究的相关问题还包括:(1)经济全球化与制海权;(2)东亚安全与国防安全;(3)海洋安全的国家战略比较;(4)两岸关系与海洋维权;(5)文明与国际政治;(6)地缘政治和国防战略;(7)外交调整与海洋软实力建设;(8)海洋安全管理与机构改革;(9)远洋航线安全能力建设;(10)海洋管理和行政执法;(11)海洋权益维护背景下的企业对策等内容。

上述研究,视野宽宏,深具理论与实践价值,为海洋安全支撑体系的研究提供了良好的学术基础。

(三) 中国国土管理的若干主要经验

马克思曾经指出:"土地(指地上地下资源)是一切生产和一切存在的源泉。"①马克思还引用威廉的观点说:"劳动是财富之父,土地(指一切自然资源)是财富之母。"②国土资源是一个国家及其居民赖以生存的物质基础,是由自然资源和社会经济资源组成的物质实体。在政治学和法学上,"国土"属于空间概念。中国的国土有陆地国土和海洋国土,包括中国大陆陆地领土及沿海岛屿、台湾及其包括钓鱼岛在内的附属各岛、澎湖列岛、东沙群岛、西沙群岛、中沙群岛、南少群岛以及其他一切属于中国的岛屿。在此范围(面积)内的以下资源,都属于中国的国土资源:土地资源、矿产资源、水资源、海洋资源、生物资源、大气环境。中国的国土资源行政管理包括:国土资源的调查中的地籍调查、土地登记、土地调查、土地统计、矿产资源勘查、国土资源的评价;国土资源规划与国策中的国土规划、土地利用规划管理、矿产资源规划管理、水资

---

① 《马克思恩格斯全集》第 12 卷,人民出版社 1962 年版,第 757 页。

② 《资本论》第 1 卷,人民出版社 2004 年版,第 57 页。

源规划管理、海洋资源规划管理、地质环境保护规划与其管理;国土资源管理基本国策中的国土资源具体政策;国土资源的开发、利用和保护中的土地资源、矿产资源、生物资源、水资源、气候资源等方面的合理开发与利用。国土管理,主要是指土地管理与可持续发展的管理与规划。

中国首先是一个陆地国土的大国,因农而兴,陆地土地管理有着数千年的历史和经验。中华人民共和国成立至今,在国土行政管理方面既吸纳了中外历史经验,又有诸多行之有效的创造,[①]主要是:

1. 国土资源行政主管部门及其公务员依据宪法、土地和矿产等资源法及其他有关法律、法规的规定,在国务院赋予的职能范围内,对土地资源、矿产资源、海洋资源等自然资源进行保护和开发利用活动中的社会公共事务进行的管理。

2. 设立有关管理机构,代表国家实行统一行政管理。即以国务院为例,国务院各部委,如交通部、农业部、水利部、建设部、铁道部、财政部、国家安全部、国土资源部、国家经济贸易委员会、国家发展计划委员会、对外贸易经济合作部。部委管理的国家局:如国家煤矿安全监察局、国家煤炭工业局、国家粮食局、国家建筑材料工业局、国家纺织工业局、国家粮食局、国家海洋局、国家石油和化学工业局、国家测绘局、国家文物局。国务院直属机构,如海关总署、国家林业局、国家工商行政管理局、国家税务总局、国家环境保护总局、国家旅游局、国家质量监督检验检疫总局。

3. 实行国土规划,包括区域规划。国土规划是为了开发、利用、管理和保护中国领土以内地上、地下、海洋或大陆架的自然、人力和经济资源而编制的最高一级的规划;是对国土重大建设活动的综合空间布局。它在地域空间内要协调好资源、经济、人口和环境四者之间的关系,做好产业结构调整和布局、城镇体系的规划和重大基础设施网的配置,把国土建设和资源的开发利用和环境的整治保护密切结合起来,达到人和自然的和谐共生,保障社会经济的可持续发展。国土规划是根据国家社会经济发展总的战略方向和目标以及规划

[①] 在行政区划方面的主要经验和规则,古代主要是采取"山川形便"和"犬牙交入"。近现代,又采用习俗相近,地域类同兼顾历史传统原则,前如清朝照顾历史传统、民族关系、地理环境等特点,划分西藏与川、青、滇、巴塘地区行政划界,将蒙古所管辖的地区划归内地,并收抚蒙古所役使的藏族,划界设官分治稳定西藏地区。后如新中国成立后设计成立各少数民族民族自治区。改革开放30余年,行政区划方面最大的手笔,就是邓小平同志提出并实施的特别行政区制度。

区的自然、社会、经济、科学技术条件,对国土的开发、利用、治理和保护进行全面的规划,是国民经济和社会发展计划体系的重要组成部分,是资源综合开发、建设总体布局、环境综合整治的指导性计划,是编制中、长期计划的重要依据。

区域规划是在一定地区范围内对整个国民经济建设进行总体的战略部署。区域规划的任务,简言之就是要建立合理的区域生产和生活体系,从整体与长远利益出发,统筹兼顾,因地制宜,正确配置生产力和居民点,全面安排好地区经济和社会发展长期计划中有关生产性和非生产性建设,使之布局合理、协调可持续发展,为居民提供最优的生产环境、生活环境和生态环境。

4.坚持惩治各种土地违法行为。土地违法行为是指自然人、法人和其他组织违反土地管理法律法规,依法应当追究法律责任的行为。土地违法行为一般分为土地行政违法行为、土地民事违法行为和土地刑事违法行为。矿产资源违法行为指自然人、法人和其他组织违反矿产资源法律法规,依法应当追究法律责任的行为。矿产资源违法行为一般分为矿产资源行政违法行为、矿产资源民事违法行为和矿产资源刑事违法行为。

中国海洋国土一直没有纳入家的经济区划版图。新中国一共做过三次大的经济区划,每次都没有把海洋国土纳入到经济区划中去。国务院 2010 年年底下发《全国主体功能区规划》提出,鉴于海洋国土空间在全国主体功能区建设中的特殊性,将另行颁布实施《全国海洋主体功能区规划》,至今没有进一步的消息。此外,《中华人民共和国宪法》第 30 条等也需要进一步完善,以利进一步完善对主权海域的权威管控。[①]

在经济全球化和地球村时代,国土行政管理必须与国土安全维护相结合。我国在这方面制度与实践还相对落后,迫切需要改进。同时,中国现阶段已经从农业国家向工业化国家转型,计划经济向市场经济转型,等等。很显然,这是从发展方向、发展模式和发展阶段的角度提出的,循此逻辑,还有两种转型需要我们重视,这就是:一、从陆地区域发展向陆海统筹发展转型,二、从发展速度向发展质量和发展安全转型。[②] 由此可见,根据陆地国土空间与海洋国

---

① 沈德理:《中国海洋安全保护》,《祖国》2013 年第 8 期。

② 沈德理:《中国现阶段设立群岛型地级市的实践意义及后续任务》,《新东方》2013 年第 2 期。

土空间的统一性,以及促进陆地国土空间与海洋国土空间协调的管理与开发,意义重大而深远。

三、研究的关联因素

(一) 目标价值:中国海洋安全的内涵

我国的海洋安全问题,关系中华民族伟大复兴和社会主义现代化发展成败,党的十八大报告提出"坚决维护海洋权益,建设海洋强国",将海洋安全提升至国家发展战略和安全战略层级。贯彻落实这一战略,是党和国家赋予我们的紧迫而又重大的历史使命。

中国现阶段的海洋安全是一种发展安全中的国土安全与国家综合权益安全,它首先是领土主权安全,其次是相应权益的海洋资源、海上交通、海洋环境、海洋信息等安全。我国实行改革开放后,经营周边并经大洋融通世界,经济快速增长,各种利益延伸全球,国家角色迅速转换,真正告别边缘地位走向国际事务的舞台中心,与此同时,我国的海洋主权及海洋资源被周边不少国家继续强占和蚕食,并且在某些大国的介入、纵容下愈演愈烈的现实形势。基于党和国家的发展安全战略,思考我国海洋安全的支撑体系构建问题,理所当然地包括海洋现存损害和危险防护,安全层级、国家权益实现等。

出生在德国的犹太人而后又取得美国国籍的著名政治学学者摩根索,提出政治现实主义的六大原则,认为权力界定利益,国际政治斗争就是围绕权力而进行的。[①] 中国的安全利益和安全要求基于和平与发展的国家战略方针,所以,作为国土安全的重要组成部分,[②]中国的海洋安全,在国际法意义上,一个国家的海洋安全,第一层次:海洋主权安全;第二层次:由此衍生出来的海洋权益表现及其防护,譬如资源利用和开发、环境维护、极地科考、安全危害反制等。在政治意义上,中国作为联合国常任理事国和陆海兼备的社会主义大国,第一层次:平等参与国际社会对海洋规则的制定和修订、有效参与有关国际公共海域的安全保护;第二层次:推进"海上丝绸之路"建设和实际运行,与世界

---

① [美]汉斯·摩根索:《国家间政治权力斗争与和平》,北京大学出版社 2006 年版,第　页。
② 黄强等把国土安全构建分为理念、政策、技术、装备及技术,并编著出《国土安全:理念·政策·技术·装备及系统》(东南大学出版社 2013 年版)一书。

分享发展利益的同时实现强国之梦。

(二) 基础信息：维护海洋安全的国家现实行为

"海洋安全"目标至少具有数个层次的水平面：体制机制的完善上与世界上海洋大国相接近,能力提升上与外部威胁相对应,决策和行动上与实际需要相符合。这个目标和固定值实现的背面,需要：第一,中国综合国力成长可持续;第二,中国力量和意志运用与外部环境的适度掌控;第三,国家在海洋安全方面的现实措施。因为这一目标(+质量)由于国际环境、条件的不断变化,就会出现随机情况：国外不可控行为;中国随机应对行为。

因而,党和国家在如此重大的问题上现实举措是文本研究的重要观察点,即：A 标志：党和国家战略安排和相关行动;B 内容：行政区划、体制改革、主权宣示、资源开发、国民教育等;C 启示：继续智力支持。

表1 2012 年以来涉海国家重要行动示例

序号	重要行动	具 体 内 容
1	设立涉海行政机构	时间：2012 年 6 月 21 日;单位：民政部;其网站 21 日发布：《民政部关于国务院批准设立地级三沙市的公告》
2	岛屿命名	时间：1983 年 4 月 24 日;单位：中国地名委员会受权经新华社公布南海诸岛部分标准地名。继之 4 月 25 日的《人民日报》刊载"中国地名委员会受权公布我国南海诸岛部分标准地名"287 个。同年 7 月,国务院、中央委批转此一《报告》
3	海洋天气预报	时间：2012 年 9 月 11 日;单位：根据中国政府公布的领海基线,中央气象台将钓鱼岛及周边海域的天气预报纳入国内城市预报,并在新闻联播《天气预报》节目播出,同日晚间,中国天气网发布钓鱼岛天气预报
4	向联合国提交有关有关领海基线	时间：2012 年 9 月 10 日;单位：央视;报道中华人民共和国政府 10 日就中华人民共和国钓鱼岛及其附属岛屿的领海基线发表声明。中国有关部门将对钓鱼岛及其附属岛屿开展常态化监视监测
5	向联合国提交有关国家海洋划界案	时间：2012 年 12 月 14 日;向联合国提交中国常驻联合国代表团 14 日代表中国政府向联合国秘书处提交了东海部分海域二百海里以外大陆架外部界限划界案。中方船只在相关海域实现常态化巡航,海监飞机飞入了钓鱼岛领空,渔政船只对在钓鱼岛海域作业的中国渔船进行护渔

序号	重要行动	具 体 内 容
6	军队改革	时间:2013 年;军队建设开启新一轮结构性改革,首次提出建设海洋强国战略目标
7	新版中国地图	时间:2013 年 1 月;内容:新编竖版《中华人民共和国全图》1 月底将与公众见面。这是国内首套全景展示中国陆海疆域的地图,首次将南海诸岛与大陆同比例展示
8	设立特别防空识别区	时间:2013 年 11 月 23 日;单位:中国国防部:发表声明宣布根据《中华人民共和国国防法》《中华人民共和国民用航空法》和《中华人民共和国飞行基本规则》划设东海防空识别区
9	海洋战略	时间:2011 年 3 月 16 日;内容:"十二五"规划中提出"坚持陆海统筹,制定和实施海洋发展战略,提高海洋开发、控制、综合管理能力"
10	海洋强国战略	时间:2012 年 11 月 19 日;内容:党的十八大报告首次明确提出"提高海洋资源开发能力,坚决维护国家海洋权益,建设海洋强国"的战略
11	机构设置	时间:2014 年 1 月 24 日;内容:中共中央政治局决定中央国家安全委员会(国安委)设置
12	设立烈士纪念日	时间:2014 年 4 月 1 日;内容:首都少年先锋岗活动在天安门广场人民英雄纪念碑前启动。十二届全国人大常委会第十次会议昨天经表决,通过关于设立烈士纪念日的决定,以法律形式将 9 月 30 日设立为烈士纪念日,并规定每年 9 月 30 日国家举行纪念烈士活动
13	在越南宣称拥有主权的南海水域部署钻井平台	时间:2014 年 6 月 19 日;单位:中国海事局网,连续发布 3 则通告,宣布在 6 月 13 日至 8 月 12 日期间,中国 3 处海上钻井平台将在南海相关水域进行钻井作业,要求各国航船远离各平台 1 海里以外通过
14	公布对华战犯的亲笔供词和审讯视频	时间:2014 年 7 月 3 日;内容:人民网报道,"我们决定在今年卢沟桥事变 77 周年之际,把被起诉判刑的 45 名战犯的亲笔供词以及当时的中文译文发布,目的在于牢记历史、以史为鉴,避免历史悲剧重演。"中新网 7 月 3 日电 国务院新闻办公室 7 月 3 日上午 10 时举行新闻发布会,表示,今天开始,以一天上网一个的形式公布被判刑的 45 名日本战犯笔供,而中央档案馆馆藏的日本战犯笔供有近 20 万页
15	南京大屠杀申遗	时间:2014 年 6 月 10 日;内容:为纪念侵华日军南京大屠杀 75 周年暨抗日战争 67 周年,南京市政府 13 日发布公函,决定成立南京大屠杀史档案申报联合国"世界记忆遗产"工作小组,5 组具有权威性、真实性和唯一性的"日军在宁屠城实录"将申报"世界记忆遗产"

（三）理论资料:学习与辨别

支撑体系观察的理论成果有国内外两个层面:

西方海洋国家工业文明比中国要早,与其海上发现、海洋贸易与殖民侵扰有密切联系,对制海权形成,以及海洋政治法律等研究相对成熟,著名的相关理论观点如:1.[美]阿尔费雷德·塞耶·马汉提出:谁控制了海洋,谁就统治了世界。主张拥有并且运用具有优势的海军和其他海上力量去控制海洋,以实现己方的战略目标;2.[美]迈克尔·T.克莱尔提资源决定论,认为资源争夺是国际冲突的根本动因,资源分布决定国际冲突格局,资源安全至关重要;3.[英]普雷斯科特则指出,应该从政治和法律的结合上,研究世界各国对领海、大陆架、公海等领域的国际海洋制度的不同主张及成因;4.[加]巴里·布赞认为,国际海底制度发生、发展的政治进程,与海底经济价值联系在一起,与国家、国际组织的政治行动,以及对国际法律制度相互影响;5.[英]朱利安·S.科比特对于海洋战略的选择、制海权作用以及海上战争等问题结合具体战例进行了分析。

表 2　2008—2013 年涉海重大问题研究的国内部分著作

年份	数量	研　究　内　容
2012	1	地缘政治与国防
2006	2	海洋战略;中国近代海防思想
2008	4	大国崛起与国家安全战略;国际法律秩序中不平等的主权;海域安全与海洋经济
2009	4	现代国际海洋法;世界海洋政治与中国海洋发展战略;海权对大国兴衰的历史影响;海洋安全和海域管辖
2010	2	文明的转型与中国海权;中国软实力
2011	11	海权、竞争产权与屯海策;外交保护国际法律制度研究;联合国海洋法和海洋公约;外交保护国际法律制度;非传统安全与中国外交新战;台湾地区海洋问题;美国海洋问题;国际海洋法问题
2012	12	中国海权战略参照体系;非传统安全研究;亚太主要国家海洋安全战略;新时期中国海洋管理研究
2013	12	中国海洋权益争端的国际法分析;可持续海洋安全:问题与应对;俄美欧博弈与中国战略研究;变革中的海洋管理;中国国家安全与地缘政治;海上安全环境与海洋权益维护;可持续海洋安全问题应对

比较国内外关于海洋问题的研究,有两个明显的特点:第一,同样是海洋、海权研究,100 年前的马汉,所追求的是武力打破列强原有平衡,重新划分势力范围,实现海权扩张。而后美、日等部分国外学者的研究,包含着削弱我国海洋主权及管辖权的企图。今天中国大陆学者所追求的,则是主动应对来自海上的复杂纠纷与威胁,实现经济社会可持续发展,着眼点在于维护国家主权安全、领土完整和对全人类的贡献。第二个特点,作为传统农业大国,与发达海洋国家不同,中国现阶段海洋安全是经济社会转型期安全的一部分,当然成为社会各界(包括智库)和亿万民众的利益关注点之一和理想追求之一,其研究不仅是一种自由自觉的学术活动,还带有一定的国家行为性质,即国家主权意识之下的国民精神培养。"安国家之道,先戒为宝"①。"谋无主则困,事无霸则废。"②比如国家社科基金资助的重大课题研究。

表3　2010—2014 年海洋问题研究国家社科基金重大项目

年份	负责人	项 目 名 称	所在单位
2010	干春晖	钓鱼岛问题与中日争端对策研究	上海财经大学
	谢必震	南海地区国家核心利益的维护策略研究	福建师范大学
2011	何德全	网络空间的国家安全战略研究国家信息中心	国家信息中心
	阎学通	我国公共外交研究:战略与策略	清华大学
	徐蓝	20 世纪国际格局的演变与大国关系互动研究	首都师范大学
2012	夏飞	未来十年中国—东盟经贸格局演变与我国南海安全战略构建研究	广西财经学院
	吴心伯	美国的亚太布局与我的亚太方略研究	复旦大学
	冯梁	海上通道安全与国家利益拓展研究	海军指挥学院
	余潇枫	中国非传统安全威胁识别、评估与应对研究	浙江大学
	王卫星	两岸和平发展与军事安全互信机制研究	军事科学院世界军事研究部

① 《吴子·料敌》,载徐勇注释:《尉缭子·吴子》,中州古籍出版社 2010 年版。
② 《管子·霸言》,载徐明天注释:《管子》,浙江大学出版社 2011 年版。

年份	负责人	项 目 名 称	所在单位
2013	徐坚	未来 10 年我国发展战略机遇期的新变化研究	中国国际问题研究所
	张幼文	贸易大国转型发展的目标升级与战略创新研究	上海社会科学院
	韩召颖	中国构建新型大国关系的实践探索研究	南开大学
	韩召颖	东北亚地缘政治环境新变化与我国的综合方略研究	上海社会科学院
	高之国	维护海洋权益与建设海洋强国战略研究	国家海洋局
	刘国深	丰富"一国两制"实践和推进祖国统一研究	厦门大学
	曹小衡	海峡两岸经济一体化研究	南开大学
	刘亚洲	加快推进军队建设战略性转型研究	国防大学
	张先清	闽台海洋民俗文化遗产资源调查与研究	厦门大学
	张宝生	非常规油气开发利用对国家能源安全和社会经济的影响	中国石油大学
	李振福、张宝生	中国北极航线战略与海洋强国建设研究	大连海事大学
2014	吴福象	支撑未来中国经济增长的新战略区域研究	南京大学
	韩立民	我国海洋事业发展中的"蓝色粮仓"战略研究	中国海洋大学
	吴士存	21 世纪海上丝绸之路建设与南海战略研究	南京大学
	韦红	总体国家安全观下的中国东南周边地区安全机制构建研究	华中师范大学
	王日根	清代海疆政策与开发研究	厦门大学
	李振福	中国此极航线战略与海洋强国建设	大连海事大学
	庄礼伟	构建 21 世纪"海上丝绸之路"的社会与文言化基础研究	暨南大学
	栾维新	建设海洋强国背景下我国陆海战略统筹研究	大连海事大学
	鞠海龙	中国南海问题主张的国际传播战略与国际话语权体系研究	暨南大学
	黄瑶	南海断续线的法理与历史依据研究	中山大学

（四）海洋安全追求:预设框架

海洋经济社会关系、生产力和生产关系,以及国家和地区间冲突形式与陆地国土的不同,带来资源利用、行政管理、安全防护等方面的特殊性。所以,中国海洋安全支撑体系的构建,是指继续构建完善,即需要变革的措施,由此形成下述表述内容。

1.海洋安全支撑体系的基本框架:学理逻辑

海洋安全支撑体系,是指基于国家海洋安全需要,按照相应的规制安排与操作范式等内生联系而组成的系统及子系统。(1)海洋安全软体系(即柔性制度体系),主要包括:A.社会主义现代化发展的战略体系:国家和平发展战略;国家安全战略;海洋强国战略等;B.国家海洋政策体系:陆海统筹的目标与规划;海洋利用、开发、保护的公共政策;C.海洋法律、法规、规章框架完善,参与国际海洋法体系建设;D.各界人士和社会团体,华人华侨,以及智库开发;E.国家形象建设与国际组织的常规沟通。(2)海洋安全硬体系(即硬性责任体系),主要包括:A.国家涉海权威机构设置;B.海洋管理的行政建置改革;C.维护海洋安全的力量协调与建设。(3)海洋安全的重点关系(即重点运筹关系),主要包括:A.国家治理:中央与地方;大陆与台湾关系;B.国际斗争与合作:中国与周边地区国家;中国与相邻大国;中国与西方大国关系。

2.海洋安全软体系构建:制度完善

(1)国家发展战略等战略体系的系统构成与运用。(2)完善国家海洋安全政策体系的主要任务:A.完善海洋元政策;B.完善海洋基本政策;C.完善海洋具体政策。(3)完善海洋法律法规体系的主要任务:A.适时修改作为根本大法的宪法,或对宪法做出补充条款或宪法性解释;完善国家关于海洋方面的基本法律;B.编纂完善现有关于海洋资源、海洋资源开发、海洋资源行政管理等方面的法律;C.协助和督促、检查国务院及地方海洋资源法规、行政规章制定情况,修漏补缺;D.完善海洋行政立法、行政执法、行政司法;E.继续严格遵守我国参与签署的国际条约和综合多边双边协定;F.积极参与海洋法体系建设,即国际海洋法的制定和修订等。(4)海洋管理行政建置改革:A.陆海统筹的宪法完善;B.岛屿行政区划标准及行政区划。

3.海洋安全硬体系构建:责任运作

(1)人大和政府层面:A.目标:实践社会主义现代化发展和发展安全的国

家意志;B. 立法规范指引:制度改革,机构整合(职能调整),涉海行政建制; C. 行政执行:海洋事务综合管理,包括执法检查、危机管控。(2)政府、司法与军队层面:A. 国家形象宣传;B. 海洋主权宣示;C. 资源有序开发;D. 司法裁判;E. 军事斗争准备与军事斗争艺术。(3)民众和社会各界的责任担当:A. 政协和社会团体义务;B. 民众和企事业单位义务。

4. 海洋安全内外关系构建:要素适应

(1)国内:A. 转型期的权力统属及利益分配的中央与地方关系;B. "维护海洋权益,建设海洋强国"过程中的大陆与台湾关系;C. 实现国家海洋安全过程中的资源开发与军事斗争准备的关系;D. 党和政府"掌握大局"与民众智慧的有效汲取的关系。(2)国外:A. 和平发展与世界大国力量变化过程中的中美关系;B. 维护海洋主权与国家发展安全过程中的中日关系;C. 东亚多极化格局过程中的中国与东盟关系;新的国际格局中坚持和平共处五项原则的中印、中韩关系等。

这一框架企图对下述问题进行解释和解答,即:A. 海洋国土意识是现代化意识和国家主权安全意识的一部分,中国国民的海洋国土意识成长是中国国家经济全球化和政治成长相伴随。B. 我国目前海洋主权安全威胁与强国富民追求之间的冲突越来越突出,亟须构建完善的海洋安全支撑体系,达到在综合国力不断提升的同时,实现其力量的有效配置和灵活运用;C. 海洋安全软体系与硬体系是一种相辅相成、不可或缺的关系,其构建是一种系统化、规范化的工程和过程,而海洋安全的重点关系处理则为海洋安全实践与复杂环境的能动博弈;D. 海洋安全支撑体系构建,前提是正视相关体制机制滞后的现状,抓好有关涉海法规的废、发、立,尤其是海洋行政管理等短板改革; E. 陆海复合型大国的中国安全保障设计,包括继续丝绸之路和拓展海上丝绸之路,坚定维护和平而有不测准备;F. 海洋安全是我国目前国家安全的重点方向之一,同时,它作为国防安全的一部分,属于一种动态安全,离不开与地缘政治及现实国际政治相适应的有效操作规则和艺术;G. 民生取向增强制度更新能力,民众智慧强化国家自主性,拓宽海洋维权方式。

(五) 价值指引:海洋安全支撑体系构建研究范式

中国海洋安全支撑体系构建研究,在实证调查的基础上进行,因应当前"维护海洋权益,建设海洋强国"的紧迫需要,直接针对体制薄弱环节和机制缺失,将理论建构与策论并重,注意现实验证。争取达到中心命题、框架与其研究价值、目标的统一,以及逻辑的周延。

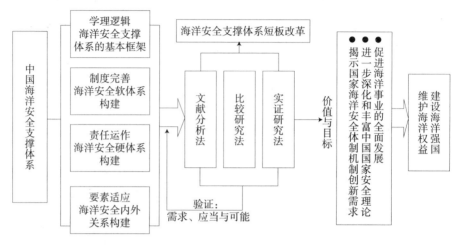

图 1

罗素认为:"了解一个时代或一个民族,我们必须了解它的哲学……人们生活的环境在决定他们的哲学上起着很大的作用,然后反过来他们的哲学又在决定他们在环境上起着很大的作用。"①"在全球舞台上,中国已经成年。"②从追求和平发展和多极世界的意义上说,30 多年前中国的改革开放从沿海、沿江、沿边启动,时至今日又正式提出重建"陆上丝绸之路"和"海上丝绸"之路,进而倡导"一带一路"(One Belt and One Road),这是一种跨世纪的更具文明交汇与福利辐射价值的亚洲再平衡和世界再平衡过程。弄清楚中国海洋安全支撑体系构建的关联因素,引起中国海洋安全问题的原因、发展趋势,对其相互关系、综合改革、操作责任等,有助于命题的解决,也希望有益于党和国家对发展大局的掌控,增强海洋事业可持续发展的恒常性与实效性。

---

① [英]罗素:《西方哲学史》(上册),商务印书馆 1991 年版,第 12 页。
② [美]埃里克·安德森:《中国预言:2020 年以后的中央王国》,新华出版社 2011 年版,第 4 页。

中国海洋主权维权策略运用及特点[*]

——若干建设性机动式维权案例述评

中国海洋主权维权在策略上,现阶段主要表现为对岛屿归属、海洋资源开发和海洋划界争端等方面采取坚决而灵活的斗争形式。国际形势和地缘政治的变化、国内陆海统筹发展战略和海洋强国战略的确立,要求中国海洋主权维权策略与之适应,即从守成宣言式维权、应急反击式维权转向建设性机动式维权。这里所指建设性机动式维权至少包括三层含义,第一,国家基于宪法义务,为维护其主权安全和领土、领海完整而自主进行的包括国家战略调整和相关体制机制的调整和改革;第二,遵守国际法准则和国际关系规范,主动推进国际合作,积极提出化解纠纷的主张和主动参与有关条约的制定及签约,不扩大、不激化矛盾;第三,以维护国家利益为最高原则,争取做到战略清晰,策略对应适宜,行为精准有效。

一、若干建设性机动式维权的典型案例

(一)坚持和平与合作,促成约束机制——《南海各方行为宣言》签署

《南海各方行为宣言》是中国与东盟各国外长及外长代表 2002 年 11 月 4 日在金边签署的政治文件,是中国和东盟国家就南海问题签署的首个政治文件,对维护中国的主权权益,保持南海地区的和平与稳定,增进中国与东盟之

---

* 本文为国家社会科学基金目"中国海洋安全支撑体系构建研究"(14XGJ009)的阶段性成果;合作者:张秀伟;《新东方》2016 年第 3 期。

间的互信,有着重要意义。① 中国国务院总理朱镕基和东盟各国领导人出席了签字仪式。《宣言》确认了中国与东盟致力于加强睦邻互信伙伴关系,共同维护南海地区的和平与稳定的具体方针。宣言强调通过友好协商和谈判,以和平方式解决南海有关争议。

《南海各方行为宣言》最后的形成和签署是在中国的力主提倡和推动下完成的。该宣言的基本精神是和平、合作与自我约束,不愿因为存在分歧发生冲突,影响国家间友好关系的发展和本地区的和平与稳定。《宣言》条款也体现了中国提出"搁置争议,共同开发"的主张,愿意在条件成熟的时候同有关国家谈判寻求解决的途径,同意在条件不成熟时可以暂时搁置,不影响国家关系正常关系发展。

(二) 利用契机打破进一步侵占——黄岩岛事件处理

2012 年 4 月 10 日,12 艘中国渔船在中国黄岩岛潟湖内正常作业时,被一艘菲律宾军舰干扰,菲军舰一度企图抓扣被其堵在潟湖内的中国渔民,遭到赶来的中国两艘海监船的阻止。随后,中国渔政 310 船赶往事发地黄岩岛海域维权,菲方亦派多艘舰船增援,双方持续对峙。中方为表达善意,将两艘渔政船于 22 日下午撤离黄岩岛附近海域,并表示愿通过友好外交磋商解决黄岩岛事件②。

黄岩岛事件本来由菲律宾挑衅而起,中国政府利用这一契机化被动为主动,行为简单、得当,应对收放自如,有理、有利、有节,只是派出海监船和渔政船,却一举打破菲方的进一步侵占。既坚定捍卫了国家主权、维护了国家尊严,又彰显了大国视野和风范。

(三) 借力打力——钓鱼岛巡航与设立防空识别区

2013 年 11 月 23 日,中国宣布划设东海防空识别区,其中包括钓鱼岛,对在此区域不配合或不服从命令的航空器,中国武装力量将采取防御性处置措施。中国划设东海防空识别区,目的是捍卫国家主权和领土领空安全,维护空中飞行秩序,这是中国借力打力,按照有关国际法惯例和国内法,有效行使自卫权的必要措施,不针对任何特定国家和目标,不影响有关空域的飞越自由。③

---

① 环球网,2015 年 10 月 21 日,http://china.huanqiu.com/hot/2015-10/7810620.html。

② 《中菲黄岩岛对峙事件细节回顾》,《军事瞭望》第 41 期,http://news.qq.com/zt2012/duizhixijie/。

③ 《中国或设南海防控识别区,美司令担忧再现"撞机"事件》,前瞻网,2014 年 5 月 6 日,http://mil.qianzhan.com/detail/140506-cbbfe610.html。

近年来,日本在钓鱼岛主权问题上不但步步紧逼中国、拒绝谈判,而且搞钓鱼岛"国有化",解禁自卫队,强化美日军事同盟。一方面,日本宣传自身"受威胁";另一方面不断加强和升级自卫队建设,海上自卫队 P-3C 反潜巡逻机定期跨过东海中间线,在我东海油气田上空盘旋监视。日本单方面划定的防空识别区,距其海岸线远达 100—600 公里。最远处,距浙江省海岸仅 130 公里,不但覆盖了钓鱼岛,还跨越日本自己主张的东海"中间线",将春晓等中国油气田全部涵盖其中。在这种情况下,中国采取"以其人之道,还治其人之身"的做法,用划设东海防空识别区和海警船常态化巡航等办法,粉碎了日本在钓鱼岛的单独存在为"交叉存在"。

(四)强化行政管理,推进海洋权益综合存在——成立群岛型地级市

近年来,菲律宾和越南不断做一些所谓"固化主权"的小动作,试图挑战中国政府在南海诸岛无可争辩的主权。南海面临着资源日益被他国侵蚀、各种争议激烈难见消解的现实。为宣示主权、维护领土、领海完整、促进资源开发,创造中国经济新的增长点,终于在 2012 年 6 月 21 日,经国务院批准设立三沙地级市①。

群岛型地级市三沙市的设立,显示了中国维护南海主权的坚定态度和坚强决心,表达了中国管理南海岛屿及相关海域的决心,标志着我国对南海及其附属岛屿、岛礁及有关领海在法理上的控制,有了更为有利的根本依据。

(五)提供国际公共产品服务与增强角力基础——永暑礁、美济礁等六岛礁充填

近年来中国对南沙部分岛礁进行了充填扩建、设施维护和相关建设,其目的首先是更好地履行中方在海上搜寻与救助、防灾减灾、海洋科研、气象观测预报、环境保护、航行安全、渔业生产服务等方面的国际责任,为中国、周边国家以及航行于南海的各国船只提供公共产品和服务;其次是为了完善岛礁的相关功能,改善驻守人员的工作和生活条件,以及必要的军事防护准备。

进入 2015 年前后,围绕着南海岛礁建设,中美之间的博弈再次成为国际舆论的焦点,美国更加急不可耐,不断指责中国并且挑衅不断。于是,中国对

---

① 《中国设三沙地级市管辖南海三群岛,市府驻永兴岛》,搜狐新闻,2012 年 6 月 22 日,http://news.sohu.com/20120622/n346271805.shtml。

于主权岛礁的充填更凸显出增强自身角力基础,更好地维护国家领土主权和海洋权益的实际意义①。

（六）"兄弟阋于墙,而共御外侮"——两岸海洋资源合作开发的基础及开拓

"兄弟同心,其利断金",两岸海洋合作,意义重大。1995 年 4 月,海峡两岸的石油公司就达成共识,决定在台湾海峡中线的珠江口台南盆地与潮汕凹陷区域联合勘探;1996 年 7 月 11 日,双方签署第一阶段联合勘探协定合约;2001 年 5 月,双方决定通过在第三地成立公司的方式合作勘探"台南盆地及潮汕凹陷区"油气。随后,台湾"陆委会"正式同意中油公司与大陆中海油公司在维尔京群岛合资成立合资公司,在台湾海峡合作勘探油田。2002 年 5 月 16 日,台湾中油公司与大陆中海油总公司在台北中油公司大楼正式签署《台南盆地与潮汕凹陷部分海域探勘协定》,双方在英属维京群岛成立"台南—潮汕石油作业公司",在台湾海峡中线合作探油,揭开了海峡两岸能源合作的序幕。随后,中油公司继续与大陆中海油公司合作,计划在台湾海峡北部中线两侧、福建沿海地带的南日岛盆勘探石油,并拟定"南日岛盆地联合研究草案",2002 年 8 月双方签署"南日岛盆地探勘油田协议",并依"台潮石油合约"模式进行。2008 年 6 月,在北京举行的海协会与海基会恢复协商谈判后的新闻公报中,首次正式公开表示双方达成共同勘探海上油气田的共识。同时,海峡两岸民间对于两岸在南海合作议题上的讨论与建议也日趋增多,比如,2010年北京"两会"期间,罗援少将就表示同为炎黄子孙的两岸同胞,有责任携手维护中国疆域,两岸可以共同协防南海入手,一旦有事,在太平岛台军可以为大陆方面后勤补给提供便利。②

不久前举行的习、马会见将对两岸关系注入新的能量,海峡两岸迟早会进一步采取实际措施,共同开发南海石油与海洋资源,争取更多的经济利益。可以展望,台海两岸和全球华人华侨反"台独"分裂、护祖宗权益的力量是不可阻挡的。

---

① 《外媒:中美南海角力,中国坚定维护领土主权》,参考消息网,2015 年 10 月 29 日,http://www.360doc.com/content/15/1029/11/363711_509170258.shtml。

② 《罗援少将:两岸军人应共卫南海》,新快网,2010 年 3 月 8 日,http://news.xkb.com.cn/zhongguo/2010/0308/47321.html。

（七）错误利用与危机管控——美国军舰非法进入南沙群岛有关岛礁邻近海域

2015 年 10 月至 11 月中旬,美国军舰未经中国政府允许,数次非法进入中国南沙群岛有关岛礁邻近海域。我海军舰艇和航空兵依法对美舰进行了必要的、合法的、专业的跟踪、监视和警告。美方军舰有关行为威胁中国主权和安全利益,危及岛礁人员及设施安全,损害地区和平稳定。中国海军导弹驱逐舰和巡逻舰已经依法对非法进入中国南沙群岛有关岛礁近岸水域的"拉森"号导弹驱逐舰予以了警告,外交部进行了抗议和交涉①。

中国政府和军队、外交的应对行为,其实是一种对美蛮横做法错误的利用与危机管控的有效努力。美舰的非法进入在一定意义上,其实是对中国的南海主权的承认,给中国海军履行职责使命,公开防卫并进行危机管控,检验海洋大国成长能力的又一契机。

二、建设性机动式维权策略运用的背景及意义

（一）背景 A

其一,中国的改革开放和现代化建设全面展开之际,恰逢冷战即将结束,第三次科技革命及信息化大潮兴起的和平发展时代起始的战略机遇期,中国大规模吸收世界上的资金、技术和管理经验,随之参与全球生产、流通分工体系,反向世界投资,开展经贸、交通、文化等各项合作,使综合国力迅速上升,也对全世界经济的稳定增发挥出积极牵引作用。其二,中国建成全面小康社会,经济发展需要转型升级及拓展境外战略空间,一方面中国需要推进建设创新型国家,通过科技创新全面带动产业升级换代,改善环境和保障资源能源供应,提高对外出口贸易中的科技含量而降低资源含量,对外进行全球合作及全面合作的战略空间。其三,经过 37 年的改革开放,中国呈现出一派蓬勃向上、不可阻挡之势,但在外部纠纷压力不减的情况之下,内忧沉重,如贫富悬殊加剧、自然环境负担加重、经济发展后劲增加变数,"三独"势力衰而未退。其

---

① 《外交部发言人陆慷就美国拉森号军舰进入中国南沙群岛有关岛礁附件海域答记者问》,新华网,2015 年 10 月 27 日,http://www.infzm.com/content/112543。

四,外部压力。如经济上汇率和贸易摩擦、全球贸易保护主义、经济萎缩牵制,东北亚争执依旧,美日军事同盟的加强增添了日本在东海钓鱼岛主权争端的底气,南海主权争议方的越、菲等国在经济上靠近中国,军事上则拉美国入伙,周边地缘政治格局发生复杂变化。其五,国际上近些年各种经济、军事评估,无一不公认中国军备、军力的大幅提升。但站在中国的视角,却发现全球名列前茅的军事强国一半以上环列在中国周边,并且多是拥有核武器或具有研发核武器的国家。其六,美对中国处于战略焦虑期。面对中国的崛起,第一,美国不清楚、不敢轻易相信中国崛起以后在处理世界性事务时的动向,第二,随着对方的经济、军力的持续强大,美国担心会被挤出亚洲势力范围,甚至与其争夺世界老大地位,自己既有各种强权利益和规则制定权丢失,所以陷入深深的战略焦虑。显然,这种焦虑,反过来会影响美国对有关问题的客观、公正判断,以及相互关系的健康发展。其七,在上述形势约束下,中国需要促成一个相对稳定的南亚、东北亚,由陆向海,陆海统筹,东海牵制日本,南海增强主权存在、形势基本良性的大格局,在此基础上推进"一带一路",合作共赢,经略全球。

(二) 背景 B

其一,中国改革开放确立了以经济建设为中心的社会主义现代化发展战略,战略之变需要新的相应策略辅助实施。中国发展战略分为总体发展战略与基本发展战略,中国总体发展战略是建设富强、民主、文明和谐的社会主义现代化国家,并对全人类作出较大的贡献;基本发展战略包括和平发展战略、改革开放与跨世纪发展战略、可持续发展战略、依宪治国战略、科教兴国战略、陆海统筹发展战略、海洋强国战略、"一带一路"战略、发展质量与发展安全战略等。战略和策略的基本关系是:战略制约策略,策略服务于战略,战略内含目标、原则、规划,属于重大问题、重大事项的带有制度性权威的决策;而策略则是指机制、措施、方式,根据形势发展变化而制定、完善或改变,具有智慧与技巧,讲求步骤和实效。

其二,中国总体发展战略为和平发展策略,加之冷战结束和第三次科技革命及信息化大潮兴起的和平发展时代起始的战略机遇期,以及东海、南海特殊的地缘政治环境,不可轻言武力解决。于是,这时的策略的运用,就是灵活"权变",间接或直接产生出对手一方的某种约束力效果。首先,从国家权益需要和国际关系准则的意义上说,就是根据联合国宪章所赋予的国家主权原则,明确宣示与采取相应的例如声明主张及有关措施维护国家主权权利和发展利益的行为。在中国改革开放之前,中国在面对南海、东海等海洋主权争议,岛礁被蚕食、侵占的情况下,采取的是习惯性的维权声明,分为以法权研究资料为依据,进行国家外交声明;以法权研究资料为依据,进行国家领导人声明;协商谈判,十分必要时予以小规模、低烈度的军事反击。其次,从政治军事谋略的角度,主要是指讲究"用正守拙"、智慧博弈,自主应变,借机待时,如孙子兵法中的"知己知彼""悬权而动""料敌制胜""合利而动""慎战谋攻",也即"昔之善战者,先为不可胜,以待敌之可胜"的主张。

(三) 中国海洋主权维权策略转向体现的有效政治与大国成长

根据林尚立分析中国改革开放30多年的经济社会发展,认为建构政治有效性当中权威、秩序和活力的重要性,政治有效性在国家发展具有中轴原理作用,这种政治中轴原理作用的后续效应就是"有效政治与大国成长"。本文借用这一概念,表示中国改革开放后提出所有的海洋战略都是基于维护海洋主权和海洋利益,围绕和服务于实现中国特色社会主义复兴远景,由此带来国家对内经济、政治、科技、文化等全面调整,对外关系的深刻变化。这是一种政治文明建设过程中作为世界性大国的中国形象的显现,其标志,第一,构建无敌国外交关系,和平、合作,普惠亚洲和世界;第二,塑造完备的履行维护国家主权义务和相互依存的国际责任能力,形成团结一心,"寇能往,我亦可往"的全民族意志和国家精神。

建设性机动式维权策略运用的目标是破解中国海洋维权中的困局,主要特点就是"被动后发,统筹规划,守拙待时,顺势而争"。

建设性机动式维权既是对守成宣言式维权、应急反击式维权的调整转向,也是对守成宣言式维权、应急反击式维权的丰富。坚持和平与合作,促成约束机制;利用契机打破进一步侵占;借力打力;强化行政管理,扩充海洋权益的综合存在;提供国际公共产品服务与增强角力基础;"兄弟阋于墙,而共御外侮";错误利用与危机管控等策略的成功运用,其体现的理论和实践价值还在于:

其一,国家自主性运用。国家自主性是指为了实现对公共利益的追求和维护,国家必须有自己的偏好和行动,具体体现为国家通过自身的能力和行为对不同利益群体的超越,以提供更好和更多的公共产品,即具有国家的自主性。国家自主性的基础是国家政权、面积、资源及人口、政府管治能力,国家自主性的前提则是把握上层建筑、国家与社会关系,同时认识周边关系、认识世界,客观看待世界力量变化趋势,正确定位自己在国际体系中的位置。

国家自主性达成,需要进行国家能力建设和国家意志培养、制定科学发展战略及灵活适用策略等。国家能力①建设是指国家采取行动并达到行动目标的能力。这种能力建设是国家自主性的体现和行为基础。与此相适应,以现阶段中国海洋主权维权事例为例,国家自主性达成包含着国家有效应对、社会支持、自我约束和责任伦理。

其二,国家创新系统培育。这里所指国家创新系统,是指以完善国家创新系统为目标,增强国家自主创新能力,积极制定创新型战略规划,学习和运用新的政策工具、加速研制赶超型科技成果,通过制度创新、科技创新、文化创新以及其他各方面的创新所形成的经济、国防、外交等综合实力支撑海洋主权维权。在国际海洋规则和条约制定、纠纷谈判、岛礁命名、宣示、管理以及资源开发、海上巡航执法维权、维护国际海上航行安全,海洋观测、航道测量、环境保护和灾害预报、航海保障,打击海盗、反恐、反走私、缉毒、搜救等领域主动合作,灵活应对,坚持博弈,永续展现中国维护海洋主权与世界和平的不屈意志和大国风范。

三、简单的结论与启示

(一) 与时俱进,深化对邓小平同志"主权归我,搁置争议,共同开发"这一主张精神的理解,虚实兼顾

邓小平当年提出的这一主张的中心思想是:主权在我,争议延缓,和平开

---

① 参见王绍光:《国家治理与国家能力——中国的治国理念与制度选择(上)》,《经济导刊》2014 年第 6 期。王绍光教授将现代国家的国家能力分为八种,分别是:1. 强制能力:对外保卫政权和领土完整,对内维护社会秩序;2. 汲取能力:政府从社会汲取一定财政资源的能力;3. 濡化能力:强化国家认同以及核心价值观的培养;4. 监管能力:制止因工业化、市场化、城市化所可能给市场竞争和社会带来的危害;5. 统领能力:政府对自身的机构和工作人员行为的约束;6. 再分配能力:国家在不同社会集团间对稀缺资源进行权威性的调配,从而保障社会中所有人的经济安全,缩小社会不平等;7. 吸纳能力:政府对社会不同意见和利益诉求的吸收;8. 整合能力:政府应该建立制度,使不同社会团体表达出来的各种政策偏好得以整合。

发,让后代人智慧而更有效地解决类似矛盾。这一讲话,距离现在已经 30 多年了。循着邓小平讲话的原意推论,第一,按照我国法律规定,公民年满 18 周岁,身体健康,允许结婚生育,那么 20 年左右即为一代;第二,按照 20 世纪 80 年代主导中国大局的中央政治局和全国人大常委平均年龄应该在 60 岁以上,引导和领导社会各界的精英大约平均 50 岁左右,时至今日,领导人已经换届数次。所以,不管从哪个角度,现有的高层领导和我们大家中的多数人当然都属于后一代、后二代了。此外,邓小平所说的"下一代比我们更有智慧",第一,并未包括"一代复一代"的意思;第二,争议、争端即博弈,它是一个复杂过程,不是仅靠中方努力就可以简单了结的;第三,"更有智慧"的后代人,包括外国人,也就是争议各方的后代人。当代人应该既不勉强也不能推卸责任,而必须尽量做好当代人的事,尽量少给后人添麻烦。[①]

2013 年 10 月 7 日,习近平总书记在印度尼西亚巴厘岛会见台湾两岸共同市场基金会荣誉董事长萧万长一行时强调:"两岸长期存在的政治分歧问题终归要逐步解决,总不能将这些问题一代一代地传下去。"[②]对于国家海洋主权维护问题也应该秉持这一态度,继续推进建设性机动式维权行动,以争取在新世纪海洋主权纠纷等问题上获得博弈过程的优胜。

(二)策略服务于战略,策略贵在机动应对,与对手行为互为过程和因果,不可失之呆板

在现阶段,在维护国家海洋主权的激烈而复杂的斗争中,要注意两层面的建设。第一个层面:首先,继续深化体制机制的调整和改革,推进"一带一路"建设,不断提升综合国力;其次,公开宣示中国海洋维权底线,并准备以适当的方式遏制有关侵占方继续侵占新的岛礁,或者在争议区域公开招标开采资源,在南海九段线之内开展钻探等行为。第二个层面:首先,抓住大陆和台湾的两岸关系支点,并且坚持中国海洋主权岛屿、岛礁规划和推进资源开发、行政管理与军事防护等建设,凸显海上国际通行自由的公共服务;其次,坚持处理好对美霸权思维、霸权做派习惯不变状况下的中美大国关系框架的对外关系支点。

---

① 沈德理:《新时期中国发展安全研究》,中国经济出版社 2012 年版,第 40—41 页。

② 习近平:《两岸政治分歧问题终归要逐步解决解决,总不能将问题一代一代传下去》,《人民日报》2013 年 10 月 7 日。

策略运用的过程和结果同等重要,不可只重视过程,忽略或放弃好的结果,或者只重视结果,不讲究、不遵守"度"的边界。此外,"建设性机动式维权"策略是对外运用的策略,对已有成果、成绩的保护不是策略问题,而是行政管辖义务问题和法律责任问题。因同时涉及动态性的外部关系、外部行为,它包含有事发后的对外策略运用,这需要国家相关部门的协调配合。比如,据传谋报道:"目前我国与周边相关国家海洋渔业线划定政策尚需完善;我国与有关国家不时传出的渔业纷争,主要属于经济争端范畴,但应警惕渔业线被某些国家逐渐'异化'成'既定事实'的主权线。"①

----

① 参见闫祥岭、苏万明、张道生:《渔业线的异化之忧》,《瞭望》2011 年 3 月 29 日。

论转型期中国发展安全[*]

——案例参考及现实选择

一、"社会转型期"及"发展安全"的学理解释

"转型期发展安全"是经济社会发展重要转折性阶段的发展安全[①],它包含狭义与广义两个层次,狭义层次包括:第一,国家政治经济体制,包括治理方式发生重要转变;第二,社会关系、社会动力和社会意识发生重要转变;第三,相应规模大国的城乡、区域、民族的发展模式和相互关系发生重要转变。广义层次包括:第一,新独立国家由于领土和政权变更的事实而引起的制度构建及管理实施,以及国际法上的权利和义务法律关系的继承和转移;第二,国家主动行为或者在国际局势(或时代潮流)的影响乃至裹挟之下而产生的联系性、连锁性的社会经济政治关系重大变化、抑或进行了关乎国家行为方向的内政及外交的重大调整;第三,因战争、动乱、自然灾害等原因,造成足以影响政治版图、社会秩序、阶层力量产生新的变化组合,使社会更加破碎或凝固,国家对重大历史机缘的利用或丧失。这里所谓的中国社会转型期,则是指执政党运用国家自主性能力,实行对外开放和实行市场经济体制及其全面改革创新的社会主义现代化过程,这种现代化发展是一个整体性的发展过程,从发展方

---

[*]　载《海南师范大学学报(社会科学版)》2016 年第 10 期。

　[①]　所谓经济社会发展,一般是在现代化语境下,所指称的社会经济运行和经济总量、公众生活、国家财政能力以及阶级、阶层,尤其是代表国家的政府与代表社会的民众之间关系状态;状态向上或者有所改善,即称之为"发展",反之为"停滞"或"倒退"。经济社会发展安全,则是指通过有效处理矛盾和问题,使消极的,甚至破坏性的因素转化,使之不足以影响经济社会发展正常运行和实现既定的发展目标。

向、发展模式和发展阶段而言,是从计划经济向市场经济转型,从农业国向工业国转型,从封闭型社会向日益开放多元的社会转型;从国家与外部的联系程度及社会发展水准而言,则表现为从陆地区域发展向陆海统筹发展转型,从发展速度向发展质量和发展安全转型。

发展安全是社会转型期普遍存在的问题。历经30多年高速发展的中国,一方面面临重大的社会转型期,即将复兴于东方的千年变局之中;另一方面又面临全球化的良好机遇和复杂挑战,迫切需要探讨中国发展的内在要素及其结构的合理性,厘清其发展的前提和外部条件及各种环境因素的制约性,增强和提升历史主动性和前瞻性。1993年9月16日,邓小平同志在与弟弟邓垦谈话时曾经提到:"十二亿人口怎样实现富裕,富裕起来以后财富怎样分配,这都是大问题。解决这个问题比解决发展起来的问题还困难。……过去我们讲先发展起来。现在看,发展起来以后的问题不比不发展时少。"①习近平总书记也指出:"国家安全和社会稳定是改革发展的前提。只有国家安全和社会稳定,改革发展才能不断推进。当前,我国面临对外维护国家主权、安全、发展利益,对内维护政治安全和社会稳定的双重压力,各种可以预见和难以预见的风险因素明显增多。"②

"发展安全",是相对于"发展风险"而言的,是指在全球化语境下中国在现代化进程中通过克服发展风险所达到的一种具有可控性、恒常性、稳定性的社会发展状态。因此,它既是人们的一种理论认知和理想追求状态,更是人们努力的结果。应该主动地做好可能影响法治秩序的风险存在、风险预警、风险发生和风险比较、风险转化,避免出现重大颠覆性错误,防止现存生产、生活条件恶劣化,使体制机制创新持续,社会活力不减,各种重大风险应对有效(见图1)。

在哲学上,发展(Development)是指事物由小到大,由简到繁,由低级到高级,由旧物质到新物质的运动变化过程。发展的根源是事物的内部矛盾。发展安全本质上是一个国家解决社会矛盾的现实水准,是社会发展进程中风险防范和危机管理能力的具体体现,涉及一个国家的上层建筑和经济基础,生产

---

① 《邓小平年谱》(1975—1997)下卷,中央文献出版社2004年版,第1364页。
② 习近平:《加强对国家安全工作集中统一领导是当务之急》,《人民日报》2013年11月15日。

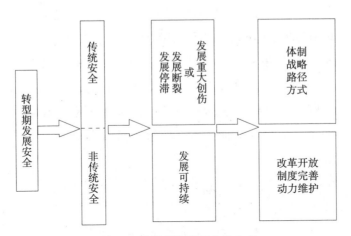

图1 国家转型期发展安全生成

力和生产关系之间的良性互动。因此,发展安全必然要求先导性地根据可能出现,或者已经出现的风险问题的性质、对象、特点、影响等加以分析论证,做好应对规划并加以实施。《礼记·中庸》有云:"凡事豫则立,不豫则废。言前定则不跲,事前定则不困,行前定则不疚,道前定则不穷"("豫",亦作"预");"君子不立于危墙之下"。讲的也是这个道理。在政治社会学上,发展安全是指对国家政权及社会运行中的生态突变或相应损害的发生与预防,正是在这个意义上,发展安全是一种综合安全,它包括传统发展安全和非传统发展安全,前者如统治者集团腐败、外戚宦官朋党专权乱政、流民起义、外敌入侵、改良(革)停滞及颠覆、重大自然灾害和传染病暴发、重大环境污染和环境破坏、重大窃密与泄密,后者如文化安全、科技安全等领域相联系的霸权主义侵扰、民族分裂势力和恐怖主义活动、国家主权和领土侵扰、经济(金融)危机、大规模失业,以及因为粗放型发展而引起的食品与环境灾难、重大建设项目失误、重特大安全生产事故,等等。

今天的中国正处在发展的黄金期,也是各种矛盾凸显期。发展安全问题与完成21世纪中国三大历史任务和顺利实现"两个一百年"奋斗目标联系密切,关系重大:继续推进现代化建设、完成祖国统一、维护世界和平和促进共同发展。我们之所以提出"发展安全"概念,还因为数千年来,人类文明发展一再遭受重大破坏,甚至出现暂时性停滞或区域性中断,也就是所谓的"颠覆性断裂"(并且,现今以后的世界也不存在风平浪静,永远安宁的可能);然而,在人类文明进程中也不乏通过积极预防、改革博弈等和平管控而顺利过渡的典型事例,比如英国的光荣革命(Glorious Revolution)、美国的法治立国、德国的从"'非纳粹化'到'民主化'"[1]、南非种族政权和平转换,比如中国的改革开放[2],等等。因此聚焦发展的障碍性因素和内在的隐患问题,注意着力解决和促进解决诸如国家发展安全、全球发展安全、区域性发展安全以及不同领域的发展安全问题,无疑具有重大而深远的理论研究和制度建设意义。

二、转型期发展安全的若干国际典型案例与启示

(一) 伊朗:"白色革命"到"原教旨主义复辟"

1978 年,伊朗国王穆罕默德·礼萨·巴列维利用中东石油大国的先天条件,领导进行成果显著的"白色革命"。他及时利用国际油价快速上升的有利条件,采用正确的吸引外资开发等措施,使伊朗经济繁荣昌盛,现代化发展日新月异,再现了两千五百年前古波斯帝国的灿烂辉煌。可惜这种先天不足的所谓"白色革命","其兴也勃焉,其亡也忽焉"。开始时间不长即被突发事件打断,巴列维国王本人被身披黑色长袍、头裹黑色丝巾的毛拉们掀起的"黑色风暴"——政教合一的原教旨主义革命所推翻。

问题的关键环节在于两个方面,其一,发展为了谁? 其二,是否建立具有现代性的法治? 巴列维国王爱国勤政,敢于变通革新,比如实行土地改革,把土地分给农民,废除部分不平等条约,创办新型工厂,修筑铁路、公路,取代神学教育,创建现代学校体系,构建现代司法体系和现代军事力量,同时推行移风易俗,压制宗教势力等等。但在这种高速发展过程中,至少有两种问题或者称之为缺陷被忽略,使广大民众离心力扩大,进而被群众基础广泛的教会所利用,导致矛盾总爆发而错失"逐步"改革的机会:其一,追求理想的"世界第五工业强国"目标,却忽略了贫富分化,对普遍的贫富悬殊和官场贪污受贿等问题没有进行必要关注和有效处理。其二,大力推进工业现代化却忽略了政治

---

① 李工真:《德意志道路——现代化进程研究》,武汉大学出版社 1978 年版,第 474—478 页。

② 新中国成立至今,多次面临转型期发展机遇,20 世纪 50 年代初文学理论家胡风先生曾经写诗称颂《时间开始了》,就极具象征意义。

与法治创新,沿袭传统统治手段,采用"皇家调查委员会"作为监督官员、反对腐败的机制。其三,实行经济社会改革却忽略民众和社会各界的呼声,步骤简单而激进。比如为镇压教会,国王亲自率兵行动,无视伊斯兰最基本的戒律,穿着马靴踏入神圣的清真寺,等等①。宗教领袖霍梅尼利用底层民众不满情绪和社会"危机状态",返回国内"领导革命",群情激奋,风潮四起,巴列维国王自己反而成了"人民公敌",只好外逃求生。

(二) 苏联:从体制危机到国家解体

苏联是世界上第一个社会主义国家,也曾经是包括我国在内的所有社会主义国家的榜样。承担着斯大林经济政治体制改革重任的赫鲁晓夫,首先开始破除个人迷信,同时进行了体制改革初步尝试,但路线脉络不清,做法零乱混杂。而到了勃列日涅夫时期,改革更是全面停滞,对外继续推行霸权主义,国内集权贪腐,上上下下形成众多"官僚家族集团"。戈尔巴乔夫掌权后力推改革,但其激进化的改革却最终功败垂成,使国家很快分崩离析。

问题的关键环节在于改革的时间和路径。勃列日涅夫不仅不改革体制弊病而且借机求名求利,培植起新的、更加盘根错节的各种权贵集团。戈尔巴乔夫则是在改革体制弊病和纠正前任错误之时犯了新的错误。戈尔巴乔夫掌权之初在面临着巨大危机的同时存在极其有利的条件,危机是极权体制在社会上失去了支持,合法性丧失,在国际上凭借核武器威慑的霸权主义导致空前孤立;重大有利条件是千万之数的执政党党员存在,加之赫鲁晓夫和安德罗波夫的改革在先,人们记忆犹新,党内外要求变革的愿望更加迫切。戈尔巴乔夫错误在于他看到了其体制弊病,也看到了苏共问题的严重性,但他却采取了另起炉灶的方式,把社会主义制度和苏共领导当作改革的对立面,提倡"无条件的民主",任由执政党自我分裂崩溃,放任民族分裂主义迅速蔓延,与此同时,在外交上向西方"一边倒",缺乏必要的防范之心。所以,6 年时间刚过,当他仍旧在自己的领导位置上准备继续按部就班地实现自己"宏大愿景"的时候,错综复杂进而激变的局势已经不给他机会了。

---

① [美]沙利文:《出使伊朗》,世界知识出版社 1984 年版;[伊朗]费雷敦、胡伟达:《伊朗国王倒台始末记》,广东人民出版社 1981 年版。

（三）美国:从超级强权自负到难以摆脱的多重焦虑

美国主要是依赖于"制度性框架崛起"的世界大国①,也因为拥有其他大国所没有的最优越的地缘政治条件,迅速发展成为无可匹敌的超强经济和军事力量。独立战争以后,"美国本土与战争无缘",第二次世界大战时"珍珠港事件"发生后,美国正式加入国际反法西斯阵营,积极参战,大大加速了德国、日本两大侵略集团的崩溃进程,对结束第二次世界大战作出重大贡献。作为战胜国,在战后对日本进行了占领和一定程度的民主化改造,同时在经济上通过马歇尔计划推动欧洲走向复兴,相比较另一个谋求霸权的大国更理性地维持了冷战均势,对世界总体和平的局面进行了一定程度的努力。但突如其来的"9·11"事件,打破了它绝对安全的梦想,给美国政府和公众心理造成极大的创伤。这一恐怖袭击事件,以及全球非其所能自主控制的国家和地区冲突,以至于包括中国的和平崛起,都让美国在为盟友安全、全球相对安全烦劳的同时,增添了对自身安全的焦虑,更产生出可能丧失"世界领导权"的焦虑。

问题的关键环节在于过度追求意识形态霸权和全球强权控制。美国依恃其跨世纪的超强能力,以追求全球发展道路指引乃至控制的资格为己任,曾经宣称应该建立以美国的政治制度和价值观为标准的世界新秩序,规划"世界领导的作用"②,以及"美国治下的世界和平"。向全球扩张美国的价值观,不承认人类社会政治生活多样化的现实和各国人民有权选择自己的政治制度和发展道路的权利和自由,肆意干涉别国内政,它就像一把"双刃剑",既显示了美国作为全球"一超"的超大力量,又破坏和弱化了这种"一超"的持续能量。美国既有盘算自己利益的孤立主义传统,又有理想主义的传教精神,却因为它的强权傲慢③,忽视不对称势力,同时又难以摆脱"修昔底德陷阱"的思维,作

① 参见李道揆:《美国政府和美国政治》,中国社会科学出版社 1990 年版。

② 张立平:《对美国在世界上的作用的一点看法》,《美国研究》2000 年第 1 期。

③ 记者吴志华:《美国驻巴西大使谈"9·11"事件的教训》,唐纳·赫里纳克大使是在回答记者提问时说这番话的。当巴西记者问道,美国应从"9·11"事件中汲取那些教训时,这位美国大使说,"我们过去犯了许多错误,现在还在犯错误"。她承认,美国在支持和推出本·拉登、萨达姆那样的人物上付出了高昂的代价。眼下,美国将不管世界其他国家反对与否,都要把萨达姆赶下台。赫里纳克大使说,"过去,看到世界其他地方发生恐怖事件,我们曾暗自说,那些可怜的人啊! 这样的事幸亏没有发生在美国。然而,现在一切都改变了。我们知道美国同那些受到恐怖活动打击的国家一样脆弱"。她表示,美国正是承认了自己政策的失误才开始对恐怖主义作出强烈反应的。人民网,2002 年 9 月 5 日。

茧自缚,没有及时适应全球化时代的"文明冲突"的新变化。

（四）希腊:从"金融创新"到主权债务危机

始自 2009 年并至今延续的希腊主权债务危机,源于希腊政府的财政赤字问题。由于财政状况恶化未解,全球三大信用评级机构惠誉、标准普尔和穆迪相继调低希腊主权信用评级,致使借贷成本大幅提高,不得不采取紧缩措施,于是国内举行了一轮又一轮的罢工活动,经济发展雪上加霜,濒临崩溃。希腊债务危机正式拉开这一危机并随后引爆欧洲债务危机。目前希腊已经和欧元区联盟就解决希腊债务危机进行过系列谈判,已有互相可以接受的协议,但仍然危机深重,有专家分析它对希腊的不良影响可能长达 10 年左右。加之现在难以遏制的内外移民潮,希腊深陷困境。

问题的关键环节在于消极应对国家债务风险隐患及国家责任能力建构。希腊的发展在欧元区国家中处于相对较低的水平,其委托国外投资银行代为设计"金融创新",名为符合"标准达标",实则将不测风险交付未来。希腊的主权债务危机形成过程中,国际金融资本扮演着十分重要的角色,开始政府求助其设计"货币掉期交易"方式,掩饰其欧元债务,为财政危机埋下后患。这家名为高盛的外国投资银行一方面以所谓的"创造性会计"方式为希腊政府出谋划策,做虚账以使希腊符合欧元国家标准;另一方面却同时在背后攻击希腊和欧元,合法地吞噬公共财富。危机最后生成时,既无法追究其责任,更累及整个欧元区国家,引发出本国政府与民众认知选择冲突、国家国际信誉严重跌落、盟友之间因为义务关系发生争执等一系列负面效应。

上述四个国家分属伊斯兰国家(同时是发展中国家)、社会主义大国、全球超级大国、西方发达国家,在全球范围内具有一定代表性。其案例告诉我们,在极权制国家,最高领导人的个人因素,包括接班人问题和集团、帮派,甚至宗教势力等问题都可能构成或促成社会转型期的潜在风险;在具备法治却对外实行霸权主义的国家,境内外不对称势力可能会利用现代交往条件和技术条件长期构成突发性、不对称威胁。而在传统文化强、政治弱而又地处盟友之中的较弱发达国家,由于对外经济依赖性较强,则有可能面对非国家势力的温柔算计而不自知,造成社会转型期的持续被动与波动。上述案例更证明,第一,发展问题和安全问题如影随形,博弈不断,对发展过程中的安全问题忽视或处理不当往往欲速则不达,甚至南辕北辙;第二,发展过程中的安全危机既包括传统性危机,又包括非传统性危机,它的出现既有内生性因素,也有外生性因素,其中起决定性因素的是主权国家的政治经济的决策及运作;第三,处于全球化、工业化、信息化的时代,科技、经贸、货币等领域的危机一旦出现其影响往往跨越国境,相邻地区和国家难以独善其身;第四,发展目的、方式、速度节律和民主、法治关系是一种互相依存和互相照应的关系,国家意志和大众合理需求一致,国际信用和国家责任能力承担等,是现代国家健康、文明的重要标志之一;第五,不同社会制度、不同意识形态和文化背景的国家,安全问题因不同行为、不同原因、不同事件所引起,或者伴有发展和改革的急躁症,同时缺乏对自身的错误和不足的认知、缺乏对外来介入性关系的认知,以及适当的防范,或者源于强权傲慢和机会主义;第六,发展安全的实现,需要构建制度、战略、执行措施等配置健全的支撑体系,否则,一旦危机发生,不仅本国在劫难逃,也会殃及更多的相关国家和地区(见图2①)。

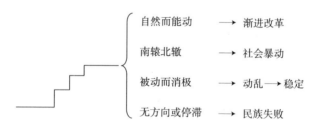

图 2　多方向可能背景下的历史道路

三、中国转型期发展安全的若干反映、性质及特征

（一）伴随改革继续深入的内源性风险变化

起始于 20 世纪 80 年代的改革开放已经有 30 多年,30 多年以来的改革内容十分丰富,它是以围绕解放社会主义生产力、提高广大人民生活水平为主

---

① 并请参考钱乘旦著《走向现代化之路》,该书简单回顾分析了 21 世纪具有世界影响的若干代表性的国家如英、法、德工业化发展迅速的国家以及印度、菲律宾、埃及等发展中国家不同的发展转型之路。四川人民出版社 1987 年版。

题的全方位改革,建设依宪治国的社会主义现代化国家①。

改革开放在给中国经济社会带来日新月异的巨大进步的同时,也产生了带有中国特色的社会内源性不确定风险,这种不确定风险一方面表现为农耕大国实行跨越式工业化、信息化建设的时代风险;另一方面表现为人治的集权式管制转向法治的民主式管理服务的社会风险。正如经济学家吴敬琏所说,今天的"市场经济体制仍然背负着命令经济的沉重遗产,延续下来就形成了一种'半市场、半统制经济'的过渡性体制格局。这种体制中命令经济遗产下阻碍着中国经济的技术进步和效率提高,进而造成了严重的经济和社会问题"②。这种半统制经济是与党和国家领导体制改革未完成的背景条件联系在一起的,同时也与我国在实行速度型发展战略的同时却缺乏质量型发展战略以及具体操作规则密切相关。于是,现实中经常出现以下现象,比如,权力专断或权钱交易下的企业撤并贱卖,偏重为国企脱贫而设立证券市场,医疗机构自负盈亏和教育产业化,农地非农化中的野蛮征用和拆迁,部门立法谋取利益,粗放型开放开发的资源浪费、环境破坏和环境污染,贫富悬殊和权贵势力出现,生产安全重大事故不断发生,尤其是国家和社会管理(治理)中的科学纠偏体制、机制的不完善,往往导致社会公正流于形式,改革口号被盗用,司法公器对权利救济不力,使社会"相对剥夺感"增强,社会信用滑坡,民众不安甚至恐慌情绪增加。

中国转型期社会风险之中相当部分属于不确定的变异叠加式风险③,其主要特征是:其一,社会阶层分层增多,阶层隔阂与信任裂痕扩大,社会有害群

---

① 其主要内容包括:利用"三农"问题为先手,带动城市和国有企业改革,进而实行沿海沿边对外开放,逐步破除计划经济束缚,融入全球经济;创新宪法和法律体系,改变和完善执政党执政方式,重构国家与社会、执政党与政府、与司法机构关系,政府与企业、民众关系;持续简政放权,推进依宪治国,实行集权型政府向服务型政府转变,在加速城乡公共服务均等化的同时,提升公共医疗、卫生、教育、保险的社会福利水平,推动国家创新和鼓励大众兴业,实现经济转型升级和全社会成员的改革和发展利益分享,为中国梦的实践奠定经济、科技、文化等的资源和制度基础。

② 吴敬琏:《智石丛书总序》,参见竹立家《直面风险社会——中国改革形势与走向》,电子工业出版社 2013 年版,第 2 页。

③ 譬如近年连续发生的重庆薄氏极左模式试验、宗教极端势力和恐怖分子在公共场所的爆炸屠杀、股市风暴以及天津工业园区大火等。

体增加①;其二,仇视国家和社会,蔑视一切文明进步的分裂主义势力、宗教极端势力、恐怖组织相继出现并且相互渗透,恐怖活动极难阻绝;其三,现代传播技术条件下使"信息不对称"和"蝴蝶效应"的影响和破坏性作用更大;其四,人与自然关系发生变化,空气、水、气候的状况与经济社会面貌的联系更加密切,对政治决策的影响作用上升;其五,各种社会冲突既因为利益矛盾,也存在价值观矛盾,既因为权力之间的是非矛盾,也存在正式规则与"潜规则"矛盾。因此,政治理念和治理理念应该与时俱进,单纯的"刚性维稳"方式需要改变。

（二）国家持续和平崛起过程中的外源性风险增加

中国现在正经历着复杂而严峻的各种外部环境的挑战,可以分三个层面:第一个层面,发展方向和发展利益受到侵蚀。首先,冷战结束,两极格局解体,"什么是社会主义,社会主义向何处去"的问题仍然困扰着中国的发展,中国的改革开放包含了对社会主义的坚持和试错,资本主义意识形态牵制转移的压力增强。其次,改革开放带来的经济高速发展和综合国力的上升,冲击了原有世界经济政治格局,国际范围内各种对中国发展道路问题的疑惑和抵制不断出现。再次,先发达国家运用有关知识产权、气候、生物制品、贸易等标准和程序实行贸易保护,甚至利用跨国公司扩张等,对中国家造成经济、政治、科技、人才、环境等领域的伤害。最后,重新利用"TPP"（跨太平洋战略经济伙伴协定）等平台,为亚太经济重新定则立规,巩固以美国为首的经贸利益圈子,弱化中国对全球经济政治的影响。第二个层面,发展权利和发展安全受到伤害。首先,霸权主义国家尤其通过牵头的各种军事联盟防范和围堵中国,尤其是美国高层对美日条约适用于钓鱼岛冲突的表态,对日本军国主义势力是一种明显纵容。其次,美国为保证"永续领导""绝对安全"和防范"不确定之威胁",其中一个重要战略部署就是高调重返亚大,在南海制造借口（譬如提出所谓的"南海航行安全"）,拉偏架,以巩固霸主地位。再次,对"台独""疆独""藏独""港独"等分裂势力,对恐怖主义活动,以及宗教极端组织态度暧昧,经常采取双重标准。第三个层面,发展战略和发展格局受到伤害。如台湾的"台独"势力日益猖獗,并在加强与日本军国主义势力的相互勾结;经贸通道与有国际投资空间面临相关国家政治突发性危机的影响而导致风险加剧;

---

① 参见杨继绳:《中国当代社会阶层分析》,江西高校出版社 2013 年版。

周边国家和地区,尤其在东北亚方向,有的表里不一,有的又在重复玩转大国博弈的老套戏码,安全局势越来越复杂,存在难以预测性因素。①

应该指出,从某种程度上说,中国和平崛起似乎引起了这种外源性风险的增加,但是,更具有意义的事实和前景是,中国持续和平崛起形成的基础包含着中国和平崛起的可持续与对世界和平的贡献。先看其和平崛起的几个表征:其一,快速增加的经济增量和总量,中国现在是世界上第二个国民生产总值超 10 万亿美元的国家,名列第二大经济体,仅在美国之后。即便因为调整结构、改变经济增长方式而减缓发展速度,10 年左右经济总量超越美国也已经毋庸置疑。其二,军事装备水平和政府履行有关国际义务的能力得到实质性提升,军队建设现代化步伐加快,海陆空天的各个领域研发突破不断,已经获得自己的战略空间和支点,可以参与国内外各种军事和非军事任务,有效保障中国经济社会发展的永续空间和资源支撑,在维护世界和平方面也有突出的贡献:其一,利用相应的国际政治地位和国际事务参与能力与国际秩序、国际关系规则维护与修订完善责任等,作为联合国常任理事国,中国在维护世界和平、解决地区冲突,使安理会有关决议更具广泛的代表性和合法性,更有利联合国坚持改革的正确方向。其二,和平崛起的坚定意愿和制度保障,坚决主张和维护"和平与发展"格局,既是中国作为大国的重要责任,也是自身利益需要。中国和平发展道路是执政党的自觉选择,符合维护世界和平的坚定力量的大国身份,是中国经济社会发展的重要战略,体现出政府和全体民众的立场和决心,它深深地植根于对人类命运共同体的关怀和经验体会,植根于深厚的中华文化渊源。

(三)"中国特色"发展的风险性质和特征

转型期中国发展是"中国特色"的发展,以继承、改革和构建回答"什么是社会主义"和"如何建设社会主义"的问题,它包括坚持和完善人民代表大会制度、民族区域自治制度、共产党领导的多党合作和政治协商制度等,运用市场经济体制,采取试错、渐进的办法,优化资源配置,加快和国际市场接轨。然而,在这种经济社会跨越式发展的同时,却伴随着法律制度和大众民主理性准

---

① "物极必反"是人类社会和自然界的不变规律;古希腊哲学家赫拉克利特又说,"人不能两次踏入同一条河流"。中国不仅应该而且必须提前做好各种具体预案。

备不足；资源大规模开发利用、企业和乡村撤并、改造的推进权力制约机制缺失。就业制度改革使劳动者获得了择业自主权，市场形成了活力，却也增加了就业谋职者和企业发展方向的漂泊感。同时，社会主义市场经济体制的确立，变更了传统的国家和社会、政府和企业、消费者之间的关系，各种行政规章、行业的规则构建、完善不足，经常受到各种权力关系的抵制和破坏。总之，这是一种从革命、运动式的单一、强制规范向建设性的多元、权利规范的过渡过程中的自然遭遇。

因而，转型期中国的发展是"超大国家"在全球化新的时代主题下的融入式发展，其安全风险反映为"中国特色社会主义"在变革与转型时代的发展道路风险。对于中国，关乎社会主义现代化的路径、成败，对于世界，则影响着全球化的基本格局。与此相伴随的问题是，首先，主权国家之间在发展战略和意识形态方面的隔阂仍然存在，地缘政治、非国家组织和各种势力的影响上升，各种矛盾、对抗、冲突不断，与此同时，技术、资本、贸易、信息沟通与联系、交流与互动日益密切，一个国家的产业、货币、证券等政策制定和市场活动容易引发地区、甚至全球性的连锁性反应；其次，面临"一霸多强"的合作、竞争和对抗局面，中国长期高速发展所聚集的发展动能和巨大体量，加之自身所秉持的独立自主的外交战略，必然使相关国家受到较大的战略压力。在此背景下，"一霸"必然示强和安抚、偏袒盟友，这样必将和已经增加中国的发展麻烦，甚至危害到中国主权安全；"多强"各有所图，游刃其间，同样涉及中国主权安全，而海洋安全是当前发展安全最敏感的环节之一。但由于"和平与发展"的时代主题和中国的综合国力及愿景，冲突尽管会是一种常态，殊死相搏的战争却并非必然，在相关各国和多方的努力下，它更可能表现为不同国际势力之间，以国家利益为最高、最终目的，在道义价值和国际规则掩护下，彼此之间形成一种合作—冲突—妥协的动态风险运行机制。

马克思主义的历史唯物主义和当代政治经济学理论新发现，帮助我们更深入地理解中国转型期发展安全风险的性质。首先，恩格斯的历史发展合力说，给予我们冷静观察世界，继续坚持改革开放以博大的视野及信心。他认为："历史是这样创造的：最终的结果总是从许多单个的意志的相互冲突中产生出来的，而其中每一个意志，又是由于许多特殊的生活条件，才成为它所成为的那样。这样就有无数互相交错的力量，有无数个力的平行四边形，而由此就产生出一个合力,即历史结果。"①其次,有关追溯其现当代国家发展史的基础性研究,对促进我们观察转型期发展安全与发展质量及解决路径具有特殊价值,譬如:第一,徐勇关于"中国政治非均衡"的观点,即:"世界上没有哪一个国家内部的政治非均衡性有中国这样突出。国家整体层次的一元性、一致性与国家统辖下的政治社会的非等同性、非一致性的结合,'大一统'与非均衡的结合,才是中国政治社会的完整状况和典型特点。"这一特点造成城乡二元经济结构并深深地影响区域、民族发展历程②。第二,厉以宁的"中国经济非均衡"的观点,即中国经济宏观和微观运行,是从计划经济到市场过渡中形成的,带着独特的政府、企业、市场关系运作形式和发展特色,形成中国现阶段特有的转轨发展型经济③。第三,拉尔夫·达仁道夫的"权利和供给"的观点,他认为现代的社会冲突是一种应得权利和供给、政治和经济、公民权利和经济增长的对抗过程④。再次,有关国际关系和世界秩序构建的新思想,对我们认识世界发展大趋势以及中国所处的内外环境关系提供了特别的视角,譬如:第一,邓小平同志在 20 世纪 80 年代初所做的重要判断,即世界和平的力量在发展,和平和发展是当代世界的两大问题⑤。第二,塞缪尔·亨廷顿认为,当今世界,文明冲突与世界秩序的重建相互紧密联系,而"和平和文明的未来都取决于世界各大文明的政治、精神和知识领袖之间的理解和合作。"⑥从以上解读,可以比较清楚地看出,历史的僵化迟滞基础与相对短暂的改革发展环境条件的相互撞击,接续铺垫了中国转型期发展安全格局和安全需求(见图 3)。

基于上述,转型期中国发展安全风险主要属于发展过程中的一种可预测性、可抵御性风险,或者称之为可控性风险,其具体特征是:第一,这是一种多样化重合风险,是由世界多极化、全球工业化、现代化、信息化为表,以各种国家、集团势力、阶层全员参加的相互交错、不断演化的利益、权利(力)、观念的矛盾冲突为实的风险,后者是风险之源。第二,这是一种与周边国家和地区、

① 《马克思恩格斯选集》第 4 卷,人民出版社 1995 年版,第 697 页。
② 徐勇:《非均衡的中国政治:城市与乡村比较》,中国广播电视出版社 1992 年版,第 4 页。
③ 厉以宁:《非均衡的中国经济》,中国大百科全书出版社 2009 年版。
④ [英]拉尔夫·达仁道夫:《现代社会冲突》,中国社会科学出版社 2000 年版。
⑤ 《邓小平文选》第 3 卷,人民出版社 1993 年版,第 104—105 页。
⑥ [美]塞缪尔·亨廷顿:《文明的冲突与世界秩序的重建》,新华出版社 1999 年版,第 372 页。

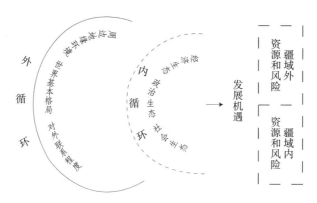

图3　和平与发展时代的中国机会

乃至全世界存在诸多共同需求、共同利益,共同威胁的共同性风险。第三,这是一种机会和挑战并存,困难与希望同在,决胜于战略应对、"引擎"动力、发展模式等的激烈竞争性风险。第四,这是一种发达市场与转轨市场衔接,以及经济转轨与社会转型重合的解构创新性风险。第五,这是一种体制机制的规范性建设相对滞后和市场活动非规律性与人的关系、利益复杂、多变性的引导风险。第六,这是内源型的区位①、资源禀赋、文化心理、经济政治体制机制"短板"因素和外源型支持、利用、借势与挤压、遏制所形成的"时空压缩"性风险。在了解以上特征的同时,还要了解的一种情形是,人类历史和自然界的历史发展过程往往包含着诸多不确定、难以预测、突发性的问题和风险,或者是本来可以或者已经有所预测却因重视不够或处理中断,抑或因为反应过度等原因处理不妥,继而出现因风借势、激活演变成突发性的问题和风险(暴)。

四、转型期中国发展安全的若干理论与实践建构

中国转型期发展安全的基石是亿万民众切身利益所需要的富裕、法治、民主的建设性和平转型。影响中国转型期发展安全的问题错综复杂,至少可分为政治安全、主权安全和经济社会发展安全,国民安全,它包括政治领导和国家认同效果、经济政治等制度改革创新与实施安全、发展利益分配及社会保障

---

① 参见张文木:《中国地缘政治特点及其变动规律》(上、中、下),《太平洋学报》2013年第1、2、3期。

安全、社会公共安全、市场风险和自然生态安全、现代化综合质量安全等;再是国家陆、海、空疆安全,资源、经贸、金融、投资,涉及国际和区域格局、国际和区域利益、国际合作的区域合作安全,涉及国家主权及发展权利安全等。而和平与发展与"一霸多强"的时代条件,经济全球化与改革开放的动力因素,伴随着中国经济社会高速发展所累积的内部风险,共同约束着转型期中国发展安全的建构选择,其关键是对历史过失的纠错和顺势而为,它包括:

坚持毛泽东、邓小平和历届党的领导集体关于实现国家富强、人民幸福的初心,要有以人民利益为依归,通过改革实现消除经济社会健康运行的制度障碍的革命胆略。要继续解放思想、理论自觉,切实厘清:"执政"与"为民"的关系,"执政"只是责任和使命,"为民"才是根本目的;"社会维稳"只是手段和目标,"排忧解难与实现公平正义"才是目的和义务。在执政过程中主动推进"把权力关进制度的笼子"的政治文明建设,彻底根治钱权交易和权力资本化,履行对大众的各种承诺,譬如确立和施行公务员财产申报登记制度、裸官治理制度、持续进行公共服务均等化和社会保障公平化等,积极防治权贵和寡头蚕食、侵占现象,改革高官特权待遇终身制度,消除隐性的经济政治权力世袭,形成科学而完善的自我纠错、纠偏的体制机制,实现"国家治理体系和治理能力现代化"[1],努力实现改革主体价值判断和经济社会进步的客观尺度的统一,切实推动社会全面发展和整体进步。同时,保持经济发展和社会主义现代化的基本方向不变,有效维护国家利益和国际地位,确保国家在全球竞争中立于不败之地。

坚持改革开放和学习创新,构建学习型社会和诚信社会,建设创新型国家的目标,要有怀抱自信,坚忍不拔,向全世界开放学习的时代境界[2]。首先,自信而不自负,要从中国看世界,又从世界看中国,要运用相应的机制和措施鼓励和支持全民学习、终身学习,向祖先吸取智慧,尊重知识、按科学规律办事,向先进请教,向竞争对手请教。其次,负责而不虚滑,坚持促进诚信政府和诚信市场建设,坚决治理一切假冒伪劣、欺诈欺骗、坑蒙拐骗等行为,使"诚实守信"和敬业、诚信、友善蔚为风尚。再次,自觉而不被动,必须继续破除对马克

---

① 亚当·普沃斯基:《民主与市场——东欧与拉丁美洲的政治经济改革》,北京大学出版社 2005 年版,第 75—94 页。

② 习近平:"中国的事业是向世界开放学习的事业。"见《习近平就发展问计外国专家》,国际在线专稿,2012 年 12 月 6 日。

责任编辑:曹　春　吴广庆
封面设计:石笑梦
责任校对:吕　飞

图书在版编目(CIP)数据

中国转型期发展若干问题的思考/沈德理 著. —北京:人民出版社,2016.12
ISBN 978 - 7 - 01 - 017080 - 0

Ⅰ.①中…　Ⅱ.①沈…　Ⅲ.①中国经济-经济发展-研究　Ⅳ.①F124

中国版本图书馆 CIP 数据核字(2016)第 314080 号

中国转型期发展若干问题的思考
ZHONGGUO ZHUANXINGQI FAZHAN RUOGAN WENTI DE SIKAO

沈德理　著

人民出版社 出版发行
(100706　北京市东城区隆福寺街 99 号)

北京汇林印务有限公司印刷　新华书店经销

2016 年 12 月第 1 版　2016 年 12 月北京第 1 次印刷
开本:710 毫米×1000 毫米 1/16　印张:26
字数:412 千字

ISBN 978 - 7 - 01 - 017080 - 0　定价:78.00 元

邮购地址 100706　北京市东城区隆福寺街 99 号
人民东方图书销售中心　电话 (010)65250042　65289539